La invención
de trastornos mentales

Héctor González Pardo
y Marino Pérez Álvarez

La invención de trastornos mentales

¿Escuchando al fármaco o al paciente?

Alianza Editorial

Primera edición: 2007
Décima reimpresión: mayo 2025

Reservados todos los derechos. El contenido de esta obra está protegido por la Ley, que establece penas de prisión y/o multas, además de las correspondientes indemnizaciones por daños y perjuicios, para quienes reprodujeren, plagiaren, distribuyeren o comunicaren públicamente, en todo o en parte, una obra literaria, artística o científica, o su transformación, interpretación o ejecución artística fijada en cualquier tipo de soporte o comunicada a través de cualquier medio, sin la preceptiva autorización.

© Héctor González Pardo y Marino Pérez Álvarez, 2007
© Alianza Editorial, S.A. Madrid, 2007, 2008, 2014, 2017, 2019, 2020, 2021, 2022, 2025
Calle Valentín Beato, 21; 28037 Madrid
www.alianzaeditorial.es

ISBN: 978-84-206-4866-8
Depósito legal: M. 47.253-2008
Composición: Grupo Anaya
Printed in Spain

ÍNDICE

AGRADECIMIENTOS 11
INTRODUCCIÓN 13
    El tema del libro 13
    El problema del que parte 14
    La cuestión de fondo 16
    La cuestión que emerge: modelo médico de psicoterapia frente a modelo contextual de psicoterapia 18
    Las tesis que se sostienen 20
    El desarrollo del argumento 20

PRIMERA PARTE
DESENMASCARAMIENTO DE LA PSIQUIATRÍA Y DE LA PSICOLOGÍA CLÍNICA

1. EL «EFECTO CHARCOT» 25
    El gran teatro de la Salpêtrière 26
    El carácter mutante del «efecto Charcot» 28

2. *MARKETING* DE MEDICAMENTOS Y DE TRASTORNOS 39
   La doctrina propagada.. 40
   Los procedimientos de propagación 41

3. EJEMPLOS DE INVENCIÓN DE TRASTORNOS MENTALES....... 55
   La invención del trastorno de estrés postraumático..................... 56
   De cómo la depresión ha alcanzado proporciones epidémicas.... 61
   La promoción de la fobia social como estrategia comercial 68
   La preparación del trastorno de ataque de pánico en función de un preparado... 72
   El enrolamiento en la esquizofrenia 75
   Conclusiones: desvelando el método de invención 81

SEGUNDA PARTE
PSICOFARMACOLOGÍA: ESTADO DE LA CUESTIÓN

4. EL DESCUBRIMIENTO POR AZAR DE LOS PSICOFÁRMACOS 89
   De cómo el Valium suplantó al psicoanálisis................................ 90
   De los psicoenergizantes a los antidepresivos 96
   De la lobotomía a los fármacos antipsicóticos.............................. 103

5. ¿SE SABE CÓMO FUNCIONAN LOS PSICOFÁRMACOS? 111
   Alcohol en una pastilla: los ansiolíticos 112
   Los antidepresivos y la hipótesis monoaminérgica de la depresión 119
   Los antipsicóticos y la hipótesis dopaminérgica de la esquizofrenia........ 131
   A modo de conclusión sobre los psicofármacos............................ 141

6. CÓMO SE INVESTIGA EN PSICOFARMACOLOGÍA 145
   Los ensayos preclínicos 146
   Los ensayos clínicos y la influencia de la industria farmacéutica............ 165

7. INTENTANDO ENCONTRAR LAS BASES BIOLÓGICAS DE LOS TRASTORNOS MENTALES 179
   Los trastornos de ansiedad... 183
   La depresión.. 186
   La esquizofrenia 191

8. ¿QUÉ MUESTRA EN REALIDAD LA NEUROIMAGEN? 197
   Los fundamentos teóricos de los métodos de neuroimagen...................... 198
   Cómo interpretar la relación entre las señales del escáner y la fisiología del cerebro 201
   Dificultades para valorar desequilibrios químicos en el cerebro con las técnicas de neuroimagen 202

La falacia del grupo control en las investigaciones con neuroimagen funcional 204
Las limitaciones de los métodos estadísticos en los estudios de neuroimagen 205
Inconvenientes derivados de la clasificación actual de los trastornos mentales 207
La influencia de las hipótesis previas en la interpretación de las imágenes 208
Modificación de los datos de acuerdo con estándares preestablecidos 209
Cómo interpretar los estudios de neuroimagen 210

TERCERA PARTE
TRATAMIENTOS PSICOLÓGICOS: ESTADO DE LA CUESTIÓN

9. SOBRE LAS DISTINTAS FORMAS DE TRATAMIENTO PSICOLÓGICO 213
   ¿Qué es un tratamiento psicológico? 214
   ¿Quién recibe tratamiento psicológico? 215
   ¿Quién aplica el tratamiento psicológico? 217
   ¿Dónde se aplica el tratamiento psicológico? 217
   ¿Por qué hay tantos tratamientos psicológicos? 218
   ¿Funcionan realmente todos los tratamientos psicológicos? 223
   Tratamiento psicológico y tratamiento psicofarmacológico 225
   Modelo médico y modelo contextual 227
   Sistemas de tratamiento psicológico históricamente dados 230
   Esquema expositivo de los sistemas de tratamiento psicológico 232

10. LA COMPRENSIÓN DE SÍ MISMO COMO RENOVACIÓN PERSONAL 233
    Fundamentos 233
    Psicopatología 244
    Objetivos 245
    Procedimiento y técnicas 245
    Estatus 248

11. EL ENTENDIMIENTO FILOSÓFICO DE LOS PROBLEMAS DE LA VIDA 251
    Fundamentos 251
    Psicopatología 258
    Objetivos 260
    Procedimientos y técnicas 262
    Estatus 264

12. EL CLIENTE COMO AUTOSANADOR ACTIVO 267
    Fundamentos 267
    Psicopatología... 273
    Objetivos... 274
    Procedimientos y técnicas 274
    Estatus... 277

13. EL APRENDIZAJE DE NUEVAS FORMAS DE COMPORTA-
    MIENTO 281
    Fundamentos 281
    Psicopatología... 288
    Objetivos... 291
    Procedimientos y técnicas 292
    Estatus... 294

14. LA REVISIÓN DE LAS RELACIONES FAMILIARES 297
    Fundamentos 297
    Psicopatología... 307
    Objetivos... 308
    Procedimientos y técnicas 309
    Estatus... 311

15. SOBRE LA COMBINACIÓN DE PSICOFÁRMACOS Y PSICOTE-
    RAPIA 313

CONCLUSIONES. DEL MODELO MÉDICO AL MODELO CONTEX-
TUAL 319
    Preguntando por qué hay tantos trastornos mentales 319
    De cómo los trastornos mentales son hechos reales 320
    De lo mucho que se sabe acerca del cerebro y de lo poco de los trastornos
    mentales 322
    Del abismo entre la acción molecular y el efecto terapéutico................. 325
    La pluralidad de terapias psicológicas como muestra del carácter abierto
    de la solución a los trastornos mentales.. 326
    El debate de las terapias psicológicas 327
    Del modelo médico al modelo contextual... 329

BIBLIOGRAFÍA RECOMENDADA 333

ÍNDICE ANALÍTICO Y ONOMÁSTICO 343

AGRADECIMIENTOS

Quisiéramos mostrar nuestro más sincero agradecimiento a las siguientes personas, quienes, de una forma u otra, nos han ayudado durante estos últimos años para que nuestro proyecto vea al fin la luz.

A Nélida, por las largas y productivas discusiones sobre los puntos críticos del manuscrito, por su apoyo y paciencia en los momentos más difíciles y por las ideas que nos aportó para mejorar el texto.

Al profesor José Ramón Fernández Hermida, de cuya sabiduría y generosidad también se han beneficiado los autores de este libro.

A Santiago y Rosa por sus acertados comentarios y su exhaustiva revisión del manuscrito original.

A Eduardo García, por sus comentarios al manuscrito y las provechosas conversaciones sobre el tema.

A Cristina Soto, por sus contribuciones al texto y al contexto.

A los participantes en el seminario «Cultura, Persona y Esquizofrenia» (Louis Sass, Domingo Caballero, Eduardo García Fernández, Manuel Porcel Medina, Rubén González Fernández, José M. García Montes, Adolfo Cangas, Cristina Soto, Paula Odriozola y Carlos Marbán) cuyos debates aportaron ideas claras y distintas.

Al doctor Timothy Scott, que nos facilitó de forma desinteresada un texto propio que nos sirvió de base para algunos de los puntos importantes tratados en este libro.

Al doctor Alan Baumeister por su colaboración en el apartado de la historia de la psicofarmacología y la documentación que nos facilitó.

INTRODUCCIÓN

El tema del libro

El tema de este libro es, en primera instancia, el desenmascaramiento de las prácticas clínicas, tanto de la Psiquiatría como de la Psicología, por medio de las cuales se inventan trastornos mentales. Las prácticas clínicas, se excusaría decir, forman parte de todo un entramado que incluye la investigación científica, la industria farmacéutica, el estatus de los profesionales implicados, la política sanitaria, la cultura clínica mundana y, en fin, la sensibilidad de los pacientes.

Con todo, el tema del libro es, en última instancia, el planteamiento de la naturaleza de los trastornos mentales y de su tratamiento, a partir de lo que revela el desenmascaramiento realizado. Lo que se pone de relieve por todos los lados es que los «trastornos mentales», lejos de ser las supuestas entidades *naturales* de base biológica que buena parte de la clínica actual (en connivencia con la mayoría de los pacientes) pretende hacer creer, serían entidades *construidas* de carácter histórico-social, más sujetas a los vaivenes de la vida que a los desequilibrios de la neuroquímica. El hecho de que sean entidades construidas no priva para nada a los trastornos de entidad real. Ahora bien, su carta de realidad sería de otro orden, más del orden de los problemas de la vida que de la biología y de la persona que del cerebro.

El problema del que parte

El problema de partida es la creciente cantidad de trastornos mentales, referida tanto a la aparición de nuevos tipos como a la incidencia de los ya conocidos. Así, nuevos tipos de trastornos, aunque ya parecen de toda la vida, datan en realidad de hace unos veintitantos años (a partir de la década de 1980), tales como el estrés postraumático, el ataque de pánico y la fobia social, por citar unos que tienen categoría diagnóstica reconocida. No se dejaría de recordar que desde la primera edición, de 1952, del *Manual Diagnóstico y Estadístico de Trastornos Mentales* (DSM-I) de la Asociación Americana de Psiquiatría a la del año 2000 (DSM-IV-TR), las categorías diagnósticas han crecido más del 200% (pasando de poco más de 100 en 1952 a casi 400 en 2000), dándose el mayor aumento a partir de las ediciones de la década de 1980 (de donde datan las categorías citadas). Si se tiene en cuenta que a finales del siglo XIX había unas ocho categorías, el «progreso» ha sido considerable. Por su parte, la incidencia de otros trastornos ya conocidos, como la depresión, ha alcanzado proporciones epidémicas, cuando apenas tenía relevancia hace veintitantos años. Sin ir más lejos, el consumo de antidepresivos en España (siguiendo tendencias internacionales) se ha triplicado en diez años, pasando de 7.285.182 envases vendidos en 1994 a 21.238.858 en 2003, a cargo de la Seguridad Social (según datos facilitados por el Ministerio de Sanidad), sin contar las prescripciones de los psiquiatras en sus consultas privadas. Además, en 2005 los medicamentos más vendidos en cuanto a número de envases fueron los psicofármacos. Por otro lado, la misma esquizofrenia parece tener mejor pronóstico en los países del Tercer Mundo que en los más desarrollados. Así, mientras que la remisión de un proceso psicótico en los países en vías de desarrollo es del 63% en los más desarrollados es del 37%. ¿Qué está pasando?

La respuesta no se puede conformar con explicaciones genéricas tales como decir que vivimos en una sociedad acelerada, de estrés, que nos vuelve locos. Para empezar, una explicación así debería resultar chocante si se considera que esa misma sociedad es la del bienestar y de la calidad de vida. Se podría añadir que ha cambiado la sensibilidad de la gente, de manera que ahora «siente» como problemas cosas que antes no lo eran o eran vividas de otra manera. De ser esto cierto, surge una petición de principio, ¿por qué es así?, ¿de dónde viene esta sensibilidad? Otra posible respuesta podría invocar el desarrollo de las disciplinas que entienden de estos problemas, la Psiquiatría y la Psicología, diciendo que habrían descubierto lo que siempre estaba allí gracias a la disponibilidad, ahora, de nuevos métodos científicos. Sin embargo, no se trata propiamente de descubrimientos científicos. Lo que ocurre es más bien una evolución conjunta entre el crecimiento de los trastornos mentales y el desarrollo de las disciplinas que los tratan. Esta posible coevolución entre trastornos y tratamientos debiera ser examinada antes de invocar los hallazgos científicos como explicación del mayor número de trastornos. Lo que revelaría el examen es que dicha coevolución se da en el contexto de un creciente gasto sanitario. Nos referimos sobre todo al gasto en psicofármacos. En este sentido, el gasto sanitario viene a ser el contexto que sostiene y mantiene la boyante coevolución entre trastornos y tratamientos.

A estas alturas, ya no se podría ser tan ingenuo o tan cínico como para decir que «menos mal que la Seguridad Social puede sostener el coste de tanto trastorno». Porque lo que realmente habría que decir es que el gasto sanitario está sosteniendo y manteniendo la propia coevolución entre trastornos y tratamientos. Prueba de ello es su escalada continua. Dada esta escalada, ya no es fácil ciertamente percibir si son antes los trastornos mentales (los problemas) y después los psicofármacos (las soluciones), como sería lógico, o si son antes los psicofármacos y después los trastornos, al fin y al cabo no sería la primera vez que las soluciones generan los propios problemas que dicen solucionar. Se puede adelantar, de acuerdo con explicaciones debidamente documentadas que se encontrarán en el libro, que es esto precisamente lo que está pasando, que son antes los psicofármacos que los trastornos. Los psicofármacos son los que promueven los trastornos de la manera que son, como si fueran enfermedades mentales. Bien entendido que no se está diciendo que la existencia de psicofármacos sea la causa de que la gente tenga problemas, sino de que los problemas que tiene la gente tomen la forma de trastornos mentales de supuesta base biológica remediable precisamente con psicofármacos. El caso es que los nuevos preparados se suelen abrir paso mediante la preparación de nuevos trastornos. De todos modos, la cuestión aquí no es hacer una mera denuncia de una situación que, aun siendo de escándalo, es conocida (lo que la hace todavía más escandalosa).

La cuestión de fondo

La cuestión de fondo es la naturaleza de los trastornos mentales y su tratamiento. Si hasta aquí se ha hecho mayor referencia a la industria psicofarmacéutica se debe a que ésta es actualmente el mayor sistema de invención de trastornos mentales y de su tratamiento. Pero no se trata de la mera denuncia de una supuesta «mano negra» que manejara los hilos del malestar de la gente (que ni siquiera sería «mano negra» porque es bien conocida). No se trata tampoco de negar el sufrimiento que comportan los así llamados «trastornos mentales». En absoluto se niega que los trastornos dados no sean hechos *reales,* lo que se plantea es cómo son *hechos* reales. En este sentido, la cuestión de fondo es de carácter ontológico, acerca del estatuto de realidad del trastorno y de su razón de ser.

A este respecto, se presentan dos grandes alternativas. O bien los llamados «trastornos mentales» son entidades naturales de base biológica («formaciones naturales»), o bien son entidades construidas de carácter histórico-social («construcciones prácticas»). Las componendas que mezclan ambas posturas, por ejemplo, equiparando cerebro-mente, serían vistas aquí como explicaciones confusas si es que no oscurantistas. Como quiera que sea, de acuerdo con nuestro planteamiento, los llamados «trastornos mentales», o bien serían «formaciones naturales» cuyas condiciones biológicas se irían descubriendo (y ciertamente habrá que ver lo que se sabe acerca de ellas), o bien serían «construcciones prácticas» cuya forma sería la que los clínicos necesitan dar a los problemas presentados por los pacientes para poder tratarlos de la manera que lo hacen. En este sentido, los «trastornos mentales» serían en realidad las construcciones prácticas que necesita la psiquiatría de orientación biológica para tratarlos como si fueran enfermedades (cuando es el caso que no está nada claro que lo sean). La cuestión es, en el fondo, que los problemas que presenta la gente pueden tomar relativamente distintas formas no ya sólo según el momento histórico-social (por ejemplo, histeria en tiempos de Freud, depresión en tiempos del Prozac), sino también según la orientación de los clínicos que los tratan (por ejemplo, como un problema neuroquímico, psicodinámico, cognitivo, existencial, de conducta o familiar).

El caso no es, por tanto, que tomen una u otra forma (que alguna habrán de tomar para su «tratamiento»), sino la forma que tomen. El asunto no es que sean «construcciones prácticas», sino prácticas para quién (¿para la industria farmacéutica?, ¿para el sistema de salud?, ¿para el estatus del profesional?, ¿para el paciente?, ¿para la familia?) y qué sea lo práctico (¿pasar por enfermo?, ¿arreglar una situación?, ¿escamotear la propia responsabilidad en el problema?, ¿asumir la responsabilidad?).

Aquí entran de lleno las terapias psicológicas. La idea es que las terapias psicológicas podrían hacerse cargo más cabalmente de los trastornos mentales, dada la homogeneidad entre el tipo de problema y el tipo de solución. Pero ahora el problema que surge es que las terapias psicológicas son varias y variadas entre sí. Cuando menos, habría cinco grandes sistemas de terapia psicológica y cómo tales sistemas contienen todo lo necesario para tratar los distintos trastornos. Quiere decir que un mismo problema podría tener una consideración relativamente distinta según el sistema dentro del que fuera tratado.

Esta pluralidad de sistemas podría verse en un principio, y así suele verse, como una «confusión de lenguas», indicativa de inmadurez científica, supuesto que un único sistema fuera lo propio. Sin embargo, no es así, a pesar de los más de cien años de psicología científica. ¿Por qué no es así? Tal vez no hay un sistema unificado de terapia psicológica, debido precisamente a la naturaleza constructivo-práctica de los trastornos psicológicos. Si fueran entidades naturales, como lo son las enfermedades médicas, sería de esperar un sistema estándar (en Medicina no tiene sentido preguntar de qué orientación es, por ejemplo, un neumólogo, sin perjuicio de los distintos criterios clínicos, pero en Psiquiatría y Psicología sí). Siendo los problemas psicológicos susceptibles de una variada reconstrucción (en todo caso, sistemática y, por supuesto, no caprichosa), cabe entender que esa pluralidad de sistemas venga a mostrar el carácter abierto, constructivo-práctico, de los problemas de la vida de los que derivarían, en realidad, los trastornos mentales (psiquiátricos o psicológicos, que ésta ya no es la cuestión). Las diferencias resultantes de enfocar un problema de acuerdo con un sistema u otro no estarían tanto en el orden del acierto y del error (como así sería en el diagnóstico y tratamiento de una enfermedad) como en el orden práctico, siendo aquí decisivo, de nuevo, preguntar práctico para quién y en qué sentido. No se dejaría de anticipar que los propios psicofármacos no respetan los diagnósticos para los que se supone que son específicos. Así, por ejemplo, un psicofármaco aprobado y etiquetado como antidepresivo resulta que es igual de eficaz —o más— para otros trastornos.

La cuestión que emerge: modelo médico de psicoterapia frente a modelo contextual de psicoterapia

Una forma de abrirse paso ante esta pluralidad de terapias psicológicas sería preguntar si funcionan. Porque si no funcionan o unas funcionan mejor que otras, el criterio empírico podría decidir. Pues bien, puede parecer sorprendente pero se puede decir en general que todas funcionan. Todas son eficaces y lo son en una medida similar. Sus diferencias son más de matiz que de sí o no, de decimales que de enteros. Ciertamente, hay algunas terapias psicológicas que tienen mayor reputación de eficacia que otras. Pero esta reputación, sin dejar de ser meritoria y por lo demás bien merecida, tiene una «explicación» que hace al caso de la valoración de las terapias que no gozan de tal reputación. Y es que las terapias psicológicas más conocidas y reconocidas por su eficacia han adoptado el modelo médico, en detrimento de un modelo contextual, quizá más propio de la psicología clínica.

El *modelo médico* de terapia psicológica concibe el trastorno mental como un cuadro de síntomas que responden a un supuesto mecanismo psicológico interno disfuncional (equivalente a la condición biológica que supone el modelo médico de enfermedad). Así, la terapia psicológica consistiría en la aplicación de técnicas específicas, que vendrían a ser equivalentes a la medicación (aun cuando tal especificidad no existe ni en psicofarmacología ni en psicoterapia). Por su parte, el *modelo contextual* de terapia psicológica entiende el problema presentado (que no sería necesario identificar como un «trastorno mental» cual cuadro de síntomas) en el contexto biográfico de la persona y sus circunstancias. Así, la terapia psicológica consistiría más que nada en la prestación de una ayuda dada en el contexto de una relación interpersonal, se excusaría decir que profesionalmente concebida.

El gran mérito de las terapias psicológicas que siguen el modelo médico es que han mostrado ser tan eficaces —o incluso más— que el tratamiento psicofarmacológico. En este sentido, se puede decir que la terapia psicológica tiene probada su eficacia frente a la medicación, que venía a ser una referencia obligada con la que medirse. Las terapias psicológicas reputadas por su eficacia han competido y mostrado su competencia en el terreno de la psiquiatría, jugando con sus criterios de eficacia que no son otros que los de la medicación (mayormente reducción de síntomas). Ahora bien, esta equiparación ha sido a costa en buena medida de convertir los trastornos psicológicos en unos cuantos síntomas definidos más en función de la medicación («escuchando al Prozac») que de lo que realmente le pasa a la gente («escuchando al paciente»). Siendo así, esta equiparación de la terapia psicológica con la medicación ¿es la última palabra?, ¿lo siguiente es continuar compitiendo con la medicación para seguir en carrera?

El planteamiento que se sigue en este libro no se conforma con la equiparación de la terapia psicológica con la psicofarmacológica ni toma como modelo el modelo médico. Antes bien, pone en entredicho la propia «bondad» del modelo médico aun dentro de la Psiquiatría. Porque tampoco toda la Psiquiatría está amoldada al modelo médico. De hecho, una importante tradición de la psiquiatría es crítica de la Psiquiatría biomédica y se ofrece ella misma como alternativa (se podría decir psicosocial, cultural, contextual).

Puesto que dentro de las terapias psicológicas, hay unas que adoptan el modelo médico, como se acaba de decir, y otras no, la cuestión que se plantea aquí no es Psiquiatría frente a Psicología, sino el modelo de base. Concretamente, la cuestión sería el debate entre el modelo médico (dado tanto en Psiquiatría como en Psicología) y el modelo contextual (que puede encontrarse igualmente en ambas disciplinas).

Las tesis que se sostienen

No importa que en esta Introducción ya se haya medio desvelado el argumento del libro. Se trataba de anticipar su contenido y de invitar a su lectura. Comoquiera que el libro sostiene tesis (más que hipótesis) que no son obvias sino más bien polémicas, será necesario recorrer su argumento. Concretamente, las dos tesis que se sostienen son éstas: por un lado, que los tratamientos tanto psicofarmacológicos como psicológicos se las arreglan para promover trastornos a su medida y, por otro, que la pluralidad de tratamientos existentes revela más bien el carácter abierto de los trastornos psiquiátricos o psicológicos que la supuesta miseria de la Psiquiatría y la Psicología (sin perjuicio de sus debilidades). En todo caso, la vida y tanto más en la sociedad actual parece «causar» trastornos sin parar. De ahí que sea importante preguntar qué está pasando y si fuera necesario, como parece serlo, plantear la cuestión de fondo, que no es otra que la naturaleza misma de los trastornos mentales y de sus tratamientos. En resumidas cuentas, la cuestión va a ser si se ha de escuchar al fármaco, reduciendo el trastorno a los síntomas sensibles a la medicación, o si se ha de escuchar al paciente, situando el trastorno en el contexto de su vida y circunstancias.

El desarrollo del argumento

El argumento del libro se desarrolla en tres partes. En la primera, se lleva a cabo el desenmascaramiento de la Psiquiatría y de la Psicología clínica, desvelando su método de construcción. Se empieza por introducir el «efecto Charcot», según el cual el clínico describe lo que él mismo propaga, mostrando que este efecto sigue vigente en la psiquiatría actual. En esta línea, se señala al *marketing* farmacéutico como una nueva «institución para la propagación de la fe»; en este caso, en las explicaciones y soluciones biológicas a los trastornos mentales. Más allá de la propaganda, se estudia la cultura clínica que caracteriza a la sociedad actual. Finalmente, se presentan ejemplos concretos de invención de trastornos mentales, donde figuran algunos de los más prevalecientes en la clínica actual.

En la segunda parte, se hace un estudio a fondo del estado actual de la psicofarmacología. Se empieza por la historia del descubrimiento de los psicofármacos, donde se muestra que a menudo ha sido cosa más de la casualidad que del conocimiento de causa. A continuación, se expone su funcionamiento, de acuerdo con los tres grandes grupos de psicofármacos de mayor uso: ansiolíticos, antidepresivos y antipsicóticos. Dado que es muy importante para comprender el verdadero alcance de los psicofármacos, se exponen asimismo los métodos que se utilizan en su investigación; en concreto, los ensayos pre-clínicos, los ensayos clínicos y los modelos animales de «enfermedades mentales». Puesto que los psicofármacos suponen que los trastornos mentales tienen bases biológicas, se expone lo que se sabe actualmente acerca de dichas bases biológicas. Dentro de ello, se destaca en particular lo que se mide realmente mediante las técnicas de neuroimagen.

En la tercera parte, se hace también un estudio a fondo en este caso de los tratamientos psicológicos. Se empieza por reconocer la existencia de distintas formas de tratamiento. Se entiende que todas tienen su razón de ser: unas se proponen la comprensión de sí mismo; otras, el entendimiento filosófico de los problemas; otras, la potenciación de las propias capacidades autosanadoras; otras más, el aprendizaje de nuevas formas de comportamiento, y, en fin, otras más todavía, la revisión de las relaciones familiares. De cada una de ellas se presenta su fundamento, concepción psicopatológica, objetivos, procedimiento y estatus empírico. Finalmente, se establecen las conclusiones generales del libro, las cuales alcanzan tanto a la naturaleza de los trastornos mentales como al modelo conforme al que debieran ser tratados.

PRIMERA PARTE

DESENMASCARAMIENTO DE LA PSIQUIATRÍA Y DE LA PSICOLOGÍA CLÍNICA

CAPÍTULO 1

EL «EFECTO CHARCOT»

El «efecto Charcot» constituye un fenómeno clínico que se ofrece aquí como instrumento para el análisis crítico de la Psiquiatría y de la Psicología clínica[1]. Se podría decir también para un desenmascaramiento de sus convenciones. El efecto Charcot se refiere al fenómeno según el cual el clínico encuentra lo que él mismo propaga. Toma su nombre del eminente neuropatólogo francés Jean-Martin Charcot (1825-1893), de cuando ejercía en el célebre hospital parisino de la Salpêtrière. Como es conocido, la Salpêtrière fue en tiempos de Charcot el centro donde tuvo lugar la invención de una de las formas más espectaculares de la histeria, *la grande attaque hystérique*. Pues bien, la distancia por la que podemos ahora calificar de invención el hallazgo de Charcot puede servir también para ver con cierta perspectiva el proceder actual de la Psiquiatría y de la Psicolo-

---

[1] La expresión «efecto Charcot», hasta donde sabemos, se utiliza con este sentido por primera vez en el presente libro y en el artículo de M. Pérez Álvarez y J. M. García Montes (en prensa): «The Charcot Effect: The invention of mental illness», *Journal of Constructivist Psychology*, 20.

gía clínica. La cuestión es que el proceder de Charcot puede que siga vigente.

El gran teatro de la Salpêtrière

La cuestión es percibir que Charcot describía un trastorno a la vez que lo prescribía. Como es conocido, la descripción y la prescripción se alimentan mutuamente; quizá, más a menudo de lo que es reconocido. Mientras que la *descripción* se apoya en una supuesta objetividad (ciertamente, el ataque de histeria era públicamente observable), la *prescripción* es un proceso que se escapa a la observación, ya que el actor (Charcot, en este caso) está metido en el papel de describir lo que ve, sin verse a sí mismo en el papel de inductor del propio fenómeno descrito.

Basta reparar en el célebre cuadro de André Brouillet, de 1887, *La lección clínica en la Sâlpetrière en el servicio del profesor Charcot*, frecuentemente reproducida en los textos de psicopatología. Se tiene un escenario: la sala de las lecciones de los martes. Se tiene un público: médicos residentes (algunos posteriores celebridades como Babinski, Richer, Gilles de la Tourette y Ribot) y visitantes de fuera (incluyendo conocidos literatos). Se tienen, por fin, los actores: ante todo, el propio Charcot describiendo lo que el público va a ver y Blanche Wittmann, la paciente histérica que mejor representaba el gran ataque, de hecho, «la reina de las histéricas», como era conocida; pero también figuran detrás de Blanche la enfermera jefe, al tanto por si la paciente se cae, y Babinski, sosteniéndola por los «puntos histerógenos» situados a ambos flancos de los pechos.

El cuadro de Brouillet muestra el instante en el que va a comenzar el ataque, una vez iniciado por la presión en los puntos histerógenos (cuya zona puede variar, siendo la que se ha dicho en el caso de Blanche). Anteriormente, Charcot había descrito a todos los presentes el ataque de histeria que iban a observar. Charcot pide atención para «captar todas las fases, lo que no es fácil, pues», según advierte, «a mí me han hecho falta años»[2].

El ataque más completo presenta cuatro fases que se desarrollan sin solución de continuidad. Estas fases son las siguientes: epileptiforme,

---

[2] J.-M. Charcot (2003): *Histeria. Lecciones del martes*. Ediciones del Lunar (original de 1887-1889).

clownal o de «movimientos ilógicos» (donde destaca el «arco de círculo»), actitudinal o de actitudes pasionales y delirante o de delirio. Como se aprecia en la esmerada iconografía de la Salpêtrière[3], el ataque consistía en un patrón de movimientos perfectamente tipificados. La fenomenología y denominación de estas fases tienen sus propios modelos, si bien constituyen aquí un cuadro unitario. Así, la fase epileptiforme tiene que ver, obviamente, con la epilepsia, que ofrecía sin duda el prototipo de ataque. No en vano, las personas histéricas compartían pabellón con las epilépticas. La fase *clownal* o de «movimientos ilógicos» tomaba su nombre y maneras de las contorsiones de los payasos del circo, un espectáculo destacado en la época. Por si fuera poco, las paredes de la sala donde tenía lugar la lección de Charcot estaban decoradas con ilustraciones de estos movimientos, como el «arco en círculo» que la paciente puede ver de frente. La fase de actitudes pasionales recuerda la imaginería religiosa (crucifixión, éxtasis, sin que falten posturas eróticas), algo nada extraño a la época, ni ajeno al ambiente de Charcot. De hecho, el santuario de Lourdes venía a ser una forma de cultura popular de la histeria, que el propio Charcot no desdeñaría para algunos pacientes. Finalmente, la fase de delirio suponía alguna forma de hablar, consistente en una mezcla de llantos, risas y lamentaciones.

Con toda la puesta en escena dispuesta, empieza el ataque. Un médico interno —en el cuadro, Babinski— presiona el punto histerógeno y el ataque comienza inmediatamente. Charcot va describiendo el proceso[4]: «aquí tenemos el periodo epileptoide»; «arco de círculo»; «salutaciones»; «como ven, el arco de círculo es bastante pronunciado». «Ahora tenemos aquí el periodo de posturas pasionales que hasta cierto punto se confunde con el periodo de arco de círculo...». Del mismo modo que el ataque tiene un comienzo puntual, también se podría parar si se conoce el punto correspondiente.

La cuestión está en percibir cómo Charcot queda envuelto por su propio papel, en el sentido señalado de tomar como hallazgo clínico los fenómenos que él mismo produce. Al parecer, al final de sus días, llegaría a sospechar del tinglado que se había organizado en torno a los

---

[3] G. Didi-Huberman (1982): *Invention de l'hysterie. Charcot et l'iconographie photographique de la Salpêtrière*. París: Macula.
[4] Charcot (2003), op. cit., p. 40. Esta descripción no se refiere al cuadro, pero muestra el proceder de la lección charcotiana.

hallazgos de sus investigaciones. En relación con las histéricas, aun a sabiendas de que lo suyo comportaba buena parte de actuación, también sabían, como dice Blanche, que «nos era imposible actuar de otra manera». Quiere decir que la paciente resultaba igualmente envuelta por su papel, tanto quizá como para que la manera de actuar comportara el modo de ser o, al menos, el *modus vivendi*. Sin duda, se trataba de un proceso de influencia mutua entre «el Napoleón de las neurosis», según era conocido Charcot, y «la reina de las histéricas», Blanche; es decir, entre clínico-paciente.

Esta influencia merecería términos propios de la retórica y de la hipnosis como persuasión o seducción. No en vano, Babinski, posteriormente a Charcot, trataría de sustituir el nombre de histeria por el de *pitiatismo,* de *peito,* persuasión. En definitiva, se puede decir que Charcot estaba incurso en un proceso dramatúrgico caracterizado por el autoengaño, el mismo que se da en la hipnosis[5], de modo que describía como objetivo lo que él mismo prescribía como efecto de su persuasión. Si bien vivió engañado, moriría desengañado, al menos planeaba empezar de nuevo el estudio completo del hipnotismo y de la histeria.

El carácter mutante del «efecto Charcot»

Pues bien, probablemente el «efecto Charcot» siga vigente, *mutatis mutandis,* en la psiquiatría y la psicología clínica. El «efecto Charcot» se reconocería en el sistema diagnóstico (en la medida en que sea creador de su propia objetividad) y en la investigación psicofarmacológica (en la medida en que sea igualmente creadora de su propio modelo de enfermedad).

Sistema diagnóstico creador de su propia objetividad

El sistema diagnóstico viene dado, mayormente, por el *Manual Diagnóstico y Estadístico de Trastornos Mentales de la Asociación Americana de*

---

[5] M. Pérez Álvarez (1999); «Teoría dramatúrgica de la hipnosis», *Anales de Psicología, 15,* 1, 27-38.

Psiquiatría, conocido como el DSM *(Diagnostic and Statistical Manual of Mental Disorders)*[6]. En concreto, es a partir del DSM-III, de 1980, cuando emerge la psiquiatría diagnóstica, dando lugar a toda una proliferación de trastornos mentales, en ésta y en las sucesivas ediciones (DSM-III-R, de 1987; DSM-IV, de 1994, DSM-IV-TR, de 2000). Hasta entonces, el DSM, iniciado en 1952 (DSM-I), siendo la segunda edición de 1968 (DSM-II), proporcionaba breves descripciones de los trastornos y enfatizaba los mecanismos psicodinámicos subyacentes que supuestamente explicaban la patología, de acuerdo con la influencia de la teoría psicoanalítica (dominante entonces). De hecho, rechazaba expresamente la noción de categoría de enfermedad a favor de una consideración dimensional. Pero a partir de 1980, el DSM se declara ateórico y adopta la lógica de la clasificación de trastornos discretos, dando a entender que son entidades nosológicas (enfermedades, aunque el término empleado es trastorno, *disorder*).

La novedad decisiva de este cambio de lógica consiste en convertir los problemas cotidianos en categorías diagnósticas. En realidad, los problemas cotidianos ya estaban patologizados bajo los auspicios del psicoanálisis (conforme a una suerte de psicopatologización de la vida cotidiana). Lo que ocurre ahora es una categorización sí/no, de acuerdo a supuestos criterios objetivos dados por una taxonomía de síntomas. El caso es que de 106 categorías diagnósticas del DSM-I y 182 del DSM-II, se pasó a 265 en el DSM-III y 297 en el DSM-IV[7]. Si se tiene en cuenta que en 1880 había del orden de unas ocho categorías, el «progreso» es notable.

Este uso extensivo de categorías diagnósticas para una variedad de conductas humanas, como señala Horwitz, es único en la historia de la psiquiatría. En efecto, la mayoría de las categorías diagnósticas que ahora se toman como entidades naturales objetivas son, en realidad, creaciones recientes[8].

---

[6] Aquí se toma como referente el DSM, pero el argumento concierne igualmente al sistema de Clasificación Internacional de las Enfermedades (CIE) de la Organización Mundial de la Salud.

[7] E. Shorter (1999): *Historia de la psiquiatría. Desde la época del manicomio a la era de la Fluoxetina.* Barcelona: J & C Ediciones Médicas (original de 1977), p. 303; S. A. Kirk y H. Kutchins (1992): *The selling of DSM. The rhetoric of science in psychiatry.* Nueva York: Aldine de Gruyter, p. 199.

[8] A. V. Horwitz (2002): *Creating mental illness.* Chicago: The University of Chicago Press, p. 5.

El sistema actual de clasificación se presenta como un avance respecto de sus predecesores. Supuestamente, se trataría de un sistema de enfermedades mentales con base científica y, por tanto, más adecuado y preciso que los anteriores. Sin embargo, no se puede decir que sea un triunfo de la ciencia sobre la ideología, sino, más bien, el uso de la ideología de la ciencia para justificar prácticas sociales en curso o retórica de la ciencia, como también se podría decir. ¿Cuáles son estas prácticas y, a la postre, intereses a los que responde en realidad el DSM? Se destacarán cuatro.

1. *La legitimación de la psiquiatría como especialidad médica*. En este sentido, un sistema clasificatorio de «enfermedades mentales» viene a dotar a la Psiquiatría de una nosología, a imagen y semejanza de la Medicina. A partir del DSM-III, la Psiquiatría ya no se identifica con el psicoanálisis. Como dice un historiador, la psiquiatría pasa de Freud a la Fluoxetina[9]. Con todo, una segunda circunstancia haría la clasificación poco menos que obligatoria.

2. *El sistema de terceros pagadores por tratamientos psicoterapéuticos*. La demanda de la psicoterapia a partir de la década de 1960 llevó a su inclusión en las prestaciones de los seguros médicos y sistemas públicos de salud (terceros pagadores). La cuestión es que este sistema requiere de categorías diagnósticas a las que atenerse para la cobertura del gasto. Ya no valdría un sistema dimensional del trastorno. Es más, la categoría diagnóstica habría de permitir la evaluación del cambio terapéutico y la especificación del tratamiento al menos en número de sesiones (teniendo que ser más bien finito —breve— que indefinido —de larga duración—). De esta manera, la Psiquiatría se asimilaba a una especialidad médica respetable. Como quiera que sea, el sistema del «tercer pagador» lleva a la psiquiatría y la psicología clínica a la adopción de sistemas nosológicos. Tanto es así que hasta el propio psicoanálisis vino a adecuar sus productos a las nuevas condiciones del mercado clínico, desarrollando todo un elenco de psicoterapias breves. Así mismo, la terapia de conducta, emergente en la segunda mitad del siglo XX y, en principio, también desafecta de la clasificación psiquiátrica, se avino con el sistema de clasificación que se imponía. Es más, la terapia de conducta o cognitivo-conductual llegaría a ser la terapia

---

[9] Shorter (1999), op. cit., capítulo 8.

psicológica más competitiva con la terapia psicofarmacológica, lo que ha sido a costa de adoptar los sistemas de diagnóstico como el DSM (que en realidad interesan a la psicofarmacología).

3. *La promoción de medicamentos.* Aunque los medicamentos ya formaban parte de la práctica psiquiátrica y algunos, incluso, habían hecho época, como el Valium, es a partir de los años de 1970 cuando se da una explosión en su crecimiento. El caso es que para llegar a establecerse un fármaco necesita ser probado en estudios clínicos y aprobado por los organismos correspondientes de la administración sanitaria. Particularmente, sería decisiva la *Food and Drug Administration* (FDA) de EE UU en marcar la pauta también en Psiquiatría. Fue a partir de 1962 cuando se hizo preceptiva esta práctica, si bien en Psiquiatría el requisito no alcanzaría toda su vigencia hasta la promulgación del DSM-III, en 1980[10]. Una vez consensuado, los medicamentos aprobados podrán aplicarse a cualquier condición, incluyendo las subclínicas y las cosméticas. Pero, para llegar aquí, el nuevo fármaco necesita mostrar su eficacia en el tratamiento de condiciones específicas, condiciones que quedarían fijadas por el DSM, a partir de su tercera edición de 1980. De todos modos, el problema para su promoción es que tiene que abrirse paso en la práctica clínica y, en definitiva, en el mercado farmacéutico. Así, ha de mostrarse superior a los ya existentes para una condición determinada o ha de apuntar a una nueva condición, cuya objetivación está a expensas de que figure en el DSM (como se decía). Este problema lo es, ante todo, para los laboratorios. Como dice Shorter[11], la historia de la psiquiatría pasa hoy día por la historia de las empresas farmacéuticas.

4. *Las alianzas a favor de la enfermedad mental.* A pesar de que en tiempos estuvo mal vista, la gente se adhiere hoy día de buen grado a la consideración de enfermedad mental. Si antes se culpaba a la sociedad o a la madre, hoy el culpable es el cerebro[12]. Así, se ha generado una cultura biologizante de los trastornos mentales que parece satisfacer tanto a los pacientes y sus familiares como a los modelos clínicos en

---

[10] D. Healy (1997), *The anti-depressant era.* Cambridge, Mass.: Harvard University Press, p. 100.
[11] Shorter (1999), op. cit., p. 321.
[12] E. S. Valenstein (1998). *Blaming the brain. The truth about drugs and mental health.* Nueva York: The Free Press.

esa línea. Comoquiera que sea, se profesa una adhesión al modelo de enfermedad sin que haya una evidencia que obligara a ello. La paradoja es que la visión de que la enfermedad mental debe tener causas biológicas es una construcción cultural. Pero, como tal construcción cultural, tiene sus instituciones que la hacen valer. Entre estas instituciones, por lo que importa destacar aquí, figuran asociaciones de gran influencia política como la National Alliance for the Mentally Ill (NAMI) y la Children and Adults with Attention-Deficit/Hyperactivity Disorder (CHADD). El motivo central de estas asociaciones y otras semejantes es sostener que las enfermedades mentales son alteraciones del cerebro causadas por factores biológicos. Consiguientemente, se oponen a cualquier consideración que las vincule con alguna condición relativa al desarrollo psicosocial. No ha de sorprender que estas asociaciones estén mimadas por los laboratorios. Por lo demás, se excusa decir que el DSM viene a ser su biblia. En este sentido, no se puede decir exactamente que los clínicos impongan los criterios de enfermedad. La propia gente se aviene a ella de buen grado.

Investigación psicofarmacológica
creadora de su propio modelo de enfermedad

Aunque el DSM evita el término «enfermedad» *(disease)* en beneficio de «trastorno» *(disorder)*, la psicofarmacología supone el «modelo de enfermedad» como base de los síndromes psiquiátricos. Porque síndromes son los trastornos tipificados, es decir, conjuntos de síntomas, que no necesariamente enfermedades, pero enfermedades se quieren ver y, de hecho, así se dan a entender. En este sentido, la Psiquiatría es la única especialidad médica en la que todos sus diagnósticos son síndromes, no enfermedades. Sin embargo, a los pacientes se les suele decir que tienen tal o cual enfermedad, probablemente para justificar su tratamiento con medicación.

A pesar de que no se conoce a ciencia cierta la causa fisiológica de ningún diagnóstico, la psicofarmacología no se priva de crear «modelos de enfermedad» para diagnósticos psiquiátricos[13]. Comoquiera que sea, no

---

[13] La ironía es que si se conociera la causa neurobiológica, el cuadro dejaría de ser psiquiátrico para ser, probablemente, neurológico, como parece ser el sino de la psiquiatría,

se trata sino de construcciones hipotéticas de lo que *podría* ser la fisiología subyacente. De esta manera, una curiosa circularidad invade la Psiquiatría, consistente en la proliferación de «enfermedades» que son «modeladas» por los efectos de los medicamentos que las tratan. Si, por ejemplo, un medicamento eleva la serotonina en los tubos de ensayo, entonces se dice presuntuosamente que los pacientes ayudados por la medicación deben tener déficit de serotonina aun careciendo de prueba científica para la idea. Se trata de la estrategia de «escuchar el fármaco».

El caso es que estos modelos hipotéticos acerca de la acción psicofarmacológica se ofrecen como si de enfermedades se tratara. Consiguientemente, de malentendidos y sobreentendidos se va pasando del modelo supuesto a una supuesta enfermedad, y una vez supuesta, queda en el acervo clínico. Al esparcir estas ideas, algunas caen en terreno abonado para crecer como modelo de enfermedad, tal es la parábola del sembrador de Lucas[14] aplicada a la psicofarmacología, según Healy.

> En psiquiatría, este efecto [efecto Lucas] es particularmente importante. Ha llegado a ser más y más difícil distinguir entre el *marketing* de ideas científicas y el *marketing* de preparados psicotrópicos. La selección de ideas científicas de acuerdo con su coincidencia con intereses comerciales ha sido un factor cada vez más importante en el moldeamiento del mercado académico. Dicho de otra manera, las compañías farmacéuticas obviamente fabrican medicamentos, pero menos obviamente también fabrican visiones de enfermedades. No acuñan nuevas ideas en los laboratorios, pero refuerzan selectivamente ciertas visiones posibles[15].

Con todo, lo más llamativo del modelo psicofarmacológico de enfermedad es que está edificado sobre tres pilares pseudocientíficos: diagnósticos sobre un listado superficial de síntomas, supues-

---

tal que cada éxito fisiológico supone una pérdida de terreno. Véase Shorter (1999), op. cit., p. 326.

[14] Como se recordará, la parábola del sembrador dice: «Salió el sembrador a sembrar su semilla. Al sembrar, una parte cayó junto al camino, fue pisoteada y las aves se la comieron. Otra parte cayó en un pedregal y, nada más nacer, se secó por falta de humedad. Otra cayó entre zarzas; las zarzas crecieron y la ahogaron. Y otra cayó en tierra buena, nació y dio fruto, el ciento por uno». Dicho esto, Jesús exclamó «¡El que tenga oídos que oiga!» (Lucas, 8).

[15] Healy (1997), op. cit., pp. 180-181.

tos desequilibrios bioquímicos y pretendido determinismo genético[16].

1. *Diagnóstico sobre un listado superficial de síntomas.* Los psiquiatras de orientación psicofarmacológica no se caracterizan precisamente por hablar demasiado con los pacientes. Más bien tienden rápidamente a establecer un diagnóstico sobre la base de un listado de síntomas del DSM. Síntomas, por lo demás, que ya han sido depurados de su posible sentido psicológico, en aras de una supuesta mayor objetividad. El arte diagnóstico consiste en comprobar si se dan un mínimo de ellos para alcanzar un diagnóstico determinado o acaso más de uno, dada la tan socorrida comorbilidad. Así, por ejemplo, la depresión podría quedar reducida a energía baja, pobre rendimiento, cambios en el sueño, el apetito y el nivel de actividad, al ser seis (de nueve) los síntomas requeridos para configurar el cuadro o síndrome de «depresión mayor». Así, cualquier posible ayuda a los pacientes para entenderse a sí mismos y efectuar un cambio real se pierde en el afán por diagnosticar y recetar. Esto ocurre tanto en los diagnósticos clínicos como en los protocolos de investigación. De hecho, los protocolos de investigación todavía serían más «escrupulosos» tratando de comprobar la presencia o no de los síntomas, síntomas por otra parte ya conformados o en proceso de conformación respecto de los posibles efectos del preparado en cuestión (escuchando al fármaco en vez de al paciente).

2. *Supuestos desequilibrios bioquímicos.* Aunque ciertos desequilibrios bioquímicos pueden tener consecuencias conductuales o psicológicas, como, por ejemplo, un incremento de sodio o de azúcar en sangre, su naturaleza es estrictamente bioquímica, médica. Tales desequilibrios dan lugar a unos síntomas característicos, se confirman con una prueba diagnóstica precisa, tienen una explicación fundada en procesos conocidos y, en fin, responden a un tratamiento coherente con su condición. Nada de eso ocurre en los supuestos desequilibrios bioquímicos de interés psiquiátrico, como así se ha visto en el célebre desequilibrio hormonal del cortisol (resultando que no era específico de la depre-

---

[16] J. Glenmullen (2000): *Prozac backlash. Overcoming the dangers of Prozac, Zoloft, Paxil, and others antidepressants with safe, effective alternatives.* Nueva York: Simon & Schuster, p. 193.

sión, ni de ningún trastorno en concreto) y con el no menos célebre desequilibrio, en este caso de un neurotransmisor, la adrenalina, igualmente invocado como causa de la depresión, pero no confirmado en las pruebas a propósito[17].

Pues bien, algo similar puede volver a pasar probablemente con el renovado entusiasmo ahora centrado en la serotonina, con ocasión del éxito de los inhibidores de su absorción, ya en tiempos del Prozac. La conclusión es que no hay nada establecido sobre el supuesto desequilibrio de la serotonina en la depresión, ni en cualquier otra condición psiquiátrica. Lo que sí parece más establecida es la creencia en semejante desequilibrio. Es más, aun cuando tal desequilibrio se encuentre en los pacientes deprimidos, o con otro *distress,* todavía podría ser más probablemente la consecuencia del trastorno que la causa. Demasiado a menudo la psiquiatría hace creer que conceptos hipotéticos están más firmemente establecidos que lo que realmente están. (De todos modos, para el estado de la cuestión de estos asuntos, véase la Segunda Parte del presente libro).

Por lo demás, del efecto del medicamento no se puede deducir la causa del trastorno. Las molestias que alivia la aspirina no se deben a deficiencia de aspirina. El alivio de síntomas psiquiátricos debidos a la medicación no indica que lo que ha sido aliviado sea una enfermedad específica. La manera en que la medicación psicoactiva funciona no es consistente con la noción de que los síntomas psiquiátricos son indicadores de entidades diagnósticas distintas. Resulta irónico que los fármacos, después de haber sido aprobados por su eficacia en un trastorno determinado, se salten las categorías diagnósticas. De hecho, las maneras en que los medicamentos funcionan desafía los fundamentos del diagnóstico psiquiátrico.

3. *Pretendido determinismo genético.* El determinismo genético es otra piedra angular sobre la que se pretende sustentar la explicación biológica de los trastornos psiquiátricos y, así, la medicación como el tratamiento que les sería propio. Sin embargo, no se puede decir que esté establecida la determinación genética de algún trastorno determinado. Ciertamente, se cuenta con estudios seriales que rastrean el pedigrí psiquiátrico y encuentran ascendencias familiares. Pero la fragili-

---

[17] Op. cit., pp. 195-197.

dad de estos estudios, empezando por los diagnósticos retrospectivos, no permite afianzar nada. Por su parte, los estudios con gemelos criados por separado no dejan de ser estudios de «pedigrí simple» que tratan de ver si una condición transcurre o no a través de la familia.

Comoquiera que sea, estos estudios no han puesto de relieve un marcador que asegure la base genética de la concordancia «fenotípica» observada. Al fin y al cabo, la discordancia entre gemelos idénticos criados por separado es mayor que la concordancia, aun cuando ésta también resulte mayor que la esperada por azar. La apelación a la multideterminación genética, sin dejar de ser posible, no deja de ser también una «salida» a la falta de una identificación precisa. Por su parte, la invocación de una vulnerabilidad general, más que un trastorno concreto, como condición heredada no deja igualmente de revelar el desconocimiento preciso de la supuesta determinación genética. De hecho, no hay estudios de rasgos de personalidad que hayan desenredado las similitudes debidas a una historia familiar compartida de las debidas a los genes. De la observación de la transmisión familiar no se puede derivar, sin más, una explicación genética[18].

El afán en buscar una explicación genética, con ser legítimo y relevante, puede que esté impidiendo la búsqueda con un empeño que fuera igualmente encomiable de la génesis familiar por vía de las prácticas sociales. Comoquiera que sea, la familia es transmisora de cultura, incluyendo la cultura familiar relativa a estilos de vida, formas de conducta, pautas idiosincrásicas, costumbres, «manías». El aspecto relevante es que la transmisión familiar puede ser más una cuestión *memética* que propiamente genética. Como los genes, los *memes* son también «replicadores»; en este caso, de pautas culturales. Al margen de si la noción de *meme*, tomada a imagen y semejanza del gene[19], es la mejor conceptualización de la mímesis cultural (que probablemente no lo sea, precisamente, por su hipoteca en la imagen de origen), la cuestión aquí es reclamar un estudio más esmerado de

---

[18] R. C. Lewontin (1992): *Biology as ideology. The doctrine of DNA*. Nueva York: Harper-Perennial, p. 96.
[19] Como se recordará, «meme» es un término acuñado por el autor del «gen egoísta», Dawkins, R. (1994): *El gen egoísta*. Barcelona: Salvat (original de 1976), capítulo 11 (Memes: los nuevos replicadores), pero ya de uso general; véase S. Blakmore (2001): *La máquina de los memes*. Barcelona: Paidós (original de 1999).

la génesis social de los trastornos psiquiátricos, antes de declarar su origen genético.

Aunque la falta de comprobación de las bases genéticas de los síndromes psiquiátricos debiera devolver las miras a la génesis social, según se ha apuntado, lo cierto es que lleva a otros modelos de enfermedad igualmente insostenibles. Se señalan a este respecto el «encendido neuronal» y los virus[20]. El modelo del «encendido» supone que episodios repetidos de estrés terminan por «sensibilizar» circuitos neuronales de manera que llegarían a ser las condiciones (ahora ya biológicas) de los trastornos actuales, disparados cual ataque de epilepsia (de cuyo ataque toman el modelo). Siendo así, lo que se necesita es medicación para tratar ese «daño» o «cicatriz» que estaría en la base del trastorno. Por su parte, los virus se prestan igualmente a explicaciones biologicistas, prácticamente, de cualquier trastorno, si bien fue la esquizofrenia el más sospechoso a este respecto. En fin, como señala Glenmullen[21], el determinismo genético, el encendido al modo epiléptico y los virus psicopáticos formarían parte de la misma tendencia equivocada de ver los síndromes psiquiátricos en función exclusivamente de causas biológicas en vez de tratar de ver sus posibles orígenes sociales más complejos.

El efecto Charcot según se ha presentado aquí sería hoy un fenómeno a gran escala. Si en su día consistió en una suerte de persuasión implícita dada en la actuación clínica, hoy cuenta con todo un sistema de propaganda explícita dada universalmente conocida como *marketing* farmacéutico.

---

[20] Glenmullen (2000), op. cit., p. 200.
[21] Op. cit., p. 201.

CAPÍTULO 2

MARKETING DE MEDICAMENTOS Y DE TRASTORNOS

El ámbito de los trastornos mentales está dominado por el *marketing* farmacéutico. De hecho, el *marketing* farmacéutico es toda una especialidad. Consiste en técnicas de mercado con el fin de establecer el sistema de comercialización más adecuado y de satisfacer y estimular la demanda de psicofármacos. Aun siendo el *marketing* algo propio de los tiempos, tiene especiales delicadezas en el campo de los preparados farmacológicos, dada la «mercancía» de que se trata. Así, el *marketing* psicofarmacológico puede desarrollarse a costa de convertir potenciales clientes en pacientes, habida cuenta de que la definición de «paciente» justifica mejor el consumo de preparados. Puede, igualmente, llegar a promover, si no inventar, enfermedades a partir de problemas normales. Puede, en definitiva, que el *marketing* farmacéutico llegue a ser iatrogénico, de modo que el remedio propagado sería peor que la enfermedad.

El *marketing* de productos psicofarmacológicos no es nuevo, sino que ya tuvo su comienzo con ocasión del descubrimiento de la clorpromacina (Largactil) en la década de 1950. Así mismo, la venta de los psicofármacos, en particular «tranquilizantes» debidamente etiquetados como «neurolépticos», aprovechó la coyuntura de la desinstitucionalización psiquiátrica, para hacer creer que ésta era posible gracias, sobre todo, a éstos. Dicha desinstitucionalización ya se había producido antes en muchos países aunque en otros no se daba aun disponiendo de tales preparados[1]. Con todo, el gran despegue del *marketing* psicofarmacológico data de finales del siglo XX, a partir del DSM-III de 1980-1987 y del Prozac y demás Inhibidores de la Recaptación de la Serotonina (SSRI). En este sentido, se puede decir que el *marketing* farmacéutico viene a hacer del mundo una especie de Salpêtrière global o ecuménico. Dado este alcance ecuménico, bien se puede decir que el *marketing* farmacéutico es una nueva institución para la propaganda de la fe, en este caso, de la fe en los fármacos, comparable en cierta medida a la institución creada por la Iglesia católica para la propagación de la fe con mayúsculas[2]. Comoquiera que sea, referido al *marketing* se han de distinguir dos aspectos: la doctrina propagada y los procedimientos de propagación.

La doctrina propagada

La doctrina propagada no es otra que alguna suerte de teoría química de la enfermedad mental. Por lo pronto, se trata de hacer pasar los trastornos psiquiátricos (psicológicos o mentales) por enfermedades, aun cuando los sistemas taxonómicos (DSM, CIE/ICD) utilizan «trastorno» *(disorder)* que, ciertamente, no es equiparable a «enfermedad». Sin embargo, el contexto clínico, cuyo modelo es la relación médico-paciente, se presta a la confusión, al dar a entender que un trastorno es una enfermedad como otra cualquiera (al fin y al cabo el médico trata enfermedades). Por su parte, la propaganda utiliza descaradamente el término «enfermedad» para referirse a los «trastornos mentales». Comoquiera que la enfermedad supone una base orgánica, queda sugerida su condición biológica, que por mor de los medicamentos se especifica en términos de desequilibrios químicos.

---

[1] R. Warner (2004): *Recovery from schizophrenia: psychiatry and political economy* (3.ª edición). Nueva York: Brunner-Routledge, cap. 4.
[2] Se refiere a la *Congregatio de Propaganda Fide* creada por el papa Gregorio XV en 1622.

El concepto de desequilibrio químico se ha prestado a hacer inteligible tal implicación, al ser tanto o más un dispositivo retórico que propiamente un proceso químico (como se recordará, los supuestos desequilibrios químicos ya han sido discutidos anteriormente). El mismo nombre de la supuesta acción farmacológica que arregla un desequilibrio de este tipo, «inhibición selectiva de la recaptación de serotonina», cuyas siglas en inglés, SSRI, ya son de por sí un eslogan y, en todo caso, el nombre comercial más famoso, el Prozac, presuponen toda una concepción neuroquímica del funcionamiento psicológico trastornado (para estar bien) o ni siquiera trastornado (para estar mejor que bien). La concepción neuroquímica del yo y la psicofarmacología cosmética serían otros baluartes de esta propaganda de la teoría química de la enfermedad mental.

Por si fuera poco, la declaración de la década de 1990 como «década del cerebro» ha venido a bendecir la buena dirección de esta doctrina, aparte del empuje que supusiera para el estudio del cerebro propiamente. Por otro lado, la concepción a favor de la «enfermedad mental» suele venir también apuntalada por postulados genéticos con ocasión del genoma humano. Con todo, la doctrina está fundida con los procedimientos de propagación.

Los procedimientos de propagación

Por lo que respecta a los procedimientos del *marketing*, se cuenta con una variedad de ellos, en continua renovación. Se pueden resumir en los siguientes:

1. Propaganda directa al paciente.
2. Propaganda dirigida a los médicos de atención primaria.
3. Educación continuada de los psiquiatras.
4. Financiación de la investigación psiquiátrica.
5. La autocomplacencia de los propios pacientes.

Propaganda directa al paciente

La propaganda dirigida directamente a los pacientes es un fenómeno nuevo. Siempre se consideró que el destinatario propio era el clínico. Él era quien debía estar informado de las buenas nuevas que podrían interesar a sus pacientes. Sin embargo, en los últimos tiempos, coincidiendo con la introducción de una nueva generación de antidepresivos, encabezados por los SSRI (inhibidores selectivos de la recaptación de serotonina), aparecen anuncios en periódicos, revistas, televisión (en los países donde está autorizada esta propaganda, como EE UU y Australia), diciendo que tal malestar o trastorno es una enfermedad física, como otra cualquiera, y que tiene tratamiento farmacológico conocido, precisamente, el que se anuncia. Así, un anuncio de Eli Lilly promoviendo el Prozac (fluoxetina) consistente, en este caso, en folletos enviados a los psiquiatras para distribuir entre sus pacientes, dice lo siguiente, debidamente apoyado por dibujos[3].

> «Como la diabetes o la artritis, la depresión es una enfermedad física. La serotonina, un importante elemento químico encontrado en el cerebro, está vinculada a la depresión. Cuando la serotonina está baja, usted puede sufrir depresión». [A la par se presenta un rostro con expresión triste y el perfil de un cerebro con únicamente tres puntos indicativos de escasez de serotonina]. «Cuando usted tiene suficiente serotonina, los síntomas de la depresión pueden desaparecer». [Se muestra ahora el mismo rostro alegre y el cerebro lleno de puntos representando a la serotonina].

Otro anuncio, de Paxil (paroxetina, también conocido en Europa como Seroxat) para la ansiedad crónica, en este caso en la televisión de EE UU, a principios de la década de 1990, dice lo siguiente:

---

[3] Valenstein (1998), op. cit., p. 181.

> Tres mujeres presentan sendas quejas:
>
> *Primera:* «Siempre estoy pensando que algo terrible va a suceder, no puedo evitarlo».
>
> *Segunda:* «Sabes, tus peores miedos, lo que... No puedo más, siempre preocupándome por algo».
>
> *Tercera:* «Es como una cinta magnetofónica en tu mente, sigue y sigue. Siempre pensativa, inquieta».
>
> Título:
> LA VERDADERA HISTORIA DE LA ANSIEDAD CRÓNICA
>
> *Personaje femenino*:
> «Es como si nunca fuera a tener relax. En el trabajo estoy preocupada por las cosas de casa. En casa estoy preocupada por el trabajo».
>
> *Narrador femenino*:
> «Si usted es una de los millones de personas que viven con preocupaciones incontrolables, ansiedad y varios de estos síntomas [serie de síntomas recorriendo la pantalla: PREOCUPACIÓN, ANSIEDAD, TENSIÓN, FATIGA, IRRITABILIDAD, DESASOSIEGO, FALTA DE CONCENTRACIÓN], usted podría estar sufriendo un trastorno de ansiedad generalizada y un desequilibrio químico sería el culpable».
>
> PAXIL corrige este desequilibrio para aliviar la ansiedad.
>
> Las mujeres de las quejas están ahora felices jugando con los niños, mientras un narrador se apresura a advertir las obligadas precauciones:
> «La indicación de Paxil no es para todo el mundo... Consulte a su médico. Los efectos secundarios pueden incluir pérdida de apetito, sequedad en la boca, temblor o somnolencia. Paxil no crea hábito».
>
> *Primera mujer de las quejas*:
> «Ya no estoy atascada con mis preocupaciones. Me siento yo de nuevo, me siento a mí misma».

Las noticias de supuestos hallazgos científicos mostrando causas biológicas de trastornos mentales, así como nuevos preparados que las remedian, pueden funcionar como propaganda bajo pretexto de noticia. De hecho, es posible que sean «noticias» filtradas con propósitos propagandísticos. En fin, hay una descarada desconexión entre lo que dicen los anuncios y lo que realmente se sabe[4].

Propaganda dirigida a los médicos de atención primaria

La propaganda dirigida a los médicos de atención primaria sobre asuntos psiquiátricos es también un fenómeno nuevo. Los psiquiatras serían los apropiados para recibir las buenas nuevas relativas a su especialidad. Sin embargo, para la industria psicofarmacéutica, son tanto o más valiosos los médicos de atención primaria que los mismos psiquiatras. De hecho, son estos clínicos los que más psicofármacos recetan de todas las especialidades médicas, incluyendo la psiquiatría[5]. Del orden del ochenta por ciento de los antidepresivos son recetados en atención primaria. La mayor parte de los trastornos mentales tienen su primera entrada en el sistema sanitario por atención primaria. Por otro lado, la depresión y la ansiedad constituyen entre un tercio y un cuarto de todas las visitas de atención primaria. Así pues, no es de extrañar que los laboratorios se fijaran en este sector de la atención médica.

Lo primero que se les ocurrió a las multinacionales farmacéuticas, empezando por Pfizer y Eli Lilly, fue dotar de recursos clínicos a los médicos de atención primaria para llevar a cabo un *screening* psiquiátrico. Este *screening* consiste, por lo común, en un cuestionario lo más breve posible con respuestas «Sí» o «No» a una serie de cuestiones tratando de revelar ansiedad, depresión y demás «enfermedades» que interesen. Se trata de preguntas del tenor de «¿Siente latir su corazón?», «¿Está su comida fuera de control?» Por ejemplo, el PRIME-MD desarrollado por Pfizer se autopresenta como un instrumento que hace posible a los médicos de familia diagnosticar el noventa por ciento de las quejas psiquiátricas en menos de ocho minutos y medio. Dado que el médico puede estar todavía demasiado ocupado, cabe que este y

---

[4] J. R. Lacasse y J. Leo (2005): «Serotonin and depression: a disconnect between the advertisements and the scientific literature», *Plos Medicine*, 2, 12, e92 / http://www.plosmedicine.org

[5] M. E. Thase y R. D. Jindal (2004): «Combining psychotherapy and psychopharmacology for treatment of mental disorders», en M. J. Lambert, ed., *Bergin and Garfield's handbook of psychotherapy and behaviour change* (5.ª edición; pp. 743-766). Nueva York: Wiley.

otros instrumentos puedan ser aplicados por enfermeros u otros miembros del centro o por medios informatizados[6].

Una vez obtenido así el diagnóstico, el tratamiento más a mano para el médico de atención primaria es la medicación, que es sugerida por el uso del propio instrumento. Aunque hay otras opciones, como enviar el paciente al psiquiatra o al psicólogo clínico, lo cierto es que el número de prescripciones aumentan al utilizar diagnósticos de este tipo. Dada, por lo demás, la facilidad para puntuar en estos cuestionarios, el posible sobrediagnóstico conlleva la correspondiente sobremedicación.

Otra manera que tiene la industria farmacéutica de influir en las prácticas de diagnóstico y tratamiento psiquiátrico en atención primaria es por medio de «guías de consenso». Las guías de consenso consisten en un acuerdo sobre las prácticas clínicas que seguir, en este caso, en atención primaria, en vista de la evidencia disponible. Este consenso deriva de comisiones y conferencias a propósito que reúnen, por ejemplo, a psiquiatras, a médicos de familia y a expertos sanitarios; generalmente, bajo el patrocinio de un laboratorio. Así, por ejemplo, una comisión patrocinada por la multinacional farmacéutica SmithKline Beecham para la adaptación de la terapia antidepresiva a las necesidades individuales de los pacientes de atención primaria establece los siguientes acuerdos. Lo primero de todo se afirma que la medicación antidepresiva puede ser prescrita junto con el tratamiento para otras condiciones y que la depresión no tratada contribuye a peores resultados incluso en una condición tan grave como el infarto de miocardio. A continuación, se dan indicaciones de cómo se debe continuar la medicación antidepresiva. Si hay una mejoría después de cuatro semanas, la medicación debe ser continuada al menos seis meses después de la remisión total. Si la mejoría es del veinticinco por ciento de los síntomas en las primeras cuatro semanas, se aumentará la dosis y se volverá a evaluar el resultado cuatro semanas después. Finalmente, si no hay mejoría, se aumentará la dosis o se probará con otro antidepresivo. Como dice Valenstein[7] comentando estas recomendaciones, si se deja

---

[6] R. L. Spitzer, K. Kroenke y J. B. Williams (1999): «Validation of a self-report version of PRIME-MD: the PHQ primary care study. Primary Care Evaluation of Mental Disorders. Patient Health Questionnaire», *JAMA*, 282, 18, 1737-1744.

[7] Op. cit., p. 184.

aparte la evidencia científica en que se basen, está claro que maximizan el uso de antidepresivos antes de considerar tratamientos distintos de la medicación. Aunque estas guías no dejan de sugerir la psicoterapia y el consejo, estas sugerencias son presentadas simplemente como útiles adjuntos a la medicación, añadiendo que la psicoterapia puede ayudar a reparar las relaciones sociales dañadas por la depresión y a mejorar el cumplimiento de la propia medicación.

De acuerdo con estas prácticas, se podría decir que del orden del noventa por ciento de la psiquiatría podría quedar asumida en la atención primaria por el médico general. Pues, en efecto, se excusan tanto el diagnóstico como el tratamiento especializados. Siendo así, el triunfo de la psiquiatría biológica sería su propia defunción.

Educación continuada de los psiquiatras

De todos modos, las compañías farmacéuticas siguen cuidando de que los psiquiatras estén al día, en particular, de sus productos. No es una exageración decir que la psiquiatría actual está en manos de los laboratorios, con las excepciones que corresponda hacer, sobre todo, por lo que respecta a la psiquiatría crítica con la propia Psiquiatría. Las maneras como la industria farmacéutica influye en la Psiquiatría son varias. Se empezaría por citar el apoyo económico para la organización de congresos de las distintas sociedades y asociaciones científicas y profesionales. Ni que decir tiene que los congresos son auténticas ferias en el cuádruple sentido de mercado, exposición publicitaria, instalaciones recreativas y conjunto de festejos, todo ello en torno a —y en un entorno de— productos farmacéuticos. Como dice Healy[8], el circuito de la psicofarmacología ha llegado a ser todo un circo. Se entiende que el contenido científico forma parte de este tinglado. Conferencias, simposios y mesas están en la onda de la compañía que las patrocina. Ni siquiera se necesita dar ninguna consigna al conferenciante de turno, sino que una armonía preestablecida parece encontrar las personas adecuadas. El patrocinio de conferencias y simposios no se circunscri-

---

[8] D. Healy (2004): *Let them eat Prozac. The unhealthy relationship between the pharmaceutical industry and depression*, Nueva York: New York University Press, p. 120.

be a congresos. Se señalarían también las conferencias ofrecidas dentro de la formación de médicos residentes, así como los simposios sobre tópicos determinados.

Aunque todo lo anterior contribuye a la actualización, no faltan propiamente programas de educación continuada sustentados también por las compañías farmacéuticas. No se ha de pensar que estos programas se refieren a tratamientos alternativos a la medicación ni a sus efectos secundarios.

Finalmente, no se pueden dejar de citar los anuncios de los productos farmacéuticos dirigidos específicamente a los clínicos. Si bien se les supone con conocimiento de causa, los clínicos reciben la propaganda proporcional a la preparación y a la sofisticación que se les supone. Se trata, por lo común, de una propaganda revestida de información científica. Así, se hablará de moléculas, neurotransmisores, receptores, desequilibrios químicos, como si fuera de viejos conocidos. Aunque no sólo por esto, sino también por lo que se diga en el punto siguiente, el caso es que la Psiquiatría biológica ha creado todo un estilo de pensamiento. Ya se hace difícil que el psiquiatra sepa hablar en otros términos que no sea los biológicos dada la continuada educación recibida.

Financiación de la investigación psiquiátrica

La industria farmacéutica ha llegado a ser también el principal financiador de la investigación psiquiátrica. En este sentido, no es de extrañar que la investigación esté influenciada por la industria. La investigación científica básica, en principio, desinteresada, es difícil de concebir en el campo de la psiquiatría. No hay nada que objetar a la industria por financiar investigación. La cuestión está en las consecuencias que se deriven de ello y en las maneras como se da en un campo donde se juega con el sentido de la vida de la gente.

Por lo pronto, la preponderancia de la industria farmacéutica ha contribuido decisivamente a la implantación mayoritaria de la doctrina biológica, cuando la psiquiatría cuenta con una tradición que no necesariamente tiene que sucumbir al biologicismo. Pero es el caso que la psiquiatría biológica domina el campo de la psiquiatría, y no por un triunfo de la ciencia, sino por influencias de la industria que, de paso, sirven a otros intereses, como, por ejemplo, la asimilación de los trastornos psicológicos como supuestas enfermedades.

Dentro de esta tendencia, la investigación se centra en el desarrollo de psicofármacos, cuyo interés último es lograr patentes. Entretanto, el desarrollo de psicofármacos conlleva también el desarrollo de modelos de enfermedad mental y hasta la promoción de enfermedades mentales en función, precisamente, de los psicofármacos desarrollados. Así, el modelo de enfermedad consistente en el desequilibrio químico está postulado a partir de la supuesta acción de los fármacos. Como se ha dicho, el desequilibrio químico es más un dispositivo retórico que un hallazgo científico. En este sentido, la estrategia de «escuchar al fármaco» viene a explicar el trastorno por la supuesta acción del fármaco (como si un «desequilibrio de ácido acetilsalicílico» explicara el dolor de cabeza que remedia la aspirina). De acuerdo con esta estrategia de escuchar al fármaco, el fármaco funciona a la vez como tratamiento y diagnóstico, pues se termina por padecer lo que remedia (más que remediar lo que se padecía).

La proliferación diagnóstica a partir del DSM-III, de la década de 1980, sería en buena medida otra consecuencia de este mismo celo de la investigación psicofarmacológica. Tal pareciera que los psicofármacos desarrollados necesitaran más de los pacientes que éstos de los fármacos, por utilizar la fórmula de Ivan Illich[9] referida a médicos y a abogados. El preparado necesita «preparar» pacientes a su medida para abrirse un espacio en el mercado farmacéutico. De este modo, se inventarían trastornos como el pánico y la fobia social y se promovería la depresión a cotas epidémicas, amén de la sobremedicación de otros problemas (como se verá en el próximo capítulo).

Si éstas son las consecuencias de la influencia de la industria en la investigación (dominancia de la psiquiatría biológica, modelos de enfermedad mental y proliferación diagnóstica), las maneras tampoco pueden estar exentas de objeción. A este respecto, destaca la importancia que tienen los ensayos clínicos para probar la eficacia y la seguridad de los nuevos preparados para su aprobación y comercialización. En teoría, éste puede ser un procedimiento riguroso, pero en la práctica se

---

[9] I. Illich (1977/1981): «Profesiones inhabilitantes», en I. Illich, I. K. Zola, J. Mc. Knight, J. Caplan y H. Shakein, *Profesiones inhabilitantes*. Madrid: H. Blume, p. 34.

convierte fácilmente en un instrumento más al servicio del interés comercial que de la verdad científica. Aunque no se puede decir que las compañías sesguen los resultados seleccionando investigadores clínicos «favorablemente dispuestos», ciertamente, como dice Valenstein[10], es poco probable que financien a clínicos que son conocidos por ser escépticos sobre la eficacia de los fármacos o tienen reputación de ser «abiertamente sensibles» a los «efectos secundarios». Sobre los ensayos clínicos se hablará más adelante, en el capítulo titulado «Cómo se investiga en psicofarmacología».

Una vez obtenidos, los resultados favorables al nuevo fármaco tienen más probabilidades de ser publicados que los resultados desfavorables. Por lo general, la compañía es la dueña de los datos y los administra según le conviene. Así, no es de extrañar que las ventajas de los nuevos preparados respecto de los tradicionales se encuentren más probablemente en estudios financiados por compañías que en los financiados por agencias estatales. De hecho, el mayor predictor del resultado terapéutico de un estudio sobre 105 ensayos y más de 11.000 pacientes fue la compañía farmacéutica[11]. Por la compañía del preparado en estudio se puede predecir que éste va a ser más eficaz que los de comparación.

Es posible que queden más datos sin publicar, porque no sean favorables, que los que de hecho se publican. Dentro de los publicados, los resultados favorables suelen serlo por los pelos, después de sofisticados análisis estadísticos y estilizadas gráficas para hacer ver lo que difícilmente se ve a ojo. En fin, no hay duda de que las compañías seleccionan y magnifican los datos que son de su interés.

La influencia de los laboratorios se extiende también a las revistas científicas, incluso —y sobre todo— a las más prestigiosas. Figuras clave de las revistas pueden ser también investigadores principales de estudios patrocinados por los laboratorios. Comoquiera que sea, las compañías pueden tener poder tanto para publicar artículos que favorecen sus intereses como para bloquear los que vayan en contra. Por lo demás, los monográficos y suplementos de las revistas se prestan a

---

[10] Valenstein (1998), op. cit., p.188.
[11] N. Freemantle, I. M. Anderson y P. Young (2000): «Predictive value of pharmacological activity for relative efficacy of antidepressant drugs. Meta-regression analysis», *British Journal of Psychiatry*, 177, 292-302.

vehicular artículos de interés para las compañías, pues, por un lado, suelen estar financiados por ellas y, por otro, no suelen estar sometidos a las revisiones de los números regulares.

La publicación científica en psiquiatría se vale de otra práctica acostumbrada en medicina y que seguramente sorprenderá a investigadores de otros campos, en particular, de la psicología clínica, dada la afinidad temática. Se trata de la *escritura fantasma* y de las agencias de comunicación, denunciadas por Healy.

> Otra nueva bestia en la jungla psicofarmacológica es la agencia de comunicación o de escritura médica, a menudo perteneciente a una o dos personas, con formación en medicina o en una ciencia relacionada, que trabajan estrechamente con una o dos compañías farmacéuticas. Esencialmente, han llegado a ser las divisiones de la comunicación externa de las principales compañías[12].

Estas agencias, al menos la Current Medical Directions (CMD), pueden escribir tanto estudios, artículos de revisión, resúmenes, suplementos, monográficos, comentarios de experto, capítulos de libros como llevar a cabo metaanálisis, organizar suplementos de revistas, simposios vía satélite, conferencias de consenso e, incluso, mesas consultivas para sus clientes. Así, por ejemplo, en el curso de 1998, la CMD, por encargo de Pfizer, coordinó la autoría de unos ochenta y siete artículos sobre Zoloft, de los cuales cincuenta y cinco fueron publicados a principios de 2001, incluyendo las principales revistas[13].

Las compañías pueden sacar contratos para publicar, por ejemplo, veinticinco artículos en las principales revistas con autores de renombre, y esperar la mejor oferta de estas agencias. El caso es que los escritos de la agencia no desdicen del estilo y referencias de los propios autores (supuesto que, al menos, algunos de sus trabajos anteriores habrían sido propios).

> Una conclusión obvia es que en este proceso, el lenguaje psiquiátrico debe necesariamente haber sido reducido al nivel de la *National Enquirer* psiquiátrica, y de ahí, en la mayoría de estos suplementos de la revista es muy

---

[12] Healy (2004), op. cit., pp. 112-120.
[13] Op. cit., p. 116.

difícil encontrar algo que no sea simplemente un refrito de material repetidamente presentado en otros lugares[14].

Se excusa decir que el mensaje de estos trabajos que hace una agencia para autores que al final asienten y firman no va en contra de los intereses de la compañía que los ha contratado.

Otra variante de este proceso consiste en preparar por parte de las compañías los datos de los ensayos clínicos para los autores de la investigación. Según estén tabulados, el significado de los datos ya viene establecido. Así, por ejemplo, en ensayos sobre antidepresivos SSRI, pacientes que abandonan con agitación pueden ser codificados como falta de respuesta al tratamiento. En los ensayos clínicos de psicofármacos no es la norma que los autores principales inspeccionen ellos mismos los datos. De hecho, no sería la primera vez que los investigadores se encuentran ya con el «borrador» definitivo del estudio. Este hecho no impide que los estudios en los que participan terminen publicados en las revistas más distinguidas del campo, incluyendo *Archives of Psychiatry*, *American Journal of Psychiatry*, *Journal of the American Medical Association* o *New England Journal of Medicine*.

Ciertamente, no faltan figuras señeras que no aceptan escritos fantasma, si bien encuentran aceptable que su intervención en un simposio sea transcrita y publicada a la par que la de otros participantes cuyo contenido está completamente dictado por la compañía. La presencia de estas figuras «honorables» da barniz de respetabilidad a los otros.

Todo parece indicar, según denuncia Healy, que muy pronto alrededor del cincuenta por ciento de la literatura «científica» en farmacoterapia sea *escritura fantasma*, originada dentro de las compañías y publicada sin revisión (por revisores independientes) en suplementos de las revistas. Cabría pensar, pues, que muchas de las figuras señeras en el campo sean en realidad científicos «fantasma». Esto demostraría que no hay garantía de que la publicación incluso en las revistas más prestigiosas signifique que los resultados reflejen adecuadamente los datos de los ensayos clínicos.

---

[14] Op. cit., p. 113.

La autocomplacencia de los propios pacientes

Las prácticas anteriormente señaladas podría decirse que interesan a las compañías farmacéuticas y a los psiquiatras, a costa de los pacientes, pero también parece ser que los pacientes están interesados, por lo general, en ser tratados como enfermos de condiciones biológicas. Este interés es, en principio, nuevo, habida cuenta de la tendencia en contra de la consideración de la «enfermedad mental» en las décadas de 1960-1970. No en vano eran los tiempos de la antipsiquiatría. Lo que entonces sería poco menos que insultante para la gente, es hoy una reivindicación.

En efecto, como ya se ha dicho en el capítulo anterior, hay numerosos grupos de pacientes en defensa de la consideración de los trastornos mentales como enfermedades biológicas y de la medicación como el tratamiento propio. Se trata principalmente de asociaciones de Estados Unidos[15], pero no faltan las correspondientes de cada país.

Muchos de estos grupos reciben, cómo no, apoyos de la industria farmacéutica. En vista de sus campañas públicas en pro de la enfermedad mental, se podría decir que hacen el «trabajo sucio» de los laboratorios, diciendo cosas que parecerían todavía más descaradas si las dijeran los propios laboratorios. Así, la NAMI, la organización más potente de este tipo, llevó una campaña bajo el eslogan «Las enfermedades mentales son enfermedades del cerebro», alentando a que cada vez más gente fuera diagnosticada y tratada para reducir el estigma. Por su parte, la NARSAD promovió una campaña con el eslogan «La depresión: un defecto en la química, no en el carácter», advirtiendo que al ser una enfermedad física (no mental) puede ser curable en vez de meramente tratable[16].

La alianza pacientes-psiquiatras-laboratorios para la reivindicación de la noción de enfermedad y el correspondiente tratamiento farmacológico tiene su apoteosis en la presencia de un paciente en una reunión cien-

---

[15] Entre ellas, la National Alliance of the Mentally Ill (NAMI), la National Alliance for Research on Schizophrenia and Depression (NARSAD), la National Depressive and Manic Depressive Association, la National Foundation for Depressive Illness, la National Mental Health Association, Neurotics Anonymous, la OCD Foundation, Social Phobia Association of America, la Schizophrenia Association of America, y Children and Adults with Attention Deficit Disorder.
[16] Healy (2004), op. cit., p. 111; Valenstein (1998), op. cit., p. 177-178.

tífica explicando cómo su vida fue salvada, por ejemplo, de la depresión, merced a la química. En las reuniones abiertas a la prensa, la exposición del paciente puede ser casi tan importante —o incluso más— que la de los expertos médicos. Pueden ofrecer a los periodistas una historia simplificada de cómo la corrección de un desequilibrio químico en el cerebro gracias a los antidepresivos pone a la gente bien.

Este interés de los pacientes por las explicaciones químicas se alimenta de la propaganda de los laboratorios y demás «información» en la línea biológica (todo ello formando parte de la cultura de la terapia), pero obedece a tendencias más generales de la sociedad actual. A este respecto, Fukuyama[17] señala tres tendencias:

1. El deseo por parte de la gente de medicalizar en lo posible su conducta y, de este modo, reducir la responsabilidad sobre sus actos.
2. La presión de los poderosos intereses económicos que participan en este proceso. Estos intereses engloban a los proveedores de servicios sociales, como profesores y médicos, que siempre preferirán los atajos biológicos a las intervenciones conductuales complejas, así como a las compañías farmacéuticas que fabrican los medicamentos.
3. El intento de medicalizarlo todo, expandiendo las fronteras de lo terapéutico para cubrir un número cada vez mayor de circunstancias.

Siendo así que incluso los pacientes se autocomplacen y reivindican la condición de enfermos, no se puede decir que sean siempre los clínicos quienes fuercen a los pacientes a entrar en el dominio de la enfermedad. Esta «fuerza» ya obra antes de ir al médico en virtud de la «educación médica» del paciente, antes apuntada. Irónicamente, la labor saludable en estas circunstancias sería contrarrestar la tendencia pro enfermedad de los pacientes (supuesto que los clínicos no estén embebidos de su propia «ciencia»). Lo malo, para salir de este círculo, es que los médicos tienen que jugar a la defensiva tal como están las cosas, entrando en el juego del paciente que reivindica el derecho al reconocimiento de su enfermedad. La posible aunque improbable salida implica una nueva cultura que no sólo no contribuya a la cultura terapéutica, sino que trate además de corregirla.

---

[17] F. Fukuyama (2002): *Nuestro futuro posthumano. Consecuencias de la revolución biotecnológica*. Barcelona: Ediciones B, p. 94.

De todos modos, no se dejaría de advertir que también existen grupos de pacientes que se sitúan al margen de la consideración médica. Se citarían, en general, a los pacientes-clientes que prefieren la psicología clínica a la psiquiatría o, en su caso, una psiquiatría social, la charla a la pastilla, por decirlo coloquialmente. Se citarían, también, los grupos de autoayuda que de suyo ya tratan de sustraerse de la cultura clínica profesionalizada, si bien es clara su orientación psicosocial. Merecería aquí especial mención la iniciativa de reunir gente que oye voces, sobre la idea de su aceptación como forma de normalización y, así, como alternativa a la patologización y probable medicación. Se trata de la iniciativa promovida por Marius Romme y Sandra Escher[18]. Nótese que se dice «oír voces» en vez de «alucinaciones auditivas» (y «gente» en vez de «pacientes»), lo que de por sí supone otra base y punto de partida. Tiene especial importancia esta iniciativa por referirse a un trastorno que se suele tomar como reducto último de enfermedad mental con base en el cerebro.

Finalmente, no se puede dejar de advertir que existen también grupos de psiquiatras que son críticos de la psiquiatría biológica y que, por el contrario, reivindican otras tradiciones de la psiquiatría como, por ejemplo, la humanista, la fenomenológica, la existencial, la social, la cultural y, en general, están interesados en un replanteamiento filosófico y antropológico del estado del arte psiquiátrico. Se citarían aparte de la propia línea Romme-Escher, autodenominada «psiquiatría social», el grupo británico de psiquiatría crítica y revistas, como, por ejemplo, *Philosophy, Psychiatry and Psychology*, donde se recobra la tradición fenomenológica. Por lo demás, véase todo lo correspondiente a los tratamientos psicológicos, en la Tercera Parte.

---

[18] M. Romme y S. Escher (1993): *Accepting voices*. Londres: Mind.

CAPÍTULO 3

EJEMPLOS DE INVENCIÓN DE TRASTORNOS MENTALES

Se presentan en este capítulo pruebas concretas de la invención de trastornos mentales de acuerdo con el «efecto Charcot», que cuenta, como se acaba de ver, con todo un sistema de propaganda institucionalizada en el *marketing* farmacéutico. En este sentido, el gran teatro de la Salpêtrière con el que se introducía el «efecto Charcot» sería hoy, dicho calderonianamente, «el gran teatro del mundo». Frente a ese teatro que comercia con medicamentos y trastornos psicológicos se opone, dicho ahora en términos de Feijoo[1], el «teatro crítico universal», como forma de desenmascaramiento no ya de «errores comunes», que diría el propio Feijoo, sino de ideologías que se hacen pasar por ciencia. Concretamente, se revisarán a este respecto el estrés postraumático, la depresión, el trastorno de pánico, la fobia social y la esquizofrenia.

---

[1] No está de más decir que la estatua de Benito de Feijoo (1676-1764) preside la plaza en la que está la Facultad de Psicología de la Universidad de Oviedo, donde trabajan los autores de este libro [*Nota de los Autores*].

La invención del trastorno de estrés postraumático

El trastorno de estrés postraumático es un ejemplo paradigmático de lo que se viene diciendo. Figura hoy día como una categoría diagnóstica definida en el DSM-IV, lo que le confiere carta de naturaleza, cual entidad clínica objetiva que estuviera ahí dada, poco menos que desde siempre, para su diagnóstico.

Sin embargo, su historia es bien reciente y perfectamente conocida, de manera que se sabe cómo ha llegado a ser la categoría que es. Ha llegado a ser la categoría que es en virtud de una «armonía de ilusiones»[2]. Como se recordará, los veteranos de la guerra de Vietnam presentaban una variedad de problemas de adaptación a la vida civil. Esta variedad de problemas incluía alcoholismo y otras drogodependencias, violencia, irritabilidad, problemas del sueño, depresión, ansiedad, miedo, esquizofrenia paranoide, etc. A pesar de que estos problemas ya estaban tipificados en la clínica vigente, la sociedad no se hacía cargo de ellos, del modo que lo hacía de los problemas consistentes en *traumas físicos*, merecedores de recompensa. Así, se inició un proceso de reclamación tratando de vincular los problemas actuales a *traumas psicológicos* acaecidos en actos de servicio en la guerra, lo que había que hacer visible. En dicho proceso participarían además de la reclamación de veteranos, las formulaciones psiquiátricas, los argumentos judiciales, la reivindicación moral y la presión política hasta que, finalmente, se reconocería esta problemática como categoría diagnóstica (en el DSM-III, en 1980).

La variedad de problemas presentados inicialmente se convertiría en unos cuantos síntomas supuestamente característicos de la experiencia traumática. Así, las preocupaciones propias de la ansiedad se convertirían en «reexperiencias intrusas», las reacciones fóbicas en «conductas de evitación» y la irritabilidad y los problemas del sueño en «activación autonómica aumentada». El cuadro de estrés postraumático quedaría constituido por síntomas consistentes en reexperiencias intrusas, conductas de evitación y activación aumentada. A pesar de la heterogeneidad de los síntomas y de que los sistemas nosológicos no se comprometen con las causas, el trastorno de estrés postraumático viene dotado con una explicación etiológica: el trauma. Por lo demás, se trata de una etiología de

---

[2] A. Young (1995): *The harmony of illusions. Inventing post-traumatic stress disorder*. Princeton University Press.

origen exógeno, de carácter social, algo que el sistema clasificatorio no se atrevería a decir de los distintos problemas que constituyen este cuadro. Es más, la arquitectura hace inteligible (de una forma narrativa) la conexión entre la causa pasada y los efectos posteriores, cualquiera que sea el tiempo transcurrido. En realidad, la evidencia de la experiencia traumática deriva de la memoria del paciente, dando por hecho la dificultad para el acceso a tales recuerdos, supuestamente codificados de alguna manera que habría que descubrir.

Una vez definido, el cuadro acoge, reduce y canaliza la diversidad de problemas presentados en su día por los veteranos de la guerra del Vietnam y después por toda una diversidad de casos, entre ellos los debidos supuestamente a abusos sexuales.

Por lo que respecta a los veteranos, lo que iría sucediendo a partir de su definición oficial es una suerte de adaptación de los casos al cuadro. No sólo las preguntas del clínico serían fáciles de satisfacer para completar el cuadro, sino que además se desarrollaría toda una literatura y cultura del trauma, de modo que los aleccionados veteranos presentarían un cuadro de «estrés postraumático», permítase decirlo, por la cuenta que les tenía.

Comoquiera que sea, la categoría diagnóstica, elevada al DSM-III, supondría el reconocimiento oficial (público y político) de un doble padecimiento de los veteranos del Vietnam; por un lado, de los propios padecimientos acaecidos en la guerra y, por otro, del olvido de la sociedad. Como dice Young:

> La patología psicológica de un individuo, el microcosmos, refleja la patología moral de la colectividad, el macrocosmos social. El secreto colectivo es una ignorancia voluntaria de actos traumáticos y una negación del sufrimiento postraumático. Los pacientes son víctimas dos veces: víctimas de las perpetraciones originales y víctimas de la indiferencia social. El acto terapéutico de sacar el secreto a plena conciencia está ahora inextricablemente ligado a un acto político. Los veteranos de Vietnam son las primeras víctimas traumáticas que demandan reconocimiento colectivo, y ellos son seguidos por víctimas de otros traumas suprimidos tales como el incesto infantil y la violencia doméstica[3].

La cuestión estaría en si dicho reconocimiento tiene que ser a costa de una categoría clínica y en qué medida la actuación clínica correspon-

---

[3] Op. cit., p. 142.

diente está cumpliendo más una actuación política y moral que propiamente clínica. Siendo así, se trataría de una iatrogenia cultural, por dejarlo en una de las iatrogenias tipificadas por I. Illich[4].

Una vez establecido el cuadro, se independiza de su origen y se extiende a toda una variedad de situaciones. Aunque los criterios para el diagnóstico parecen estrictos, en la práctica se avienen a cubrir una diversidad de circunstancias, incluyendo supuestos traumas sin evidencia de que hayan ocurrido. Los criterios exigen que la persona haya estado expuesta a un acontecimiento traumático caracterizado por muertes y/o amenazas a su integridad física o a la de los demás (sea que lo haya experimentado, presenciado o que se lo hayan contado), que el acontecimiento sea reexperimentado de alguna de las varias maneras posibles: lleve a evitar estímulos relacionados, suponga activación aumentada, los síntomas duren al menos un mes y alteren su vida cotidiana. En la práctica, el diagnóstico se ha prestado a cubrir una variedad de situaciones, donde figuran traumas sin más evidencia, a menudo, que el supuesto recuerdo recuperado por métodos capciosos (que no serían la primera vez que inducen falsas memorias).

A este respecto, es de destacar la invocación de trauma debido a abusos sexuales sufridos en la infancia y que acarrearían posteriormente toda una serie de problemas. En realidad, cualquier problema de la vida adulta es susceptible de ser atribuido a un supuesto trauma acaecido en la infancia. Aun cuando no se recuerde haberlo padecido, se entiende que está oculto al recuerdo pero codificado en los síntomas (reexperiencias intrusas, evitaciones, activación) que sería, precisamente, su testimonio. El estrés postraumático fue especialmente explorado y explotado por el movimiento feminista, a fin de poner de relieve el abuso infantil, generalmente de las niñas, por parte de adultos, por lo común los hombres de su entorno familiar. Se han ofrecido estimaciones según las cuales una de cada tres chicas y uno de cada siete chicos habrían sido objeto de abusos sexuales. Bien es cierto que esta «estadística» incluye como abusos tanto violaciones propiamente como «chistes sucios»[5]. A partir de los problemas actuales se sometería a los pa-

---

[4] I. Illich (1976/1987): *Némesis médica*. México: Joaquín Mortiz/Planeta.
[5] E. Showalter (1998): *Hysterias. Hysterical epidemics and modern culture*. Londres: Picator, p. 149.

cientes a un proceso de recuperación de memorias empeñado en descubrir abusos. Los problemas pueden ir desde trastornos serios hasta el simple sentimiento de que la vida no está siendo tan plena como la que se supone de aquellos del alrededor[6]. El proceso de recuperación suele terminar con la «confesión» de que efectivamente se es víctima de algún abuso, pasando así al grupo de los supervivientes. No haría falta recordar aquí el problema de las «falsas memorias» al que tanto se presta el empeño en la recuperación de recuerdos.

Comoquiera que sea, la recuperación tendría la doble función de hacer visible una realidad social ignorada y de dar salida a un sufrimiento callado. Las mujeres, como los veteranos de la guerra, serían víctimas dos veces: primero, de las perpetraciones originales y, después, de la indiferencia social.

Frente a esta tendencia a invocar el trauma de buenas a primeras ante cualquier problema, se habrían de considerar al menos tres circunstancias:

- Si no hay más evidencia del trauma que un supuesto recuerdo derivado de interrogatorios que lo presuponen, no se puede dar por evidente.
- Aun si hay un acontecimiento, no necesariamente tendría por qué acarrear con los problemas posteriores del individuo (de hecho, es posible que la capacidad de superación de la gente sea mayor que la presunta vulnerabilidad que sin embargo se cultiva).
- La tendencia a atribuir los problemas actuales a un supuesto trauma no habría de impedir la exploración de posibles causas actuales reales.

Comoquiera que sea, no se niega que el estrés postraumático sea un hecho *real*, lo que se plantea es cómo se ha *hecho* real. Ahora bien, su realidad no parece ser una entidad objetiva, universal y atemporal que estuviera ahí dada para su descubrimiento. Es más bien una realidad histórico-social, inventada para dar salida a una problemática de diversa índole (moral, política, económica) que por lo visto la sociedad prefiere tramitar en términos clínicos individuales. De hecho, la solución que se

---

[6] Op. cit., p. 150.

ofrece como tratamiento tiene un corte médico internista. El esquema de tratamiento consiste fundamentalmente en «drenar» y «suturar» el trauma; él mismo un concepto físico (recuérdese si no por qué se va al «traumatólogo»). Este «drenaje» se lleva a cabo promoviendo la reexposición (para que «salga» todo el recuerdo contenido) y la reevaluación de la experiencia traumática (para que se vea de otra manera). Por su parte, la «sutura» se percibiría en el afrontamiento de las emociones y en la revisión de todo lo que puede bloquear la expresión de los síntomas. Se trata, en todo caso, de una solución «operada» en la psicodinámica interna del individuo, acorde acaso con la sociedad individualista occidental pero difícilmente de validez universal, para otras sociedades donde los «traumas» tienen un carácter social. Para culturas distintas de la judeocristiana (acostumbrada a la catarsis, a la confesión y a la redención), puede ser mejor no tratar de «recuperar memorias» y sí utilizar las prácticas que cada cultura tiene para afrontar el sufrimiento[7].

En este sentido, el «trastorno de estrés postraumático» no dejaría de ser un trastorno étnico de la cultura estadounidense (donde al parecer es plaga). Es más, cabría preguntar en qué medida la plaga de traumas individuales no es reveladora precisamente de un problema social que, sin embargo, la sociedad se las arregla para relegarlo al plano individual. La solución clínica es una solución ambigua: si bien, por un lado, da salida a un problema, dejando que se exprese, por otro, lo desvirtúa, canalizándolo como un trastorno. Esto ha pasado más veces; por ejemplo, en relación con la histeria.

Aun siendo el estrés postraumático un invento, según se viene diciendo, no quiere decir que sea gratuito ni que haya surgido de la nada y por nada. Antes bien, tiene un sentido que no se agota en el sentido clínico ya adquirido, el cual quizá le viene precisamente de este otro sentido que se sugiere. Por lo pronto, se ha de ver que el trauma es tanto un síndrome clínico como una «ficción estratégica» que una sociedad compleja usa para dar cuenta de un aspecto del mundo que resulta amenazante y fuera de control[8].

En esta línea se habría de entender que el trauma haya llegado a ser una metáfora muy socorrida para plantear buena parte de las

---

[7] P. Bracken (2002): *Trauma. Culture, meaning & philosophy*. Londres: Whurr, pp. 210 y ss.
[8] Op. cit., p. 3.

amenazas y desafíos que presenta el mundo de hoy, y así una forma de ayudarse entre la gente, incluyendo las agendas políticas[9]. Sea cierto o no que uno haya sufrido abusos siendo niño, la narrativa de superviviente sirve para recibir reconocimiento y acaso emprender un cambio. Cabe decir, todavía, que el trauma tiene un sentido ontológico (más que clínico) en la medida en que pone en cuestión la inteligibilidad del mundo[10]. La cultura del trauma pone de relieve que se vive en una sociedad con gran conciencia del revés de las cosas, de cómo lo siniestro está entretejido con lo familiar. Lo siniestro, según Freud, sería aquello que debería permanecer oculto, pero que se ha puesto de manifiesto.

De cómo la depresión ha alcanzado proporciones epidémicas

La depresión se ofrece hoy como el trastorno psiquiátrico probablemente más frecuente. De hecho, alcanza proporciones, se podría decir, epidémicas. Tener depresión se ha vuelto algo tan natural como tener catarro. No es sólo un diagnóstico que se prodiga en la clínica, sino que es también usual entre la gente. Tampoco es sólo un asunto de adultos sino que alcanza igualmente a los niños. Es más, la gente del Tercer Mundo tampoco parece estar a salvo. En general, se estima que del orden del 10-15% de la población padece de depresión, llevándose la mayor parte las mujeres. Según esta estimación, habría, por ejemplo, cien millones de chinos con depresión (y sin saberlo).

Sin embargo, esta prevalencia de la depresión es, en realidad, cosa de los últimos 25-30 años, desde los años de 1980. Aunque la depresión formaba parte con su nombre del elenco clínico desde la mitad del siglo XIX, nunca fue una categoría clínica principal. Primero, en tiempos de Charcot y de Freud, porque el campo estaba capitalizado por la histeria y, después, bajo la influencia psicoanalítica, porque lo estaría por la *neurosis de ansiedad*. La depresión figuraba en el DSM-II, de 1968, como neurosis depresiva. De hecho, durante los primeros

---

[9] J. Breslau (2004): «Cultures of trauma: anthropological views of posttraumatic stress disorder in international health», *Culture, Medicine and Psychiatry, 28*, 113-126.
[10] Bracken (2002), op. cit., p. 147.

ochenta años del siglo XX fue considerada un diagnóstico raro[11]. Mientras que solamente del orden de cincuenta a cien personas por millón habrían sufrido lo que era entonces la melancolía, las estimaciones actuales de la depresión son de cien mil por millón[12]. Este *boom* de la depresión empezaría con el DSM-III y los nuevos antidepresivos.

El DSM-III, de 1980, todavía en tiempos de la ansiedad, repartió la neurosis de ansiedad en varios trastornos (ansiedad generalizada, fobia social, ataque de pánico, estrés postraumático y trastorno obsesivo-compulsivo) y convirtió la neurosis depresiva en depresión propiamente. Sería a partir de la revisión del DSM-III de 1987 (DSM-III-R) cuando la depresión alcanza una variedad de especificaciones, desde episodios depresivos hasta trastornos depresivos varios (depresivo mayor, distímico, no-específico). (Véase DSM-IV).

Los primeros antidepresivos fueron desarrollados a finales de la década de 1950 (véase más adelante, Segunda Parte, capítulo «El descubrimiento por azar de los psicofármacos»). Sin embargo, los laboratorios implicados, Geigy y Roche, estaban poco interesados en los antidepresivos y no hicieron nada por promover estos preparados. Los clínicos raramente se encontraban en su consulta con la depresión. Fue otro laboratorio, Merck, el que se interesó en 1961 en lanzar la amitriptilina para la depresión. A este respecto, distribuyó entre médicos y psiquiatras 50.000 ejemplares de un libro recién editado titulado *Recognizing the depressed patient* (de F. J. Ayd). La amitriptilina llegó rápidamente a ser el preparado más vendido de su grupo, pero, aun así, los antidepresivos no dejaban de ser los primos pobres de los tranquilizantes. Y es que se estaba todavía en los tiempos de la ansiedad y por lo que respecta al mercado farmacéutico en la era del Valium.

El Valium, sin duda más popular, compartía el mercado con el Librium, otra benzodiazepina. Tanto el Valium como el Librium habían sido debidamente lanzados para abrirse un hueco en las farmacias y botiquines caseros. Los médicos fueron advertidos de que una proporción significativa de las quejas de sus pacientes podían ser manifestaciones de ansiedad. Pronto el Valium llegaría también a los estudiantes

---

[11] D. Healy (2004): *Let them eat Prozac. The unhealthy relationship between the pharmaceutical industry and depression*, Nueva York: New York University Press, p. 4.
[12] Op. cit., p. 2.

y a las amas de casa. Así, sería el medicamento más vendido en la década de 1970. La era del Valium vino precedida, a su vez, por el lanzamiento del meprobamato bajo el nombre comercial de Miltown en 1955, que también haría época. De todos modos, la era del Valium y, en general, de las benzodiazepinas llegó a su final en torno a 1980 cuando se supo que podrían crear adicción. Es de señalar que por las razones que sean, las benzodiazepinas siguieron un camino de éxito en Japón[13]. Pronto llegaría, a finales de la década de 1980, la era de los antidepresivos y, por lo que respecta a los medicamentos emblemáticos, la marca sería el Prozac. Son los tiempos de la depresión. El hecho de que la emergencia de unos trastornos a costa de otros se deba, en buena medida, a lanzamientos comerciales se puede percibir en que la continuada vigencia de los tranquilizantes en Japón hizo que el mercado de los antidepresivos fuera pequeño allí, al punto de que el Prozac no estuvo disponible hasta finales de 2003. Queda por ver si la depresión hará época también en Japón (no es que no haya depresión allí, sino que llegue a ser epidémica). Por lo que respecta a los ya aludidos potenciales cien millones de chinos deprimidos sin saberlo todavía, probablemente se encargarán las compañías farmacéuticas de informarlos.

La cuestión es cómo la depresión se ha convertido en una epidemia. Ya no será una sorpresa decir que tiene que ver con el lanzamiento de los antidepresivos. La sorpresa sería, si acaso, que los nuevos antidepresivos no son tan eficaces como los clásicos, particularmente, en las depresiones severas, ni están exentos de los efectos secundarios, según se ha dado a entender, donde figuran nada menos que el suicidio, la violencia y la manía[14]. Los nuevos antidepresivos son tan eficaces como los clásicos en las depresiones moderadas, ciertamente la mayoría, pero también remediables de varias maneras, desde la terapia con base en hierbas (hipérico o hierba de San Juan) hasta psicoterapias breves. Igualmente, puede ser una sorpresa saber que la fluoxetina (genérico del Prozac) no supuso ningún descubrimiento específico de las supuestas bases bioquímicas de la

---

[13] Entre dichas razones se citan su uso en dosis más bajas en Japón por lo que no aparecerían tales efectos, la mayor tolerancia japonesa a tales efectos y la afinidad cultural con los efectos tranquilizantes, según Healy (2004), op. cit., pp. 6-7.
[14] P. R. Breggin (2002-2003): «Suicidality, violence and mania caused by selective serotonin reuptake inhibitors (SSRIs): a review and analysis», *International Journal of Risk & Safety in Medicine, 16*, 31-49.

depresión. Antes bien, la fluoxetina estuvo a las puertas de otras aplicaciones clínicas antes de entrar en la depresión como la hipertensión (su primera indicación), la pérdida de peso (de hecho, capitalizada una vez afincada en la depresión) y los trastornos psicóticos atípicos (sugerida por producir los mismos efectos secundarios que los antipsicóticos establecidos). Sin embargo, entró y tuvo todo el éxito del mundo en la depresión y, una vez aquí, se extendería a toda una variedad de indicaciones, rompiendo los deslindes diagnósticos.

No se dejaría de reparar en que los estudios sobre los que el Prozac obtuvo la licencia de la agencia norteamericana del medicamento (Food and Drug Administration, FDA) no fueron nada sorprendentes, limitándose a cumplir con los mínimos, en realidad, mostrarse superior al placebo en dos estudios de varios[15]. Por lo demás, la licencia lo único que dice es que tal preparado puede llamarse antidepresivo por cuanto mostró hacer algo en la depresión, pero esto no significa que sea eficaz según entiende la gente acerca de que el medicamento soluciona el problema indicado. Ahora bien, una vez obtenida la licencia (en 1987), funcionó en el caso del Prozac como un pasaporte a la fama, dando a entender que su eficacia es selecta (la mejor en su género) y selectiva (limpia en su resultado). Aquí entra el *marketing*.

El propio nombre, Prozac, sugiere acción inteligente (donde *pro-* alude a «profesionalidad» y quizá también «en pro de», y *-zac* a intervención en el sitio correcto). La descripción de la acción química, «inhibidor selectivo de la recaptación de serotonina», se ha prestado a sugerir, igualmente, esta supuesta acción inteligente del fármaco («inhibidor selectivo»), como sería también inteligente la acción profesional de recetarlo. En realidad, el Prozac no actúa en un área determinada del cerebro (pues la serotonina está prácticamente por todo él y no sólo en el cerebro) y, por lo demás, el término «selectivo» indica que se ha seleccionado la serotonina entre cientos de neurotransmisores como banco de pruebas de la psicofarmacología (no es, pues, que la medicación vaya a un lugar determinado y «zac», y así impida que se pierda la serotonina que hacía falta para estar bien o, incluso, mejor que bien).

Por su parte, la casa fabricante, Eli Lilly, se encargaría de vender la seguridad del nuevo medicamento (frente a los efectos secundarios de los

---

[15] Healy (2004), op. cit., p. 35.

primeros antidepresivos) y su exención de efectos adictivos (como fuera el caso de las benzadiazepinas). No en vano, el ascenso de la depresión era a costa del descenso de la ansiedad. El Prozac era el nuevo Valium.

En fin, se daría un gran desfase entre el *marketing* y la realidad fármaco-clínica de base. Los procesos sociales se sobreponen a los supuestos procesos químicos. Cuando estudios sucesivos (en caso de publicarse) muestren que el Prozac es igual o incluso menos eficaz que los antidepresivos clásicos y no menos inseguro, la suerte ya está echada *pro suo* (hasta que el Valium de turno lo desbanque en su momento). (Ahora que han caducado las patentes, quince años después, los genéricos no tienen tanta cuenta, de manera que son de esperar nuevas promociones). Entretanto, sigue vigente la cultura de la serotonina y el Prozac como forma de vida.

La cultura de la serotonina consiste en dar por hecho que el equilibrio de la serotonina explica el bienestar de las personas[16]. Así, la serotonina baja sería causa de depresión y de otros trastornos. De acuerdo con ello, todo lo que se necesitaría para estar bien sería reponer el nivel de serotonina. Sin embargo, como se ha dicho, el desequilibrio químico es más que nada un dispositivo retórico que se presta a hacer creer que un trastorno tiene una base biológica. Se trata, en realidad, de una suerte de «biopalabrería» tan pretenciosa como la «psicopalabrería» que en su día había hecho creer en el psicoanálisis. Ahora, dice Healy

> esta «psicopalabrería» ha sido reemplazada por una «biopalabrería» igualmente vacía, que tiene sus consecuencias en como nos entendemos a nosotros mismos, como vemos la confusión de la adolescencia o el bajo rendimiento escolar o, en fin, la culpabilidad moral y criminal. No se puede echar la culpa a Eli Lilly, pero es en gran medida el resultado del *marketing* del Prozac y otros SSRI —y afecta a las vidas incluso de aquellos que nunca han tomado Prozac.

El Prozac como forma de vida viene a confiar el bienestar a la química (serotonina) y a poner también en sus manos la perfección de la persona[17]. Por tanto, todo lo que antes dependía del desarrollo de los indivi-

---

[16] Healy (2004), pp. 263-266.
[17] C. Elliott y T. Chambers. eds., (2004): *Prozac as a way of life*. Chapel Hill: The University of North Carolina Press.

duos como personas, ahora es suplantado por arreglos químicos de los individuos como cuerpos. Al estar el bienestar en manos de la tecnología, la cuestión ya no es sólo estar bien sino estar mejor que bien, pues, al fin y al cabo, el Prozac da a entender que pone a uno a funcionar de la mejor manera. Si soy yo o es el Prozac, viene a ser lo mismo. Por su parte, la perfección personal es también cuestión corporal, cosa de estética (dietas, ejercicios, tatuajes) y, en fin, de psicofarmacología cosmética. No en vano se habla de yoes neuroquímicos[18].

La cuestión es que la gente ha aprendido a plantear sus problemas de la vida en términos de depresión y, a su vez, la depresión en términos neuroquímicos. Por más afincadas que estaban las explicaciones psicológicas de los trastornos (siquiera fuera «psicopalabrería») y por muy propio que sea verlos como experiencias de la vida, la gente se ha convertido a la creencia bioquímica. Ahora bien, al igual que «la conversión religiosa, la capitulación a una versión biomédica de las causas y del propio tratamiento de la depresión se logra a través de un proceso de socialización que implica una transformación radical de la identidad»[19]. Este proceso de socialización tiene que ver con el *marketing* y el cambio de identidad con el yo neuroquímico.

El mayor problema de esta conversión es que la depresión es recortada del mundo de la vida y sacada de su historia natural. La conversión de la depresión en un problema médico la convierte en una serie de ítems de una escala, supuestos síntomas de un desequilibrio bioquímico. Aunque el paciente tuviera en principio una perspectiva contextual de su problema, termina fácilmente en el «encuentro médico» por conformarse a una explicación bioquímica, dejando fuera quizá lo más importante. Tanto más fácil si el paciente está ya preparado de entrada. Este desfase entre el paciente y el médico (si es que lo hubiera, supuesto que el paciente no estuviera ya formateado como el propio clínico) se puede ver como un rompecabezas en el que al final se pierden piezas.

> Paciente y doctor juegan un rompecabezas de piezas físicas y socioeconómicas. Ambos colaboran de buena fe en poner juntas las piezas. Al hacerlo

---

[18] N. Rose (2003): «Neurochemical selves», *Society*, November/December, 46-59.
[19] D. A. Karp (1996): *Speaking of sadness. Depression, disconnection, and the meanings of illness*. Oxford: Oxford University Press, p. 82.

así, emplean un conjunto implícito de instrucciones ideológicas, que les llevan a centrarse en los componentes técnicos. Por no técnicas, las piezas contextuales no encajan bien en el esquema y terminan por quedar fuera. El énfasis sobre lo técnico produce entonces un cuadro con partes que faltan, mellas, y un sentido de incompleto, no por falta de esfuerzos[20].

Comoquiera que sea, la depresión es una experiencia humana básica, en principio, con más funciones positivas adaptativas que negativas nocivas. En este sentido, se trataría de un afecto negativo con efecto positivo. Lo que ha ocurrido en la sociedad actual es tanto una sensibilización como una intolerancia para todo lo que suponga bajo humor y tristeza, como si la condición natural fuera la «euforia perpetua»[21]. De hecho, el término depresión capitaliza clínicamente lo que de otra manera serían experiencias normales de la vida con un curso natural. Todo ello sin perjuicio del gran sufrimiento que pueda suponer y de la ayuda que fuera necesaria. Ayuda que tendría su verdadero sentido en el plano de las relaciones interpersonales y arreglos del mundo de la vida. Dicho esto también sin perjuicio de la ayuda que pueda suponer la medicación, desacralizada de prescripciones médicas protocolarias, que parece, a veces, como si estuvieran más al servicio de la enfermedad que de la recuperación y hasta dispensada sin receta como idea para un uso más ajustado al «consumidor»[22].

Lo que ha ocurrido es que ha triunfado el *marketing* sobre la ciencia[23] y, así, se ha establecido una relación insana entre la industria farmacéutica y la depresión[24].

---

[20] S. Borges y H. Waitzkin (1995): «Women's narratives in primary care medical encounters», *Women & Health*, 23, 29-56.
[21] P. Bruckner (2001): *La euforia perpetua. Sobre el deber de ser feliz.* Barcelona: Tusquets.
[22] Healy (2004), op. cit., p. 273.
[23] D. O. Antonuccio, D. B. Burns y W. G. Danton (2002): «Antidepressants: a triumph of marketing over science?», *Prevention & Treatment*, 5: artículo 25. Disponible en: http://www.journals.apa.org/prevention/volume5/toc-jul15-02.html.
[24] Tal es el subtítulo del libro de Healy (2004). Tras el éxito de la promoción de la depresión, la última manía del *marketing* farmacéutico es la «venta» del trastorno bipolar; véase a este respecto D. Healy (2006): «Tha latest mania: selling bipolar disorder», *PloS Med* 3(4): e185.

La promoción de la fobia social como estrategia comercial

La fobia social puede ser un ejemplo de cómo un problema normal de la vida, si es que tal, ha llegado a ser un trastorno psiquiátrico. De hecho, es un ejemplo reconocido de cómo «problemas sociales o personales» se han convertido en «problemas médicos»[25].

El problema de partida no es otro que la timidez que, ciertamente, puede suponer dificultades en las relaciones interpersonales. Puede que estas dificultades tengan una marcada importancia en la sociedad actual, puesto que se ha perdido la forma tradicional, más naturalizada, de trato social y se requiere hoy, tanto o más que antes, habilidad en las relaciones interpersonales. Es más, la timidez fue considerada tradicionalmente un estilo de personalidad, en particular, propio de la mujer, al menos hasta la década de 1950. A partir de los años setenta, la timidez dejó de tener esta prestancia (femenina) y empezó a ser vista ya más bien como un problema que necesita ayuda. Es por ello, quizá, por lo que la timidez ha entrado a formar parte de los trastornos de ansiedad del DSM-III, en 1980, como «trastorno de ansiedad social». De cualquier modo, por entonces, el trastorno era relativamente infrecuente. Sin embargo, desde la década de 1970 a la de 1990 fue en aumento tanto la cantidad de gente que se reconocía tímida como los diagnósticos de ansiedad social.

La cuestión es que la timidez se convirtió en un problema médico. De esta manera, la timidez pasa a estar inscrita en un discurso clínico, cambiando su categorización y experiencia. La nueva categorización, como «trastorno de ansiedad social» en el DSM-III y ya «fobia social» en el DSM-IV, enmarca una nueva realidad. De ser una característica personal y, acaso, un problema de vez en cuando, ha pasado a ser todo un trastorno psiquiátrico, incluso con pretensiones de base biológica. La experiencia de la timidez queda, igualmente, moldeada por las prácticas clínicas. Terminará por ser vivida como un trastorno médico, si es que no como una enfermedad (con sus desequilibrios químicos, genes y demás). Ciertos «síntomas» de la timidez se convertirán en «marca-

---

[25] R. Moynihan, I. Heath y D. Henry (2002): «Selling sickness: the pharmaceutical industry and disease mongering», *British Medical Journal, 324*, 886-891; véase también R. Moynihan y A. Cassels (2005): *Selling sickness. How the world's biggest pharmaceutical companies are turning us into patients*. Nueva York: Nation Books.

dores» de(l) trastorno. La ansiedad suscitada ante una situación social se convertirá en señal de un trastorno susceptible de una solución médica consistente, curiosamente, en un nuevo medicamento. Lo curioso, realmente, es que la solución precede al problema. El resultado final es la promoción de una nueva enfermedad como estrategia para la comercialización de un preparado[26].

La promoción de la fobia social como trastorno destacado ha seguido el procedimiento general de la educación médica prevista para la comercialización de un nuevo fármaco. No se trata, por tanto, de una mano negra que mueva los hilos. Se trata de un sistema de *marketing*. La cuestión es que para promover un medicamento se ha promovido un trastorno. Y se ha promovido en toda regla. La compañía farmacéutia Glaxo-SmithKline contrató a la agencia de publicidad Cohn & Wolfe para promover el trastorno de ansiedad social como una condición grave[27]. En la página web de dicha agencia de publicidad todavía se puede ver la campaña seguida en el «lanzamiento del Paxil (Seroxat) para el tratamiento del trastorno de ansiedad social»[28]. Merece la pena reproducir aquí el esquema de su campaña:

---

[26] Esto es así aun cuando el preparado fue aprobado después de que se estableciera la «fobia social» como un trastorno grave; véase a este respecto Moynihan y Cassels (2005), op. cit., p. 121.
[27] Moynihan y Cassels (2005), op. cit, p. 121.
[28] http://members.fortunecity.com/partnersinwellness/id23.htm (entrada 1 de febrero de 2006).

> **LANZAMIENTO DEL PAXIL PARA EL TRATAMIENTO DEL TRASTORNO DE ANSIEDAD SOCIAL**
>
> *Objetivos*
> Generar una extensa cobertura en los medios para crear conciencia del trastorno de ansiedad social.
> Crear un amplio reconocimiento del Paxil como el primer y único tratamiento para esta condición.
> Aumentar la demanda de Paxil entre profesionales y consumidores —superando las ventas de Zoloft [Aremis].
>
> *Estrategia*
> Educar al público vía entrevistas con pacientes, médicos y otros grupos interesados.
> Colocar el Paxil como un tratamiento seguro y eficaz para una condición médica severa y discapacitante, y no como un «medicamento cosmético».
> Crear conciencia acerca de otras indicaciones del Paxil, a la par de su focalización para el trastorno de ansiedad social.
>
> *Retos*
> Generar entusiasmo acerca de un medicamento que fue introducido hace siete años.
> Encontrar pacientes dispuestos a ir a los medios a contar sus experiencias personales.
>
> *Plan de acción*
> Asociado con la Coalición del Trastorno de Ansiedad Social, a fin de fomentar la credibilidad del mensaje «condición severa y discapacitante».
> Colaborando con la Coalición y los médicos para identificar pacientes que hablen en ruedas de prensa telefónicas, vía satélite y *chats* de internet.
> Llevado a cabo con una cobertura de medios agresiva mediante notas de prensa electrónicas, paquetes informativos para la prensa, gráficos, emisión de noticias por radio, narrativas para el público y una red de conferenciantes.

El primer paso consiste en sensibilizar a la población general sobre el padecimiento de semejante trastorno. Una noticia o un anuncio llama la atención acerca del temor ante ciertas situaciones sociales, lo frecuente que es y los estragos que causa en la vida de la gente. Se trata, pues, según se dice, de una enfermedad hasta ahora subdiagnosticada, que la gente sufre en silencio, pero que tiene entidad propia, de hecho, se llama «fobia social» y, lo más importante, que tiene tratamiento (tal medicamento). El siguiente paso, en realidad, a la par del anterior, es la educación médica anunciando la nueva enfermedad y el nuevo medicamento o su nuevo uso. La cuestión es, como dice la guía práctica de *marketing* farmacéutico, establecer la necesidad en la gente para el nuevo preparado y crear el deseo de recetarlo en los clínicos. Los clínicos diana de la educación médica no son sólo los psiquiatras, sino también los médicos de atención primaria, que serían los primeros en toparse con el aluvión de «fobias sociales». A efectos de esta educación médica, se cuenta con diversos medios, desde el visitador, pasando por la propaganda incluida en las revistas científicas y profesionales, a la organización de congresos sobre el tema, cuales concilios ecuménicos de propagación de las novedades.

Una vez sensibilizada la población y educados los clínicos, la recomendación «consulte a su médico» cierra el círculo trastorno-tratamiento. Aunque en un principio había una solución en busca de un problema, al final se han arreglado las cosas de modo que sea el problema el que busque la solución. Cabe señalar aquí que hasta el momento la paroxetina (Seroxat, Motiván) es el primer antidepresivo SSRI indicado especialmente según la American Psychiatric Association para el tratamiento de la fobia social.

> La venta de la fobia social podría ser vista como un ejercicio de *marketing* único, en el que un número inesperado de compañeros de cama pueden encontrarse juntos. Por otra parte, el creciente interés por esta condición, y el consiguiente aumento en las estimaciones de su prevalencia, puede indicar que hay varias maneras de repartir la tarta psicopatológica. No es claro, a priori, que haya una manera particular de partir la tarta que esté más próxima a la realidad. Podría ser incluso que la implicación de las compañías farmacéuticas en seleccionar ciertos conceptos nos brinden el esquema de clasificación más adecuado, si bien pronto suenen alarmas por la medicalización de la neurosis implicada por el diagnóstico en masa y tratamiento de la fobia social, como así ocurre en relación con el trastorno de pánico y el obsesivo-compulsivo[29].

---

[29] D. Healy (1997): *The anti-depressant era*. Cambridge, Mass.: Harvard University Press, op. cit., p. 191.

Ello explicaría la coexistencia de modelos psicológicos para los mismos fenómenos. Una vez levantada la liebre se puede cazar de varias maneras. El caso es que la fobia social pasó de ser un trastorno relativamente raro en 1980 y, prácticamente, inexistente antes, a tener casi proporciones epidémicas en la década de 1990. Los estudios muestran casi una quintuplicación en la prevalencia de la fobia social en un periodo de diez años, de un 2,75% a principios de los ochenta a un 13,3% a principios de los noventa[30].

La preparación del trastorno de ataque de pánico en función de un preparado

El trastorno de ataque de pánico es otro ejemplo notable de promoción de un trastorno en función de la comercialización de un medicamento. El trastorno de pánico ingresó en el DSM-III, en 1980, como una entidad diferenciada de la ansiedad, de la que formaba parte hasta entonces como una forma paroxística y, así, se hablaba de ansiedad paroxística o de paroxismo de ansiedad. El pánico cobraba igualmente figura propia respecto de la agorafobia, con la que también podía estar asociado.

Comoquiera que el pánico capitaliza los síntomas somáticos de la ansiedad, parecía propicio a la medicación. De hecho, llegó al DSM de manos de promotores interesados en ver su respuesta a la medicación, en particular, de antidepresivos (imipramina)[31]. De todos modos, por entonces, en 1980, aunque ya distinguido en el DSM-III, el trastorno de ataque de pánico era un diagnóstico infrecuente. Habría de esperar su promoción a lo largo de la década de 1980 para llegar a ser uno de los diagnósticos más frecuentes, por no decir de moda, a principios de los noventa. Esta promoción, como es conocido, estuvo a cargo mayormente del laboratorio Upjohn, empeñado en abrir un espacio para comercializar una nueva benzodiazepina llamada genéricamente alprazolam y cuya marca comercial sería Xanax (más conocido por Trankimazín en España); precisamente, el preparado que se quería vender. No en

---

[30] Estudios citados en A. V. Horwitz (2002): *Creating mental illness*, Chicago: University Chicago Press, p. 95.
[31] Su intrahistoria está contada en Healy (1997), op. cit., pp. 191-199.

vano, el trastorno de pánico sería conocido en contextos coloquiales como la «enfermedad de Upjohn». Comoquiera que sea se llevaron a cabo ensayos clínicos a fin de obtener la licencia para el uso del alprazolam en el trastorno de pánico, lo que terminaría por legitimar su alta clínica.

¿Por qué el empeño de derivar la aplicación de la nueva benzodiazepina (alprazolam) al trastorno de pánico cuando tenía reconocida su actividad antidepresiva? La razón es sencilla: porque el mercado de la depresión estaba ya siendo ocupado por el Prozac. Queda entonces por preguntar si el alprazolam funciona en el trastorno de pánico. La respuesta es sí, pero la cuestión es que no tanto como para ser considerado un avance terapéutico. De hecho, la presentación de sus resultados en congresos y revistas científicas no estuvo exenta de polémica. Es de señalar, a este respecto, la polémica encabezada por el psiquiatra británico I. Marks, denunciando que tales estudios habían sido dictados por el laboratorio Upjohn y llamando la atención, por otro lado, acerca de que la terapia de conducta habría mostrado efectos más duraderos que el alprazolam en un estudio independiente.

El caso es que una vez establecida la licencia de que el alprazolan resulta eficaz para el trastorno de pánico, éste se convierte ipso facto en un importante instrumento de *marketing*. Aunque la licencia va más dirigida a limitar las pretensiones de las compañías que, propiamente, las prescripciones de los clínicos, lo cierto es que éstos se adhieren al tratamiento aprobado como si fuera el único y el más eficaz. «De esta manera —dice Healy[32]— hacen las compañías sus mercados. Puede ser a menudo más efectivo vender la indicación que centrarse en la venta del tratamiento».

Lo importante ahora es ver cómo queda después de todo esto el trastorno de ataque de pánico. El ataque de pánico se caracterizaría ahora (en el DSM-IV) por la «aparición temporal y aislada de miedo o malestar intenso, acompañado de cuatro (o más) de los siguientes síntomas», de un listado de trece; a saber: palpitaciones, sudación, temblores, ahogo, sensación de atragantarse, opresión, náuseas, mareo, desrealización, miedo a perder el control, miedo a morir, parestesias y escalofríos. Nótese que el cuadro supone un «recorte» de cualquier posible antecedente y consecuente, como si la crisis fuera una «aparición»

---

[32] Healy (1997), op. cit., p. 198.

carente de sentido y, como se dice, «aislada». Puesto que el diagnóstico se ceba con la fenomenología subjetiva de los síntomas señalados (¿le ocurrió de repente?, ¿se sintió como si fuera a morir?), es fácil suponer que las preguntas del clínico hallen confirmación por parte del paciente y éste se encuentre confirmado por preguntas tan certeras, cerrándose así un circuito autoexplicativo («efecto Charcot»).

Consiguientemente, los síntomas del cuadro sirven más al protocolo estadístico que a la comprensión y explicación clínica. En particular, parecen más dispuestos para escuchar la medicación que, propiamente, para escuchar al paciente. «Escuchando al Trankimazín», sería en este caso el título apropiado. Si se escuchara al paciente se vería que el pánico tiene sus antecedentes (por qué) y sus consecuentes (para qué) o, como dicen Capp y Ochs[33], su gramática, la cual queda en todo caso fuera del cuadro. Ciertamente, el discurso clínico no se compadece del sentido que tiene el pánico en la vida de las personas. Así, lejos de ser una «aparición aislada», como si viniera de la nada (según se conforman el clínico y el paciente), tiene sus causas, su causa material o contenido en situaciones problemáticas (a especificar) y su causa final en el intento de arreglar esa situación. En fin, se trataría de una «gramática del pánico» en la que son analfabetos los clínicos de corte nosográfico. Comoquiera que sea, dicha gramática se podría dilucidar en términos de «análisis del discurso» como hacen Capp y Ochs, en términos del «análisis funcional de la conducta» o en términos de «juego social» como hace Szasz a propósito de la histeria. Tenga o no mucho que ver el ataque de pánico con la histeria, cabe contemplar, en todo caso, la investigación psiquiátrica como una forma de histeria ella misma en el sentido de que se satisface con realizar un «drama metodológico», como así, al menos, parece haberse dado a propósito precisamente de un ensayo clínico del Xanax (Trankimazín):

Una investigadora social se hizo pasar como supuesta paciente en un ensayo clínico sobre el Xanax que se estaba llevando a cabo en la década de 1980 en el Hospital General de Massachusset, uno de los centros líderes en la investigación pánico-Xanax[34]. En síntesis, la inves-

---

[33] L. Capps y E. Ochs (1995): *Constructing panic*. Harvard University Press.
[34] J. Orr (2000): «Performing methods: history, hysteria, and the new science of psychiatry», en D. Fee, ed., *Pathology and the postmodern*. Londres: Sage, pp. 49-73.

tigadora social muestra que, al definir el cuadro por los síntomas sensibles a la medicación, se confirma el diagnóstico por el propio tratamiento. Ahora bien, esta forma de objetivar un trastorno se debería más que nada a una *performance* metodológica. Dado el «espectáculo teleológico» que se cumple entre los síntomas y el tratamiento, la «nueva ciencia de la psiquiatría» no deja de ser ella misma una realización histérica, al confundir el hecho real dado en la vida con el hecho realizado por el método que supuestamente establece su carácter empírico.

Así el trastorno de pánico ha llegado a ser uno de los diagnósticos más frecuentes a partir de la década de 1990, y el Xanax (Trankimazín), uno de los fármacos más en boga en la psiquiatría[35]. Si se recuerda que a principios de los ochenta era un diagnóstico raro, se reconocerá el mérito de la «investigación psiquiátrica».

El enrolamiento en la esquizofrenia

Aun sin negar su posible condición biológica, la esquizofrenia no está exenta de los avatares que se vienen advirtiendo en relación con los demás trastornos. Los sistemas de diagnóstico así como las formas de tratamiento pueden conformar de alguna manera el curso y pronóstico de la esquizofrenia.

Recuérdese, en este sentido, la mayor propensión habida alguna vez en EE UU a diagnosticar esquizofrenia, respecto del Reino Unido, donde la propensión era más bien para la depresión. Quiere decir que casos que en un sitio tendrían más probabilidades de ser «esquizofrenia» serían en otro «depresión» y al revés, dependiendo de las prácticas clínicas al uso. Puesto que las prácticas clínicas determinan hasta cierto punto las condiciones de partida (empezando por el diagnóstico), se entiende su posible papel determinante también en el curso y el pronóstico del trastorno; en este caso de la esquizofrenia. A este propósito, se señalaría el distinto pronóstico de la esquizofrenia en los países desarrollados respecto de los que están en vías de desarrollo como posible efecto de las prácticas clínicas.

---

[35] E. Shorter (1997): *Historia de la psiquiatría. Desde la época del manicomio a la era de la fluoxetina*. Barcelona: J & C Ediciones Médicas, p. 320.

Distinto pronóstico según el desarrollo de los países

Como han revelado los estudios internacionales patrocinados por la Organización Mundial de la Salud[36], el curso de la esquizofrenia es significativamente mejor en los países en vías de desarrollo o Tercer Mundo, como, por ejemplo, India, Nigeria, Colombia, que en los países tecnológicamente más avanzados, como, por ejemplo, Dinamarca, Reino Unido, EE UU. En concreto, el 63% de los pacientes de los países en desarrollo experimentaron un curso más benigno que condujo a la remisión completa, mientras que en los desarrollados lo hicieron el 37%. Así mismo, mientras el deterioro en el funcionamiento social ocurrió en el 16% de los pacientes de los países en desarrollo, en los desarrollados ocurrió en el 42%. Como concluye Warner[37], comentando estos resultados:

> La conclusión general es inevitable. La esquizofrenia en el Tercer Mundo tiene un curso y pronóstico bien distinto a la condición según es reconocida en Occidente. El deterioro progresivo que Kraepelin consideraba central en su definición de la esquizofrenia es un evento raro en las sociedades no industrializadas, excepto quizá bajo las restricciones deshumanizantes del asilo tradicional. La mayoría de la gente con esquizofrenia en el Tercer Mundo alcanza un resultado favorable.

El hallazgo resulta, en principio, paradójico, si se considera que los países desarrollados disponen de mejores condiciones de tratamiento, incluyendo la medicación antipsicótica. De hecho, el 61% de los casos de los países desarrollados estaban tomando medicación durante el estudio mientras que sólo lo hacían el 16% de los del Tercer Mundo. Se diría que a mejor tratamiento peor pronóstico. De tal forma que pare-

---

[36] Los sitios y los países fueron, en el primer estudio, el International Pilot Study of Schizophrenia (IPSS), iniciado en 1967, Aarhus, Dinamarca; Agra, India; Cali, Colombia; Ibadan, Nigeria; Londres, Reino Unido; Moscú, Rusia; Praga, República Checa; Taipei, Taiwán; Washington, EE UU. En el segundo, el Determinants of Outcome of Severe Mental Disorder (DOSMeD), iniciado en 1978, los sitios y los países fueron Aarhus, Dinamarca; Agra y Chandigrah, India; Cali, Colombia; Dublín, Irlanda; Honolulu y Rochester, EEUU; Ibadan, Nigeria; Moscú, Rusia; Nagasaki, Japón; Nottingham, Reino Unido; Praga, República Checa.

[37] R. Warner (2004): *Recovery from schizophrenia. Psychiatry and political economy* (3.ª ed.), Nueva York: Bruner-Routledge, pp. 167-168.

cería que los países menos desarrollados tampoco presentan una esquizofrenia tan «avanzada» como la de los más desarrollados, si bien tendrían la misma tasa de incidencia y prevalencia (otra revelación de los estudios internacionales). Se ha de señalar que estos hallazgos resisten las posibles fuentes de sesgo que pudiera reprochárseles, tales como diferencias en el seguimiento, agrupaciones arbitrarias, ambigüedades diagnósticas, resultados selectivos y, en fin, sexo y edad[38].

¿Cómo es posible esto? Por supuesto, no se está diciendo que la medicación antipsicótica sea lo que hace las cosas peor. Comoquiera que sea, la medicación como tratamiento de elección que es en Occidente va asociada a las prácticas sociales correspondientes a toda una concepción de enfermedad (de supuesta base biológica y, en este caso, de tendencia a la cronificación). Esto supondría, a su vez, el descuido de otras condiciones de orden vital (más que biológico). Serían precisamente estas otras condiciones de orden vital de las que dependería, quizá, el mejor pronóstico y, por tanto, la mayor recuperación de la esquizofrenia en el Tercer Mundo.

Se suelen citar, en este sentido, factores como menor estrés y mayor apoyo social en los países en desarrollo. Sin embargo, estos factores no habrían de entenderse como meros «factores» de una lista de buenas o malas cosas que hacen la diferencia respecto de los países desarrollados. La diferencia hay que verla en la concepción más amplia del trastorno, con las prácticas sociales que implica. Por lo pronto, la psicosis quizá sea vista en las culturas tradicionales como un desvarío transitorio, del que la persona no tardará en recuperarse (distinto de la supuesta condición genética occidental). El propio sistema de creencias probablemente ofrezca una explicación de causalidad externa, liberando al paciente y la familia de un posible estigma. Así mismo, no se da una separación del «paciente» de los papeles sociales, sino que se mantiene su integración en el grupo de pertenencia. Consiguientemente, no estaría en juego la propia identidad personal ni el estatuto social de la persona. En fin, una mayor normalización del episodio psicótico parece conllevar una mayor recuperación.

---

[38] K. Hopper y J. Wanderling (2000): «Revisiting the developed versus developing country distinction in course and outcome in schizophrenia: Results from ISoS, the WHO Collaborative Followup Project», *Schizophrenia Bulletin*, 26, 4, 835-846.

Por el contrario, en las sociedades individualistas occidentales, presididas por la cultura clínica, un primer episodio psicótico probablemente sería visto como síntoma de una enfermedad mental que requiere medicación antipsicótica de inmediato. El síntoma, particularmente si se trata de alucinaciones o delirios, alarma tanto a la familia como al clínico, mientras que su atenuación por la medicación les tranquiliza y confirma en su actuación. La observación y el reposo, incluyendo probablemente la hospitalización, serían los pasos siguientes. Escuchar la medicación será la mayor tarea del clínico. Entretanto, la hospitalización y la medicación, propias de estar enfermo, en este caso, de tener una enfermedad mental, separan al paciente de los papeles sociales en curso o esperados, desenrolándose de la carrera de la vida y, a la vez, enrolándose en la de la esquizofrenia. Sin perjuicio de que pueda haber casos que, aun en las mejores condiciones, evolucionen hacia la cronificación (de hecho, en las culturas tradicionales de los países en desarrollo no deja de haber casos crónicos), la cuestión estaría aquí en reparar en la posibilidad, y probabilidad, de que el remedio sea peor que la enfermedad; esto es, que la medicación de un episodio psicótico termine por convertirlo en una enfermedad mental, cuando acaso pudiera quedar en un episodio de la vida[39]. Algo de esto puede tener que ver con el distinto pronóstico de la esquizofrenia en países desarrollados y en desarrollo. Queda por ver si el mayor desarrollo de los países ahora en vías de desarrollo conlleva también, como es probable, una esquizofrenia más «desarrollada». Por lo pronto, los trastornos psicóticos de los emigrantes procedentes del Caribe en Londres parecen tener un peor curso que en sus países de origen (no así en los chinos, que suelen conservar sus estructuras sociales allí donde van).

Puesto que el curso de la esquizofrenia depende, en buena medida, de la sociedad de referencia, en vez de ser un destino fijo, parece haber entonces un cierto margen para seguir o no su curso. Ahora bien, por una paradoja más del progreso, las prácticas clínicas de la moderna psi-

---

[39] Se utiliza aquí «episodio psicótico» por referirse a la esquizofrenia como un suceso que altera el curso normal de la vida. El hecho de que el DSM-IV hable de que la alteración ha de durar al menos seis meses no deja de ser prejuiciosa al tomar como referencia la mayor duración occidental, lo que dejaría fuera, por definición, el episodio de esquizofrenia de menor duración en otras sociedades. De todos modos, como señala Warner (2004), op. cit., p. 159, el mejor pronóstico de los casos del Tercer Mundo no se debe a la inclusión de episodios psicóticos agudos de origen orgánico.

quiatría que, por un lado, procuran ofrecer el mejor tratamiento, por otro, no dejan de incurrir fácilmente en una medicalización que, en algunos casos, puede ser peor que la supuesta enfermedad. En particular, sería así cuando las prácticas clínicas se ensañan con medicación contra los síntomas psicóticos, envolviendo al «paciente» en un rol de enfermo mental que puede acabar como tal sin que de entrada fuera inevitable. Pasaría esto por escuchar al fármaco en vez de al paciente.

Esta advertencia cobra tanta o más importancia en vistas de la tendencia hacia el tratamiento temprano y la prevención de la esquizofrenia al primer aire de un síntoma psicótico. Por supuesto, la cuestión no es retrasar lo más posible el tratamiento, pero, ciertamente, etiquetar y tratar a una persona con un asomo psicótico como si tuviera un trastorno de larga duración puede inscribirla innecesariamente en una carrera como paciente psiquiátrico.

La carrera de la esquizofrenia

Pues bien, por lo mismo que las prácticas clínicas pueden «psiquiatrizar» de forma indebida, podrían igualmente «despsiquiatrizar» cuando alguien estuviera abocado a una «psiquiatrización» sin «merecerlo» y, aun, en todo caso. Para ello, el clínico tendría que hacer cual Pigmalión más empeñado en sacar adelante a la gente que en meterla en el rol de enfermo mental. Se entiende aquí que el papel del clínico es decisivo en la conformación del papel del paciente respecto de su trastorno. Más libremente, se diría que el problema presentado puede dar margen para un curso u otro (recuperación o «carrera de esquizofrenia») dependiendo de la actuación o dramatización clínica.

Se entiende igualmente que la «carrera de esquizofrenia» no se debe tanto al despliegue inevitable de una disposición endógena como a un juego de papeles. Consiste este juego tanto en entrar en el papel de esquizofrénico como en perder los papeles socialmente normalizados, lo que aquí se denomina «dramatización clínica» y un autor identifica como «proceso de inmersión»[40].

---

[40] S. J. Lally (1989): «Does being in her mean there is something wrong with me?», *Schizophrenia Bulletin*, 15, 2, 253-265.

La entrada en el papel de esquizofrénico (enrolamiento esquizofrénico) se ha descrito de acuerdo con tres etapas: inicial, intermedia y final. La etapa inicial se caracterizaría por el esfuerzo del paciente en dominar la crisis, tratando de minimizar los problemas psiquiátricos y su separación de otros pacientes (no psiquiátricos). Las alucinaciones y las hospitalizaciones serían «eventos transicionales» que, dado su dramatismo, llevarían fácilmente a la etapa intermedia, donde ya se reconocería tener problemas psiquiátricos y se daría la separación nosotros (sistema clínico)/ellos (sociedad), siendo a este respecto el diagnóstico otro importante «evento transicional». La etapa final sería ya la de autoconcepción como enfermo mental, dándose una especie de duelo por el yo perdido. Es posible que la persona con esquizofrenia esté en la sociedad moderna en una posición *liminal*, entre la sociedad respecto de la cual es un enfermo y el sistema clínico respecto del cual la esquizofrenia no deja de ser una «enfermedad» *sui generis*, ya que no se aviene del todo bien con la propia noción de enfermedad, porque acaso el «esquizofrénico» sea más una categoría de persona que una categoría de enfermedad[41].

Por su parte, la pérdida de papeles normalizados (desenrolamiento de papeles sociales esperados) se ha visto que es el factor más importante en el comienzo de la esquizofrenia[42]. Recuérdese que la esquizofrenia suele tener un comienzo juvenil («hebefrenia»), justamente una edad decisiva en la formación de la identidad[43].

Obviamente, no se quiere decir que la crisis de partida sea siempre equiprobable respecto de una u otra salida (esquizofrenia/recuperación), de manera que aquélla se debiera a un «engolfamiento» clínico y ésta a una «desdramatización» igualmente clínica. Puede que la entrada en la carrera de la esquizofrenia sea inevitable y, aun se diría, la mejor «opción», contando con el tratamiento y la rehabilitación hoy disponibles. Al fin y al cabo, el sistema clínico canaliza («normaliza»)

---

[41] R. J. Barrett (1998): «The "schizophrenic" and the liminal persona in modern society», *Culture, Medicine and Psychiatry, 22,* 465-494; L. A. Sass (en prensa): «"Schizophrenic person" or "person with schizophrenia"? An essay on illnes and self», *Theory and Psychology*.
[42] H. Häfner, K. Maurer, W. Löffler y otros (1999): «Onset and prodromal phase as determinants of the course», en W. F. Gattaz y H. Häfner, eds., *Search for the causes of schizophrenia.* Springer, vol. IV, pp. 35-58.
[43] J. M. García Montes y M. Pérez Álvarez (2003): «Reivindicación de la persona en la esquizofrenia», *Revista Internacional de Psicología Clínica y de la Salud, 3,* 1, 107-122.

condiciones cuyo destino acaso fuera peor de otra manera (cuando quedara, por ejemplo, a la deriva de la marginación social). En este sentido, quizá sea mejor estar en una posición liminal que marginal.

El aspecto que realmente se quiere apuntar es que el desempeño del rol clínico, en particular, cuando se hace con todos los convencimientos de un modelo biomédico, puede fácilmente incurrir en un proceso autoenvolvente, cuasicharcotiano. Sería así en la medida en que se dé un ensañamiento contra ciertos síntomas sensibles a la medicación, en detrimento de su normalización y del desarrollo de otros roles posibles. A este respecto, se recordaría que en los países en vías de desarrollo los episodios psicóticos suelen tener un mejor pronóstico que en los desarrollados que, por lo que parece, «desarrollan» también una mayor esquizofrenia. Se entiende que en los países en vías de desarrollo se da una mayor normalización de los síntomas psicóticos a la par que un menor desenrolamiento de los papeles de la vida. En los capítulos de la terapias psicológicas se citarán formas más normalizadoras de tratar con las crisis psicóticas consistentes; en todo caso, en escuchar a la persona en vez de al fármaco.

Conclusiones: desvelando el método de invención

Se han presentado varios ejemplos de invención de trastornos. Unos responden a una reclamación social, como el estrés postraumático; otros, a una promoción comercial, como la depresión (en este caso relanzamiento), la fobia social y el ataque de pánico, y otros más, a un «enrolamiento» clínico, como pueda ser de alguna manera el pronóstico de la esquizofrenia. En todo caso, el problema existe. Como se ha dicho, la «invención» no sale de la nada. La gente tiene sus problemas y busca ayuda. La cuestión es cómo esos problemas de la vida que tiene la gente han llegado a ser considerados «trastornos mentales» como si fueran enfermedades. Los problemas de la vida, que no son pocos ni de poco sufrimiento, vienen a ser la materia primera de la que están hechos los «trastornos mentales». En este sentido, los «trastornos mentales» serían la forma que toman los problemas de la vida, una forma construida como cuadro clínico y categoría diagnóstica a imagen y semejanza de una enfermedad (con sus síntomas y supuestas causas subyacentes). Quiere decir que si el «trastorno mental» es en realidad una «forma construida», no sería entonces una entidad natural, como lo sería más propiamente una enfermedad médica. Obviamente, no por ser una «forma construida», los problemas presentados dejan de ser hechos *reales;* la cuestión es cómo son *hechos* reales de la manera que son, como si fueran enfermedades mentales. La cuestión es, pues, cómo es que los problemas de la vida se convierten en «trastornos mentales». ¿Qué o quién hace que las cosas sean así?

La respuesta es, como se puede suponer, compleja por el entramado de factores y actores implicados. Por lo pronto, se podría pensar en el contexto de la atención clínica, donde el paciente presenta un problema y el clínico lo estudia (diagnostica y trata; es decir, le da forma). Pero el asunto no es lineal, entre otras razones, porque el propio paciente puede venir ya «informado» clínicamente e incluso autodiagnosticado y así influir en el parecer y proceder del clínico. En todo caso, se trata de un proceso bidireccional que involucra a ambos actores, paciente y clínico. Más allá de la consulta, ambos están envueltos por toda una variedad de factores sociales y culturales (entre ellos el *marketing* farmacéutico y la cultura de la terapia, según se ha señalado). A fin de percibir este proceso se ha introducido, ya en el primer capítulo, el «efecto Charcot». Pero, por lo que se ha visto, el «efecto Charcot» ya no sería un fenómeno local («el gran teatro de la Sâlpetrière»), sino que tendría un alcance prácticamente universal («el gran teatro del mundo»). Los «trastornos mentales» empiezan a constituirse como tales en las prácticas sociales. Ahora bien, las prácticas sociales no son espontáneas ni revelan de por sí una forma inevitable de ser las cosas. Por el contrario, están organizadas y dirigidas de alguna manera más o menos planeada y confesable. Por así decirlo, tienen causa eficiente y método.

¿Cuál es el método de invención de trastornos mentales? Se excusa advertir que «método» tiene aquí ante todo un sentido crítico e irónico, por cuanto que no sería de esperar que existiera semejante cosa. Y, sin embargo, existe de alguna manera más o menos encubierta o cubierta con eufemismos tales como información médica, educación para la salud, sensibilización a la población, detección temprana, sin olvidar el *marketing* farmacéutico (que vendrían a ser la causa eficiente). El «método» consiste básicamente en nombrar y moldear la experiencia de la gente. Se trata de dar (con) las palabras adecuadas para definir un conglomerado de sensaciones, síntomas, preocupaciones y problemas hasta entonces indefinidos e incluso desapercibidos como condición clínica. Por lo común, se lleva a cabo conforme a un proceso de identificación y diagnóstico. Sin duda, las expresiones idiomáticas socialmente disponibles son decisivas en la articulación de la experiencia de enfermedad mental[44].

Este proceso de construcción puede estar iniciado, o bien por una problemática preexistente, o bien por una sensibilización dirigida a la población general. El inicio a partir de una problemática preexistente estaría representado por el trastorno de estrés postraumático (recuérdese la problemática presentada por los veteranos de Vietnam). La construcción de tal trastorno vino promovida por un movimiento de reclamación social que buscaba reconocimiento médico para toda una serie de problemas hasta entonces no reconocidos como categoría diagnóstica. Una vez establecida la categoría diagnóstica, ésta ya funcionaría, por un lado, como categoría del entendimiento (del) clínico y, por otro, como reestructuración de la experiencia de los pacientes, tanto de los veteranos sobre y para los que fue construida como de otros que por extensión se acogerían al nuevo diagnóstico. Una vez establecida la categoría diagnóstica, ésta ya funcionaría prácticamente como una «entidad natural» que estuviera ahí de toda la vida.

Por su parte, el inicio a partir de la sensibilización de la población general estaría representado por la fobia social y el trastorno de pánico, así como también por la depresión[45]. Dicha sensibilización estaba promovida por una campaña publicitaria como estrategia de *marketing* para la comercialización de nuevos medicamentos. Se ha de recordar que la sensibilización estaba dirigida también a los clínicos no sólo a los psiquiatras, sino también y acaso preferentemente a los médicos de atención primaria. La advertencia de que tales trastornos «son más frecuentes que lo que se pensaba hasta ahora», dando a entender que eran casos subclí-

---

[44] P. Brown (1995): «Naming and framing: the social construction of diagnosis and illness», *Journal of Health and Social Behavior*, vol. especial, 34-52; K. Vanthuyne (2003): «Searching for the words to say it: the importance of cultural idioms in the articulation of the experience of mental illness», *Ethos, 31*, 3, 412-433.

[45] En cuanto al «enrolamiento» de la esquizofrenia, no sería tanto una campaña pública como el establecimiento de toda una convención clínica según la cual el tratamiento de elección es la medicación antipsicótica, con lo que implica de curso o «carrera» de enfermedad.

nicos todavía sin diagnosticar, aparte de justificar los correspondientes roles de médico y paciente, venía a poner sobre aviso a unos y otros y así a convertir problemas de la vida (que nunca faltan) en «trastornos mentales» hechos y derechos («fobia social» donde quizá no había más que timidez, «trastorno de pánico» en vez de los accesos de la ansiedad de siempre y «depresión» en lugar de los desánimos que acompañan a los vaivenes de la vida). De nuevo, una vez establecidos ya parecerían naturales, cerrándose el círculo entre categoría del entendimiento clínico y estructuración de la experiencia de enfermedad del paciente.

Todo este proceso de construcción cuenta con dos contextos determinantes: el contexto clínico dado por la relación terapeuta-paciente y el contexto extraclínico dado por toda esa cultura de la terapia que se va tejiendo y va disponiendo el lenguaje adecuado para una medicalización y psicologización de los problemas de la vida[46].

En relación con el contexto clínico pueden contemplarse dos supuestos: uno en el que el paciente ya vaya prácticamente autodiagnosticado y el clínico no haga más que confirmar su trastorno (en realidad, el paciente va a que le den la medicación correspondiente), y otro en el que el paciente presente el problema sin el «acabado» diagnóstico por el que encaje en la categoría clínica del terapeuta. En este caso se abre un proceso de transformación del problema inicialmente presentado por el paciente hasta su adecuación para el tratamiento que ofrece el clínico[47]. Si el tratamiento que ofrece el clínico es la medicación, el problema presentado termina por encajar en un cuadro clínico para el que existe una medicación apropiada. De esta manera, el problema presentado es recortado de su contexto que no es otro que la biografía y las circunstancias personales del paciente, resultando descontextualizado como si fuera una categoría natural que responde a un cuadro (abstracto e impersonal). Ahora bien, siendo así las cosas, quiere decir que el problema presentado no está necesariamente abocado a una categoría médica, sino abierto a reformulaciones que le pueden dar otras soluciones.

---

[46] N. Haslam (2005): «Dimensions of folk psychiatry», *Review of General Psychology*, 9, 1, pp. 35-47.
[47] C. Berkenkotter y D. J. Ravotas (2002): «Psychotherapists as authors: microlevel analysis of therapists" written reports», en J. S. Sadler, ed., *Descriptions and prescriptions. Values, mental disorders, and the DSMs*. Baltimore: The Johns Hopkins University, pp. 251-268.

Por su parte, el contexto extraclínico consiste en toda esa cultura de la terapia señalada que viene ya a funcionar como una suerte de psiquiatría popular, proporcionando los nombres y moldeando la experiencia de enfermedad. En este sentido, la cultura clínica popular determina las concepciones que tenga la gente acerca de sus problemas y de los remedios que se han de buscar. Por lo que respecta a la creciente medicalización de los problemas de la vida, no se ha de olvidar que se trata de una cultura dirigida (sensibilización a la población general y demás). Es interesante retomar aquí la distinción establecida por Delumeau a propósito del miedo en Occidente entre miedos espontáneos y miedos dirigidos. Los miedos espontáneos son los que tiene la gente en la práctica de la vida, sin especiales mediaciones de parte de alguna clase social. Por su lado, los miedos dirigidos son aquellos promovidos por la «cultura dominante», bajo distintas coberturas ideológicas, desde religiosas a científicas[48]. Así, la gente llegó a tener miedo de cosas, como el fin de los tiempos y el demonio, que no tendría si no llega a ser por la «información» y la «educación» recibidas. Algo similar ocurre en relación con la invención de trastornos mentales.

Ahora bien, en la medida en que esta propagación de trastornos mentales a modo de enfermedades es dirigida, al menos quiere decir que no es inevitable. De hecho, como se verá, otras reconstrucciones de los mismos problemas son posibles y aun recomendables. Por el momento, se trataba en la Primera Parte, que aquí termina, de desenmascarar este estado de cosas. En la Segunda Parte se revisa a fondo el estado de la cuestión por lo que respecta a las bases en que se sustenta la psicofarmacología y en la Tercera Parte se hará lo propio respecto de los tratamientos psicológicos como posible alternativa. De cualquier modo, bien puede quedar admitida a trámite la consideración abierta que se viene sugiriendo acerca del carácter construido de los trastornos mentales. De hecho, como se verá, otras reconstrucciones de los mismos problemas son posibles y aun recomendables.

---

[48] M. Pérez Álvarez (2002): «Espacios y momentos del miedo en la ciudad», en V. Domínguez, ed., *Los dominios del miedo*. Madrid: Biblioteca Nueva, pp. 229-250.

SEGUNDA PARTE

PSICOFARMACOLOGÍA: ESTADO DE LA CUESTIÓN

CAPÍTULO 4

EL DESCUBRIMIENTO POR AZAR DE LOS PSICOFÁRMACOS

Al igual que en otros campos de la ciencia, el azar jugó un papel decisivo en la creación de los modernos psicofármacos. Podría parecer que su desarrollo fue el fruto de la investigación planificada y del amplio conocimiento de los mecanismos neurobiológicos que explican los trastornos mentales. Nada más lejos de la realidad, ya que todavía hoy en día son discutidas tanto las bases biológicas como las posibles causas de los trastornos mentales, como se verá después. Ni siquiera los mecanismos de acción de gran parte de los psicofármacos parecen estar establecidos científicamente, a pesar de su amplio uso y reconocida eficacia para tratar muchos de los síntomas de los trastornos mentales.

Quizá la palabra que mejor describa cómo se descubrieron los psicofármacos es el término de origen anglosajón *serendipia**. Así, no sólo el mero azar condujo al descubrimiento de los psicofármacos, sino que también intervendrían en ello la sagacidad y perspicacia de las perso-

---

* Castellanización del término *serendipity*, que aunque tiene diversos significados en la actualidad, hace referencia básicamente al don de descubrir cosas sin proponérselo.

nas que observaron sus efectos. Éste es precisamente el significado original de la palabra *serendipia*, que fue acuñada por el historiador inglés Horace Walpole[1] en 1754 para hacer referencia a un descubrimiento que se realiza por «accidente y sagacidad» de algo que no se busca inicialmente. En este sentido, la descripción original de los efectos de las sustancias químicas que después se considerarían psicofármacos es la que permitió su aplicación posterior mediante la observación de sus efectos sobre el comportamiento al margen de las hipótesis sobre la causa y fisiopatología de los trastornos mentales. Por tanto, la interpretación dentro del contexto social histórico de los efectos de los psicofármacos hecha por psiquiatras, farmacólogos y químicos relacionados con su descubrimiento ha sido crucial a la hora de considerar el efecto terapéutico de los psicofármacos[2], como se verá a continuación.

De cómo el Valium suplantó al psicoanálisis

Desde la Prehistoria, el hombre siempre ha buscado remedio para sus temores y ansiedades cotidianas empleando alguna sustancia que le proporcionase calma, sosiego o que simplemente le hiciese olvidar sus preocupaciones. Evidentemente, una de las drogas calmantes más antiguas conocidas por la humanidad es el alcohol, que ya se emplea al menos desde el Paleolítico, aproximadamente 8.000 años a.C., como producto de la fermentación natural por levaduras del azúcar contenido en la miel. El alcohol se considera técnicamente como una droga *depresora del sistema nervioso central;* es decir, que disminuye la actividad cerebral en mayor o menor medida. Todas las drogas depresoras tienen en común la característica de que a dosis bajas producen una ansiolisis o disminución de la ansiedad, pasando por la desinhibición de conductas normalmente reprimidas, lo que paradójicamente se puede interpretar como efectos activadores o psicoestimulantes. A do-

---

[1] Quien también fue político e inventor de la novela gótica. Curiosamente, su creación fue una respuesta al racionalismo del siglo XVIII.
[2] La relevancia del contexto social y político en el desarrollo de los psicofármacos y la misma consideración conflictiva de la propia naturaleza de los trastornos mentales se expone audazmente en A. Tone (2005): «Listening to the past: history, psychiatry, and anxiety», *Canadian Journal of Psychiatry,* 50 (7), 373-380.

sis mayores producen sedación o disminución del estado de vigilia, descoordinación motora, sueño y si la dosis es elevada causarían un estado de inconsciencia o coma y finalmente la muerte por depresión secundaria de la respiración o del ritmo cardíaco[3].

Los modernos fármacos «ansiolíticos», cuya denominación nos induce a pensar que actúan específicamente para aliviar la ansiedad, realmente no son otra cosa que un grupo más de drogas sintéticas depresoras del sistema nervioso central con propiedades similares a las del alcohol, pero con mucha mayor potencia farmacológica que éste, ya que los efectos conductuales se observan con unas pocas milésimas de gramo ingeridas, en vez de con decenas de gramos como en el caso del alcohol. Las propiedades ansiolíticas de estos fármacos siempre están ligadas a efectos en muchos casos no deseables, como la sedación o inducción del sueño, descoordinación motora, sedación o disminución del estado de alerta, y, sobre todo, tienen un alto potencial para causar dependencia física por parte de quien las consume.

Los tranquilizantes o ansiolíticos fueron descubiertos por casualidad, como el resto de psicofármacos. Por ejemplo, ya a mediados del siglo XIX, se empleaban una gran variedad de sustancias sedantes con propiedades ansiolíticas, destacando las sales de bromo o bromuros, extractos de plantas como la adormidera (el opio) y la belladona (que contiene como principios activos los alcaloides escopolamina y atropina)[4]. Todas estas sustancias eran muy tóxicas y a menudo letales, hasta que en 1912 se introdujeron en la práctica clínica las primeras drogas sedantes sintéticas.

Se trataba de los *barbitúricos*, un conjunto de compuestos sintetizados por primera vez a partir del ácido barbitúrico por el alemán Adolf von Baeyer (1864) a partir de la urea y del ácido malónico derivado de las manzanas, precisamente el día de Santa Bárbara, de ahí su nombre[5]. Los barbitúricos tuvieron un gran éxito, y se sintetizaron más de cincuenta compuestos empleados para tratar desde síntomas de nerviosis-

---

[3] R. M. Julien (2000): *A Primer of Drug Action*. 8.ª Edición. Nueva York: W. H. Freeman & Co.
[4] A. E. Caldwell (1970): «History of psychopharmacology», en W. G. Clark y J. del Giudice, eds., *Principles of Psychopharmacology*. Nueva York: Academic Press, pp. 9-30.
[5] R. S. Feldman, J. S. Meyer y L. F. Quenzer (1997): *Principles of neuropsychopharmacology*. Sunderland, Massachusetts: Sinauer Associates.

mo o ansiedad, inducción de anestesia hasta gran parte de los trastornos mentales, incluyendo la esquizofrenia, con la tristemente famosa «cura de sueño» o hipnoterapia. Estos fármacos realmente somníferos se emplearon hasta la década de 1950 como ansiolíticos e hipnóticos, pero luego fueron desplazados por el descubrimiento casual de los actuales ansiolíticos de tipo benzodiazepínico, mucho más seguros.

Los barbitúricos son ansiolíticos bastante peligrosos, debido a su escaso índice terapéutico (pequeña diferencia entre la dosis activa o efectiva y la dosis letal), su elevadísimo potencial para causar dependencia y sobre todo la multiplicación de sus efectos al combinarlos con alcohol, que en muchas ocasiones producía la muerte accidental o intencional del consumidor[6]. Actualmente, se suelen utilizar como agentes inductores de la anestesia en los quirófanos, y raramente como hipnóticos o anticonvulsivantes en epilépticos. A principios de los años cincuenta también se aisló la reserpina, que, aunque sería empleada como antipsicótico, en principio se usó para tratar la hipertensión y como tranquilizante. De hecho, el término «tranquilizante» parece que se acuñó en 1953 para describir la acción de la reserpina, que, a diferencia de los barbitúricos, no parecía provocar tanto sueño ni disminución del estado de consciencia, pero calmaba a los pacientes agitados[7]. Así, más tarde, los neurolépticos (que hoy se suelen llamar antipsicóticos) se conocerían generalmente como «tranquilizantes mayores», para diferenciarlos de las benzodiazepinas («tranquilizantes menores»), por el menor efecto sedante e inmovilizador y también su menor eficacia para calmar pacientes psicóticos. No obstante, por entonces la mayoría de los psiquiatras no eran partidarios del tratamiento farmacológico de las neurosis, hoy sustituidas por los trastornos de ansiedad, sino que en su mayoría proponían reposo o diversas psicoterapias de tipo psicoanalítico para tratarla. Así, los tranquilizantes o ansiolíticos ya conocidos serían considerados como meros fármacos sedantes en general, al igual que el alcohol, útiles fundamentalmente para inducir somnolencia.

Después de la Segunda Guerra Mundial, Frank Berger, un médico checo que trabajaba para la compañía farmacéutica inglesa Wallace La-

---

[6] Véase referencia anterior.
[7] B. J. Bein (1970): «Biological research in the pharmaceutical industry with reserpine», en F. J. Ayd y B. Blackwell, eds., *Discoveries in biological psychiatry*. Filadelfia: Lippincott Co, pp. 142-154.

boratories, probó una serie de sustancias químicas con propiedades antibióticas contra cierto tipo de bacterias resistentes a la penicilina. Junto con el químico inglés William Bradley, modificó una serie de compuestos hasta sintetizar la mefenesina, una sustancia ya conocida desde 1908, que, aunque no resulta ser demasiado eficaz como antibiótico, curiosamente causa en ratas y ratones una especie de parálisis con relajación muscular junto con somnolencia, que eran reversibles. Esta propiedad relajante llamó la atención a Bradley, y en 1946 se probó en seres humanos, a los que a bajas dosis parecía causar un efecto descrito por Berger y Bradley como «tranquilizante», ya que los pacientes estaban menos tensos sin mostrar inconsciencia[8]. Por supuesto, el mecanismo de acción era totalmente desconocido y además tenía el inconveniente de la corta duración de sus efectos. Por esta razón, los laboratorios Wallace intentaron modificar al azar la estructura química de la mefenesina hasta llegar al meprobamato. Esta droga conservaba las propiedades relajantes musculares de la mefenesina, aunque con una mayor duración de sus efectos. En los años cincuenta se comercializó con gran éxito bajo el nombre de Miltown, en honor a un pueblecito próximo a los laboratorios.

La droga se anunciaba en esa época como tranquilizante o ansiolítica, pero desprovista de efectos sedantes y sin afectar a las capacidades intelectuales, la coordinación y la percepción sensorial. A pesar de que llegó a sustituir a los barbitúricos entre los años cincuenta y sesenta como ansiolítico, pronto se comenzaría a observar que sus efectos y modo de acción son prácticamente iguales a los de los barbitúricos, y además se daban numerosos casos de sobredosis letales por esta droga, sola o en combinación con el alcohol, a lo que se añadía un riesgo muy elevado de producir dependencia[9].

Durante ese periodo, el Miltown se recetó sobre todo a mujeres estadounidenses, y, por ello, se suele considerar que este fenómeno representa en Psiquiatría el paso del concepto psicoanalítico de ansiedad, como una manifestación de los conflictos materno-filiales reprimidos

---

[8] F. Berger (1954): «The pharmacological properties of *Miltown*, a new interneuronal blocking agent», *Journal of Pharmacological & Experimental Therapies, 112*, p. 413.

[9] M. E. Jarvik (1970): «Drugs used in the treatment of psychiatric disorders», en L. S. Goodman y A. Gilman, eds., *The Pharmacological Basis of Therapeutics*. Nueva York: MacMillan, pp. 151-203.

tempranamente, a un desequilibrio químico cerebral[10]. Otros opinan que el éxito de este tranquilizante en las mujeres se debió a ciertas concepciones culturales fundamentadas en teorías psicoanalíticas sobre el papel de las mujeres en la sociedad. El cambio en los roles de género después de la Segunda Guerra Mundial en EE UU, cuando muchas mujeres dejaron de trabajar fuera del hogar en industrias relacionadas con la guerra, para volver a ser exclusivamente amas de casa, parece ser que causó una «neurosis nacional» de acuerdo con la visión psicoanalítica dominante, en la que las ambiciones laborales de la mujer se veían como síntomas de trastorno mental y también como amenaza al dominio social masculino[11]. Esta visión cultural favoreció la prescripción y el *marketing* de los nuevos tranquilizantes o ansiolíticos dirigidos particularmente a la población femenina, paradójicamente fomentados por la perspectiva psicoanalítica de los psiquiatras de la época. Así, la propia terapia psicoanalítica en los divanes de las consultas de psiquiatría sería sustituida gradualmente por el Miltown, y más tarde por el Valium, soluciones más rápidas y económicas a la «neurosis nacional».

En vista del gran éxito del Miltown, laboratorios farmacéuticos de la competencia sintetizaron y probaron por el simple método de ensayo y error otros compuestos químicos con acción similar. En realidad, esta práctica de modificar la estructura de compuestos químicos al azar para obtener propiedades farmacológicas similares a otros es todavía un método muy extendido en las compañías farmacéuticas. Sin embargo, la meta que se persigue no siempre es la fabricación de sustancias nuevas con menos efectos secundarios o más seguras, sino que más bien se busca crear una molécula distinta con efectos similares a los de la competencia para poder patentarla y obtener beneficios con su comercialización. Con esta filosofía de trabajo, en la conocida compañía de origen suizo Hoffman-La Roche, el químico Leo Sternbach formaba parte de un equipo en Estados Unidos cuya tarea era sintetizar drogas con acción similar al Miltown. Sternbach estaba interesado personalmente en unos compuestos químicos que había sintetizado en la

---

[10] A. Ayd (1991): «The early history of modern psychopharmacology», *Neuropsychopharmacology*, 5, 71-84.
[11] J. Metal (2003): «"Mother's little helper": the crisis of psychoanalysis and the Miltown resolution», *Gender & History*, 15, 240-167.

década de 1930 durante su etapa posdoctoral en la Universidad de Cracovia (Polonia), que podrían ser útiles como colorantes o tintes textiles. Sin embargo, en su etapa como empleado de la compañía suiza en 1956, decidió probar sus propiedades biológicas con animales. Tras intentarlo con unos cuarenta derivados, ninguno parecía similar al meprobamato y la compañía decidió abandonar el proyecto.

Sin embargo, durante la limpieza del laboratorio en mayo de 1957, uno de los químicos de su equipo encuentra un bote con un compuesto de la serie (Ro 5-0690) cuyo aspecto en forma de pequeños cristales llamó su atención, y decidió dárselo a otro equipo de la compañía para que lo probase[12]. Este compuesto, que luego se vería que ni siquiera pertenecía a la misma familia química que el resto de la serie, resultó tener interesantes propiedades ansiolíticas, sedantes y relajantes musculares. Era el clordiazepóxido, perteneciente al grupo químico de las benzodiazepinas, y que se comercializaría con el nombre de Librium con gran éxito como ansiolítico en los años sesenta.

Al año siguiente, se desarrolló por esta misma compañía una benzodiazepina aún más potente, el diazepam (Valium), quizá el psicofármaco más prescrito hasta nuestros días. La ventaja de las benzodiazepinas sobre el meprobamato es su amplio margen de seguridad, ya que, salvo que se mezclen con alcohol u otras drogas depresoras del SNC, la dosis letal es tan elevada que es difícil la muerte por sobredosis. Actualmente, los ansiolíticos más empleados son benzodiazepinas de mayor potencia, ya que con mucha menor dosis que el diazepam causan efectos similares, como el alprazolam (Trankimazín en España, conocido como Xanax en EE UU). Estas benzodiazepinas de alta potencia han pretendido comercializarse para trastornos de ansiedad específicos, como el trastorno de ansiedad generalizada o los ataques de pánico, en un esfuerzo de *marketing* por competir con los antidepresivos actuales que son los que más se recetan también para tratar casi todos los trastornos de ansiedad. De hecho, hoy en día los términos *ansiolítico* y *ansiedad* son cada vez menos usados, debido en parte a la disminución de la prescripción de fármacos ansiolíticos en el mundo occidental que comenzó en la década de 1980 a causa de la preocupación por el sobre-

---

[12] A. Baenninger, J. A. Costa e Silva, I. Hindmarch y K. Rickels (2004): *Good chemistry: the life and legacy of Valium inventor Leo Sternbach*. Nueva York: McGraw-Hill.

valorado riesgo de dependencia de las benzodiazepinas. Parece ser que ahora está más de moda el estrés y «estar estresado» como explicación para todos los males psíquicos y físicos. También el punto de vista clínico sobre los trastornos de ansiedad ha cambiado, coincidiendo con la observación de la eficacia ansiolítica de varios tipos de antidepresivos, lo que ha llevado a considerarlos en el mundo occidental más bien como trastornos del estado de ánimo, al igual que la depresión.

De los psicoenergizantes a los antidepresivos

Lo que Hipócrates en la época de la Grecia clásica conocía como *melancolía*, refiriéndose no a una *enfermedad mental* sino más bien un estado de ánimo[13] se ha convertido tras varios periplos históricos en un heterogéneo conglomerado de decenas de *trastornos afectivos* clasificados según sus síntomas desde el modelo médico de enfermedad mental, de entre los que destacan los trastornos depresivos por su aparente frecuencia en la sociedad actual[14]. Popularmente se utiliza el término depresión para describir una amplia variedad de estados personales, como la experiencia subjetiva de «estar bajo de ánimo», «no ver salida», «carecer de interés» o simplemente aburrirse. También se usa como reacción ante un determinado evento, persona, lugar o ambiente («me da depresión»), con el fin de evitarlo o simplemente señalar su impacto sobre la persona. En otras ocasiones, se usa como modismo para describir cualquier inconveniente que se considere de carácter psicológico. La depresión también se identifica con la «conducta de enfermedad» para lograr la atención de alguien, o en general para ejercer un control frente o contra alguien u obtener algún beneficio.

Sin embargo, esta confusión terminológica también parece extenderse al terreno profesional, donde se incluyen como trastornos depresivos síndromes de origen oscuro como *depresión atípica, distimia, de-*

---

[13] Hipócrates entendía la melancolía como un desequilibrio en la mezcla de humores, concretamente sangre con bilis y flema, pero entendido como un estado pasajero o padecimiento *(nosema)* y no una enfermedad *(nosos)*. Véase V. Domínguez García (1991): «Sobre la "melancolía" en Hipócrates», *Psicothema, 3* (1), 259-267.
[14] American Psychiatric Association, Washington (2004): *DSM-IV TR. Manual diagnóstico y estadístico de los trastornos mentales.* Barcelona: Masson.

presión doble, depresión reactiva frente a *endógena* o *biológica*, etc. De hecho, los síntomas principales corporales o *vegetativos* que caracterizan a todos los tipos de trastornos depresivos parecen ser contradictorios, pudiendo presentarse los siguientes: disminución o aumento del apetito, fatiga o agitación motora, insomnio o exceso de sueño y pérdida o ganancia de peso.

La confusión en la delimitación de los síndromes o conjuntos de síntomas depresivos alcanza curiosamente a los llamados *fármacos antidepresivos,* supuestamente indicados en un principio para tratar los síntomas depresivos; sin embargo, actualmente se recetan también para tratar trastornos de la alimentación como la bulimia, trastornos de ansiedad que incluyen el trastorno de pánico o angustia *(panic disorder),* trastorno bipolar, ansiedad generalizada, fobia social y hasta enuresis y terrores nocturnos en niños.

Como es fácilmente deducible, parece que, ni para los profesionales clínicos (médicos, psiquiatras, psicólogos) ni para el resto de la gente, la depresión es aún hoy en día un trastorno mental claramente definido. Hasta finales de la década de 1950, la depresión era escasamente diagnosticada, en comparación con las neurosis de ansiedad o las psicosis, y su tratamiento preferente era la terapia electroconvulsiva. Por ello, en vista del mercado potencial tras el descubrimiento de la clorpromazina, las compañías farmacéuticas estaban por entonces más interesadas en el desarrollo de antipsicóticos[15]. Cabe recordar aquí lo comentado anteriormente sobre la invención de los trastornos mentales en la Primera Parte.

El origen de los fármacos antidepresivos también se remonta a la «edad de oro» de la psicofarmacología. Así, en 1951, durante el transcurso de una gran epidemia de tuberculosis a nivel mundial, investigadores norteamericanos de la compañía, ya mencionada, *Hoffman-LaRoche* intentaban obtener nuevos fármacos con actividad antibacteriana frente al bacilo de la tuberculosis. Un derivado sintético del petróleo, la hidrazina, que se empleó como combustible de los misiles V-2 lanzados por los nazis contra los ingleses en los últimos años de la Segunda Guerra Mundial, abundaba como excedente de guerra confiscado a los

---

[15] D. Healy (2005): *The creation of psychopharmacology.* Cambridge, MA: Harvard University Press.

alemanes, y fue adquirido por esta compañía farmacéutica a bajo coste para obtener derivados químicos con aplicaciones comerciales. Estos investigadores, al modo de Fleming con la penicilina, aplicaron múltiples derivados de la hidrazina a placas de incubación que, mediante ensayo y error, inhibiesen fortuitamente el crecimiento de las bacterias responsables de la tuberculosis, de entre los que destacó la iproniazida. Un año después, este fármaco se comercializó para el tratamiento de enfermos de tuberculosis, que, tras recibir iproniazida durante algunos días, presentaban algunos efectos secundarios considerados indeseables. Estos efectos secundarios incluían un estado de hiperactividad y euforia parecido a lo que los psiquiatras describirían ahora como hipomanía[16].

Este fármaco fue retirado del mercado casi inmediatamente tras ser comercializado, porque aparte de ser poco eficaz contra la tuberculosis (actualmente sabemos que se administraba a dosis demasiado bajas para ser efectivo), otro de sus efectos secundarios más graves era su capacidad para inducir daños en el hígado, llegando a causar cirrosis. Sin embargo, por casualidad varios psiquiatras de prestigio internacional, como el francés Jean Delay (quien descubrió por la misma época los beneficios de la clorpromazina en el tratamiento de la esquizofrenia), se interesaron por los efectos euforizantes (o *psicoenergizantes* en la terminología de la época) de este compuesto y otro de sus derivados menos tóxico, la isoniazida.

Sin embargo, el tratamiento de pacientes depresivos con este fármaco fracasó, probablemente debido a que la acción euforizante de esta sustancia se retrasaba varias semanas, un problema que aún hoy no está en absoluto resuelto. La mayoría de los psiquiatras que la probaron por aquella época no la consideraron útil para tratar la depresión, porque en algunos casos parecía inducir estados paranoides o maníacos y en ensayos clínicos no parecía ser más efectivo en la depresión que un placebo[17]. Se debe tener en cuenta que la mayoría de los psiquiatras europeos y norteamericanos en la década de 1950 tenían una orientación psicote-

---

[16] Nathan Kline, el primer psiquiatra que describió los efectos euforizantes de estas sustancias los entendía más bien como efectos secundarios adversos. Véase N. S. Kline (1964): «The practical management of depression», *Journal of the American Medical Association*, 190, 122-130.

[17] E. Valenstein (1998): *Blaming the brain*. Nueva York: Free Press.

rapéutica, y ¡eran reacios al uso de psicofármacos! No obstante, el influyente psiquiatra neoyorkino Nathan Kline decidió emplear la iproniazida en diversos pacientes afectados no sólo de depresión, sino también de esquizofrenia, maníacos, etc. Al cabo de unas cinco semanas de tratamiento, observó que sólo los pacientes deprimidos experimentaban una notable mejoría.

Paralelamente, estudios con animales mostraron que la iproniazida era un potente inhibidor de un enzima de la mayoría de las células del organismo (la monoamino-oxidasa o MAO). Este enzima es responsable de la destrucción de sustancias derivadas de los aminoácidos, entre los cuales se encuentran algunos de los compuestos químicos producidos por las neuronas del sistema nervioso, en particular los neurotransmisores monoamínicos (dopamina, adrenalina, noradrenalina y serotonina). También se averiguó por entonces que otra sustancia de origen vegetal, la reserpina, había mostrado que disminuía la concentración de estas monoaminas en el cerebro de ratas, al contrario que la iproniazida. Esta sustancia era empleada como hipotensor y sedante principalmente en esquizofrénicos agitados, pero también se pensaba que podía inducir síntomas depresivos y ansiedad en algunas personas. A partir de este descubrimiento, surgieron los fundamentos de la «hipótesis monoaminérgica de la depresión».

En 1955, la búsqueda de sustancias con acción similar a la clorpromazina (antipsicótico o neuroléptico, que alivia los síntomas de trastornos mentales como la esquizofrenia) por múltiples compañías farmacéuticas condujo casualmente al descubrimiento de otros nuevos fármacos antidepresivos antes de que se dedujese la acción psicoenergizante de los inhibidores de la MAO. La compañía de origen suizo Geigy entregó muestras del fármaco G-22355 (más tarde conocida como imipramina) al psiquiatra Roland Kuhn, que la probó con pacientes esquizofrénicos sin grandes resultados. Sin embargo, tras administrar este fármaco a muchos más pacientes, percibió una mejoría en el estado de ánimo de algunos pacientes, que él mismo denominó efecto antidepresivo[18] y cuatro años después la compañía Geigy la comercializó como «antidepresivo». En realidad, ni Geigy ni Roche mostra-

---

[18] R. Kuhn (1958): «The treatment of depressive states with G-22355 (imipramine hydrochloride)», *American Journal of Psychiatry* 115, 459-464.

ron demasiado interés en los «psicoenergizantes» (iproniazida) o los «timolépticos» (imipramina), como se conocían en la época a los futuros antidepresivos, por la anteriormente comentada escasa incidencia de la depresión.

Este descubrimiento parecía apoyar indirectamente la hipótesis monoaminérgica de la depresión, tras los experimentos en esa misma época del premio Nobel Julius Axelrod, que demostró que este tipo de fármacos (conocidos hoy como antidepresivos tricíclicos por su estructura molecular), no incrementan la cantidad de monoaminas en el cerebro como la noradrenalina mediante la inhibición del enzima MAO, sino que bloquean la recaptación o reabsorción por las neuronas de este neurotransmisor. Así, en 1965 Joseph Schildkraut y Seymour Kety, investigadores de los Institutos Nacionales de la Salud Mental norteamericanos (NIMH) cosecharon un gran éxito por la hipótesis reduccionista, aunque muy sencilla de explicar al gran público, que más tarde se conocería como la «hipótesis monoaminérgica de los trastornos afectivos». Esta hipótesis postula que la deficiencia cerebral de ciertos neurotransmisores (fundamentalmente monoaminas como la noradrenalina y hoy sobre todo la serotonina) es responsable de la depresión, mientras que su exceso es responsable de los estados maníacos[19].

En 1961, la compañía química y futura multinacional farmacéutica norteamericana Merck desarrolló la amitriptilina, un antidepresivo tricíclico de la misma familia química que la imipramina y también derivado de la clorpromazina. Pero al contrario que las compañías Geigy y Roche, la estrategia comercial de Merck se basó por primera vez en intentar «vender» la depresión como *enfermedad mental habitual,* y no el propio antidepresivo. Con tal finalidad, los investigadores que descubrieron los efectos antidepresivos de la amitriptilina publicaron un libro dirigido a los médicos en general y no sólo a los psiquiatras, en los países en los que se vendía la amitriptilina[20]. Esta estrategia de *marketing* farmacológico tuvo gran éxito, ya que en muy poco tiempo situó a la amitriptilina en primera línea de ventas de antidepresivos. In-

---

[19] J. Schildkraut (1965): «The catecholamine hypothesis of depression: a review of supporting evidence», *American Journal of Psychiatry 122,* 509-522.
[20] F. J. Ayd (1961): *Recognising the depressed patient, with essentials of management and treatment.* Nueva York: Grune.

cluso el propio Roland Kuhn, descubridor de los efectos antidepresivos de la imipramina, reconocería después que intentó «persuadir» a los asistentes de los congresos internacionales de Psiquiatría, sin aportar ninguna hipótesis biológica plausible, de que la depresión era una *enfermedad* que podría tratarse con fármacos[21]. Por el contrario, en aquella época predominaba en la Psiquiatría la idea hipocrática de la depresión entendida como melancolía, es decir, un estado de tristeza pasajero cuyo tratamiento era atajar sus causas sociales o ambientales o simplemente dejar pasar el tiempo.

Por otro lado, los inhibidores de la MAO cayeron en desgracia por sus múltiples interacciones con distintos alimentos (ciertos quesos, conservas, vino, etc.) que ocasionaron varias muertes por elevaciones de la tensión arterial. A mediados de la década de 1960, Paul Kielhoz, profesor de psiquiatría de la Universidad de Basilea (Suiza), encontró claras diferencias en los efectos clínicos de varios antidepresivos tricíclicos disponibles en esa época. Algunos tenían una acción sedante y más específica sobre el estado de ánimo, pero otros eran más activadores o «psicoenergizantes» al modo de los inhibidores de la MAO. Según la hipótesis monoaminérgica propuesta en aquella época por Schildkraut, todos los antidepresivos tricíclicos tenían la propiedad común de inhibir la recaptación de noradrenalina en el cerebro. Sin embargo, para Kielhoz los distintos antidepresivos tricíclicos deberían tener alguna otra acción farmacológica que explicase sus diferencias en cuanto a los efectos sedantes o estimulantes.

El neurocientífico sueco Arvid Carlsson, reconocido por sus estudios sobre la dopamina y la esquizofrenia, encontró una explicación a la hipótesis de Kielhoz argumentando que los efectos «psicoenergizantes» o estimulantes de ciertos antidepresivos tricíclicos se debían a su mayor acción sobre la noradrenalina, mientras que el resto de efectos, en particular sobre el estado de ánimo, serían provocados por la acción predominante sobre la serotonina de otros antidepresivos tricíclicos. Al mismo tiempo, otros investigadores propusieron una hipótesis contraria a la de Schildkraut, implicando a la serotonina como responsable de la depresión[22].

---

[21] R. Kuhn (1970): «The imipramine story», en F. J. Ayd y B. Blackwell, eds., *Discoveries in biological psychiatry*. Filadelfia: J.B. Lippincott Co, pp. 207-217.
[22] A. Coppen (1967): «The biochemistry of affective disorders», *British Journal of Psychiatry, 113*, 1237-1264.

Carlsson propuso que sería interesante desarrollar antidepresivos con un efecto más selectivo sobre la serotonina, y mientras trabajaba en la empresa Astra en Suecia, modificó la molécula del antihistamínico clorfeniramina hasta lograr el compuesto H120-09, patentado en 1972 como zimeldina y que sería el primer antidepresivo de la nueva generación conocida como «inhibidores selectivos de la recaptación de serotonina» (SSRI) [23]. Este hecho marcaría el inicio de la conocida como etapa del *diseño racional* de los psicofármacos, en la que su desarrollo se basa ya en conocimientos rudimentarios sobre el mecanismo de acción, mediante la modificación de moléculas preexistentes y no la mera serendipia. Así, investigando mecanismos de acción más selectivos sobre la serotonina o la noradrenalina, se desarrollaron nuevos antidepresivos como la maprotilina, la trazodona y nefadozona o el bupropión.

La zimeldina fue retirada años después por sus efectos neurotóxicos, pero varias compañías desarrollaron en los años ochenta distintos antidepresivos tipo SSRI: citalopram (Lundbeck), fluvoxamina (Solvay), fluoxetina (Lilly), paroxetina (SmithKline-Beecham) y sertralina (Pfizer). De todos ellos, el más conocido popularmente es la fluoxetina (Prozac, comercializado en 1988 en EE UU), cuyo éxito de ventas parece tener como fundamento una amplia campaña de *marketing* de las compañías farmacéuticas dirigida también al público en general, además de a los profesionales.

No obstante, el Prozac tuvo grandes dificultades para ser comercializado con sólo tres ensayos clínicos multicéntricos: en uno de ellos fracasó como antidepresivo; en otro se mostró inferior en eficacia respecto de la imipramina, un antidepresivo tricíclico, y ligeramente superior al grupo placebo, y finalmente resultó ser mejor que los otros dos psicofármacos en una muestra de sólo once sujetos que llegaron a finalizar los ensayos clínicos tras únicamente cuatro semanas[24]. Curiosamente, parece ser bastante más eficaz para tratar diversos trastornos de ansiedad, disminuir

---

[23] A. Carlsson (1999): «The discovery of the SSRIs: a milestone in neuropsychopharmacology and rational drug design», en S. C. Stanford, S. C., ed., *Selective serotonin reuptake inhibitors (SSRIs). Past, present and future*. Austin, TX: R. G. Landes, pp. 1-7.

[24] Las serias dudas sobre la eficacia de la fluoxetina y las irregularidades durante los ensayos clínicos previos a su comercialización fueron expuestas durante los tres años que duró la revisión de los ensayos clínicos en EE UU por la Food and Drug Administration (1985): *Psychopharmacologic drugs advisory committee. Twenty-eigth meeting*, jueves, 10 de octubre.

la agresividad y favorecer la conducta desinhibida o la extraversión. Debido a la mediocre acción antidepresiva del Prozac y el resto de antidepresivos SSRI, actualmente se han desarrollado varios antidepresivos con acción más específica sobre la noradrenalina y serotonina (conocidos en el ámbito del *marketing* como antidepresivos *duales*) como la venlafaxina (Dobupal, Vandral) o la mirtazapina (Rexer, Vastat), en un intento por imitar el modo de acción y la eficacia de los antidepresivos tricíclicos sobre la depresión. Salvo por un comienzo de la acción supuestamente más rápido en algunos casos, su eficacia no supera a la de los tricíclicos. Desde la década de 1980, no se ha realizado ningún avance significativo en el desarrollo de antidepresivos, y los últimos comercializados son meras purificaciones pretendidamente más activas de los SSRI ya conocidos, como el escitalopram (Celexa)[25]. También se tratan de reintroducir los antiguos inhibidores MAO como la selegilina (usada también para el tratamiento de la enfermedad de Parkinson) a modo de antidepresivo en nuevos formatos como parches dérmicos (Ensam). Con esta nueva formulación la selegilina tiene menores restricciones dietéticas en bajas dosis frente a otros iMAO por su diferente absorción frente a la vía oral, pero presenta pocas ventajas terapéuticas salvo por la menor incidencia de disfunción sexual típica de los SSRI.

De la lobotomía a los fármacos antipsicóticos

El descubrimiento de los fármacos neurolépticos o antipsicóticos se considera tradicionalmente que inaugura el comienzo de la «edad de oro» de la psicofarmacología, con la introducción en el año 1952 de la clorpromazina (comercializado bajo el nombre de Largactil en Europa o Thorazine en los EE UU) para el tratamiento de la esquizofrenia[26]. Se ha de tener en

---

[25] El escitalopram es una variante estructural o *enantiómero S* del citalopram, que realmente es una molécula con una estructura tridimensional idéntica pero especular del R-citalopram, este último con menor actividad biológica. Hasta ahora, ambos enantiómeros (S y R) suelen estar presentes en distinta proporción en fármacos que contenían citalopram. Otros ejemplos son la eszopiclona (Lunesta), un somnífero no benzodiacepínico similar a la zopiclona (Limován, Siatén).

[26] Otros especialistas consideran que la psicofarmacología moderna comenzó con el descubrimiento accidental de la acción sedante de las sales de litio en pacientes agitados o maníacos, descrita por el médico australiano John Cade en 1949.

cuenta, que antes de la introducción de este fármaco, los tratamientos más populares entre los psiquiatras para las personas con diagnóstico de esquizofrenia, que solían permanecer recluidos en «hospitales psiquiátricos» prácticamente toda su vida, eran procedimientos tan atroces y peligrosos como el coma repetido por sobredosis de insulina (terapia desarrollada por el psiquiatra vienés Manfred Sakel en 1935), la inducción de convulsiones por inyección de cardiazol (introducida por el médico húngaro Ladislas von Meduna en 1934) o la inducción del sueño o hipnoterapia con barbitúricos durante más de una semana si presentaban agitación (desarrollada por el psiquiatra suizo Jakob Klaesi en 1920).

Ni que decir tiene que la eficacia de estos métodos, considerados en esa época como «modernos grandes métodos activos», era mínima desde el punto de vista terapéutico, y se solían reservar para aquellos pacientes agitados, agresivos o peligrosos, en los que la psicoterapia había fallado, sin importar muchas veces su diagnóstico psiquiátrico[27]. En la década de 1930 también se desarrollaron técnicas especiales de neurocirugía como la lobotomía o la leucotomía frontal, en las que se realizaba un corte o lesión en la región anterior del lóbulo frontal de la corteza cerebral. La técnica fue tan popular para el tratamiento de la esquizofrenia que el doctor Egas Moniz recibió el Premio Nobel en Medicina en el año 1949 por su desarrollo (más tarde se consideraría como *psicocirugía*). Este procedimiento de lesión irreversible del cerebro se realizó a miles de personas en todo el mundo, y su práctica se extendió también a pacientes que presentaban ansiedad, depresión, dolor intratable o agresividad.

Los efectos de la lobotomía eran interpretados como un alivio de la ansiedad, la agresividad, las obsesiones o las ideas irracionales, sin que pareciese afectar a la memoria o a la inteligencia general. Desgraciadamente, esta operación solía provocar cambios más sutiles, como la ausencia de respuesta emocional, apatía, conducta «socialmente inapropiada» y sobre todo un estado de indolencia o indiferencia ante su

---

[27] En la tercera edición española del *Tratado de Psiquiatría* de Eugen Bleuler (Madrid, Espasa-Calpe, 1971), una de las obras de referencia clásicas en Psiquiatría, aún se recomiendan estos «métodos somáticos o activos» para el tratamiento de los trastornos mentales graves como las psicosis, a los que se añaden «los nuevos medios tranquilizantes» (pp. 191-223) en referencia a los antipsicóticos o neurolépticos introducidos a partir de 1952 en la práctica clínica.

propio estado y el entorno, unido a una incapacidad de planificación de la conducta futura y de concentración, y a un estado de distración permanente. Casualmente, después de finalizar la Segunda Guerra Mundial, periodo durante el cual se realizan el mayor número de lobotomías a los pacientes psiquiátricos, comenzó la síntesis química y la aplicación terapéutica de los primeros compuestos químicos precursores de los modernos antipsicóticos, cuyo efecto se verá que es en cierta medida similar al de la lobotomía frontal.

En aquel momento, la empresa química francesa Rhône-Poulenc estaba interesada en la síntesis de compuestos con actividad antihistamínica. La histamina es una sustancia relativamente simple, aislada y caracterizada muchos años antes, que principalmente es liberada por los glóbulos blancos y participa en los procesos inflamatorios y las alergias. Por esta razón, muchos farmacólogos trabajaban en sustancias derivadas del petróleo, como algunos colorantes textiles que parecían tener propiedades antihistamínicas como las fenotiazinas. Una de las fenotiazinas con efectos más duraderos y potentes era la prometazina, sintetizada por el grupo de Paul Charpentier en esa misma empresa. Esta sustancia parecía causar en el hombre algunos efectos secundarios como somnolencia, por lo que esta misma empresa se interesó por la modificación de la prometazina con el fin de buscar nuevas aplicaciones terapéuticas. Aunque en esa época se desconocía, ahora se sabe que la histamina es producida también por las neuronas en ciertas zonas del cerebro, y se relaciona con diversos aspectos de la función cerebral, como la regulación del estado de vigilia, el apetito, la atención, etc.

A mediados de mayo de 1951, el grupo dirigido por S. Courvoisier mostró que el derivado 4560-RP o clorpromazina tenía una gran cantidad de acciones farmacológicas (de ahí su primer nombre comercial, Largactil). No sólo era sedante, sino que también tenía propiedades cardiovasculares, inhibía el reflejo de vómito, potenciaba las acciones de los barbitúricos, pero tenía poca actividad antihistamínica. Ese mismo año, el cirujano de guerra Henri Laborit pidió a la compañía Rhône-Poulenc que le suministrase un compuesto mejor que la prometazina para incluirlo en su llamado «cóctel lítico», una mezcla de barbitúricos, analgésicos y antihistamínicos como medicación preanestésica, para inducir lo que él mismo llamaba «hibernación artificial» para la anestesia quirúrgica. Con esta mezcla conseguía al mismo tiempo sedar al paciente y evitar posibles «*shocks* quirúrgicos» que, según su opinión, serían meras reacciones alérgicas exageradas durante la operación por la liberación masiva de adrenalina, acetilcolina e histamina. Laborit observó que los pacientes presentaban un deseado estado de indiferencia o despreocupación (que él denominó *ataraxia)* y disminución de la ansiedad asociadas con la introducción de la clorpromazina. En 1952, Laborit y otros[28] publicaban que la clorpromazina, empleada como único fármaco, podría aplicarse en psiquiatría para potenciar la hipnoterapia con barbitúricos anteriormente mencionada.

Ese mismo año, los psiquiatras franceses Jean Delay y Pierre Deniker decidieron usar la clorpromazina en pacientes psiquiátricos, encontrando que en particular los que presentaban agitación, como los maníacos o esquizofrénicos, eran los que mejor respondían a la medicación[29]. Parecía que la ventaja principal de este fármaco era que incluso en dosis elevadas no inducía al sueño (aunque sí a un estado de somnolencia) como los barbitúricos, ya que aunque los pacientes que la recibían parecían sedados, se podían despertar con facilidad y además eran más manejables.

Así, la clorpromazina recibió en 1957 la consideración de neuroléptico por estos psiquiatras (y no «antipsicótico», como hoy se les tiende a llamar a este tipo de fármacos), que viene a significar «que agarra o se ata a los nervios», por su tendencia a producir en dosis elevadas inmovilidad o dificultad para iniciar los movimientos, muy similar a la observada en casos avanzados de la enfermedad de Parkinson. De hecho, la práctica recomendada entonces por psiquiatras para tratar casos de esquizofrenia era ir aumentando poco a poco la dosis de clorpromazina hasta conseguir esta inmovilidad, que se consideraba como indicio de que el tratamiento resultaba eficaz. Delay y Deniker, al igual que otros muchos psiquiatras (como Heinz Lehmann), consideraban que el modo de acción de la clorpromazina era como si provocase un estado neurotóxico similar a la encefalitis letárgica[30] y también a la «lobotomía química», ya que es común que tras

---

[28] H. Laborit, P. Huguenard y R. Alluaume (1952): «Un nouveau stabilisateur végétatif (le 4560 RP)», *Presse Médicale, 60*, 206-208.

[29] J. Delay y P. Deniker (1952): «Le traitment des psychoses par une méthode neurolytique derivée de l'hibernothérapie», *Comptes Rendus du Congrese Alienists du Neurologie a France, 50*, 503-513.

[30] También conocida como «parkinsonismo epidémico» o «esquizofrenia epidémica», una enfermedad neurológica cuyo origen infeccioso fue descubierto en el pasado siglo XX por el neurólogo austríaco Constantin von Economo, y que se extendió como una epidemia en

recibir el fármaco, los pacientes permanezcan durante horas callados, inmóviles, aturdidos, incontinentes y sin mostrar preocupación o ser conscientes de su situación. En sus propias palabras, esta sustancia induce «la creación de un estado especial de indiferencia psíquica, caracterizado por una somnolencia reversible por estímulos ordinarios, una reducción de la actividad motora espontánea e inducida, junto con una inhibición de los reflejos condicionados y del aprendizaje»[31].

En 1954, poco después de la introducción de la clorpromazina, se comenzó a utilizar también para tratar las psicosis la ya mencionada reserpina, un derivado de la planta serpentaria *(Rauwolfia serpentina)*. La raíz de esta planta se empleó durante varios siglos como sedante, y también para bajar la tensión arterial en la India y otras partes de Asia. El famoso psiquiatra norteamericano Nathan Kline se interesó por esta planta tras leer en la prensa que la empleaban otros colegas indios en pacientes psiquiátricos, popularizando su uso para el tratamiento de la esquizofrenia. Una vez extraído y aislado su principio activo sedante, la reserpina se usó ampliamente para tratar a personas agitadas o con esquizofrenia de forma similar a la clorpromazina. También se utilizó conjuntamente con la clorpromazina para el tratamiento de la esquizofrenia al menos hasta la década de 1960[32].

Con el desconocimiento absoluto del modo de acción de estos neurolépticos (que más tarde pasarían a considerarse tranquilizantes mayores, por comparación con las benzodiazepinas), en 1958 fue sintetizado casualmente por químicos belgas el haloperidol, uno de los neurolépticos más populares hasta la actualidad. El haloperidol resultó ser mucho más potente como neuroléptico que la clorpromazina. También en este caso su descubrimiento fue totalmente casual, en la búsqueda de nuevas patentes para el beneficio económico de una pequeña compañía química familiar (Janssen Pharmaceuticals, hoy Janssen-Cilag, una multinacional farmacéutica líder en el campo de los antipsicóticos).

Europa y EE UU entre 1917 y 1927. Sus síntomas eran similares a la enfermedad de Parkinson avanzada, con parálisis o espasmos musculares, estupor, marcha anómala, tics faciales e ideas delirantes, que en muchos casos eran identificados como síntomas de esquizofrenia o «demencia precoz» incluso por el propio Kraepelin.

[31] Delay y Deniker (1953), op. cit., véase página anterior.
[32] H. E. Lehmann y T. A. Ban (1997): «The history of psychopharmacology of schizophrenia», *Canadian Journal of Psychiatry*, 42, 152-162.

A partir de la comercialización del haloperidol, muchas otras compañías farmacéuticas se dedicaron a modificar químicamente dicho compuesto y la propia clorpromazina hasta obtener decenas de derivados y nuevos compuestos con propiedades y efectos secundarios similares. En 1963 se propuso la hipótesis[33] de que la esquizofrenia se debía a un exceso de dopamina, y que la acción antipsicótica de estos fármacos se debería al bloqueo de los receptores para este neurotransmisor, implicado en múltiples funciones como el movimiento, la motivación y planificación de la conducta futura, la atención, el sistema endocrino, etc. Esta hipótesis dopaminérgica de la esquizofrenia fue propuesta formalmente por el farmacólogo holandés Jacks van Rossum en 1966[34]. Sin embargo, hasta 1975 no se logra demostrar que los neurolépticos bloquean los receptores de dopamina, entre otros muchos[35]. Parece ser que todos los neurolépticos o antipsicóticos conocidos hasta ahora tienen en común el bloqueo, al menos, del receptor de tipo D2 de la dopamina. Esto explica tanto sus efectos terapéuticos como sus peligrosos y numerosos efectos adversos como los síntomas extrapiramidales. Entre ellos, el más problemático, por ser irreversible y su aparición imprevisible, es conocido como discinesia tardía, que consiste en movimientos involuntarios de los labios (como de chupeteo), la mandíbula y la lengua, que progresivamente se extienden al tronco y las extremidades, pudiendo llegar a ser muy incapacitantes.

Habrá que esperar hasta mediados de la década de 1980, cuando un grupo de psiquiatras suizos y alemanes se opusieron (incluso por vía judicial) a la retirada por la compañía Sandoz de la clozapina, un neuroléptico de nueva estructura química que se conocía desde 1962, pero que había caído en desgracia por sus peligrosos efectos secundarios. Estos psiquiatras habían percibido que la clozapina era un neuroléptico con características singulares, ya que no solía producir demasiados síntomas extrapiramidales y además parecía ser útil en algún grupo de

---

[33] A. Carlsson y M. Lindqvist (1963): «Effect of chlorpromazine or haloperidol on the formation of 3-methoxytyramine and normetanephrine in mouse brain», *Acta Pharmacologica (Kobenhavn), 20,* 140-144.

[34] A. A. Baumeister y J. L. Francis (2002): «Historical development of the dopamine hypothesis of schizophrenia», *Journal of the History of the Neurosciences, 11,* 265-277.

[35] I. Creese, D. R. Burt y S. Snyder (1976): «Dopamine receptor binding predicts clinical and pharmacological potencies of antischizophrenic drugs», *Science, 192,* 481-483.

pacientes esquizofrénicos que no respondían a los neurolépticos convencionales (denominados «resistentes al tratamiento»). Paradójicamente, estos psiquiatras luchaban en contra de la ortodoxia psiquiátrica de la época, que proponía que los neurolépticos causantes de síntomas extrapiramidales a bajas dosis («neurolépticos incisivos») eran clínicamente más efectivos[36].

Ciertamente, la clozapina es un fármaco muy tóxico, ya que causa hipotensión severa en muchos pacientes, ataques epilépticos y agranulocitosis (una incapacidad para generar ciertos glóbulos blancos irreversible que suele ser mortal). En Estados Unidos, la compañía Sandoz realizó una gran campaña publicitaria, para lograr popularizar el uso de la clozapina (Leponex) en casos particulares de esquizofrenia que no respondían a los neurolépticos convencionales; aunque en Europa era utilizado habitualmente, allí la mayoría de los psiquiatras eran reacios a su uso por el riesgo de que provocase agranulocitosis. En vista de este potencialmente letal efecto adverso, la compañía se comprometía a realizar análisis de sangre semanales para disminuir su incidencia durante el periodo de tratamiento. Esto lo encarecía enormemente, pero a la vez se había conseguido demostrar mediante ensayos clínicos que la clozapina se podía considerar como «antipsicótico atípico» por una serie de razones: una menor incidencia de efectos secundarios extrapiramidales (33% comparada con el 61% de los convencionales), particularmente la discinesia tardía, su eficacia en un subtipo de esquizofrénicos «resistentes al tratamiento neuroléptico» que presentaban síntomas de aislamiento, apatía y mutismo (conocidos como «síntomas negativos» en contraposición con la agitación, ideas extrañas y alucinaciones auditivas), y sobre todo al demostrarse en los años noventa que este fármaco se unía en mayor medida a otros tipos de receptores de la dopamina (D1 y D4), en combinación con el bloqueo de ciertos receptores de serotonina. Sin embargo, hoy se sabe que este último mecanismo de acción no parece relacionarse con sus singulares propiedades terapéuticas.

El hecho de que la clozapina pudiese tener propiedades antipsicóticas en algunos pacientes, pero con un mínimo riesgo de trastornos del movimiento (típica de los neurolépticos conocidos hasta el momento),

---

[36] Véase Lehmann y Ban (1997) op. cit.

fomentó la síntesis de otras nuevas moléculas en los años noventa con propiedades similares como la risperidona, olanzapina, sertindol, desarrolladas por otras empresas. Aunque se han invertido ingentes cantidades de dinero en averiguar los mecanismos de acción de los así llamados «antipsicóticos atípicos», paradójicamente mejores antipsicóticos que los neurolépticos convencionales, hoy en día aún se desconocen en gran medida, como se verá en el siguiente capítulo. Otro tanto sucede también en el caso de los viejos neurolépticos, después de que las teorías acerca del exceso de dopamina en la esquizofrenia hayan sido descartadas.

Recientemente, debido a la elevada incidencia de efectos secundarios discapacitantes de los antipsicóticos, su elevada tasa de abandono y su limitada eficacia para tratar los síntomas de la esquizofrenia a largo plazo, cincuenta años después de su introducción, algunos psiquiatras se han replanteado si realmente los antipsicóticos han supuesto un avance en la farmacoterapia de la esquizofrenia[37].

---

[37] La calidad de vida de las personas con esquizofrenia tratadas a largo plazo con neurolépticos sigue siendo pobre, incluso inferior a la de los esquizofrénicos no tratados. Véase por ejemplo: E. Stip (2002): «Happy birthday neuroleptics! 50 years later: la folie du doute», *European Psychiatry, 17,* pp. 115-119, y R. Whitaker (2004): «The case against antipsychotic drugs: a 50-year record of doing more harm than good», *Medical Hypotheses, 62,* pp. 5-13.

CAPÍTULO 5

¿SE SABE CÓMO FUNCIONAN LOS PSICOFÁRMACOS?

Gran parte de los fármacos que se recetan habitualmente suelen tener un mecanismo de acción conocido, gracias a la investigación biomédica acerca de las causas y fisiopatología de las enfermedades y sus síntomas. Sin embargo, a pesar de los grandes avances que ha experimentado la Medicina en el pasado siglo y también la Neurociencia sobre todo en la pasada década[1], no se conoce bien cómo actúan la gran mayoría de psicofármacos ni por qué su acción o su eficacia es tan impredecible y variable en aquellos que padecen trastornos mentales.

Las grandes inversiones de las multinacionales farmacéuticas y de los gobiernos de los países más ricos en investigación neurocientífica no se han materializado en el desarrollo de ningún nuevo principio activo que

---

[1] George Bush padre, ex presidente de EE UU, el país más avanzado del mundo en cuanto a investigación científica y médica, declaró la década de 1990 como «década del cerebro» por los grandes avances producidos en la investigación en el campo neurocientífico y destinó millones de dólares más a la investigación en las enfermedades neurológicas y trastornos mentales durante su mandato. Esta declaración estaba fomentada en parte por el padecimiento de la enfermedad de Alzheimer del recientemente fallecido Ronald Reagan, también ex presidente de EE UU.

supere en eficacia o tenga un mecanismo de acción diferente al de los psicofármacos ya conocidos hace más de cincuenta años. Tampoco se ha descubierto ningún psicofármaco novedoso en los últimos veinte años. Entre los factores que limitan el desarrollo de nuevos psicofármacos, destacan el exceso de confianza en ciertos mecanismos de acción de los psicofármacos conocidos o la evaluación de nuevos compuestos dentro de modelos farmacológicos convencionales, validados frecuentemente por mecanismos farmacológicos previos más que por supuestos procesos fisiopatológicos[2].

Como se verá a continuación, en contra de lo que habitualmente se publicita por las empresas farmacéuticas, los psicofármacos no tienen en absoluto una acción selectiva sobre un sistema de neurotransmisión cerebral como si se tratase de «balas mágicas» diseñadas para corregir un supuesto desequilibrio neuroquímico. En realidad, los mecanismos biológicos que explican sus efectos secundarios son mucho mejor conocidos que los implicados en sus efectos terapéuticos. Lo que resulta más inquietante aún es que muchos de ellos tienen un efecto terapéutico similar sobre diversos trastornos mentales con los que supuestamente no están relacionados, poniendo en duda tanto la actual clasificación diferenciadora de estos trastornos como las hipótesis biológicas y psicológicas sobre su origen.

Alcohol en una pastilla: los ansiolíticos

El éxito de las benzodiazepinas: de Occidente a Oriente

Las benzodiazepinas fueron los fármacos más vendidos en gran parte de Europa y en Estados Unidos, sobre todo durante las décadas de 1970 y 1980. En la actualidad siguen siendo ampliamente recetados, sobre todo por médicos no psiquiatras, pero su consumo ha ido descendiendo gradualmente debido al gran éxito de ventas de los modernos antidepresivos. De hecho, la disminución en su prescripción coincide con la introducción de los antidepresivos SSRI. Precisamente, estos últimos se reco-

---

[2] Véase una recomendable revisión de estos y otros factores en: M. Spedding y otros (2005): «A physiopathological paradigm for the therapy of psychiatric disease?», *Nature Reviews in Drug Discovery*, 4, 467-476.

miendan como fármacos de primera elección también para una gran variedad de trastornos de ansiedad de discutida entidad patológica: trastorno de estrés postraumático, trastorno de ansiedad social o fobia social, trastorno de ansiedad generalizada, ataques de angustia o pánico, trastorno obsesivo-compulsivo, entre otros. Curiosamente, esta aproximación terapéutica para tratar la ansiedad no es universal, ya que en algunos países, como Japón, las benzodiazepinas se prescriben mucho más en la actualidad que los antidepresivos, para tratar tanto trastornos de ansiedad como síntomas depresivos. De hecho, en ese país, los antidepresivos tipo SSRI como el Prozac no se aprobaron para su uso hasta el año 2003, y las ventas de ansiolíticos cuadruplican a las de los antidepresivos, una tendencia opuesta al mercado occidental[3].

La verdad sobre el potencial de abuso de las benzodiazepinas

Una de las razones para el progresivo abandono y estigmatización de las benzodiazepinas en la práctica psiquiátrica occidental ha sido su potencial para causar dependencia y abuso. Ciertamente, la mayoría de las personas que abandonan el tratamiento con benzodiazepinas, sobre todo si es a largo plazo (meses o incluso años), desarrollan un verdadero síndrome de abstinencia que empieza unos pocos días después de cesar el tratamiento. Sus síntomas son considerados de mucha menor intensidad que los producidos por ejemplo por los opiáceos (heroína, morfina, etc.), y, por eso, se les engloba bajo la denominación de «síndrome o reacciones por retirada». Estos síntomas pueden durar varias semanas, e incluyen una sensación de ansiedad a veces más intensa que antes de comenzar el tratamiento, insomnio, agitación y temblores, irritabilidad, pérdida del apetito, dolor de cabeza y mareo, dolores musculares, disforia, disminución de la concentración, hipersensibilidad a la luz y a los ruidos, y en raras ocasiones convulsiones de tipo epiléptico o alucinaciones[4].

---

[3] D. Healy (2004): «Shaping the intimate: influences on the experience of everyday nerves», *Social Studies of Science*, 34, 219-245.
[4] J. Nelson y G. Chouinard (1999): «Guidelines for the clinical use of benzodiazepines: pharmacokinetics, dependency, rebound and withdrawal», *Canadian Journal of Clinical Pharmacology*, 6, 69-83.

El riesgo de dependencia, entendido como la necesidad de seguir tomando el fármaco para evitar las reacciones por retirada, ha sido sobreestimado y es muy variable según el tipo de benzodiazepina, la duración de su administración y la susceptibilidad genética, con estimaciones que van desde el 10% hasta el 30% de las personas tratadas a largo plazo con dosis terapéuticas[5]. Otra cosa distinta es su potencial de abuso, es decir, la facilidad con la que favorecen tanto su autoadministración excesiva, la conducta orientada a consumirla o buscarla y el deseo de consumirla (acción *reforzante*). En este ámbito existe un amplio debate entre los especialistas, a pesar de que la mayoría de las personas a las que se prescriben benzodiazepinas no suelen incrementar por su cuenta la dosis recomendada por el médico, ni las toman de modo indiscriminado para buscar sus efectos reforzantes. Sólo parecen tener una mayor probabilidad de abuso de las benzodiazepinas aquellas personas que ya lo hacen con otras drogas, particularmente con el alcohol y los opiáceos[6]. Este mínimo potencial de abuso es apoyado también por investigaciones con animales, en las que no se ha logrado probar que éstos se autoadministren benzodiazepinas, al contrario de lo que sucede con otras drogas también muy adictivas en el ser humano, como la cocaína, anfetaminas o heroína.

Por otra parte, se suelen considerar también como psicofármacos bastante seguros, ya que es prácticamente imposible la muerte por sobredosis, excepto si se mezclan con otros depresores como el alcohol. Por el contrario, los barbitúricos o el meprobamato, empleados como ansiolíticos o sedantes anteriormente, eran mucho más peligrosos en cuanto al riesgo de muerte por sobredosis o a su capacidad para causar dependencia. Sin embargo, la combinación de benzodiazepinas con cantidades elevadas de bebidas alcohólicas, que tiene un efecto sinérgico o potenciador de su acción ansiolítico-sedante, puede ser letal. En este sentido, debemos tener presente que muchas

---

[5] C. Hallström (1993): *Benzodiazepine Dependence*. Oxford: Oxford University Press.
[6] El potencial de abuso, entendido como uso excesivo e inapropiado del fármaco, es pequeño, y suele darse en alcohólicos o aquellos que tienden a abusar de otras drogas o fármacos. Concretamente, sólo las benzodiazepinas de alta potencia y corta duración de sus efectos como el alprazolam (Trankimazín/Xanax) y el lorazepam (Orfidal/Ativan) tienen un mayor riesgo de abuso que el resto de benzodiazepinas en un pequeño porcentaje de personas. Véase J. R. Robertson y W. Treasure (1996). «Benzodiazepine abuse-nature and extent of the problem». *CNS Drugs 5*, 137-146.

personas que sufren de trastornos de ansiedad recurren también al alcohol como «tranquilizante», droga o fármaco legal que está ampliamente disponible en nuestro país y se consume en mucha mayor medida y con un control legal mucho menos estricto que los tranquilizantes.

Eficacia y efectos secundarios de los ansiolíticos

Las benzodiazepinas tienen una elevada eficacia para tratar a corto plazo los «nervios cotidianos» y también el insomnio. Además, las benzodiazepinas son los psicofármacos con mayor rapidez de acción, ya que su efecto ansiolítico puede observarse después de que transcurran unas pocas horas o incluso algunos minutos. Ya a pequeñas dosis parecen ejercer rápidamente un efecto verdaderamente tranquilizante, disminuyendo la sensación subjetiva de miedo, aprensión o preocupación, la agresividad e incluso producen una sensación de bienestar que promueve la actividad social, la locuacidad y el apetito, de modo similar al alcohol. A pesar de sus efectos, su eficacia para tratar los trastornos de ansiedad a largo plazo es discutida, ya que en la mayoría de estos trastornos su nivel de respuesta no supera el 60-70%, más o menos igual que la de los antidepresivos en relación con la depresión[7]. Por eso, actualmente se recomiendan fundamentalmente para el tratamiento sintomático de la ansiedad a corto plazo (menos de cuatro semanas de uso continuado) o de forma esporádica. Así, la tendencia actual es su recomendación como segunda opción después de los antidepresivos[8].

Los efectos secundarios adversos de las benzodiazepinas son similares a los del meprobamato (Miltown) o el alcohol, y son especialmente relevantes ya que se calcula que hasta el 20% de los españoles las han usado o usan en algún momento de su vida. Estos efectos son frecuentes y en muchos casos son causa de morbilidad y mortalidad directa. Por ejemplo, todas ellas producen amnesia anterógrada (incapacidad

---

[7] K. Rickels y E. E. Schweizer (1987): «Current pharmacotherapy of anxiety and panic», en H. Y. Meltzer, ed., *Psychopharmacology: the third generation of progress*. Nueva York: Raven Press, pp. 1193-1203.

[8] S. M. Stahl (2002): *Psicofarmacología esencial*. 2.ª Edición. Barcelona: Ariel.

para recordar hechos recientes) especialmente en los ancianos, que se puede confundir con síntomas de demencia, que desaparece tras la suspensión de su toma.

En jóvenes y adultos es causa de accidentes de tráfico, ya que la descoordinación motora y tiempos de reacción aumentan, y afectan a la capacidad de conducción y manejo de maquinaria. En ancianos, su consumo incrementa el riesgo de fracturas de cadera y otros traumatismos. Estudios recientes indican que no sólo las benzodiazepinas con larga duración de sus efectos (más de 24 horas, tipo diazepam), sino también las más prescritas actualmente, de acción a corto plazo (como el alprazolam), disminuyen claramente la capacidad para conducir vehículos, de manera parecida al alcohol[9].

El empleo de las benzodiazepinas a largo plazo, incluso en dosis terapéuticas, tiene efectos claramente negativos sobre casi todos los aspectos de la función cerebral. Un metaanálisis reciente ha mostrado que su uso continuado disminuye el cociente de inteligencia global, la atención, memoria verbal y no verbal, coordinación motora, razonamiento verbal y velocidad perceptual[10]. Este trabajo viene a confirmar, que, a pesar de la suposición de que se desarrollaba tolerancia a los efectos adversos de las benzodiazepinas con el paso del tiempo, estos fármacos no parecen ser tan inocuos como se creía. De hecho, la mayoría de estos trastornos cognitivos desaparecen tras el abandono de las benzodiazepinas, pero significativamente algunas capacidades intelectuales no llegan a alcanzar los niveles previos, incluso seis meses después de finalizar el tratamiento[11].

Estos déficits podrían indicar un posible efecto neurotóxico de las benzodiazepinas con el uso prolongado, de modo similar a lo que ocurre con el abuso del alcohol. Aunque no se han realizado demasiados estudios metodológicamente rigurosos, existe cierta polémica acerca de la

---

[9] J. C. Verster, E. R.Volkerts y M. N. Verbaten (2002): «Effects of alprazolam on driving ability, memory functioning and psychomotor performance: A randomized, placebo-controlled study», *Neuropsychopharmacology, 27*, 260-269.

[10] M. J. Barker, K. M. Greenwood y otros (2004): «Cognitive effects of long-term benzodiazepine use: a meta-analysis», *CNS Drugs, 18*, 37-48.

[11] M. J. Barker, K. M.Greenwood y otros (2004): «Persistence of cognitive effects after withdrawal from long-term benzodiazepine use: a meta-analysis», *Archives of Clinical Neuropsychology, 19*, 437-454.

posibilidad de que causen incluso anomalías estructurales en el cerebro[12].

El mecanismo de acción principal de las benzodiazepinas

Se sabe dónde y cómo actúan las benzodiazepinas en mayor medida que el resto de los psicofármacos. Las benzodiazepinas actúan principalmente facilitando la acción del neurotransmisor inhibidor GABA (ácido gamma-aminobutírico) sobre su receptor. El GABA es uno de los neurotransmisores más abundantes en el cerebro, ya que está presente en más del 30% de todas las sinapsis neuronales. Su función es la de dificultar la producción de impulsos eléctricos por las neuronas, que emplean para liberar neurotransmisores con el fin de comunicarse entre sí. Por eso, se suele decir que las benzodiazepinas disminuyen la excitabilidad de las neuronas. Éste es un mecanismo compartido en líneas generales con el alcohol etílico, los barbitúricos y el meprobamato. Por su parte, el alcohol tiene además efectos directos más complejos sobre los receptores de glutamato, la dopamina, los neuropéptidos opiáceos y algunos canales celulares para el calcio y el sodio[13].

Hasta hace poco tiempo se pensaba que las benzodiazepinas actuaban específicamente sobre los receptores $GABA_A$ (también se han descrito los de tipo $_B$ y $_C$), que tienen además zonas diferentes en donde actúan también los barbitúricos, el alcohol o sustancias similares a las hormonas esteroideas. Actualmente, se sabe que esta clasificación de receptores GABA es demasiado simplista, ya que en ratas se han descrito multitud de subtipos de receptores $GABA_A$ en función de la combinación de varias de sus subunidades, que tienen una distribución diferente en distintas zonas del cerebro.

Además, se ha llegado a determinar que las acciones ansiolíticas, amnésicas, hipnóticas o sobre la coordinación muscular de las benzodiazepinas se deben a su acción inespecífica sobre distintos subtipos de

---

[12] Existen algunos estudios que muestran algún indicio de alteraciones estructurales del cerebro tras el consumo de benzodiazepinas a largo plazo. Véase por ejemplo: P. Moodley, K. Golombok y M. Lader (1993): «Computed axial tomograms in long-term benzodiazepine users», *Psychiatry Research*, 48, 135-144.
[13] G. F. Koob (2000): «Animal models of craving for ethanol», *Addiction*, 95, S73-78.

receptores GABA$_A$[14]. Por ejemplo, un nuevo fármaco hipnótico de estructura química distinta a las benzodiazepinas, el zolpidem, posee una mayor afinidad por ciertos subtipos de receptores GABA$_A$, que explican su acción hipnótica pero mucho menos ansiolítica.

Desgraciadamente, hasta la fecha no ha sido posible desarrollar a partir de estos descubrimientos un fármaco con propiedades exclusivamente ansiolíticas, sin otros efectos secundarios. La evidencia científica actual indica que, posiblemente, los subtipos de receptores GABA$_A$ asociados con la ansiedad también estén implicados en la memoria y la coordinación motora. A pesar de los grandes avances de los últimos años en la compresión de los mecanismos de la ansiedad, la creación de fármacos «ansioselectivos» parece ser todavía una quimera[15].

La supuesta acción específica de las benzodiazepinas sobre un sistema particular de neurotransmisión parece ser también una noción incorrecta. Las benzodiazepinas también se unen a lugares distintos al receptor GABA, conocidos como «receptores de benzodiazepinas de tipo periférico». Se llaman así porque fueron descubiertos primero en el riñón, y luego en otros tejidos como los testículos, ovarios y las glándulas suprarrenales[16].

Además, se han identificado también receptores para benzodiazepinas en las células de glía, que son más abundantes que las propias neuronas. La función de estos receptores no es bien conocida, aunque se ha descrito que pueden participar en la síntesis de hormonas sexuales y otras sustancias esteroideas (neuroesteroides) implicados en múltiples aspectos de la conducta y la fisiología[17]. Para complicar aún más las cosas, las benzodiazepinas disminuyen indirectamente las concentraciones de un gran número de neurotransmisores como

---

[14] U. Rudolph, F. Crestani y H. Möhler (2001): «GABA$_A$ receptor subtypes: dissecting their pharmacological functions», *Trends in Pharmacological Sciences*, 22, 188-194.

[15] Actualmente, ha retornado el interés por el GABA y sus receptores, y se están probando en ensayos clínicos futuros ansiolíticos más selectivos y con menores efectos secundarios. Véase: J. R. Atack (2005): «The benzodiazepine binding site of GABA$_A$ receptors as a target for the development of novel anxiolytics», *Expert Opinion in Investigational Drugs*, 14, 599-616.

[16] R. R. H. Anholt (1986): «Mitochondrial benzodiazepine receptors as potential modulators of intermediary metabolism», *Trends in Neurosciences* 7, 506-511.

[17] M. Gavish, Y. Katz, S. Bar-Ami y R. Weizman (1992): «Biochemical, physiological, and pathological aspects of the peripheral benzodiazepine receptor», *Journal of Neurochemistry*, 58, 1580-1586.

la dopamina, serotonina, noradrenalina y acetilcolina, entre otros[18]. Estas propiedades farmacológicas se relacionan tanto con sus efectos ansiolíticos como con sus efectos secundarios. Hasta ahora, nadie se ha interesado en estudiar estos efectos sobre otros sistemas de neurotransmisión a largo plazo, ya que en principio las benzodiazepinas deberían ser administradas sólo para el tratamiento a corto plazo (semanas) de la ansiedad.

Los antidepresivos y la hipótesis monoaminérgica de la depresión

Qué se sabe sobre su mecanismo de acción

Los modernos antidepresivos están ahora mismo entre los fármacos más recetados en la mayoría de los países industrializados. Tienen un gran éxito de ventas, a pesar de su limitada eficacia como antidepresivos, justificada por las enormes campañas publicitarias dirigidas tanto a profesionales como al público en general y por su cada vez mayor número de indicaciones en multitud de trastornos mentales y también de personalidad. Sin embargo, al contrario de lo que podría suponerse, las bases biológicas de la depresión, de acuerdo con los descubrimientos realizados con el desarrollo de los fármacos antidepresivos, están aún lejos de ser explicadas.

Por el momento, el único mecanismo de acción demostrado por el que se supone que actúan todos los antidepresivos es el incremento transitorio en el cerebro de ciertos neurotransmisores de tipo monoamina como la serotonina y la noradrenalina. Este incremento se puede lograr farmacológicamente, bien por la inhibición de su degradación en el cerebro por el enzima monoamino-oxidasa (inhibidores de la MAO), o bloqueando su reabsorción o recaptación por las neuronas en la sinapsis. Este último mecanismo es el que parece observarse a corto plazo en los inhibidores selectivos de la recaptación de serotonina (SSRI), inhibidores selectivos de la recaptación de noradrenalina (ISRN), o los antidepresivos tricíclicos, que pueden considerarse inhibidores

---

[18] R. S. Feldman, J. S. Meyer y L. F. Quenzer (1997): *Principles of Neuropsychopharmacology*. Sunderland, MA: Sinauer Associates.

no selectivos de la recaptación de monoaminas[19]. Sin embargo, este mecanismo de acción por sí solo no parece ser suficiente para entender por qué estos fármacos producen lo que hoy se denomina «efecto antidepresivo».

Una clara evidencia en contra de la hipótesis monoaminérgica, como su propio creador y defensor reconocía, es que muchas drogas como la cocaína y las anfetaminas también parecen inducir la liberación de noradrenalina y dopamina, pero no alivian la depresión[20]. Sin embargo, causan en un primer momento una cierta euforia en personas no diagnosticadas con trastornos mentales y, por eso, son consideradas como drogas de abuso (los antidepresivos no suelen producir generalmente euforia, y si se observa, se considera como un efecto secundario, considerándose como episodio maníaco o hipomaníaco). Aún más paradójico es el descubrimiento del antidepresivo tianeptina, cuyo modo de acción es exactamente opuesto al de los SSRI, es decir, que facilita la recaptación de serotonina, y es al menos igual de eficaz que el Prozac para aliviar la depresión[21]. Los estudios más actuales sobre este fármaco ponen en duda la clásica hipótesis sobre el déficit de monaminas en la depresión, y postulan un mecanismo de acción más complejo, y aún mal conocido, de los antidepresivos, implicando cambios en la estructura del cerebro, que incluyen la neurogénesis o creación de nuevas neuronas en algunas zonas[22].

La reserpina, que impide el almacenamiento de las monoaminas por las neuronas y que, por tanto, dificulta su posterior liberación en las sinapsis, no parece causar más que un aparente estado de inmovilidad y sedación en animales a elevadas dosis, que suele interpretarse de forma antropocéntrica como *depresión animal*. En sujetos hipertensos o esquizofrénicos, tratados con esta sustancia durante los últimos cincuenta años, sólo se identifica un estado depresivo en un pequeño porcentaje de enfermos. En realidad, la reserpina se usó como tran-

---

[19] C. B. Nemeroff (1998): «Psychopharmacology of affective disorders in the 21st century», *Biological Psychiatry, 44,* 517-525.
[20] J. J. Schildkraut (1965): «The catecholamine hypothesis of affective disorders: A review of the supporting evidence», *American Journal of Psychiatry, 122,* 509-522.
[21] A. J. Wagstaff, D. Ormrod y C. M. Spencer (2001): «Tianeptine: A review of its use in depressive disorders», *CNS Drugs, 15,* 231-259.
[22] B. S. McEwen y J. P. Olié (2005): «Neurobiology of mood, anxiety, and emotions as revealed by studies of a unique antidepressant: tianeptine», *Molecular Psychiatry, 11,* 1-13.

quilizante antes del descubrimiento de los actuales antipsicóticos en personas agitadas, maníacas o diagnosticadas de esquizofrenia[23]. La idea errónea de que la reserpina causaba depresión proviene de una interpretación sobre sus efectos iniciales, que incluían nerviosismo, angustia y llanto. Por el contrario, en esta época se demostró que la administración continuada de reserpina tenía un efecto antidepresivo y tranquilizante, similar al actual Prozac[24].

El enigma de la acción retardada de los antidepresivos

Hasta el momento, nadie ha explicado satisfactoriamente la razón de la acción retardada de todas las clases conocidas de fármacos antidepresivos, ya que se precisan entre cuatro y seis semanas por lo general para apreciar los efectos antidepresivos. Aunque muchos estudios han comprobado que después de administrar estos fármacos el incremento de las monoaminas cerebrales se produce ya en horas, este hecho se correlaciona más bien con la aparición de efectos secundarios (nerviosismo, sudoración, taquicardia, astenia, etc.), pero no con los efectos antidepresivos[25].

De hecho, los efectos secundarios más frecuentes de los antidepresivos SSRI, los más recetados en la actualidad, como anorgasmia, disminución de la libido, insomnio y agitación sí han logrado ser relacionados con los elevados niveles de serotonina que se producen especialmente al comienzo del tratamiento. El intento de reducir artificialmente los niveles de serotonina mediante dietas pobres en triptófano, un aminoácido de las proteínas que se precisa para la síntesis de serotonina por los tejidos del cuerpo, incluido el cerebro, no ha logrado inducir depresión salvo en ciertas personas sensibles con un historial previo de depresión familiar[26]. Por el contrario, la administración de grandes

---

[23] A. A. Baumeister, M. F. Hawkins y S. M. Uzelac (2003): «The myth of reserpine-induced depression: role in the historical development of the monoamine hypothesis», *Journal of the History of the Neurosciences, 2,* 207-220.

[24] D. L. Davies y M. Shepherd (1955): «Reserpine in the treatment of anxious and depressed patients», *Lancet, 112,* 117-121.

[25] S. Stahl (2002): *Psicofarmacología Esencial,* op. cit.

[26] G. Heninger, P. Delgado y D. Charney (1996): «The revised monoamine theory of depression: a modulatory role for monoamines, based on new findings from monoamine depletion experiments in humans», *Pharmacopsychiatry, 29,* 2-11.

cantidades de triptófano, o de alimentos ricos en este aminoácido, no tiene efectos antidepresivos o euforizantes en personas no deprimidas[27].

Asimismo, muchos estudios parecían demostrar que personas que habían fallecido suicidándose, pacientes que sufrían de depresión mayor o suicidas tenían bajos niveles de serotonina y sus subproductos o metabolitos en el tejido cerebral o el líquido cefalorraquídeo. Estudios realizados con modernos métodos bioquímicos también han encontrado una disminución en la densidad de los transportadores que reabsorben o «recaptan» la serotonina en neuronas de personas con depresión y suicidas no tratados con antidepresivos. Sin embargo, otros investigadores no han mostrado deficiencias consistentes en la serotonina, noradrenalina o sus subproductos en la mayoría de sujetos con depresión[28]. En particular, las investigaciones que relacionan las alteraciones en la serotonina y sus metabolitos con el riesgo de suicidio, la impulsividad y la agresividad tienen graves errores metodológicos, de acuerdo con una revisión actual[29]. Este hecho ha llevado a plantear otras hipótesis sobre la acción de los antidepresivos, aunque, como veremos más adelante, no parecen ser más que variaciones sutiles de la antigua hipótesis monoaminérgica; de entre ellas, sobresale la «hipótesis de los cambios adaptativos de los receptores»[30].

Brevemente, según esta hipótesis, los efectos a largo plazo de los antidepresivos podrían deberse a cambios en la *sensibilidad* de los lugares a los que se unen los neurotransmisores monoaminérgicos para actuar sobre las neuronas (conocidos como receptores). Así, tanto el número como la funcionalidad de estos receptores estaría alterada en sujetos con depresión, y supuestamente el tratamiento a largo plazo (varias se-

---

[27] J. Mendels, J. Stinnett, D. Burns y A. Frazer (1975): «Amine precursors and depression», *Archives of General Psychiatry*, 32, 22-30.

[28] Una buena revisión de las inconsistencias y problemas en los hallazgos neuroquímicos de la depresión puede leerse en: A. F. Schatzberg, S. J. Garlow y C. B. Nemeroff (2002): «Molecular and cellular mechanisms of depression», en VV. AA., eds., *Neuropsychopharmacology: the fifth generation of progress*. Nueva York, American College of Neuropsychopharmacology, pp. 1039-1050.

[29] J. Roggenbach, B. Müller e I. Franke (2002): «Suicidality, impulsivity and aggression— Is there a link to 5-HIAA concentration in the cerebrospinal fluid?», *Psychiatry Research*, 113, 193-206.

[30] D. S. Charney, D. B. Menkes y G. R. Henniger (1981): «Receptor sensitivity and the mechanism of action of antidepressant treatment», *Archives of General Psychiatry*, 38, 1160-1173.

manas a meses) originaría *cambios adaptativos* o compensatorios en la sensibilidad de estos receptores neuronales. No obstante, este efecto conocido como *desensibilización* de los receptores ya tiene lugar sólo unas pocas horas tras la exposición al antidepresivo[31]. Se sabe que estos mecanismos de adaptación de los receptores explican mejor sus efectos secundarios y el desarrollo de tolerancia a éstos durante los primeros días, pero no el efecto terapéutico, que se observa a largo plazo (varias semanas) con la administración continua del antidepresivo[32].

A pesar de todas las evidencias científicas en contra, la reduccionista hipótesis monoaminérgica convencional sigue empleándose como mecanismo para la explicación no sólo del modo de acción de los antidepresivos, sino también para justificar el origen bioquímico de la depresión. En este contexto, la depresión, los trastornos de ansiedad o la esquizofrenia se caracterizan como «enfermedades mentales» que se asemejan a enfermedades con fisiopatología mucho mejor conocida, como la diabetes en relación con la insulina y los niveles de glucosa en la sangre. En el caso de los antidepresivos, éste es un claro ejemplo de razonamiento *ex iuvantibus*, es decir, que suelen realizarse inferencias sobre la causa biológica de la depresión a partir de los efectos bioquímicos de un fármaco.

Éste es concretamente el caso de la hipótesis serotonérgica de la depresión, que se basa en la supuesta eficacia de los antidepresivos SSRI en la depresión. La relación directa entre niveles cerebrales de serotonina y depresión ha sido tantas veces mencionada en la literatura científica y sobre todo en la propaganda de las empresas farmacéuticas, muchas veces dirigida directamente al público, en la prensa, la televisión o internet, que ha pasado a convertirse en un verdadero mito popular sin base científica[33], como ya se adelantó en capítulos anteriores. Uno de los neurocientíficos más prestigiosos a nivel mundial en el campo de la psicofarmacología afirma en su conocido y respetado ma-

---

[31] P. Schloss y F. A. Henn (2004): «New insights into the mechanisms of antidepressant therapy», *Pharmacology & Therapeutics, 102*, 47-60.
[32] S. M. Stahl (1998): «Mechanism of action of serotonin selective reuptake inhibitors: serotonin receptors and pathways mediate therapeutic effects and side effects», *Journal of Affective Disorders, 51*, 215-235.
[33] J. R. Lacasse y J. Leo (2005): «Serotonin and depression: A disconnect between the advertisements and the scientific literature», *PLoS Medicine, 2*(12):e392.

nual de psicofarmacología: «Hasta el momento, no hay evidencia convincente de que la deficiencia de monoaminas explique la depresión; es decir, no hay un déficit "real" de monoaminas»[34].

Alternativas actuales a la hipótesis monoaminérgica

Otros científicos, resistentes a rechazar la teoría monoaminérgica de la depresión, van más allá, concretamente hacia el interior de las neuronas y su núcleo, proponiendo una tercera teoría que podríamos denominar *intracelular*. Según muchos investigadores, la solución al «problema de las monoaminas» no tendría que ver con estos neurotransmisores, ni con sus receptores, sino con el modo en el que se transmite la información, una vez que el neurotransmisor se une a su correspondiente receptor provocando una serie de reacciones bioquímicas en cadena que afectarían al funcionamiento global de la neurona ¡e incluso a sus mecanismos genéticos![35] De acuerdo con esta hipótesis, se ha comprobado en animales que el tratamiento crónico (semanas o meses) con distintas clases de antidepresivos causa una larga serie de alteraciones bioquímicas en las neuronas y células de glía del tejido nervioso, que llevan a concluir que su modo de acción no es en absoluto bien conocido y que por supuesto no es específico.

Hasta el momento, se han descrito variaciones en los niveles de proteínas del núcleo celular que regulan la expresión de genes implicados en la supervivencia y forma de las neuronas, factores químicos del sistema neuroendocrino asociados con la respuesta al estrés y diversas moléculas del sistema inmune[36]. Las cosas se complican más todavía cuando se describe recientemente que los antidepresivos (y también el estrés crónico) parecen tener efectos más notorios sobre las células de

---

[34] S. M. Stahl, S.M. (2002): *Psicofarmacología Esencial*, op. cit.
[35] El tratamiento crónico con antidepresivos tipo SSRI o tricíclicos, que es el habitual para la depresión, modifica los mecanismos genéticos que regulan la producción de sustancias en las neuronas que promueven su supervivencia o inducen su proliferación o cambian su forma (*plasticidad neuronal*) [H. K. Manji y R. S. Duman (2001): «Impairments of neuroplasticity and cellular resilience in severe mood disorders: implications for the development of novel therapeutics», *Psychopharmacological Bulletin 35*, 5-49].
[36] M.-L. Wong y J. Licinio (2004): «From monoamines to genomic targets: A paradigm shift for drug discovery in depression», *Nature Reviews in Drug Discovery, 3*, 136-151.

glía que sobre las neuronas, que como es sabido están presentes en número muy superior a las neuronas en el sistema nervioso, pero con funciones mal conocidas[37].

Estos mecanismos de acción de los antidepresivos *por debajo* del nivel de los receptores son probablemente más congruentes con la evidencia científica actual. De hecho, recientemente se empieza a reconocer que deben abandonarse incluso las hipótesis químicas de la depresión, sustituyéndolas por alteraciones sin causa conocida en las conexiones entre redes de neuronas, de modo similar a las hipótesis actuales sobre el origen biológico de la esquizofrenia[38]. Sin embargo, lejos de promover la investigación de los posibles efectos a largo plazo y el mecanismo de acción de los antidepresivos comercializados en la actualidad, las empresas farmacéuticas están desarrollando nuevos antidepresivos basados en los tradicionales mecanismos de acción[39].

El desconocimiento del modo de acción de los antidepresivos, incluso por sus propios fabricantes, se puede evidenciar por ejemplo en un detallado folleto publicitario dirigido a médicos sobre el recientemente introducido SSRI escitalopram, cuyas indicaciones no sólo son para la depresión, sino también para el trastorno de angustia y la ansiedad social, que en letra muy pequeña dice:

> Mecanismo de acción. El escitalopram es un inhibidor selectivo de la recaptación de la serotonina (5-HT). La inhibición de la recaptación de la 5-HT es el único mecanismo de acción *probable* (la cursiva es nuestra) que explique los efectos farmacológicos y clínicos.
>
> [folleto publicitario incluido en la *American Journal of Psychiatry*, versión española, octubre de 2005]

De la lectura de este fragmento podría deducirse que, a pesar del tiempo transcurrido desde la introducción en la práctica clínica de los antidepresivos, se ha avanzado muy poco en la investigación de los me-

---

[37] B. Czéh y otros (2006): «Astroglial plasticity in the hippocampus is affected by chronic psychosocial stress and concomitant fluoxetine treatment», *Neuropsychopharmacology, 31,* 1616-1626.
[38] E. Castrén (2005): «Is mood chemistry?», *Nature Reviews in Neuroscience, 6,* 241-246.
[39] P. Pacher y V. Kecskemeti (2004): «Trends in the development of new antidepressants. Is there a light at the end of the tunnel?», *Current Medicinal Chemistry, 11,* 925-943.

canismos de acción de estos fármacos, ya que la información científica se limita aún a indicar un mecanismo hipotético o probable, pero no comprobado experimentalmente. A pesar de todo, muchos de sus efectos secundarios son atribuidos sin duda alguna por los propios fabricantes a las acciones «no específicas» sobre una larga serie de sistemas de neurotransmisores como los anteriormente indicados.

Por otra parte, diversos estudios comparativos actuales han mostrado que la eficacia antidepresiva de los modernos SSRI es prácticamente igual o incluso inferior en comparación con los antiguos antidepresivos tricíclicos e inhibidores de la MAO. La eficacia para aliviar los síntomas depresivos no es muy alta, ya que un 30-40% de las personas diagnosticadas con depresión no responden al tratamiento con antidepresivos, cifra que es aún menor con los antidepresivos tipo SSRI[40]. Aunque es cierto que parecen tener menos efectos secundarios, hasta el momento no se ha logrado crear ningún antidepresivo que supere en eficacia en casos de depresión grave o mayor al conocido tricíclico imipramina o al inhibidor de la MAO fenelzina.

El efecto placebo como eficaz antidepresivo

Un hecho más preocupante aún es que existe una elevada tasa de respuesta «antidepresiva» en los pacientes incluidos en el grupo control durante los ensayos clínicos. Las personas de este grupo control reciben un compuesto identificado como antidepresivo, pero que es inactivo a nivel biológico (placebo). Esta respuesta es tan elevada, que en muchos casos se iguala con la del grupo que recibe el antidepresivo, o incluso la supera[41]. Quizá los antidepresivos son los psicofármacos más polémicos en este aspecto, ya que suelen tener una eficacia similar o

---

[40] D. C. Steffens, K. R. Krishnan y M. J. Helms (1997): «Are SSRIs better than TCAs? Comparison of SSRIs and TCAs: a meta-analysis», *Depression & Anxiety,* 6, 10-18.
[41] I. Kirsch, T. J. Moore, A. Scoboria y S. S. Nichols (2002): «The emperor's new drugs: an analysis of antidepressant medication data submitted to the US Food and Drug Administration», *Prevention & Treatment* 5, art. 23.
Existe además un metaanálisis reciente que señala que los placebos *activos,* que simulan los efectos secundarios del fármaco, superan en eficacia a ciertos antidepresivos SSRI. Véase J. Moncrieff, S. Wessley y R. Hardy (2005): «Active placebos versus antidepressant for depression», *Cochrane Database System Review, 2004,* CD003012.

ligeramente superior a la del grupo placebo; por lo tanto, una empresa farmacéutica debe invertir una gran cantidad de tiempo y dinero en demostrar su eficacia, y así la duración de los ensayos clínicos obligatorios antes de comercializar un nuevo psicofármaco se alarga varios años más (una media de doce años como promedio para antidepresivos) y además implica mayores costes que el resto de fármacos. Este hecho ha recibido la atención del público y la prensa científica, cuando la multinacional química Merck retiró un fármaco que iba a ser comercializado como antidepresivo de «tercera generación» (MK-869 o aprepitant, con acción sobre el neurotransmisor conocido como *sustancia P)* dado que no conseguía demostrarse consistentemente que su eficacia superase a la del placebo, y ahora es comercializado como antiemético para aliviar las náuseas[42].

Por otro lado, la terapia electroconvulsiva, en la que se administran unilateralmente o bilateralmente electroshocks en la cabeza bajo anestesia general, hasta producir violentas convulsiones, tiene una eficacia muy superior a la de los fármacos antidepresivos para aliviar los casos de depresión más graves. El tratamiento habitual consiste en tres sesiones de electroshock a la semana durante cuatro a seis semanas, con efectos secundarios que incluyen amnesia, apatía y cambios en la personalidad y capacidad de atención, y manteniéndose algunos de ellos a largo plazo[43].

Las consecuencias de la terapia electroconvulsiva sobre la química y la estructura cerebral son muy mal conocidas, además de generalizadas e inespecíficas. Se cree que la terapia electroconvulsiva tendría efectos similares a los fármacos antidepresivos, ya que con la corriente eléctrica se induce la liberación masiva de neurotransmisores en el cerebro que incluyen las monoaminas, pero también otros neurotransmisores mucho más abundantes como el glutamato y el GABA, y se describe además la disminución en el número de receptores para ellos[44]. Sin

---

[42] K. Ranga y R. Krishnan (2002): «Clinical experience with substance P receptor (NK 1) antagonists in depression», *Journal of Clinical Psychiatry,* 63, 25-29.

[43] Sin embargo, se ha descrito incluso que la TEC es eficaz en un 85-90% de los casos de depresión mayor, en comparación con un 60-65% de casos mediante fármacos antidepresivos. Véase M. S. Nobler y H. A. Sackheim (2001): «Electroconvulsive therapy», en F. A. Henn y otros, eds., *Contemporary Psychiatry.* Berlín: Springer Verlag, vol. I, pp. 425-433.

[44] P. Schloss y F. A. Henn (2004): «New insights into the mechanisms of antidepressant therapy», *Pharmacology & Therapeutics, 102,* 47-60.

embargo, su eficacia para aliviar la depresión supera a la de los modernos antidepresivos con un modo de acción supuestamente más específico.

Paradójicamente, parece que los antidepresivos, y especialmente los de última generación (SSRI, duales, etc.) están sustituyendo a los tradicionales ansiolíticos (benzodiazepinas) en la farmacoterapia de los trastornos de ansiedad, debido a su supuesto mínimo potencial de abuso y de efectos secundarios. Ciertos antidepresivos de «cuarta generación», que tienen una supuesta *acción dual selectiva* en referencia a su efecto sobre la recaptación de las monoaminas descritas (como la venlafaxina), o el bloqueo de distintos subtipos de receptores monoaminérgicos además de impedir su recaptación (nefazodona, mirtazapina), no parecen tener ventajas en su eficacia clínica frente a la depresión, aunque sí disminuyen los efectos secundarios y teóricamente podrían ser efectivos en algunos subtipos de trastornos de ansiedad, hecho que no ha sido confirmado hasta ahora por estudios clínicos[45].

Nuevos efectos secundarios de los modernos antidepresivos

Habitualmente, los antidepresivos SSRI se consideran mucho más seguros que los antiguos antidepresivos tricíclicos o inhibidores MAO. Por ejemplo, la muerte por sobredosis es más difícil con los nuevos SSRI en comparación con los antidepresivos tricíclicos, un riesgo que se debe tener en consideración dada la elevada incidencia de suicidio en las personas con depresión. De todos modos, los antidepresivos tricíclicos, en virtud de la multitud de receptores que bloquean, tienen efectos adversos sobre el ritmo cardíaco (arritmias), causan sequedad de boca, náuseas, mareos, somnolencia o nerviosismo, incremento de peso, sudoración, etc. Por su parte, los inhibidores MAO añaden también peligrosas interacciones con algunos alimentos, que pueden causar una elevación brusca, y a veces mortal, de la tensión arterial. La incidencia de estos efectos secundarios es muy variable, y a veces provoca un aban-

---

[45] J. W. Williams, C. D. Mulrow, E. Chiquette y otros (2000): «A systematic review of newer pharmacotherapies for depression in adults: evidence report summary», *Annals of Internal Medicine*, 132, 743-756.

dono de la terapia farmacológica de hasta un 40% de los pacientes, con pequeñas diferencias entre los SSRI y los antidepresivos tricíclicos[46]. Sin embargo, con el tiempo se desarrolla una tolerancia a la mayoría de estos efectos secundarios.

Los antidepresivos que actúan más específicamente sobre la serotonina, que incluyen a los SSRI, en realidad tienen un perfil de efectos secundarios *diferente* a los antiguos antidepresivos. Así, tienen una mayor propensión a producir dolor de cabeza, diarreas, trastornos sexuales, náuseas, nerviosismo, insomnio o cierta disminución del apetito. Sin embargo, se empiezan a describir en la literatura otros inquietantes efectos secundarios con su uso a largo plazo, conocidos hace bastante tiempo, pero que no se suelen mencionar por sus fabricantes en los prospectos[47].

Así, los SSRI pueden causar patrones repetitivos de movimientos involuntarios (síntomas extrapiramidales) similares a los causados por los antipsicóticos o una desagradable sensación subjetiva de inquietud, manifestada a veces por la imposibilidad de permanecer quieto (acatisia)[48]. Este efecto puede estar causado por la acción inhibidora de la serotonina sobre la liberación de dopamina por las neuronas, que sucede sobre todo en algunas zonas del cerebro que modulan tanto los movimientos voluntarios como la motivación general. En este sentido, también ha sido descrita una disminución en las respuestas emocionales («síndrome amotivacional» o «aplanamiento afectivo») similar al que producen los antipsicóticos, que puede manifestarse a veces como un comportamiento desinhibido en forma de brote psicótico, apatía y dificultad para expresar emociones[49]. Este efecto frecuentemente se entiende como terapéutico, a pesar de que muchos pacientes tratados con SSRI se quejan de que son incapaces de emocionarse o llorar, que es como si todo les diera igual o no les afectase emocionalmente.

Otro efecto secundario de los SSRI más polémico es su asociación con el riesgo de suicidio y la conducta violenta, en concreto relaciona-

---

[46] J. C. Nelson (1994): «Are the SSRIs really better tolerated than the TCAs for treatment of major depression?», *Psychiatric Annals*, 24, 628-631.
[47] D. Healy (2005). *Psychiatric Drugs Explained.* Edimburgo: Elsevier. Churchill Livingstone y J. Glenmullen (2001): *Prozac Backlash.* Nueva York: Touchstone Press.
[48] D. K. Arya (1994): «Extrapyramidal symptoms with selective serotonin reuptake inhibitors», *British Journal of Psychiatry*, 165, 728-733.
[49] R. Hoehn-Saric, J. R. Lipsey y D. R. McLeod (1990): «Apathy and indifference in patients on fluvoxamine and fluoxetine», *Journal of Clinical Psychopharmacology*, 10, 343-345.

da con el fármaco que más estimulación motora causa, la fluoxetina (Prozac)[50]. Aunque se sabe que el riesgo de suicidio es inherente al diagnóstico de depresión, existe amplia evidencia clínica de que este riesgo se incrementa mucho más durante los 10-14 días después de haber iniciado el tratamiento con antidepresivos. Esta paradójica asociación entre suicidio y el tratamiento con antidepresivos tipo SSRI nunca ha sido reconocida por sus fabricantes, a pesar del gran número de litigios sobre este tema presentados sobre todo en los EE UU. En este país, las autoridades sanitarias han obligado a introducir desde el año 2004 un aviso en todos los prospectos de antidepresivos, indicando claramente el mayor riesgo de suicidio con el uso de antidepresivos al principio del tratamiento.

También la visión clásica de que los modernos antidepresivos no causan dependencia ni síndrome de abstinencia ha sido modificada. Este problema no había sido detectado durante la fase de ensayos clínicos de los antidepresivos SSRI antes de su comercialización por las propias multinacionales farmacéuticas. Simplemente la idea de que los antidepresivos causaran síndrome de abstinencia no cuadraba dentro del marco de la psicofarmacología tradicional. Sin embargo, la estrategia comercial era minimizar estos problemas, puesto que los fármacos ansiolíticos tradicionales (benzodiazepinas) lo presentaban claramente, y se sabía que estos nuevos antidepresivos también son eficaces como ansiolíticos.

El mismo hecho de reconocer que causan un cierto grado de dependencia física, podría desacreditar a estos nuevos antidepresivos como fármacos seguros y además asemejarlos con otras drogas adictivas ilegales como la cocaína o las anfetaminas, con las cuales guardan relación respecto de sus efectos farmacológicos y conductuales. Esto podría llevar probablemente a un mayor control de su distribución por las farmacias y centros sanitarios, al considerarse legalmente como *psi-*

---

[50] El riesgo parece ser hasta cinco veces superior en personas tratadas con fluoxetina (Prozac) para aliviar la depresión, en comparación con pacientes sin tratamiento farmacológico. Véase: C. M. Beasley, B. E. Dornseif, J.C. Bosomworth y otros (1991): «Fluoxetine and suicide: a meta-analysis of controlled trials of treatment for depression», *British Medical Journal, 303*, 685-692.
M. Teicher, H. C. Glod y J. O. Cole (1990): «Emergence of intense suicidal preoccupation during fluoxetine treatment», *American Journal of Psychiatry, 147*(2), 207-210.

cótropos; es decir, medicamentos con potencial de abuso o adictivas y que requieren especial control legal, como es el caso de las benzodiazepinas.

Afortunadamente, a pesar de la enorme resistencia mostrada por las empresas farmacéuticas, varias quejas y juicios a nivel mundial han llevado a reconocer que muchos antidepresivos modernos pueden causar «reacciones de retirada», un eufemismo utilizado en vez de «síndrome de abstinencia», con unas connotaciones más negativas socialmente. En particular, la paroxetina (Seroxat o Paxil en EE UU) parece ser el SSRI más problemático en este aspecto, debido al poco tiempo que tarda en ser eliminado por el organismo cuando se interrumpe bruscamente su administración. Esta «reacción de retirada» incluye los siguientes síntomas: mareo y sensación de inestabilidad o pérdida del equilibrio, náusea, vómitos, síntomas parecidos a la gripe como fatiga, somnolencia, dolores musculares, escalofríos, sensación de descarga eléctrica al girar la cabeza, hormigueo, insomnio y pesadillas[51]. Estos síntomas pueden durar varias semanas, y sólo ceden si se vuelve a tomar el antidepresivo. Hace sólo unos años también se obligó legalmente a las multinacionales farmacéuticas a incluir estas advertencias en los prospectos de estos antidepresivos, aunque aún siguen intentando minimizar su impacto.

En definitiva, el reconocimiento de estos insospechados efectos secundarios casi veinte años después de la introducción de los modernos SSRI evidencia el desconocimiento tanto de los mecanismos de acción de los antidepresivos como de sus efectos secundarios.

Los antipsicóticos y la hipótesis dopaminérgica de la esquizofrenia

Efectividad y modo de acción de los antipsicóticos

Los neurolépticos o antipsicóticos se presentan habitualmente como fármacos verdaderamente revolucionarios, que favorecieron la «liberación» de los pacientes diagnosticados con esquizofrenia de su reclusión en los hospitales mentales. Este fenómeno fue especialmente notorio

---

[51] N. J. Coupland, C. J. Bell y J. P. Potokar (1996): «Serotonin reuptake inhibitor withdrawal syndrome», *Journal of Clinical Psychopharmacology*, 16, 356-362.

en Estados Unidos a partir de 1956, aunque parece ser que los motivos reales fueron más bien económicos y también de salud pública que se materializaron en cambios de la legislación sanitaria de este país precisamente en ese momento, dadas las pésimas condiciones en las que entonces se hacinaban los considerados como «enfermos mentales»[52]. Sin embargo, más de cincuenta años después de la introducción de los antipsicóticos, incluyendo los modernos antipsicóticos atípicos, han surgido serias dudas sobre su *efectividad* o eficacia en la vida real, ya que una gran mayoría de los que sufren esquizofrenia abandonan el tratamiento con antipsicóticos por sus efectos secundarios y su ineficacia para aliviar muchos de sus síntomas[53].

En realidad, algunos estudios muestran que el tratamiento con antipsicóticos parece incrementar el número de ingresos hospitalarios en gran parte de personas con esquizofrenia frente a aquellas no tratadas, sobre todo cuando transcurren varios años de tratamiento[54]. Además, la calidad de vida de aquellos diagnosticados con esquizofrenia, y que siguen un tratamiento crónico con antipsicóticos, parece ser muy baja en comparación con los que no reciben medicación[55].

Aunque los antipsicóticos se introdujeron en la práctica clínica hace más de 50 años, tampoco se ha llegado a caracterizar su modo de acción. Parece que el único mecanismo farmacológico que tienen en común todos los fármacos con cierta actividad antipsicótica es el bloqueo o antagonismo de ciertos receptores de la dopamina (en particular del tipo 2 o D2)[56]. Pa-

---

[52] A. B. Johnson (1990): *Out of Bedlam: the truth about deinstitutionalization*. Nueva York: Basic Books.
[53] J. A. Lieberman, T. S. Stroup, J. P. McEvoy y otros (2005): «Effectiveness of antipsychotic drugs in patients with chronic schizophrenia», *New England Journal of Medicine, 353*, 1209-1223.
[54] R. Whitaker (2004), op. cit.
[55] Como se recordará de la Primera Parte, existen estudios de la OMS sobre el grado de recuperación de personas diagnosticadas con esquizofrenia a largo plazo en diez países distintos. Una de sus conclusiones es que en los países pobres la mayoría de estas personas tenían mejor pronóstico que aquellos que vivían en países industrializados, donde suelen recibir tratamiento con antipsicóticos. Véase: A. Jablensky y otros (1992): «Schizophrenia: manifestations, incidence, and course in different cultures, A World Health Organization ten-country study», *Psychological Medicine, 20 (Monograph Suppl.)*, 1-95.
[56] S. Miyamoto, G. E. Duncan, C. E. Marx y J. A. Lieberman (2004): «Treatments for schizophrenia: a critical review of pharmacology and mechanisms of action of antipsychotic drugs», *Molecular Psychiatry, 7*, 1-26.

radójicamente, la apomorfina, un agonista dopaminérgico que, al contrario que los antipsicóticos conocidos, se une y activa a estos mismos receptores de dopamina tipo D2 como la propia dopamina, no causa síntomas psicóticos ni los promueve en personas con esquizofrenia, y además tiene efectos antipsicóticos[57].

Además, la hipótesis de la hiperactividad dopaminérgica como origen de la esquizofrenia, propuesta por Carlsson, no parece tener apoyo empírico consistente[58]. Una de las razones principales por las que estos fármacos pasaron de considerarse meros tranquilizantes a antipsicóticos, y que a su vez favoreció la hipótesis monoaminérgica de la depresión, fue su propiedad de inhibir los efectos estimulantes motores de las anfetaminas y la apomorfina en animales, los cuales se sabía que eran agonistas dopaminérgicos[59]. Se recordará además, que ya se habían descrito tras la finalización de la Segunda Guerra Mundial casos de «psicosis anfetamínica» en consumidores crónicos, cuyos síntomas eran similares a los de la esquizofrenia.

Poco después de la introducción de los antipsicóticos, se describía que en el caso de ser efectivos, éstos no eliminan totalmente los síntomas positivos de la esquizofrenia como las alucinaciones auditivas y las ideas extrañas, que si bien siguen estando presentes no parecen, sin embargo, molestarles tanto[60]. En realidad, si se administra un antipsicótico a un esquizofrénico en pleno brote psicótico con agitación (o a cualquier individuo), se produce generalmente un efecto sedante con una aparente disminución de la agresividad y de la conducta espontánea muy parecido al que producen los ansiolíticos. Dosis elevadas de neurolépticos como el haloperidol producen un estado de inmovilidad o catatonia, con una ausencia de respuesta a los estímulos del entorno.

---

[57] Este hecho pone en duda tanto la hipótesis dopaminérgica de la esquizofrenia como la acción antidopaminérgica como mecanismo de acción principal de los antipsicóticos. Véase L. Dépatie y L. Samarthji (2001): «Apomorphine and the dopamine hypothesis of schizophrenia: a dilemma?», *Journal of Psychiatry and Neuroscience, 26*, 203-220.

[58] A. A. Baumeister y J. L. Francis (2002): «Historical development of the dopamine hypothesis of schizophrenia», *Journal of the History of the Neurosciences, 11*, 265-277.

[59] Habitualmente se inyectaban grandes dosis de clorpromazina o haloperidol, hasta conseguir no sólo eliminar las conductas estereotipadas, sino también inducir un estado de inmovilidad general conocido como *catalepsia*.

[60] E. C. Elkes (1954): «Effect of chlorpromazine on behaviour of chronically overactive psychotic patients», *British Medical Journal, 2*, 560-565.

Sin embargo, a las dosis habituales hay que esperar unas semanas hasta que comienza a evidenciarse el efecto antipsicótico específico en personas con esquizofrenia. Por increíble que parezca, como en el caso de los antidepresivos, nadie ha podido explicar ni demostrar satisfactoriamente hasta ahora la causa de su acción retardada.

¿En qué consiste realmente el efecto antipsicótico de estos fármacos?

En la década de 1950, se mostraba como evidencia de la eficacia de la clorpromazina los «despertares» del estado catatónico en sujetos con esquizofrenia que habían permanecido inmóviles y sin comunicarse durante años[61]. Más adelante, se apreciaba que, aunque no desaparecía, disminuía la angustia y la preocupación por las alucinaciones auditivas (seguirían «oyendo voces» aunque sin conceder demasiada importancia a su presencia), la agitación disminuía y además los pensamientos obsesivos sin base real (ideas delirantes, como, por ejemplo, sentirse espiado o controlado por ciertas personas) iban disminuyendo junto con una mejora de su conducta desorganizada.

En esta línea, un estudio actual muestra que el efecto psíquico de los antipsicóticos es meramente generar un estado de indiferencia general, que podría ser considerado beneficioso respecto de los síntomas positivos de la esquizofrenia, aunque no por ello serían verdaderamente fármacos «antipsicóticos»[62]. Probablemente, este efecto se debe al papel que la dopamina tiene en los circuitos cerebrales que regulan la conducta motivada y las emociones, y que también está relacionado con los efectos adversos que los antipsicóticos tienen sobre la conducta sexual y el interés general en actividades cotidianas[63]. Los antipsicóticos no curan la esquizofrenia, ya que el índice de recaída se incrementa en

---

[61] D. Healy (2002). *The creation of psychopharmacology*, op.cit.

[62] Este estado de indiferencia, desinterés o «distanciamiento emocional» confirma las descripciones de sus efectos hechas por Delay y Laborit en la década de 1950, pero desde el punto de vista de los pacientes. Véase R. Mizrahi, M. Bagby, R. B. Zipursky y S. Kapur (2005): «How antipsychotics work: The patients» perspective», *Progress in Neuro-Psychopharmacology & Biological Psychiatry, 29*, 859-864.

[63] S. Kapur (2003): «Psychosis as a state of aberrant salience: A framework linking biology, phenomenology, and pharmacology in schizophrenia», *American Journal of Psychiatry, 160*, 13-23.

función del tiempo que transcurre una vez abandonado el tratamiento. Tampoco los llamados «síntomas negativos», como el retraimiento social, la apatía, la disminución en la iniciativa, el lenguaje o la emotividad que son predominantes a medida que avanza la esquizofrenia, mejoran con los antipsicóticos, con la posible excepción de la clozapina y otros antipsicóticos «atípicos», que podrían tener una cierta acción terapéutica sobre estos síntomas.

Los graves efectos secundarios de los antipsicóticos

Por desgracia, la acción antidopaminérgica de estos psicofármacos, se asocia tanto con el mal llamado «efecto antipsicótico» como con una larga serie de efectos adversos serios[64]. Como antes se indicó, el bloqueo dopaminérgico en ciertas estructuras cerebrales relacionadas con la modulación de los movimientos voluntarios causa los temibles *síntomas extrapiramidales*. Su incidencia es alta en el caso de los antipsicóticos convencionales (más de un 60%, frecuencia que se incrementa con la duración del tratamiento, que suele ser de por vida en el caso de la esquizofrenia).

Estos síntomas incluyen no sólo movimientos anómalos e irregulares de las extremidades, cara, labios y lengua *(discinesias)*, sino también una muy desagradable sensación subjetiva de inquietud motora y nerviosismo que se manifiesta a veces por un continuo movimiento de manos y pies *(acatisia)*, dolorosos espasmos musculares en la cara, incluyendo movimientos giratorios rápidos de los ojos, el cuello y la espalda *(distonías)*. La rigidez en los músculos de la cara da lugar a una falta de expresividad facial, que unida a una lentitud de movimientos, postura anómala y temblor de las manos en reposo, recuerda a la enfermedad de Parkinson, que precisamente es originada por una degeneración de partes del cerebro que producen la dopamina.

Con mucha menor frecuencia, pero de forma espontánea y sin indicios previos, puede llegar a producirse el llamado *síndrome neuroléptico maligno*, en el que ocurre una brusca elevación de la temperatura corporal, hipertensión, taquicardia y rigidez muscular, que frecuentemente conduce a un estado de coma y a la muerte. Otros efectos del

---

[64] W. Pies (2000): *Manual de Psicofarmacología Básica*. Barcelona: Masson.

bloqueo de la acción de la dopamina en diversas regiones cerebrales son las alteraciones en la regulación de la temperatura corporal, que ha causado muertes por insolación o golpe de calor en personas que estaban bajo tratamiento con antipsicóticos. También se produce en muchos casos una liberación excesiva de la hormona prolactina a la sangre, que induce la formación de pechos en los hombres y secreción de leche en las mujeres, junto con una disminución de la libido y un incremento del riesgo de cáncer de mama. De ahí que la tasa de abandono de la medicación por esquizofrénicos sea muy elevada, debido al gran número de efectos secundarios; en particular, la acatisia y lo que se conoce como «síndrome de toxicidad conductual». Este último consiste en alteraciones de los niveles de atención y concentración, sensación de estupor o «de estar drogado», apatía y falta de motivación.

Efectos secundarios no relacionados con la dopamina

Los antipsicóticos convencionales y atípicos tienen otros numerosos efectos secundarios, al bloquear receptores de otros neurotransmisores además de la dopamina. El bloqueo de receptores de histamina a nivel del sistema nervioso se asocia con somnolencia, mareos y ganancia de peso. El antagonismo o bloqueo de receptores de noradrenalina produce a nivel cerebral una disminución de la capacidad de atención, sensación de fatiga y disminución del estado de alerta. El sistema nervioso autónomo se ve también afectado por todos los fármacos con acción antidopaminérgica, lo que provoca disminución de la tensión arterial con riesgo de caídas y desmayo, somnolencia, palpitaciones y alteraciones del electrocardiograma algunas veces asociadas con arritmias y frecuentemente con problemas de erección en los hombres.

El antagonismo de ciertos receptores de acetilcolina (efecto anticolinérgico) se asocia con visión borrosa, estreñimiento, dificultad para orinar, trastornos sexuales y problemas de memoria[65]. En cierta medida este tipo de efectos secundarios son bastante parecidos a los de los antidepresivos tricíclicos, que también tienen una estructura similar al derivar todos ellos de los viejos fármacos antihistamínicos.

[65] S. Stahl (2002): *Psicofarmacología Esencial,* op. cit.

Asimismo, se han descrito efectos claramente neurotóxicos de los neurolépticos más empleados a largo plazo, que incluyen no sólo alteraciones en los niveles de dopamina y sus receptores, sino también en la estructura cerebral. Éstos son los psicofármacos que más consistentemente se han asociado con cambios patológicos en la anatomía del cerebro, que incluyen hipertrofia de los ganglios basales y atrofia de la corteza cerebral[66]. En muchas ocasiones, estos cambios anatómicos se relacionan con la propia esquizofrenia, aunque parece demostrado que son los propios antipsicóticos los que provocan estas alteraciones mediante la comparación con los pocos pacientes con diagnóstico de esquizofrenia que nunca han tomado antipsicóticos.

Las promesas incumplidas de los antipsicóticos atípicos

El mecanismo de acción de los modernos antipsicóticos atípicos, al menos los relacionados con la producción de síntomas extrapiramidales, se conoce en cierta medida[67]. A partir de la década de 1990, se averiguó que el antagonismo de ciertos receptores de serotonina (en particular el subtipo 2A) se relacionaba con la facilitación de la liberación de dopamina en ciertas partes del cerebro. Parece que este efecto se observa sólo en algunas rutas de la dopamina, como la relacionada con la modulación de los movimientos voluntarios. Por esta razón se explica que los antipsicóticos atípicos, a pesar de bloquear también los receptores de dopamina, causen menores efectos adversos motores por este efecto compensatorio en ciertas vías cerebrales de la dopamina.

Sin embargo, esto no aclara satisfactoriamente la utilidad de algunos antipsicóticos atípicos como la clozapina para tratar los síntomas negativos de la esquizofrenia. Las propiedades farmacológicas de estos nuevos antipsicóticos son excesivamente complejas para poder crear y demostrar

---

[66] A. Madsen, A. Keiding, A. Karle, S. Esbjerg y R. Hemmingsen (1998): «Neuroleptics in progressive structural brain abnormalities in psychiatric illness», *Lancet, 352,* 784-785 y R. Gur, P. Colley y otros (1998): «Subcortical MRI volumes in neuroleptic-naïve and treated patients with schizophrenia», *American Journal of Psychiatry, 155,* 1711-1717.

[67] S. Miyamoto, G. E. Duncan, C. E. Marx y J. A. Lieberman, (2004): «Treatments for schizophrenia: a critical review of pharmacology and mechanisms of action of antipsychotic drugs», *Molecular Psychiatry, 4,* 1-26.

un modelo teórico que muestre su modo de acción. Por ejemplo, en este momento se sabe que la clozapina se comporta como antagonista de al menos los siguientes receptores: acetilcolina (subtipo M1), histamina (subtipo H1), noradrenalina (subtipos $\alpha 1$ y $\alpha 2$), dopamina (tipos D1, D2, D3 y D4) y serotonina (subtipos 1A, 2A, 2C, 3, 6 y 7). Paradójicamente, la clozapina (y también casi todos los antipsicóticos atípicos) parece ser una molécula tan «sucia» o inespecífica farmacológicamente hablando como los antiguos neurolépticos o los antidepresivos tricíclicos.

Recientemente se han introducido en la práctica clínica nuevos antipsicóticos atípicos de «tercera generación» como el aripiprazol (Abilify), que se considera que actúa como un modulador del sistema serotonina-dopamina. Es decir, que según la cantidad de dopamina que se produzca en un momento dado en el cerebro, se comporta como agonista o antagonista de los receptores D2. Como la mayoría de antipsicóticos atípicos, también bloquea receptores de serotonina (tipo 5HT-2A), y por ello se asocia con una menor probabilidad de desarrollar síntomas extrapiramidales o elevaciones de prolactina[68]. Sin embargo, ninguno de los nuevos antipsicóticos tiene un mecanismo de acción esencialmente diferente a los ya conocidos, y por tanto, su eficacia en el tratamiento de la esquizofrenia no sería notoriamente superior a la de los recetados hace más de cincuenta años.

Los nuevos efectos secundarios de los modernos antipsicóticos

La supuesta menor incidencia de efectos secundarios de los «antipsicóticos atípicos», incluso los más modernos, ha resultado ser una ilusión. Aunque la incidencia de síntomas extrapiramidales es ciertamente menor en las personas que reciben antipsicóticos atípicos, a medida que se van acumulando cada vez más evidencias acerca de otros nuevos y peligrosos efectos secundarios. El abanico de efectos secundarios de los nuevos antipsicóticos se solapa con muchos de los que producen los neurolépticos clásicos, como la sedación, disforia, disfunción sexual,

---

[68] G. Pigott, W. H. Carson y otros (2003): «Aripiprazole Study Group: aripiprazole for the prevention of relapse in stabilized patients with chronic schizophrenia: a placebo-controlled 26-week study», *Journal of Clinical Psychiatry*, 64, 1048-1056.

ganancia de peso, efectos endocrinos adversos, cardiovasculares y anticolinérgicos, a los que hay que añadir otros de nueva aparición. Así, el uso de antipsicóticos atípicos se asocia con un mayor incremento del peso en comparación con los convencionales, que por ejemplo en el caso de la clozapina es de un promedio de más de diez kilos durante el primer año de tratamiento. Más preocupante aún es la mayor propensión a padecer diabetes tipo 2 (la más frecuente, que está asociada a la obesidad y no se puede tratar con insulina) o agravar la ya existente con los nuevos antipsicóticos. Por ello, se ha descrito recientemente el llamado «síndrome metabólico» o «síndrome X» asociado con su uso, que incluye una combinación de hipertensión, altos niveles de glucosa y lípidos en la sangre, obesidad, resistencia a la insulina y altos niveles de lípidos en sangre, y, por tanto, un riesgo de mortalidad por trastornos cardiovasculares asociados mucho mayor que el del resto de la población[69].

El mecanismo por el que estos antipsicóticos causan este síndrome es aún desconocido. Dos de ellos han tenido que ser retirados una vez comercializados por sus graves efectos adversos: destrucción de la médula ósea en el caso de la remoxiprida y muerte súbita por arritmias cardiacas en el caso del sertindol. De los comercializados en la actualidad, cada uno presenta un perfil de efectos adversos particular. Así, la risperidona (Risperdal), que es hasta ahora el único antipsicótico atípico disponible en forma inyectable para su administración cada catorce días, provoca con mayor frecuencia incrementos de prolactina, hipotensión y ansiedad, la olanzapina (Zyprexa) incremento de peso, sedación, diabetes e incremento de los enzimas hepáticos; la quetiapina (Seroquel) causa también esta alteración hepática y además un aumento del pulso e hipotensión, y la ziprasidona (Zeldox), insomnio, nerviosismo y cardiotoxicidad[70]. De hecho, el riesgo de muerte asociada fundamentalmente con trastornos cardiovasculares (infarto de miocardio, trastornos cerebrovasculares, muerte súbita) o neumonía en los usuarios de antipsicóticos tanto clásicos como atípicos supera al de la población general; particularmente en los ancianos diagnosticados con demencia. Esto ha obligado a la agencia sanitaria FDA en EE UU a exigir la inserción de una adver-

---

[69] J. A. Lieberman (2004): «Metabolic changes associated with antipsychotic use», *Journal of Clinical Psychiatry,* 6 (suppl. 2), 8-13.
[70] M. Salazar, C. Peralta y J. Pastor, eds., (2005): *Tratado de psicofarmacología: bases y aplicación clínica.* Madrid: Panamericana.

tencia sobre tal hecho (conocida como *Black Box,* como en el caso de los antidepresivos en relación con el suicidio)[71]. En nuestro país se exige un «visado» de prescripción de antipsicóticos para los mayores de 75 años. No obstante, multinacionales farmacéuticas, como, por ejemplo, Pfizer (que por cierto comercializa el antipsicótico ziprasidona), se esfuerzan en realizar campañas publicitarias para tratar de enmascarar estos riesgos en revistas de psiquiatría, dando a entender que la incidencia de diabetes o el mencionado síndrome metabólico ya es mayor que el de la población general en los pacientes con esquizofrenia cuando se reclutaron para realizar los ensayos clínicos sobre eficacia de antipsicóticos más recientes[72].

La eficacia y la tolerancia a los efectos secundarios de los antipsicóticos atípicos es similar o muy ligeramente superior a los de los convencionales[73]. Aunque en teoría el criterio de atipicidad se basa en una mayor eficacia para aliviar los síntomas negativos, cognitivos (como el pensamiento desorganizado) y del estado de ánimo (depresión), parece ser que sólo la clozapina cumpliría este criterio únicamente en algunos casos. Además, su eficacia para tratar los síntomas positivos de la esquizofrenia es comparable o inferior a la de los neurolépticos convencionales, a los que responden favorablemente (y parcialmente también) entre un 65 y 70% de pacientes esquizofrénicos. Aunque cada vez se recetan más los antipsicóticos atípicos en lugar de los neurolépticos convencionales por su menor incidencia de síntomas extrapiramidales, al estar todavía su patente protegida, su coste es elevadísimo comparativamente hablando (unas cien veces más si comparamos el coste del haloperidol con el de la olanzapina, por ejemplo).

Actualmente, no hay suficientes datos que avalen la hipótesis de que los antipsicóticos atípicos tengan una mejor relación coste-efectividad

---

[71] P. S. Wang y otros (2005): «Risk of death in elderly users of conventional *vs.* atypical antipsychotic medications», *New England Journal of Medicine, 353,* 2335-2341.

[72] Estos anuncios se insertan a partir de 2007 en revistas como *American Journal of Psychiatry,* con la excusa de promover una campaña para la monitorización de la diabetes o el síndrome metabólico en los pacientes psiquiátricos. Para ello, se citan trabajos financiados por la empresa como: McEvoy y otros (2005): «Prevalence of the metabolic syndrome in patients with schizophrenia baseline results from the CATIE trial and comparison with national estimates fromo NHANES III», *Schizophrenia Research, 80,* 19-32.

[73] S. Leucht, K. Wahlbek, J. Hamann y W. Kissling (2003): «New generation antipsychotics versus low-potency conventional antipsychotics: a systematic review and meta-analysis», *Lancet, 361,* 1581-1589.

que los clásicos, ni que se traduzca en una mejor calidad de vida[74]. Por el contrario, recientemente dos ensayos clínicos a gran escala promovidos por las autoridades sanitarias de EE UU y del Reino Unido, respectivamente, han demostrado claramente que, en contra de la impresión clínica general, los antipsicóticos atípicos no ofrecen ninguna ventaja en términos de efectividad (eficacia en el «mundo real», fuera de centros de investigación o sanitarios) frente a los neurolépticos convencionales[75]. Concluyendo, una tasa de abandono de más del 70%. Tampoco resulta correcto decir que los fármacos antipsicóticos tengan una acción específica sobre los síntomas psicóticos, sino que más bien provocan un estado de indolencia o indiferencia general, que de esta forma parece aliviar algunos de estos síntomas[76]. Posiblemente, debido al limitado éxito de los antipsicóticos atípicos para tratar la esquizofrenia, ciertas compañías farmacéuticas promueven su uso en niños problemáticos para tratar su agresividad o el raramente diagnosticado y grave trastorno bipolar (conocido antes como trastorno maníaco-depresivo), incluso ¡en su nueva modalidad infantil!, que se publicita en los medios de comunicación de EE UU en este momento, a pesar de que su eficacia para prevenir dicho trastorno sea objeto de amplio debate por los especialistas.[77]

A modo de conclusión sobre los psicofármacos

En definitiva, los mecanismos de acción de los psicofármacos no se comprenden bien, aunque se tiene cierta evidencia de algunos de sus efectos sobre el cerebro[78]. El desconocimiento sobre su funcionamiento, así como de la etiología de los trastornos mentales, ha potenciado

---

[74] A. Ortiz-Lobo e I. de la Mata Ruiz, I. (2001): «Nuevos antipsicóticos», *Información Terapéutica del Sistema Nacional de Salud* (España), *25*, 1-8.
[75] Estudios CutLASS 1 (Cost Utility of the Latest Antipsychotic Drugs in Schizophrenia Study) en los EE UU y CATIE (Clinical Antipsychotic Trials of Intervention Effectiveness) en el Reino Unido. Véase J. A. Liberman (2006): «Comparative effectiveness of antipsychotic drugs», *Archives of General Psychiatry, 63,* 1069-1072.
[76] Véase R. Mizrahi, M. Bagby, R. B. Zipursky y S. Kapur (2005), op. cit.
[77] D. Healy (2006): «The latest mania: selling bipolar disorder», *PLoS Medicine, 3* (4), 185.
[78] Véase H. P. Rang, M. M. Dale, J. M. Ritter y P. K. Moore (2004): *Farmacología*. Madrid: Elsevier Science.

la propagación de hipótesis biológicas sobre la mayoría de estos trastornos que, aún sin estar confirmadas, parecen estar profundamente arraigadas en la actualidad. Asimismo, los modelos simplistas sobre la fisiopatología de los trastornos mentales, como la hipótesis monoaminérgica de la depresión, o la dopaminérgica de la esquizofrenia, se derivan de los rudimentarios e imprecisos conocimientos sobre el mecanismo de acción de ciertos psicofármacos. En ausencia de otra explicación más convincente de los trastornos mentales, estas hipótesis bioquímicas de la «enfermedad mental» se perpetúan como un dogma científico, a pesar de las evidencias empíricas contrarias, por diversas razones. Una es que aun siendo teorías prácticamente desechadas, han estimulado y estimulan la investigación en el campo neurocientífico en general y de la psicofarmacología en particular. De hecho, no hay duda de que los psicofármacos «funcionan» en cierta medida dado que alivian algunos síntomas asociados con los trastornos mentales; por ejemplo, creando indiferencia ante las alucinaciones auditivas en personas diagnosticadas con esquizofrenia, sedando a aquellos que se sienten ansiosos, estimulando o causando euforia en aquellos considerados depresivos, etc. Sin embargo, este alivio sintomático producido por los psicofármacos, se usa para apoyar indirectamente las hipótesis biológicas, implicando cierto neurotransmisor en un determinado aspecto psíquico de manera reduccionista.

Otra razón, quizá más terrenal, es que estas teorías incorrectas convertidas en hechos científicos supuestamente objetivos contribuyen a generar intereses económicos en las grandes corporaciones farmacéuticas[79]. Así, las desacreditadas teorías bioquímicas de los trastornos mentales, a modo de *enfermedades mentales,* son promovidas por la industria farmacéutica (por ejemplo, mediante la financiación de investigadores, organización de congresos y reuniones profesionales, publicidad dirigida tanto a los médicos como directamente a la población, como se describió en la Primera Parte), ya que justifican la validez aparente de la terapia psicofarmacológica, y así incrementan las ventas de psicofármacos. De este modo, la industria farmacéutica muchas veces crea la falsa impresión de que los psicofármacos son específicos y han sido racionalmente diseñados para tratar cierta «enfermedad mental». Tam-

---

[79] E. Valenstein (1998): *Blaming the brain*, op. cit.

bién intentan fomentar en la población general y los profesionales el modelo médico de enfermedad mental, con teorías simplistas como la del «desequilibrio neuroquímico» que puede corregirse mediante medicamentos, al igual que cualquier otra enfermedad como la diabetes en relación con la insulina, por ejemplo.

El fracaso de las teorías neuroquímicas para dar cuenta de la fisiopatología de los trastornos mentales o el mecanismo de acción de los psicofármacos han fomentado el planteamiento de nuevas hipótesis basadas en la modificación de los «circuitos cerebrales» tanto por los psicofármacos como por los propios trastornos mentales, como en el ya comentado caso de los antidepresivos[80]. Otros han optado por un replanteamiento radical de la psicofarmacología, dada la inespecificidad de los psicofármacos para tratar los trastornos mentales, en lo que ha venido a conocerse como «modelo centrado en los fármacos» frente al conocido «modelo centrado en la enfermedad» típico de la Psiquiatría biológica convencional[81].

Este modelo representa una valiosa aproximación teórica y también terapéutica que se basa en «escuchar» a la persona que toma el psicofármaco, y no solamente «escuchar al fármaco». Según esta hipótesis, los psicofármacos en lugar de restablecer un supuesto desequilibrio químico cerebral en los diagnosticados con trastornos mentales, que como hemos comentado no ha sido nunca demostrado científicamente, actuarían causando alteraciones en la función cerebral que oportunamente podrían ser de ayuda en el tratamiento sintomático de ciertos trastornos mentales. Así, los efectos sedantes de muchos antidepresivos, ansiolíticos y antipsicóticos podrían ser útiles en los síntomas psicóticos, la ansiedad o la agitación; los ligeros efectos psicoestimulantes de algunos antidepresivos tendrían efecto en síntomas depresivos o el estado de ánimo en general, la indiferencia emocional causada por los antipsicóticos, y ciertos antidepresivos SSRI serían útiles en síntomas psicóticos, depresivos o de ansiedad, y así sucesivamente[82]. En este sen-

---

[80] Véase: E. Castrén (2005), op. cit., y también S. E. Hyman y E. J. Nestler (1996): «Initiation and adaptation: a paradigm for understanding psychotropic drug action», *American Journal of Psychiatry*, 153, 151-162.
[81] J. Moncrieff y D. Cohen (2005): «Rethinking models of psychotropic drug action», *Psychotherapy and Psychosomatics*, 74, 145-153.
[82] J. Moncrieff y D. Cohen (2006): «Do antidepressants cure or create abnormal brain states?», *PLoS Medicine*, 3(7), e240.

tido, el modelo de acción de los psicofármacos centrado en las drogas y no en la enfermedad constituye un retorno al antiguo concepto de *farmacopsicología* propuesto por Kraepelin en 1882 y también al significado original de *psicofarmacología* acuñado por el destacado farmacólogo David Macht en 1915, en el que las drogas y fármacos servirían como medio para estudiar los procesos psíquicos más que como una verdadera terapia.[83]

Se propone así tener en cuenta las descripciones que el propio sujeto hace de los efectos de los psicofármacos como si se tratara de cualquier otra droga, en vez de intentar explicar el modo de acción biológico de éstos según el modelo médico de enfermedad. Sus objetivos son desarrollar nuevas descripciones de los efectos psíquicos de los psicofármacos incluso en voluntarios sin diagnóstico de trastorno mental, establecer nuevas escalas psicométricas sobre las alteraciones en la conducta que ocasionan, tener en consideración las preferencias y deseos del sujeto sobre cómo modificar su comportamiento, distinguir entre verdaderos efectos terapéuticos y secundarios desde la perspectiva de la persona o valorar la eficacia del psicofármaco basándose en la propia experiencia de la persona[84].

Este cambio de perspectiva a favor del usuario de los psicofármacos sería ciertamente necesario y deseable, dado que tampoco son bien conocidas las alteraciones psíquicas que causan los psicofármacos ni en aquellos que padecen trastornos mentales ni en otras personas no afectadas[85]. No se sabe qué consecuencias tendrán estos cambios para la psicofarmacología, la Psiquiatría o Psicología, pero al menos representan una toma de conciencia sobre las limitaciones de los psicofármacos dentro del modelo médico convencional.

---

[83] D. Healy (1993): «One hundred years of psychopharmacology», *Journal of Psychopharmacology, 7,* 207-214.
[84] J. Moncrieff y D. Cohen (2005), op. cit.
[85] D. Jacobs y D. Cohen (1999): «What is really known about psychological alterations produced by psychiatric drugs?», *International Journal of Risk and Safety Medicine, 12,* 37-47.

CAPÍTULO 6

CÓMO SE INVESTIGA EN PSICOFARMACOLOGÍA

Los ensayos clínicos aleatorizados (ECA) representan la piedra angular de la medicina clínica para comprobar la eficacia y la seguridad de los tratamientos médicos, incluyendo fundamentalmente fármacos. En el caso de los psicofármacos, demostrar científicamente que funcionan y para quiénes funcionan no es tarea fácil, y por ello sus costes económicos son tan elevados que sólo las grandes multinacionales farmacéuticas y contados países ricos se lo pueden permitir. Tal y como se comentó anteriormente, esta controversia se origina en parte porque no existen teorías biológicas verificadas empíricamente sobre el origen y desarrollo de los trastornos mentales, unido a una artificiosa y variable distinción entre sus distintos tipos a partir de conjuntos de síntomas mal definidos, como síndromes pero no verdaderas enfermedades.

En realidad, los ensayos clínicos se desarrollaron dentro del modelo médico convencional, con el fin de mostrar si un determinado tratamiento es eficaz para tratar una cierta enfermedad, con una sintomatología objetivamente definida y mecanismos fisiopatológicos conocidos. Por el contrario, en ausencia de pruebas diagnósticas fiables de los trastornos mentales, la eficacia de un tratamiento psicofarmacológico se comprueba por medio de diversos cuestionarios psicométricos; sin embargo, éstos implican una valoración subjetiva por parte del participante en el ensayo, y del propio investigador, de síntomas predefinidos de acuerdo con el modelo teórico predominante en cuanto a la clasificación y los criterios diagnósticos que se tomen como referencia. Téngase además en consideración que la investigación sobre los mecanismos de acción de los fármacos no es un objetivo prioritario de estos ensayos clínicos. Por tanto, el conocimiento científico se sacrifica en pro de la simple valoración riesgo-beneficio terapéutico, lo que probablemente haya contribuido a la actual crisis del sector farmacéutico en cuanto a la introducción de fármacos verdaderamente novedosos.

Los ensayos preclínicos

Cuestiones planteadas por la naturaleza de los trastornos mentales

Antes de poner a prueba cualquier fármaco en el ser humano, deben realizarse por ley distintos ensayos e investigaciones para demostrar su modo de acción, eficacia, rango de dosificación, metabolismo y toxicidad a corto plazo en distintas especies animales tanto *in vivo* como *in vitro*. Estas pruebas se conocen como «ensayos preclínicos», en contraposición a los «ensayos clínicos» realizados exclusivamente en el ser humano. Como se decía anteriormente, el problema de identificación de dianas farmacológicas en la psicofarmacología es aún más notorio en el caso de la llamada «farmacología animal». ¿Cómo podemos estar seguros de identificar la acción psíquica de un fármaco en animales? ¿Hasta qué punto se asemeja el resto del reino animal al ser humano en cuanto a sus aflicciones mentales? ¿Cabe hablar de sentimientos y estados de ánimo de la misma cualidad que el ser humano en los animales? ¿Existen animales psicóticos, neuróticos o deprimidos? En este último caso, si en el ámbito del ser humano no existen pruebas científicamente objetivas para diagnosticar los trastornos mentales, ¿cómo se determina la acción y eficacia de un determinado psicofármaco, si los animales carecen de un verdadero lenguaje y sólo podemos observar su comportamiento? Por último, ¿son los mecanismos neurofisiológicos de acción de los psicofármacos en el resto de los mamíferos al menos semejantes a los del ser humano? Todas estas cuestiones y muchas más se las han planteado los investigadores en el campo de la psicofarmacología preclínica, y distan aún de estar resueltas. Sin embargo, la industria farmacéutica continúa realizando diversas pruebas desarrolladas por ellos mismos de forma pragmática, sin plantearse demasiado las cuestiones anteriores, empleando desde hace décadas las llamadas baterías de *screening* o rastreo de «actividad biológica» de sus compuestos químicos. En este sentido, se ha celebrado recientemente un simposio sobre innovación médica en el campo neurocientífico, donde se discutieron por diversos expertos a nivel internacional las posibles razones para el aparente fracaso en el descubrimiento y desarrollo de nuevos fármacos para el tratamiento de trastornos psiquiátricos en comparación con otras áreas de la Medicina[1]. Entre las diversas razones para explicar el fracaso de la terapia farmacológica de los trastornos mentales se señalaban las siguientes: el propio sistema de clasificación y diagnóstico de los trastornos psiquiátricos como el DSM-IV, basado en grupos de síntomas y no en la etiología, neurobiología, epidemiología, genética o la respuesta a la medicación, la validez muy discutible de los modelos animales de trastornos mentales, la ausencia de mecanismos fisiopatológicos claros y diferenciados entre distintos trastornos mentales, el uso de síntomas subjetivos y no pruebas analíticas objetivas para su diagnóstico, o la aproximación farmacológica demasiado clásica de la actividad de los psicofármacos en función del agonismo o antagonismo de subtipos de receptores químicos en particular, olvidando mecanismos biológicos más generales pero relevantes a largo plazo, como los genéticos (intracelulares) o la plasticidad neuronal.

Para qué sirven los ensayos preclínicos

En el caso de los psicofármacos, las pruebas se derivan de otras diseñadas en principio para identificar acciones tóxicas de las sustancias químicas sobre el sistema nervioso en particular. Estas pruebas formaban

---

[1] Y. Agid y otros (2007): «How can drug discovery for psychiatric disorders be improved?», *Nature Reviews in Drug Discovery 6*, 189-201.

parte de los estudios de toxicidad aguda y crónica de los fármacos en fase de investigación preclínica. Tal y como se exige en la actualidad, los objetivos de los ensayos preclínicos son principalmente: evaluar las propiedades fisicoquímicas del compuesto (por ejemplo, solubilidad, estabilidad, acidez, fórmula química, síntesis, etc.), determinar en dos especies distintas (normalmente rata y ratón) la dosis letal aguda que mata al 50% de los animales, demostrar el órgano principal donde se observa su toxicidad y acción farmacológica, describir cuáles son sus efectos tóxicos relacionados con la dosis, el rango de dosis eficaz en el 50% de los animales, su *farmacocinética* (estudio de la absorción, distribución y transformaciones biológicas que sufre un fármaco dentro del cuerpo) y su capacidad de inducir malformaciones o la muerte en las crías de estos animales *(teratología)*.

Nótese que aquí se ha obviado que no necesariamente se ha de conocer el mecanismo de acción del fármaco *(farmacodinamia)* ni su toxicidad a largo plazo (que incluye su toxicidad ambiental, reproductiva y carcinogénesis) ni siquiera en estos animales, para que se apruebe su evaluación en el ser humano.

El requisito de emplear dos especies animales en los estudios de toxicología se debe a las terribles consecuencias de la talidomida, un psicofármaco ansiolítico empleado también como somnífero que causó una grave epidemia de malformaciones en niños y niñas cuyas madres lo consumían durante el embarazo en 1961[2]. Más tarde se comprobaron sus efectos teratológicos similares al ser humano en conejos y primates. Sin embargo, el empleo en la actualidad de dos especies animales distintas disminuye, pero no evita el riesgo de aparición de efectos adversos no observados antes en el ser humano.

Debemos tener en cuenta que la mayoría de los datos obtenidos en los ensayos preclínicos, aunque son útiles, son difícilmente extrapolables al ser humano a pesar de su semejanza genética (de un 70% en la cepa de rata o ratón de laboratorio más usual y que llega alcanzar un 98% en el chimpancé), ya que existen amplias diferencias sobre todo

---

[2] Paradójicamente, se comercializa ahora en EE UU para tratar ciertos trastornos dermatológicos y el cáncer, con un costosísimo y estricto programa de seguimiento sanitario en los pacientes que lo tomen. Véase el excelente libro sobre la historia de este psicofármaco en: T. Stephens y R. Brynner (2001): *Dark remedy: the impact of thalidomide and its revival as a vital medicine*. Cambridge, MA: Perseus Publishing.

en la farmacocinética, pero también en la farmacodinamia, un aspecto este último al que no se le presta demasiada atención.

Además, el uso de especies animales muy próximas al ser humano como el chimpancé ha provocado gran número de protestas e incluso actos terroristas por parte de las sociedades protectoras de animales a nivel internacional. Esto hace que aproximadamente a partir de la década de 1970, el uso de primates en los ensayos preclínicos sea cada vez más infrecuente, unido al coste prohibitivo de estos animales en cuanto a sus condiciones legales de obtención y mantenimiento. Actualmente, los ensayos preclínicos se realizan por lo general con roedores, como la rata y el ratón, fáciles y baratos de criar en condiciones controladas, con un ciclo reproductivo corto (de unos veinte días en la rata) y gran potencial reproductor (más de doce crías como promedio en la rata).

Cómo se valoran las propiedades psicoactivas de una sustancia química

Las pruebas de actividad biológica suelen comenzar con una sencilla y rápida batería de tests de «observación funcional», basados en la simple valoración del comportamiento y aspecto del animal a distintos intervalos de tiempo tras la inyección de diferentes dosis del fármaco. La más habitual es la conocida como test de Irwin[3], en el que se puntúan en una escala estandarizada distintas reacciones relacionadas con la actividad del sistema nervioso. No sólo se puntúan las constantes vitales (frecuencia respiratoria, temperatura, estado de vigilia, etc.) y signos de alternación del sistema nervioso vegetativo (diámetro de las pupilas, salivación, micción, piloerección), sino también otros aspectos relacionados con la posible acción depresora o estimulante del SNC, como la actividad motora, aparición de movimientos estereotipados, convulsiones, relajación o tensión muscular, respuesta ante sonidos repentinos como un «clic», reacción ante su manipulación o el nivel analgésico colocando la cola en una fuente de calor o pellizcándola con unas pinzas, y por último se valoran una serie de conductas reflejas (endere-

---

[3] S. Irwin (1962): «Drug screening and evaluative procedures», *Science, 136*, 123-128 y S. Irwin (1968): «Comprehensive observational assessment: Ia. A systemic, quantitative procedure for assessing the behavioral and physiologic state of the mouse», *Psychopharmacologia (Berlin), 13*, 222-257.

zamiento del tronco en caída, cierre de párpados por contacto con ojos, sobresalto ante ruidos, fuerza y reacción de asimiento a objetos con las patas delanteras, etc.).

Casualmente, casi todos los psicofármacos actuales tienen en ciertas dosis (incluso las terapéuticas) propiedades potencialmente neurotóxicas, en el sentido de alterar la función del sistema nervioso. Por el contrario, las sustancias en las que no se observe este tipo de respuesta no continuarán ensayándose como psicofármacos.

En cuanto una sustancia resulta tener propiedades «psicoactivas» en esta batería, se realizan pruebas algo más específicas para tratar de distinguir su efecto neurotóxico del terapéutico. Una de las pruebas más antiguas es la medida de la «actividad locomotora espontánea» en un recinto cerrado más amplio e iluminado que la jaula original, o «campo abierto». En estas condiciones, las ratas y los ratones suelen intentar escapar huyendo de la zona central y deambulando cerca o en contacto con las paredes del recinto. Bajo estas condiciones, se evalúan aspectos del comportamiento muy similares a los del test de Irwin, incluyendo además información sobre las zonas del recinto visitadas y movimientos que el animal realiza dentro de este campo abierto[4].

El problema de esta prueba es que básicamente no se sabe qué mide exactamente: la capacidad exploratoria, la actividad motora en general, la ansiedad ante espacios desconocidos o bien preferencia por la novedad, la motivación para escapar, el nivel general de activación o estado de alerta, el miedo, etc. Además, muchos psicofármacos tienen efectos contrarios a los esperados en esta prueba. Por ejemplo, algunos antidepresivos disminuyen la actividad motora (medida como distancia recorrida) al igual que muchos ansiolíticos, pero algunos de estos últimos incrementan la actividad como si fuesen psicoestimulantes tipo anfetamínico. Por si fuera poco, numerosas variables afectan a esta conducta como la hora del día (ritmos circadianos), manipulación previa, sexo, edad, peso, nivel de iluminación, presencia de olores, temperatura, ruido de fondo, exposición previa al fármaco, etc. Por eso, normalmente se suele complementar este test con algún otro más en función de la respuesta que se observa.

---

[4] R. N. Walsh y R. A. Cummins (1976): «The open-field test: A critical review», *Psychological Bulletin*, *83*, 482-504.

Cómo poner nerviosos a los animales para desarrollar fármacos ansiolíticos

Para comprobar si una sustancia tiene efectos específicamente ansiolíticos, se han desarrollado un gran número de pruebas, sin que ninguna de ellas destaque por ser la más apropiada. Una de las más empleadas es la exploración en el laberinto «en cruz elevado»[5]. Consiste en cuatro pasillos dispuestos en forma de cruz y aproximadamente a medio metro sobre el suelo, dos de los cuales están cerrados por paredes a lo largo de su recorrido (brazos cerrados), mientras que los otros dos carecen de paredes (brazos abiertos). Una vez que se coloca al animal en el centro del «laberinto», se registra su recorrido en toda su superficie durante cinco minutos.

Como variables indicadoras de «conducta ansiosa» se usan la proporción entre el número de veces que el animal se encuentra en los brazos abiertos frente al total de visitas a todos los brazos, así como la proporción del tiempo en el que se encuentra en estos brazos abiertos. Muchos psicofármacos ansiolíticos aumentan específicamente estas variables frente a grupos control a los que se administra sólo el disolvente del fármaco, mientras que lo contrario sucede con situaciones ansiogénicas (elevados niveles de iluminación). La mayoría de las benzodiazepinas resultan ser ansiolíticas mediante este test, pero algunas con propiedades desinhibidoras o ligeramente antidepresivas resultan ser ansiogénicas (por el ejemplo, el alprazolam).

Tampoco otros ansiolíticos no benzodiazepínicos, como la buspirona que actúa sobre la serotonina y no el GABA, resultan ser ansiolíticos según esta prueba. Por eso, a mediados de la pasada década, se incluyeron otras medidas etológicas más complejas de evaluar, como las conductas de «evaluación del riesgo» ante situaciones de estrés.

Otros procedimientos empleados para verificar las propiedades ansiolíticas de nuevos compuestos se basan en paradigmas de *condicionamiento instrumental* u *operante*. Normalmente, se realizan en las conocidas *cajas de Skinner*, diseñadas en un principio para estudiar los mecanismos de la conducta no refleja o voluntaria (al contrario que

---

[5] S. Pellow, P. Chopin y otros (1985): «Validation of open: closed arm entries as a measure of anxiety in the rat», *Journal of Neuroscience Methods*, 14, 149-167.

sucedía con los famosos perros de Pavlov), y en particular los mecanismos del aprendizaje asociativo con ratas. En ellas, normalmente se entrena a ratas hambrientas para que presionen una especie de palanca para obtener comida. El protocolo más empleado para testar ansiolíticos se basa en los llamados «programas de conflicto», en los que se alternan periodos en los que los animales puede obtener comida, con otros en los que, señalizados por un sonido o luz, pueden obtener más fácilmente la comida pero recibiendo además una descarga eléctrica por una rejilla del suelo *(periodos de castigo)*[6].

Parece ser que la mayoría de los ansiolíticos (sobre todo benzodiazepinas y barbitúricos) incrementan la tasa de respuesta durante los periodos de conflicto. Sin embargo, cuando se administran por primera vez, la mayoría de los ansiolíticos, al tener fundamentalmente un efecto sedante, no muestran sus efectos ansiolíticos en estas pruebas. Por último, otro protocolo más simple que no implica entrenamiento es la prueba de Vogel (1971) en la que a ratas privadas de agua durante 48 horas se les permite beber durante tres minutos de un biberón que suministra una descarga eléctrica cuando permanecen un tiempo bebiendo (en función del número de lametazos al biberón). Los ansiolíticos, pero también muchos antidepresivos, incrementan el número de lametazos durante el periodo en el que se les deja beber. Paradójicamente, el ansiolítico más antiguo, el alcohol, no muestra efecto ansiolítico en el test de Vogel[7].

La limitación principal de estas pruebas es que se fundamentan en un razonamiento circular. Es decir, dado que muchos fármacos que resultaron ser ansiolíticos en el hombre en primer lugar fueron identificados después como tales mediante estas pruebas, éstas serían específicas para predecir efectos ansiolíticos en animales. Así, no se facilita en absoluto el desarrollo de nuevos fármacos basados en mecanismos de acción diferentes a los ya conocidos. En realidad, la mayor parte de los tests mencionados anteriormente se desarrollaron después de que las fami-

[6] Para una revisión actual de los tests empleados para valorar la ansiedad en animales, véase: S. E. File, A. S. Lippa y otros (2000): «Animal tests of anxiety», *Current Protocols in Neuroscience, 2,* 8.3.1-8.3.19.
[7] La utilidad de estas pruebas para valorar específicamente la ansiedad o la depresión es muy discutida por los propios investigadores, por el desconocimiento de su origen, fisiopatología y la continua modificación de sus criterios diagnósticos en el ser humano. Véase A. K. Kalueff y P. Touhimaa (2004): «Experimental modeling of anxiety and depression», *Acta Neurobiologiae Experimentalis, 64,* 439-448.

lias de fármacos ansiolíticos se aplicasen en la clínica como tales[8]. Por ejemplo, parte de ellos fueron modificados para identificar efectos de los modernos antidepresivos SSRI, después de observarse su efecto antidepresivo y ansiolítico en el ser humano, pero no en los tests convencionales con animales.

Más difícil todavía:
demostrando las propiedades antidepresivas de los fármacos en animales

En cuanto a las pruebas para determinar la eficacia de los psicofármacos antidepresivos, sucede otro tanto de lo mismo. Ya en los años cincuenta, algunos psiquiatras observaron que la reserpina, usada entonces como fármaco antihipertensivo, producía en algunos pacientes síntomas que recordaban a la depresión. Así, surgió uno de los primeros modelos de depresión inducida en animales (desgraciadamente primero en el hombre y luego en ratas, ratones y monos), unido al desarrollo de técnicas bioquímicas que permitieron conocer su mecanismo de acción (recuérdese que la reserpina impide el almacenamiento de varias de estas sustancias químicas por las neuronas). Las pruebas se basan en intentar emular alguno de los múltiples síntomas conductuales más aparentes (pero evidentemente excluyendo los cognitivos) de la depresión humana. Uno de los más empleados es el «test de natación forzada» (test de Porsolt), que se utiliza en ratas y ratones[9]. La prueba es simple y está basada en la observación de que las ratas que se introducen en un cilindro de vidrio relleno de agua templada, del cual no pueden escapar, desarrollan una postura de inmovilización manteniéndose únicamente a flote, tras unos minutos de chapoteo para intentar escapar. Si se repite la prueba durante unos cinco minutos al día siguiente, las ratas vuelven a adoptar esta postura pasiva inmediatamente; sin embargo, si se las trata con antidepresivos permanecen la mayoría del tiempo intentando escapar.

---

[8] J. S. Andrews y C. L. E. Broekkamp (1993): «Procedures to identify anxiolytic and anxiogenic agents», en Sahgal. A., ed., *Behavioral neuroscience, a practical approach,* Oxford: IRL Press, vol. 2, pp. 37-57.
[9] R. D. Porsolt, M. LePichon y M. Jalfre (1977): «Depression: a new animal model sensitive to antidepressant treatments», *Nature, 266,* 730-732.

El problema de esta prueba es que, como en el caso de las desarrolladas para testar ansiolíticos, no es muy fiable para detectar los efectos de los antidepresivos modernos y más prescritos (tipo Prozac). Aunque se han desarrollado modificaciones del test, consistentes básicamente en estudiar más variables etológicas (trepar, natación horizontal e inmovilidad), su inconveniente principal radica en que está basado en la administración aguda del antidepresivo. Sin embargo, en la clínica humana, el efecto antidepresivo no se aprecia hasta que transcurran varias semanas de tratamiento. Además, tiene un gran índice de falsos positivos, ya que los psicoestimulantes (como anfetaminas o cafeína), antihistamínicos, algunos antipsicóticos (clozapina), anticolinérgicos, etc., son identificados como antidepresivos.

Existen muchos más tests para evaluar antidepresivos (generación de indefensión aprendida por shocks inevitables, bulbectomía olfatoria en ratones, refuerzo diferencial de tasas bajas de respuesta, autoestimulación intracraneal, separación materna, estrés crónico moderado, suspensión por la cola, etc.), pero el problema fundamental es que fueron desarrollados fundamentalmente para detectar dos tipos antiguos de antidepresivos (los tricíclicos e inhibidores de la monoamino-oxidasa). Por tanto, muchos de ellos fracasan para detectar otros tipos más empleados de antidepresivos (como los inhibidores de la recaptación de serotonina) y algunos otros en desarrollo actualmente (antagonistas para neuropéptidos como la neuroquinina o la sustancia P, y para diversos subtipos de receptores de serotonina). Esto parece deberse a las grandes diferencias fisiológicas entre el ser humano y los roedores[10]. Dicho sea de paso, ninguno de los nuevos antidepresivos en fase de investigación ha mostrado por el momento tener una mayor eficacia que los modernos SSRI[11].

---

[10] Los problemas para detectar fármacos antidepresivos usando roedores, así como la validez de las pruebas actuales, se discuten en: J. F. Cryan, A. Markou e I. Lucki (2002): «Assessing antidepressant activity in rodents: recent developments and future needs», *Trends in Pharmacological Sciences*, 23, 238-245.

[11] Puesto que la eficacia de los antidepresivos actuales es baja, muchos investigadores plantean abandonar la hipótesis monamínica de la depresión, en búsqueda de fármacos con efecto en una enorme variedad de neurotransmisores no monoamínicos. Véase: F. F. Fosker y otros (2004): «Future antidepressants: what is the pipeline and what is missing?», *CNS Drugs*, 11, 705-732.

¿Puede volverse psicótica una rata?

Los psicofármacos antipsicóticos o neurolépticos son los que más problemas teóricos y prácticos presentan, por la diversidad en la sintomatología de las psicosis, unido al desconocimiento de su fisiopatología. La mayoría de las pruebas se basan en nuestro conocimiento aún muy rudimentario sobre los mecanismos neuroquímicos asociados con su sintomatología. En este caso, también los primeros sujetos experimentales fueron los seres humanos, con el descubrimiento en los años cincuenta de la pretendida acción antipsicótica de la clorpromazina. La investigación de la acción antidopaminérgica de los neurolépticos, así como la acción contraria en este sentido de los psicoestimulantes como la anfetamina y cocaína, dio lugar a modelos de «inducción de psicosis experimental» en animales entre las décadas de 1960 y 1970.

Así, vemos cómo la aparición de los antipsicóticos fomenta paradójicamente la creación de modelos animales de psicosis, a partir de los efectos de este fármaco que se observan en el ser humano. La teoría dopaminérgica de la esquizofrenia condujo al desarrollo de modelos basados en el uso de sustancias agonistas o facilitadoras de la acción de la dopamina como la anfetamina y la apomorfina, respectivamente. Puesto que tanto la clorpromazina como el haloperidol revertían los movimientos anormales y repetitivos producidos por dosis masivas y crónicas de anfetamina o apomorfina (síntomas extrapiramidales que los neurolépticos causan igualmente por sí solos), estos modelos de intoxicación crónica fueron y son empleados actualmente para verificar la eficacia antipsicótica. Estas pruebas encontraban su justificación más oportuna en los casos de sintomatología psicótica de algunos drogodependientes con una historia de consumo excesivo y prolongado de anfetamina o sus derivados. Sin embargo, la hiperactividad motora y estereotipias (movimientos repetitivos) no siempre suelen encontrarse demasiado en sujetos esquizofrénicos, a no ser que hayan desarrollado sintomatología extrapiramidal resultante precisamente de su tratamiento con antipsicóticos. De hecho, muchos de los tests para averiguar la eficacia antipsicótica hasta hace pocos años estaban basados en la producción en ratas y ratones de efectos extrapiramidales agudos, como las posturas anómalas o la catalepsia.

El descubrimiento del gran potencial alucinógeno del LSD a finales de la década de 1940, fomentó el desarrollo de otras pruebas, al pensar que sus efectos eran parecidos a los observados en sujetos psicóticos[12]. Aunque hoy en día está en desuso al comprobar que el tipo y cualidad de las alucinaciones es diferente esencialmente a las de los psicóticos (tanto las ideas delirantes como las alucinaciones visuales provocadas por esta droga son infrecuentes en esquizofrénicos). Además, se desarrolla rápidamente tolerancia a sus efectos. A pesar de todo, este modelo fue aplicado incluso en insectos como las arañas, ¡observando la apariencia de la tela que tejían! Actualmente, se usa la fenciclidina, un anestésico desarrollado en los años setenta, pero que tiene importantes propiedades alucinógenas y que a largo plazo causa síntomas psicóticos similares a los de los de pacientes esquizofrénicos.

En animales tratados con esta droga, se estudian parámetros psicofisiológicos que se han visto alterados en ciertos esquizofrénicos, como la inhibición prepulso (IPP). Ésta consiste, brevemente, en el fenómeno mediante el cual el sobresalto motor tras un ruido intenso es aminorado por la exposición unos milisegundos antes a un sonido de menor intensidad. En las personas con esquizofrenia existe muchas veces un fallo en esta IPP fundamentalmente durante los episodios o brotes psicóticos, que se interpreta como un déficit de atención o un fracaso en el «filtrado sensorial» de los estímulos ambientales. Este déficit en la IPP se observa también en animales tratados con anfetaminas o PCP (fenciclidina, conocida en la calle como «polvo de ángel»), lo cual aparentemente simula algunos de los síntomas psicóticos. Sin embargo, también en el trastorno obsesivo-compulsivo o bipolar se observan déficits similares. Además, el mecanismo de acción es diferente en las anfetaminas (favorecen la liberación de monoaminas, sobre todo la dopamina) y PCP (bloqueo de ciertos receptores del glutamato), lo cual hace difícil la interpretación de la acción de los antipsicóticos.

Como es evidente, el desarrollo de pruebas para comprobar la eficacia de los psicofármacos y la naturaleza de su acción principal en animales es un tema muy complejo por las razones de tipo conceptual

---

[12] Una excelente revisión sobre los modelos animales de la esquizofrenia es: E. R. Marcotte, D. M. Pearson y L. K. Srivastava (2001): «Animal models of schizophrenia: a critical review», *Journal of Psychiatry & Neuroscience*, 26, 395-410.

antes expuestas. A pesar de los enormes esfuerzos científicos y económicos realizados desde hace más de cincuenta años para discriminar la acción psicoactiva de numerosos compuestos químicos en animales, todos estos tests preclínicos siguen teniendo bastantes defectos. Una de las paradojas más inquietantes que puede plantearse surge del hecho de que la eficacia de la mayoría de los psicofármacos modernos (antipsicóticos atípicos, antidepresivos con acción dual selectiva, etc.) es igual o similar a los respectivos descubiertos hace unos cincuenta años. Casi todas estas pruebas fueron desarrolladas *ad hoc* para detectar la acción psicoactiva de los primeros psicofármacos, una vez conocido previamente su efecto en el hombre. Por tanto, cabe plantearse si el desarrollo de nuevos psicofármacos más eficaces no estará siendo frenado por las limitaciones de estas mismas pruebas, que parecen diseñadas específicamente para detectar fármacos con acciones similares a los «psicofármacos de referencia», como diazepam, imipramina, clorpromazina, etc. Además, si un nuevo psicofármaco con eficacia en el ser humano (como el caso del ansiolítico buspirona o los antidepresivos tipo SSRI) no es confirmado por estas pruebas, simplemente éstas se modifican intencionadamente para poder detectar su acción.

Creando modelos animales de trastornos mentales

Por esta y otras razones, se ha fomentado la creación de «modelos animales» de los principales síndromes relacionados con trastornos mentales principales, como psicosis, ansiedad y depresión. Evidentemente, pretender modelar en animales síntomas de los trastornos mentales del ser humano es extremadamente difícil, por las grandes diferencias entre especies y el escaso conocimiento de los mecanismos por los cuales se originan estos trastornos. Asimismo, muchos de los síntomas de los trastornos mentales son subjetivos, y no pueden por tanto ser evaluados en animales. Actualmente, existe una gran cantidad de modelos animales, también en ratas y ratones, pero que difieren en su concepción. En teoría, un modelo ideal debe ser *fiable*, en el sentido de que sus características conductuales son relativamente estables y las medidas realizadas en él reproducibles por distintos investigadores. El problema más acuciante surge a la hora de establecer la *validez* del modelo[13]. Pueden distinguirse al menos tres tipos de validez, que se cumplen con mayor o menor rigor según el modelo.

La *validez predictiva* hace referencia a la capacidad del modelo para hacer predicciones acerca de la posible eficacia de los tratamientos sobre el trastorno mental en seres humanos. En la práctica, esta validez predictiva se entiende sólo como la utilidad del modelo para identificar psicofármacos con posible aplicación a seres humanos. Esta validez es cumplida por la mayoría de los modelos, debido a la finalidad práctica de desarrollar psicofármacos eficaces por parte de la industria farmacéutica. Sin embargo, este sentido restringido de la validez predictiva implica una concepción terapéutica de los trastornos mentales como enfermedades que responden a medicamentos como los psicofármacos. Los modelos animales también deberían tener una *validez del constructo (homología)*, es decir, que la base teórica sobre los mecanismos fisiopatológicos y psicológicos desarrollados en el modelo sea similar a la del ser humano. En la práctica, éste es el criterio más difícil de cumplir, porque en la mayoría de los casos tanto las hipótesis psicológicas como las biológicas sobre el origen y desarrollo de los trastornos mentales son actualmente discutidas. Por último, también deben tener *validez aparente* en el sentido de que tanto el comportamiento como las respuestas fisiológicas del modelo sean parecidos a los observados en el ser humano. Esto implicaría que la conducta o la expresión emocional serían similares entre animales y el ser humano, las cuales difieren mucho entre las especies. Erróneamente, muchas veces tiende a antropomorfizarse la conducta de los animales con el fin de compararla a la del ser humano.

Modelos animales de ansiedad

Los modelos animales para reproducir la ansiedad humana se basan en su inmensa mayoría, en la consideración de la ansiedad como un *estado de ánimo* circunstancial (esto es, miedo), pero no como un *rasgo de*

---

[13] E. Fuchs y G. Flügge (2004): «Animal models of anxiety disorders», en Charney, D. S. & Nestler, D. J., eds., *Neurobiology of mental illness*. Nueva York: Oxford University Press, 2.ª edición, pp. 546-577.

la personalidad normal o patológico (mucho más permanente). No obstante, desde hace tiempo se han obtenido ratas y ratones con alta o baja «emocionalidad» en distintas pruebas de conducta mediante cruces selectivos. Normalmente, estos animales se seleccionan según su reacción más ansiosa o «emocional» en pruebas de *screening* estándar como el campo abierto, discriminación luz/oscuridad (tendencia de los roedores a evitar lugares fuertemente iluminados), o laberinto elevado en cruz.

Sin embargo, actualmente son poco empleadas estas pruebas en los ensayos preclínicos fundamentalmente porque se desconoce hasta qué punto la consanguinidad ha favorecido la expresión de diversas alteraciones genéticas, ya que es necesario obtener varias generaciones mediante el cruce de animales emparentados. Por tanto, muchas veces no sabemos si el animal presenta «mayor emocionalidad» debido a ciertas alteraciones neurológicas o de otro tipo no estudiadas en profundidad.

Otros modelos de ansiedad se basan en la inducción de estrés en ratas por separación maternal durante los primeros días tras el nacimiento[14]. Estos animales muestran una mayor ansiedad en la etapa adulta en las diferentes pruebas empleadas para evaluar ansiolíticos. Parece ser que estos cambios pueden originarse por alteraciones en el desarrollo funcional durante este periodo del sistema neuroendocrino relacionadas con la respuesta al estrés (llamado *eje hipotálamo-hipófiso-adrenal*). Existen múltiples variaciones de este procedimiento de separación maternal, que han dado lugar a problemas en la replicación e incluso la interpretación de los resultados por distintos laboratorios. Así, mínimos cambios en las condiciones bajo las que se realiza esta separación se entienden como indicadores de depresión, hiperactividad o incluso psicosis.

Modelos animales de depresión

Los modelos animales de depresión son los más desarrollados actualmente, debido al alto índice de efecto placebo en el ser humano de los

---

[14] Una completa revisión de este método se puede leer en C. R. Pryce y otros (2005): «Long-term effects of early-life environmental manipulations in rodents and primates: potential animal models in depression research», *Neuroscience and Biobehavioral Reviews, 29*, 649-674.

antidepresivos, su limitada eficacia terapéutica (no más de un 70% de remisión de la depresión en el mejor de los casos) y el intento de justificar las hipótesis neuroquímicas sobre su origen. Dado que la mayoría de sus síntomas son de índole subjetiva o cognitiva (bajo estado de ánimo, sensación de fatiga, sentimientos de culpabilidad o inutilidad, pensamientos recurrentes de muerte o suicidio...), es prácticamente misión imposible modelarlos en animales. Por eso, la mayoría de los modelos recurren a emular síntomas conductuales no demasiado consistentes y específicos en la clínica humana, como la *anhedonía* (incapacidad para experimentar placer expresada como pérdida de apetito, disminución de la actividad sexual, etc.) y la disminución de la actividad motora. Decimos que son inconsistentes porque también se considera el incremento en actividad motora o el apetito como síntomas válidos de la depresión mayor. Además, recuérdese que la anhedonía es un síntoma también observado en la esquizofrenia.

A pesar de estos inconvenientes, se han creado multitud de modelos en roedores basándose en esta sintomatología, y en la obtención por diversos métodos de las inconsistentes anomalías bioquímicas supuestamente típicas de la depresión (disminución de monoaminas o sus receptores, alteraciones neuroendocrinas, etc.). Uno de los más empleados es la selección de ratas especialmente sensibles al paradigma de «indefensión aprendida». Este modelo parece tener una buena validez aparente, ya que estos animales muestran pérdida de apetito y peso, junto con disminución de actividad locomotora. Además reaccionan positivamente al tratamiento con antidepresivos clásicos (tricíclicos, iMAOs) a largo plazo, y por tanto también tendría una buena validez predictiva. Sin embargo, su validez del constructo es dudosa, ya que no está claro que la «indefensión» ante el estrés no controlable sea un mecanismo o síntoma relevante en la depresión humana. Por último, su duración es limitada en el tiempo y no crónica como puede ser el caso del ser humano.

A finales de la década pasada, se desarrollaron cepas de ratas que parecen ser útiles como modelos de depresión: ratas de baja actividad natatoria *(SwLo)* y la línea de elevada sensibilidad de Flinders *(FSL)*. Las ratas *SwLo* fueron seleccionadas mediante crianza selectiva de los animales que mostraban elevada inmovilidad en el test de natación forzada, antes mencionado. En esta línea, parecen responder a muchos antidepresivos salvo los SSRI, y se ha sugerido que podría ser más bien un modelo de «depresión atípica» por esta respuesta farmacológica. Sin embargo, no muestran síntomas de ansiedad o hiperactividad locomotora, síntomas comunes de este tipo de depresión. En cuanto a las ratas de la cepa Flinders, su selección estuvo basada en la hipersensibilidad a drogas colinérgicas (mayor cantidad de acetilcolina en los tejidos en respuesta a un inhibidor del enzima que la degrada, la acetilcolinesterasa)[15]. Este modelo es el mejor caracterizado en la actualidad, salvo en el aspecto de la validez del constructo por su extraño origen bioquímico[16]. En este sentido, no se ha comprobado que las personas deprimidas tengan esta hipersensibilidad a los agentes colinérgicos. Además, los tests empleados para validar el modelo son los habituales empleados para el *screening* de psicofármacos, de discutible utilidad.

Modelos animales de la esquizofrenia

Los modelos de psicosis son también muy difíciles de validar. Hasta ahora, se basaban mayoritariamente en la discutida hipótesis dopaminérgica de la esquizofrenia. Se trata de administrar crónicamente dosis elevadas de agentes dopaminérgicos como las anfetaminas, o bien drogas alucinógenas como la fenciclidina (PCP), ketamina o el LSD. Para comprobar sobre todo su validez predictiva, se recurre al tratamiento con antipsicóticos con el fin de comprobar si sus síntomas disminuyen. Muchos de estos animales muestran sobre todo esterotipias e hiperactividad, que son unos de los pocos síntomas que podemos evaluar como típico de las psicosis (evidentemente, éste no es el caso de todos los esquizofrénicos), o la criticada IPP en un paradigma de «sobresalto acústico». El razonamiento por consiguiente es circular, ya que para evaluar su validez empleamos la respuesta a estos fármacos supuestamente antipsicóticos en el hombre. Así, tanto la validez del constructo como la aparente son muy discutibles.

Otros modelos se basan en los poco consistentes hallazgos neuropatológicos en el cerebro de algunas personas con esquizofrenia. Simple-

---

[15] G. Yadid y otros (2000): «Elucidation of the neurobiology of depression: insights from a novel genetic animal model», *Progress in Neurobiology,* 62, 353-378.
[16] D. H. Overstreet (1993): «The Flinder»s sensitive line of rats: a genetic animal model of depression», *Neuroscience and Biobehavioral Reviews,* 17, 51-68.

mente, se lesionan durante las primeras etapas del desarrollo estructuras cerebrales como la corteza prefrontal o el hipocampo, o bien se impide la división neuronal mediante drogas en estas zonas. Claro está que estas lesiones agudas son demasiado groseras para ni siquiera reproducir ciertos hallazgos neuropatológicos en esquizofrénicos. Sin embargo, se han detectado así interesantes paralelismos en cuanto a su comportamiento y alteraciones bioquímicas respecto del ser humano. Por desgracia, los déficits que causan estas lesiones son mucho más graves y afectan a más aspectos de la función cerebral que en personas con esquizofrenia[17]. Su validez del constructo es así escasa, dada la extensión de estas lesiones, de los cambios neuropatológicos que ocasionan y su base teórica. De acuerdo con la «hipótesis del neurodesarrollo» sobre el origen de la esquizofrenia, ciertas alteraciones «silenciosas» durante las etapas tempranas de desarrollo cerebral se manifestarán en el adulto. Por el contrario, estos modelos producen alteraciones inmediatas que no estarían de acuerdo con esta hipótesis.

Modelos animales por ingeniería genética

Puesto que todos estos modelos tienen numerosas limitaciones en cuanto a su fiabilidad y validez, a partir de la década de 1990 comenzaron a desarrollarse modelos genéticos de diversas patologías, en ratones manipulados mediante sofisticadas técnicas de ingeniería genética. En los últimos años se ha producido un enorme desarrollo de métodos y técnicas de la genética y de la biología molecular, en lo que se considera popularmente como «ingeniería genética». Así, mediante la manipulación de las células embrionarias, es posible desarrollar animales con modificaciones inducidas en su código genético (ADN), de tal forma que se pueden seleccionar aquellos en los que falta un determinado gen (mutantes KO o *knock-out*), o bien se introducen otros genes de distintas especies o nuevas copias de un determinado gen propio (mutantes *knock-in*), pero a costa de una elevada tasa de morbilidad y mortalidad. La mayoría de estos animales conocidos como *transgénicos* son ratones, ya que hasta el momento es una de las pocas especies en la

---

[17] E. R. Marcotte y otros (2001), op. cit.

que se ha desarrollado esta tecnología a partir del año 1985. Existen cientos de ratones transgénicos, sobre todo del tipo *knock-out*, en los que se han modificado genes teóricamente implicados en diversas patologías. Dentro del campo de investigación en trastornos mentales, se han creado multitud de cepas de ratones transgénicos que se emplean como modelos de ansiedad «patológica», depresión o psicosis[18].

La base teórica para la creación de animales transgénicos que presentan alteraciones en el comportamiento similares a los síntomas de trastornos mentales reside en las hipótesis neuroquímicas acerca de estos trastornos. En este sentido, se eliminan o añaden genes que codifican ciertas proteínas como receptores para neurotransmisores, neuropéptidos (que son neurotransmisores con naturaleza proteica) o enzimas implicadas en la síntesis o degradación de determinados neurotransmisores.

Aunque estos modelos transgénicos pueden ser útiles respecto de su validez y fiabilidad, en consonancia con las hipótesis biológicas y tratamientos farmacológicos de los trastornos mentales, presentan actualmente cierto número de limitaciones. La más evidente de todas es su justificación desde las discutidas hipótesis neuroquímicas sobre los trastornos mentales. Si a esto unimos las limitaciones en las pruebas de *screening* conductual que se emplean hoy, nos encontramos con un panorama similar al de los modelos tradicionales, aunque aparentemente más refinado. En segundo lugar, la mayoría se basa en la mutación de un solo gen, cuando sabemos que las complejas características conductuales son resultado de la interacción o *epistasis* de múltiples genes. Además, los estudios sobre la base genética de ciertos trastornos mentales indican, como mucho, ciertas variaciones o *polimorfismos genéticos* en determinados genes. Es decir, que no implican la ausencia de función de un gen como en el caso de los mutantes KO, pero tampoco un simple «exceso de función», sino variaciones no necesariamente vinculadas al funcionamiento patológico o anormal de una determinada célula (los polimorfismos también se conocen en genética como *alelos* de un mismo gen; por ejemplo, aquellos que influyen en el color de los ojos).

---

[18] L. M. Monteggia, W. A. Carlezon y R. J. DiLeone (2004): «Functional genomics and models of mental illness», en Charney, D. S. & Nestler, D. J., eds., *Neurobiology of mental illness*. Nueva York: Oxford University Press, 2.ª edición, pp. 87-100.

Puesto que de momento no se conocen todos los genes que predisponen al desarrollo de distintos trastornos mentales, normalmente se intenta modelar síntomas o *endofenotipos* que se asocian con alteraciones de uno o muy pocos genes. Sin embargo, esto requiere la evaluación del llamado «fenotipo conductual» de estos ratones transgénicos, pero también de la cepa «natural» de la que descienden. Para ello, se aplican numerosas baterías de pruebas conductuales a estos ratones para comprobar si su comportamiento es diferente del «normal».

El problema reside en que el término *fenotipo* empleado en la genética mendeliana, suele aplicarse a rasgos físicos bien definidos de tipo cualitativo (tipo blanco o negro), pero no es tan adecuado para rasgos cuantitativos asociados con el comportamiento que además tienen una elevada variabilidad entre individuos. Asimismo, un rasgo psicológico como la ansiedad no se observa directamente, sino que más bien se infiere a partir de la medida de múltiples variables. En los animales, estas variables se limitan básicamente a las conductuales, ya que es lo único que podemos medir con cierta objetividad. Muchas veces, la comparación de estos ratones transgénicos se realiza frente a la cepa «salvaje o natural» original, sin tener en cuenta que existen amplias variaciones simplemente entre cepas «naturales» de ratones, que incluso superan a las encontradas comparando transgénicos con su cepa de origen[19].

En resumen, los modelos de animales genéticamente modificados podrían parecer en principio muy prometedores para el desarrollo de tratamientos para múltiples enfermedades humanas. Sin embargo, en el campo de los trastornos mentales tienen numerosas limitaciones, entre las que destacan las diferencias entre especies en el comportamiento y la escasa correlación de los mecanismos fisiopatológicos entre ratones y el ser humano, las limitaciones de las pruebas conductuales empleadas para caracterizarlos, la inexistencia de mecanismos genéticos simples que expliquen la susceptibilidad genética de los trastornos mentales y, en definitiva, la ausencia de hipótesis probables sobre el origen y desarrollo de los trastornos mentales sobre los que se basen los modelos.

---

[19] Y. Clément, F. Calatayud y C. Belzung (2002): «Genetic basis of anxiety-like behaviour: A critical review», *Brain Research Bulletin*, 57, 57-71.

Los ensayos clínicos y la influencia de la industria farmacéutica

Puede resultar extraño, pero no es hasta la década de 1960 cuando se estandarizan y sistematizan los procedimientos para realizar los ensayos clínicos; es decir, la experimentación en seres humanos con fines médicos[20]. Hasta entonces, no existía una legislación sobre el tema en la mayoría de los países industrializados, y el campo de la farmacología clínica se basaba en gran medida en estudios de casos y en comunicaciones poco más que anecdóticas de resultados en muestras muy reducidas de pacientes, con vistas a comercializar un fármaco. Habría que esperar a los famosos *juicios de Núremberg* a los nazis, tras finalizar la Segunda Guerra Mundial, para que se establezca al menos un código ético de la investigación con seres humanos con fines médicos, conocido como el Código de Núremberg (1949), y posteriormente refrendado por la Asociación Médica Mundial en la *Declaración de Helsinki* (1964)[21].

La promulgación oficial de todas estas normativas deontológicas fue incentivada en gran medida por la difusión de los crueles experimentos realizados por los nazis con los prisioneros de los campos de concentración, pero también en los años cincuenta y sesenta debido a los inhumanos tratamientos de los «enfermos psiquiátricos», presidiarios e incluso oponentes políticos realizados en los manicomios o «sanatorios mentales» por el victorioso «bando aliado» representado mayoritariamente por Estados Unidos y la desaparecida Unión Soviética. La conocida como Declaración de Helsinki[22] viene encaminada a proteger a las personas participantes voluntariamente en experimentos

---

[20] En España, de acuerdo con las directivas comunitarias y el R. D. 561/1993, un *ensayo clínico* se define como «toda evaluación experimental de una sustancia o medicamento mediante su administración al hombre con alguno de estos fines: a) poner de manifiesto sus efectos farmacodinámicos (modo de acción) o recoger datos sobre su absorción, distribución, metabolismo o excreción en el ser humano, b) establecer su eficacia para una indicación terapéutica, profiláctica o diagnóstica determinada, c) conocer el perfil de sus reacciones adversas y establecer su seguridad».
[21] World Medical Association (2004): *WMA declaration of Helsinki: ethical principles for medical research involving human subjects* (http://www.wma.net/e/policy/b3.htm).
[22] *CIOMS: international ethical guidelines for biomedical research involving human subjects* (2002). Geneva: CIOMS; D. Zion, L. Gillam y B. Loff (2000): «The declaration of Helsinki, CIOMS and the ethics of research on vulnerable populations», *Nature Medicine*, 6(6):615-517.

biomédicos, de posibles abusos por negligencia o intencionados de los científicos y médicos participantes en dichos ensayos clínicos.

El caso especial de los psicofármacos

El problema de los psicofármacos es su doble limitación a la hora de tratar supuestas «enfermedades mentales». En primer lugar, entender los trastornos mentales como enfermedades implica la existencia de unos mecanismos y causas de la enfermedad, que en psicopatología no son conocidos en absoluto, y por tanto no se dispone de «dianas farmacológicas» claras sobre las que actuar. En segundo lugar, no existe muchas veces acuerdo en cuanto a la definición concreta del conjunto de síntomas propios de la enfermedad en los trastornos mentales, ni tampoco pruebas objetivas para diagnosticarlos. Lo único con que se cuenta en la actualidad es un conjunto de clasificaciones sintomáticas consensuadas normalmente por asociaciones de psiquiatras en connivencia también con empresas farmacéuticas como el DSM-IV (Asociación Americana de Psiquiatría) o el ICD-10 (OMS).

Puesto que no se conoce ni el origen ni la supuesta fisiopatología de los tradicionales «trastornos mentales» como la esquizofrenia o la depresión mayor, estas clasificaciones van incorporando en sucesivas ediciones nuevos trastornos en función de reuniones en las que se pretende llegar a un consenso entre los investigadores académicos, la industria farmacéutica y los organismos sanitarios reguladores, que muchas veces conducen a la modificación de las indicaciones de psicofármacos existentes en función de estas guías. En estas reuniones también se deciden qué tipo de pruebas y diseños experimentales son los más apropiados para examinar la eficacia de los fármacos, aunque por el momento siguen siendo esencialmente las mismas desde hace unos cincuenta años.

A partir del año 1962, las autoridades sanitarias de EE UU comienzan a exigir la realización de ensayos clínicos para comprobar la eficacia y seguridad de los nuevos medicamentos antes de su comercialización[23]. Los ensayos clínicos no son más que una serie de prue-

---

[23] La regulación estricta y estandarización de los ensayos clínicos comenzó en 1962 precisamente tras el desastre de la talidomida. En realidad, los primeros ensayos clínicos contro-

bas o experimentos científicos realizados sistemáticamente en seres humanos, para averiguar si un determinado procedimiento médico o un medicamento curan una enfermedad o al menos alivian algunos de sus síntomas eficazmente y con ciertas garantías de seguridad. Estos ensayos clínicos deben realizarse tras la comprobación de la eficacia y seguridad del tratamiento médico en cuestión sobre animales en los ensayos preclínicos. Existen en la mayoría de los países, que intentan reproducir el modelo norteamericano de estrictos ensayos clínicos regulados y diseñados por la FDA (*Food and Drug Administration*, equivalente al Ministerio de Sanidad y Consumo en España).

En este proceso se invierten cantidades enormes de dinero, que sobrepasan fácilmente los 700 millones de euros por medicamento[24]. Estas cantidades son sufragadas mayoritariamente por las multinacionales farmacéuticas que tienen intereses económicos en su comercialización durante al menos diez años, tiempo que duran los derechos de la patente de fabricación antes de que sean autorizadas sus variantes como fármaco genérico, incluyendo los años destinados a los ensayos clínicos. Por tanto, es evidente que sólo las grandes multinacionales farmacéuticas pueden financiar su investigación, con el apoyo financiero y legal de los estados más ricos capaces de supervisar y financiar parte de estos ensayos. Son precisamente estos intereses económicos y la fuerte presión mediática de las industrias farmacéuticas sobre los médicos, investigadores, legisladores y políticos, e incluso el gran público, los

---

lados de fármacos en Psiquiatría se realizaron en 1950, para comprobar si la hormona cortisona o el ácido ascórbico (vitamina C) eran eficaces en el tratamiento de trastornos psicóticos. Resultaron ser ineficaces, al igual que, dicho sea de paso, la misma vitamina C para tratar o prevenir los resfriados; sin embargo, a pesar de la evidencia científica contraria, sigue siendo utilizada en fármacos «antigripales» que se venden hoy sin receta por multinacionales de prestigio como Roche, Bayer, etc.

[24] El coste medio para desarrollar un fármaco se ha disparado en los últimos años. Así, entre 1987 y 2000 su coste casi se triplicó, y sigue aumentando en la actualidad. Además se precisan entre 12 y 15 años desde su descubrimiento hasta su comercialización. Sólo 5 de 10.000 compuestos investigados llegan a probarse en los ensayos clínicos, y de estos cinco sólo uno llega a aprobarse tras su finalización. Por tanto, sólo tres de cada diez fármacos comerciales generan beneficios que superen a la inversión económica en su desarrollo y promoción comercial. Véase: J. A. DiMasi, R. W. Hansen y H. G. Grabowski (2003): «The price of innovation: new estimates of drug development costs», *Journal of Health Economics, 22*, 151-185.

que ponen en sospecha la objetividad y eficacia de estos ensayos clínicos. No obstante, no contamos aún con ninguna alternativa realista a los ensayos clínicos actuales promocionados por las grandes corporaciones farmacéuticas, que son los mayores inversores mundiales en investigación, ya que financian más del 75% de los ensayos clínicos de medicamentos a nivel mundial.

Las cuatro fases de los ensayos clínicos

Los ensayos clínicos para los fármacos se dividen de manera operativa en cuatro fases, que a veces pueden tener lugar simultáneamente. La *primera fase* es realmente el primer experimento del fármaco con personas sanas, en la *segunda fase* se valora la dosis eficaz del fármaco en enfermos que será empleada en la *tercera fase,* que puede considerase ya un verdadero ensayo clínico y en la que se compara la eficacia y seguridad del fármaco frente a otros conocidos, y también se incluyen grupos placebo. Por último, la *cuarta fase* comienza una vez es comercializado el fármaco y tiene una duración en principio ilimitada, puesto que tiene por objeto detectar posibles efectos adversos no detectados previamente debido al número limitado de participantes en las fases previas.

En la *primera fase,* el objetivo es conocer datos sobre cómo se absorbe, distribuye, metaboliza y elimina este fármaco por el ser humano *(farmacocinética),* y su posible toxicidad. Se realiza sobre unos pocos sujetos «voluntarios» a los que se les paga unos honorarios por participar en el estudio; éstos tienen además que estar sanos y por supuesto no padecer la enfermedad que se quiere tratar. Esta fase es muy poco divulgada en el caso de los psicofármacos, ya que, bajo el modelo médico actual de los trastornos mentales, los efectos sobre personas «sanas» suelen considerarse efectos secundarios, y reciben poca atención por parte de los investigadores. Como se comentó en el capítulo sobre los psicofármacos, sería interesante disponer de mayor información en cuanto a sus efectos sobre personas no diagnosticadas de trastornos mentales. Así podría evaluarse críticamente la verdadera naturaleza de los efectos psíquicos producidos por los psicofármacos potenciales, al margen de teorías sobre los trastornos mentales.

Durante la *segunda fase*, se incluyen cientos de pacientes enfermos también cuidadosamente seleccionados y se analiza ya la eficacia del fármaco. En esta segunda fase se puede añadir en algunos casos un grupo de referencia que recibe otro fármaco ya conocido para tratar la enfermedad, o más frecuentemente un «placebo inactivo». Se trata de una sustancia o conjunto de sustancias que se administran de la misma forma que el fármaco que se investiga, pero que carece de efectos notorios o tiene mínimos efectos fisiológicos sobre el cuerpo humano. Puede tratarse de un comprimido edulcorado o de una inyección de suero salino con una concentración de sal equivalente o *isotónica* con la sangre, por ejemplo. El placebo es especialmente importante en el campo de la psicofarmacología, ya que suele tener efectos terapéuticos por sí mismo en personas que sufren depresión o distintos trastornos de ansiedad, y que incluso igualan o superan al del propio fármaco, como es el caso de gran parte de los antidepresivos existentes. El mismo hecho de administrar un placebo a personas que sufren trastornos mentales, que en casos como la depresión o esquizofrenia se asocian con un riesgo de suicidio elevado, plantea numerosos problemas éticos. En este sentido, no parece tampoco ético asignar a estas personas a un grupo que recibe un medicamento conocido con poca eficacia o que presenta mayor toxicidad, pero que es habitual en los ensayos clínicos con antidepresivos y antipsicóticos.

La *tercera fase* implica la aplicación de verdaderos «ensayos clínicos aleatorizados y controlados», es decir, que se establecen grupos que reciben distintas dosis del fármaco o bien placebo al azar en un grupo amplio de enfermos, que pueden superar el millar, en un diseño experimental cerrado, ya sea a ciego simple o doble ciego (tanto el clínico como el paciente desconocen el tratamiento que se aplica, ya que está codificado por un tercer investigador).

Es durante esta fase cuando la mayoría de los fármacos muestran no ser eficaces, debido, entre otras razones, a la mayor heterogeneidad de la muestra de enfermos que se trata, de ambos sexos, distinta edad y nacionalidad. Sin embargo, no se suelen incluir en esta fase demasiadas mujeres en edad fértil por el posible riesgo de embarazo, que por cierto tienen pequeñas diferencias relevantes clínicamente en comparación con los hombres en parámetros farmacocinéticos en los psicofármacos, ni ancianos por las patologías que padecen asociadas con el envejecimiento, ni niños[25]. Esto es un grave inconveniente a la hora de extrapolar los resultados de los ensayos clínicos a la población general. El hecho de no incluir niños en los ensayos clínicos, que tienen bastantes diferencias fisiológicas respecto de la acción de los fármacos con relación a los adultos, es importante si se tiene en cuenta que muchos medicamentos se usan con ajustes de dosis en función del peso en los niños. Los psicofármacos comienzan a utilizarse de forma alarmante ¡en niños y adolescentes!, a pesar de que en ellos apenas existen ensayos clínicos sobre su seguridad y eficacia. Sin embargo, las multinacionales farmacéuticas han presionado para que se introduzcan niños en los ensayos clínicos de psicofármacos en EE UU, y así se hace desde hace algunos años con las consecuentes dudas sobre su ética al implicar sujetos que no tienen derechos propios al depender de los adultos responsables. Actualmente, se están viendo sus terribles consecuencias, ya que en el año 2005 se logró demostrar que los antidepresivos efectivamente incrementan el riesgo de suicidio en niños y adolescentes, y en 2007 se ha ampliado a jóvenes menores de 24 años, llevando a la influyente FDA norteamericana a exigir que se incluyan algunos párrafos de advertencia en sus prospectos hasta que se realicen más estudios[26].

Una vez finalizada esta *tercera fase,* el fármaco se somete aún a una revisión por parte del organismo gubernamental competente. Esta fase dura entre uno y tres años, ya que todos los resultados disponibles de los ensayos clínicos deben de ser evaluados. Durante este periodo de revisión, pueden exigirse aún nuevas pruebas, y las empresas no pueden realizar publicidad del nuevo fármaco en investigación, aunque en muchas ocasiones se hacen campañas de *marketing* de forma indirecta a profesionales y otras empresas. Es aquí donde los *lobbies* presionan sobre los evaluadores y también sobre los políticos implicados en que el fármaco se apruebe lo antes posible.

En estos últimos años, varios escándalos han sacudido a las multinacionales farmacéuticas, que, a pesar de ser las empresas que ocupan los primeros puestos en las listas de beneficios en bolsa, son las que mues-

---

[25] Véase por ejemplo: C. L. Meinert (1995): «The inclusion of women in clinical trials», *Science, 269,* 795-796; J. H. Gurwitz, N. F. Col y J. Avorn (1992): «The exclusion of the elderly and women from clinical trials in acute myocardial infarction», *Journal of the American Medical Association, 268,* 1417-1422.
[26] Esta información puede obtenerse en la página web http://www.fda.gov/cder/foi/label/

tran las pérdidas económicas cada vez mayores desde finales del año 1975, lo que ha obligado a realizar fusiones entre las ya de por sí gigantes multinacionales farmacéuticas. Por ejemplo, los *lobbies* o grupos de presión comercial de las empresas farmacéuticas han logrado influir en las autoridades del gobierno de EE UU (incluyendo personalmente a su presidente) mediante donaciones e incentivos económicos, a fin de que modifiquen los precios de los medicamentos o se cambie la normativa de los ensayos clínicos para que sean más cortos y menos costosos[27].

Por último, la fase de *poscomercialización* de los fármacos es conocida también como *cuarta fase* de los ensayos clínicos. Durante esta fase, el nuevo fármaco se distribuye ya por las farmacias y centros sanitarios, y se realiza un seguimiento de los efectos adversos que pudieran aparecer espontáneamente en la población, junto con ciertos análisis de su relación coste-beneficio, que se realizan por ambas partes (empresas y organismos públicos sanitarios). El problema es que aquellos efectos adversos mortales con una frecuencia inferior a uno por cada mil habitantes, pueden aparecer en cualquier momento debido al escaso conocimiento sobre los mecanismos de acción derivados de los propios ensayos clínicos. Asombrosamente, una vez que el medicamento haya sido aprobado para su comercialización, la mayoría de los organismos públicos no pueden exigir nuevas pruebas de seguridad a los fabricantes, ni estudios a largo plazo de su eficacia y seguridad[28].

Aspectos éticos del uso de placebos en los ensayos clínicos

Actualmente, se ha desatado una gran polémica sobre la utilización de placebos en los ensayos clínicos, ya que la OMS sólo recomienda su uso en la ausencia de una terapia probada ya existente, en un comentario de la Declaración de Helsinki. Sin embargo, la sustitución del placebo por otra medicación existente desvirtúa en gran medida los objetivos fundamentales de los ensayos, es decir, comprobar tanto la eficacia como la seguridad del nuevo tratamiento o fármaco. Sin place-

---

[27] Publicado en la prensa española. *El Mundo Digital*, 8 de julio de 2005.
[28] S. Okie (2005): «Safety in numbers-monitoring risk in approved drugs», *New England Journal of Medicine, 352*, 1173-1176.

bo es difícil de detectar si el fármaco supone alguna ventaja real, sobre todo en el caso de los psicofármacos, cuando muchas veces el efecto placebo es similar al del propio fármaco[29]. Más preocupante aún es el riesgo para la salud que implica no utilizar placebos en los ensayos clínicos. Así, el reciente escándalo de los antiinflamatorios del tipo inhibidores COX-2 retirados del mercado como el rofecoxibo (Vioxx), que ocasionó varias muertes por infarto de miocardio a nivel mundial, se produjo en parte por no incluir grupos placebo.

Concretamente, en los ensayos previos a su comercialización se comparaba su efecto con otros antiinflamatorios conocidos con acción beneficiosa sobre el corazón (en concreto el naproxeno). A pesar de que existía diferencia en la incidencia de infartos entre los grupos tratados con rofecoxibo y naproxeno, como no se incluyó un grupo placebo para establecer un punto de referencia, no se podía afirmar si existía en realidad mayor riesgo con el rofecoxibo o bien si las diferencias se debían al hecho previamente conocido de que el naproxeno disminuía el riesgo de infarto. La empresa farmacéutica Merck que por cierto afronta actualmente grandes pérdidas económicas por este escándalo, decidió retirar voluntariamente este fármaco basándose en los resultados de un ensayo clínico del fármaco utilizando grupos placebo, pero que no había publicado previamente[30].

Por otro lado, en el caso de los psicofármacos también se ha planteado el uso de «placebos activos»; es decir, sustancias que reproduzcan los efectos secundarios del fármaco que se investiga. Esto representaría un avance por dos razones: la primera es que se tendría en cuenta muchos efectos secundarios adversos como náuseas, nerviosismo, somnolencia, trastornos sexuales, etc., que son típicos de muchos psicofármacos y que podrían ser identificados por el paciente como señal de que se les administra un fármaco «auténtico» y no un placebo inactivo. La segunda razón es que la reproducción de los efectos secundarios inde-

---

[29] Un controvertido metaanálisis frecuentemente mencionado indica que el efecto placebo explica un 75% de la magnitud de los efectos terapéuticos de los fármacos antidepresivos. Véase I. Kirsch y G. Sapirstein (1998): «Listening to *Prozac* but hearing placebo: a meta-analysis of antidepressant medication», *Prevention & Treatment, 1*, 2a.

[30] La polémica actual sobre el uso de placebos en los ensayos clínicos se detalla en: A. Stang, H.-W. Hense y otros (2005): «Is it always unethical to use a placebo in a clinical trial?», *PLoS Medicine, 2*(3), e72.

seables puede tener ya un cierto efecto terapéutico (por ejemplo, somnolencia que contrarresta los síntomas de ansiedad) independiente del propio principio activo, o bien pueden inducir al abandono del tratamiento, fenómeno muy frecuente en la práctica médica habitual. Donde más relevante es el llamado «efecto placebo» no es en la segunda fase de los ensayos clínicos, en la que es más importante obtener una curva «dosis-respuesta» del fármaco y más datos sobre su seguridad y metabolismo, sino en la tercera fase, en la que se trata de conocer la eficacia y seguridad del fármaco en condiciones de uso habitual.

Métodos para modificar los resultados de los ensayos clínicos

La tercera fase es la más susceptible de manipulación por parte de los promotores del ensayo clínico, que como se decía antes, suelen ser empresas farmacéuticas; la razón principal es que al final de esta fase las empresas pueden solicitar el registro oficial del nuevo medicamento a las autoridades competentes, cosa que implica la valoración de los resultados presentados a un comité de expertos a nivel nacional que decidirá si se introduce el nuevo fármaco en el mercado. Recientemente, el editor durante más de veinticinco años de la prestigiosa revista científica *New England Journal of Medicine* abandonó su puesto y denunció públicamente las estrategias de *marketing* que emplean las compañías farmacéuticas para falsear los resultados de los ensayos clínicos a su favor en publicaciones científicas como la antes citada[31]. Las estrategias son sutiles, e incluyen, aparte de la financiación de muchos de los artículos e investigaciones que se publican, gran cantidad de métodos diversos. Uno de los más empleados es realizar ensayos clínicos seleccionando fármacos con poca eficacia ya conocida previamente en vez de placebo, o bien dosis demasiado bajas o altas del fármaco «de referencia». Esto es frecuente en el caso de los antipsicóticos y antidepresivos, en los que se emplean dosis muy altas para provocar efectos secundarios adversos con mayor probabilidad que los del fármaco que se quiere validar[32].

---

[31] R. Smith (2005): «Medical journals are an extension of the *marketing* arm of pharmaceutical companies», *PLoS Medicine*, 2(5), e138.
[32] S. Miyamoto, G. E. Duncan, C. E. Marx y J. A. Lieberman (2004): «Treatments for schizophrenia: a critical review of pharmacology and mechanisms of action of antipsychotic drugs». Op. cit.

Otro método es realizar ensayos clínicos con muestras demasiado pequeñas para mostrar diferencias frente a otro principio activo existente, y así patentar otro fármaco con acción similar.

En el campo de la psicofarmacología, la manipulación de los ensayos clínicos por las empresas farmacéuticas es especialmente alarmante, dada la escasa eficacia de los modernos antipsicóticos y antidepresivos frente a los previamente existentes desde la década de 1950[33]. Algunas prácticas fraudulentas denunciadas consisten en seleccionar de entre las múltiples etapas del ensayo clínico sólo aquellas favorables para su publicación, o bien seleccionar aquellos procedentes de determinados centros de investigación clínica que sean favorables. En muchos casos se minimizan los efectos secundarios de los fármacos, expresándolos como riesgo relativo frente a otro medicamento. También se pueden emplear técnicas estadísticas que impliquen la combinación de resultados de distintos centros para que el resultado sea favorable, o seleccionar distintos subgrupos de la muestra. Así, en muchos casos se produce una alta tasa de abandono en estos ensayos, que en muchos casos no se tiene en cuenta o se consideran como negativos desde el punto de vista de la eficacia o seguridad, según la conveniencia.

Algo más detestable aún es la publicación sólo de resultados favorables o la publicación reiterada del mismo resultado favorable en suplementos de revistas o revisiones, usualmente por «escritores fantasma», que suelen ser redactores científicos *free-lance* que reciben incentivos económicos de las empresas farmacéuticas por redactar resultados de otros autores de forma que causen el máximo impacto posible dentro de la comunidad médica o científica[34]. Se debe tener en consideración que los editores de revistas científicas o los autores de sus artículos reciben en algunos casos beneficios directamente de las empresas farmacéuticas, que a veces se indican de manera eufemística bajo el epígrafe «conflicto de intereses» o directamente en la revista mediante anuncios

---

[33] Una exposición detallada de estas prácticas en el campo de los psicofármacos puede encontrarse en: D. J. Safer (2002): «Design and reporting modifications in industry-sponsored comparative psychopharmachology trials», *Journal of Nervous and Mental Diseases*, 190, 583-592.

[34] Práctica conocida como *ghostwriting*. Véase D. Healy y D. Cattell (2003): «Interface between autorship, industry and science in the domain of therapeutics», *British Journal of Psychiatry*, 183, 22-27.

de estas empresas. Una forma más sutil de beneficiar a un editor es la compra de miles de copias o separatas de un determinado artículo por las empresas farmacéuticas con fines promocionales. Si se tiene en cuenta que unas 50 separatas suelen costar como promedio unos 200 euros, cabe hacerse una idea de los beneficios que pueden obtenerse así. De este modo, no es de extrañar que casi el 90% de los estudios clínicos subvencionados por la industria farmacéutica favorezcan al fármaco promocionado frente a otros con los que se comparan[35].

La crisis de la industria farmacéutica en el desarrollo de psicofármacos

Tal y como se comentó anteriormente, los ensayos clínicos no están diseñados para favorecer la investigación básica de los mecanismos de acción de los fármacos, que por cierto son desconocidos en la mayoría de los psicofármacos, sino que son una herramienta para justificar y perpetuar el método de producir nuevas moléculas que puedan tener beneficios comerciales, pero no para mejorar el conocimiento científico sobre las enfermedades o la acción farmacológica. Sin embargo, las multinacionales farmacéuticas se esfuerzan en demostrar que durante los últimos años se realiza una «farmacología racional», basada en el conocimiento de los mecanismos de acción molecular de los fármacos, que suele mostrarse con simulaciones gráficas por ordenador del acoplamiento de las moléculas de los fármacos a receptores celulares, empleadas en la propaganda dirigida a especialistas y al gran público. En principio, se pretende hacer llegar el mensaje de que se fabrican ahora «fármacos de diseño» a partir del conocimiento de su estructura molecular y de su «diana farmacológica» (el receptor), cuando en realidad esta aproximación experimental ha fracasado, ya que ni siquiera en la actualidad se puede deducir fácilmente la acción sobre determinado receptor de cierto fármaco a partir de su estructura molecular. Este nivel de explicación de los mecanismos de acción de los fármacos con más de sesenta años de antigüedad, que los considera como una especie de «balas mágicas» con acción específica sobre la enfermedad, ha

---

[35] L. Lexchin y otros (2003): «Pharmaceutical industry sponsorship and research outcome and quality: systematic review», *British Medical Journal, 326*, 1-10.

mostrado ser claramente insuficiente para explicar los efectos terapéuticos de los psicofármacos. No obstante, se emplea aún frecuentemente como icono o metáfora simulada en la mayoría de las descripciones utilizadas por las empresas farmacéuticas para promocionar sus productos.

La crisis de la industria farmacéutica se evidencia también por los recientes fiascos derivados de las propias limitaciones de los ensayos clínicos cuando los intereses económicos predominan sobre los meramente científicos. Este fenómeno se deriva de un cambio de política científica en EE UU a partir del año 1985, que supuso el paso de la investigación y ensayos clínicos realizados en el ámbito académico (universidades, hospitales y agencias públicas, etc.) a centros de investigación y empresas privadas que realizan estos ensayos clínicos con lógicos intereses económicos para multinacionales farmacéuticas[36]. La organización de los ensayos clínicos financiados por la industria farmacéutica es muy compleja, y por eso tiene lugar a través de dos tipos de instituciones privadas subcontratadas: las organizaciones de investigación por contrato (*Contract-Research Organizations* o CRO) y las organizaciones de gestión de centros de ensayo (*Site-Management Organizations* o SMO). Las CRO tienen personal especializado, como científicos, médicos, farmacéuticos, especialistas en bioestadística y gestores para planificar e interpretar los ensayos clínicos multicéntricos. Las SMO se encargan de reclutar y pagar voluntarios y pacientes para los ensayos clínicos, organizar redes de médicos y lugares en los que se realicen los ensayos clínicos, etc. Estos intermediarios con intereses eminentemente económicos pueden impedir el acceso a algunos de los resultados de los ensayos clínicos a determinado personal médico o científico, comunicar parcialmente los resultados, manipular los ensayos y seleccionar pacientes «adecuados». En general, parecen existir claras evidencias de que las empresas farmacéuticas se han hecho con el control de gran parte de los resultados de los ensayos clínicos, puesto que entre dos tercios y tres cuartos de los ensayos publicados en las revistas médicas principales son financiados por la industria farmacéutica[37].

---

[36] D. Healy (2004): «Shaping the intimate: influences on the experience of everyday nerves», *Social Studies of Science, 34*, 219-245.
[37] M. Egger, C. Barlett y P. Juni (2001): «Are randomised controlled trials in the BMJ different?», *British Medical Journal, 323*, 1253.

Por otro lado, se calcula que más del 80% de los fármacos introducidos en el mercado en las últimas décadas son del tipo *«me too»* («yo también»), ya que no tienen eficacia superior a los ya conocidos, especialmente notorio en el caso de todos los psicofármacos, en el que desde la década de 1960 no se ha desarrollado ningún antipsicótico, antidepresivo o ansiolítico con mayor eficacia que los ya conocidos[38]. Precisamente es el principio de la industria farmacéutica de «investigar la molécula con la mínima diferencia patentable» el que esté también probablemente vinculado a la profunda crisis económica en la que se encuentra actualmente el sector.

En definitiva, siendo los ensayos clínicos el único método válido actualmente para comprobar la utilidad y seguridad de los fármacos, probablemente es necesario un replanteamiento radical de sus principios y también la mayor implicación de estamentos públicos sin ánimo de lucro, para evitar los abusos de las empresas privadas sobre la salud pública[39].

---

[38] P. Pignarre (2005): *El gran secreto de la industria farmacéutica*. Barcelona: Gedisa.
[39] El *marketing* directo al consumidor de los psicofármacos, así como otras prácticas para influir en médicos, psicólogos e investigadores está detalladamente expuesto en D. O. Antonuccio, W. G. Danton y T. M. McClanahan (2003): «Psychology in the prescription era: building a firewall between *marketing* and science», *American Psychologist*, 5, 1028-1043.

CAPÍTULO 7

INTENTANDO ENCONTRAR LAS BASES BIOLÓGICAS DE LOS TRASTORNOS MENTALES

En principio, se podría pensar que, dados los grandes avances científicos en el campo de la Biología y la Medicina durante el pasado siglo XX, se ha determinado al menos qué anomalías podrían encontrarse en el cerebro de las personas que sufren trastornos mentales. A diferencia de la inmensa mayoría de las enfermedades comunes, en realidad todavía no existe ningún modelo sostenible científicamente que explique cómo y por qué algunas personas desarrollan esquizofrenia, depresión, trastorno bipolar o simplemente son más ansiosas de lo normal. La paradoja es que actualmente contamos con una ingente cantidad de información biológica sobre los trastornos mentales gracias al desarrollo de técnicas biomédicas para diagnosticar y tratar muchas enfermedades convencionales, pero aún no se puede verificar ni siquiera por qué y cómo se produce cualquiera de los trastornos mentales más graves. La mayoría de las hipótesis acerca del origen y fisiopatología de los trastornos mentales no se han probado o se han refutado, y tampoco existe un acuerdo general al respecto entre los especialistas.

Sin embargo, la gran cantidad de tratamientos médicos y psicológicos hoy disponibles para aliviar los trastornos mentales favorece la creencia popular, e incluso la de algunos entendidos en esta materia, de que no se trata más que de anomalías en la función y a veces también de la estructura del cerebro y de las sustancias químicas que contiene. Los orígenes de las teorías biológicas sobre los trastornos mentales se remontan al siglo XIX, cuando el famoso neurólogo Emil Kraepelin, uno de los fundadores de la psiquiatría moderna y que acuñó el término «demencia precoz» para lo que hoy se describe como esquizofrenia, postulaba que algún día se descubriría la causa biológica de cada uno de los trastornos mentales como si de cualquier otra enfermedad se tratase. Se debe tener presente que en aquella época, muchas de las personas ingresadas en sanatorios sufrían en realidad una serie de enfermedades que hoy no serían consideradas como meros trastornos mentales. Una de las más frecuentes era la sífilis, que supuso una verdadera plaga en el siglo XIX, y en esa época se estima que un 20% de los ingresados en los manicomios europeos sufrían los trastornos neurológicos asociados con la progresión de esta enfermedad infecciosa conocida hoy como neurosífilis, y en la época como «demencia paralítica», «parálisis general progresiva», o «tabes dorsalis»[1].

Sus síntomas neurológicos no sólo consistían en alteraciones del movimiento, de la fuerza muscular y de la sensibilidad cutánea que solía afectar a las extremidades, sino también una serie de cambios de comportamiento que podían recordar a los síntomas de la esquizofrenia, la depresión o la manía, pero que finalmente conducían a una demencia o pérdida generalizada de las capacidades intelectuales. A la neurosífilis se añadiría también la epidemia de encefalitis letárgica o enfermedad de Von Economo que se extendería entre 1917 y 1927 en Europa y EE UU, una infección del sistema nervioso que producía síntomas parecidos a la enfermedad de Parkinson, incluyendo ideas delirantes y alucinaciones. Los enfermos de encefalitis letárgica[2] serían considerados en su mayoría también como esquizofrénicos y por tanto ingresados en sanatorios mentales.

---

[1] Véase E. Shorter (1999). *Historia de la psiquiatría* (pp. 46-68). Barcelona: J & C Ediciones Médicas.
[2] Véase O. Sacks (2005). *Despertares*. Barcelona: Anagrama.

Paradójicamente, la hipótesis biológica de los trastornos mentales propuesta por Kraepelin cobraría fuerza en el siglo XX, principalmente por el descubrimiento en el año 1905 del agente patogénico de la sífilis, una bacteria muy difícil de detectar con las tinciones de la época sobre distintos tejidos. El año siguiente se consiguieron desarrollar análisis de sangre para detectar la presencia de esta bacteria, así como se analizó por primera vez el líquido cefalorraquídeo, fluidos corporales que se recordará se usan también hoy para tratar de identificar marcadores biológicos de los trastornos mentales.

En 1909, el famoso microbiólogo Paul Ehrlich, tras probar más de 600 sustancias, algunas de ellas derivadas de colorantes como el azul de metileno (con el que el lector estará ya familiarizado por la historia de los psicofármacos), descubre el compuesto 606, conocido como Salvarsán, un derivado del arsénico que parece ser efectivo para destruir esta bacteria en las primeras fases de la infección. Por último, se da la coincidencia de que en 1913 se logra demostrar que la «parálisis general progresiva» era en realidad la consecuencia de la destrucción del tejido nervioso por la bacteria causante de la sífilis. Aunque la eficacia del Salvarsán para tratar la sífilis sería después superada por la penicilina, descubierta por Fleming años más tarde, se consideraba este fármaco como una «bala mágica» ya que parecía encontrar al microorganismo invasor y destruirlo sin dañar los tejidos del enfermo.

Así, el concepto de «bala mágica» se exportaría convenientemente al campo de la psicofarmacología décadas después, además del de «enfermedad mental» en el campo de la psiquiatría biológica. Antes del descubrimiento de las terapias farmacológicas, la concepción biológica de los trastornos mentales era reforzada también por los tratamientos psiquiátricos de la neurosífilis, como la *piretoterapia* desarrollada entre los años 1887 y 1910 por el psiquiatra vienés Julius Wagner-Jauregg. Consistía ésta en infectar a los diagnosticados de trastornos mentales con sangre de enfermos de malaria, lo que les provocaba episodios frecuentes de fiebre como consecuencia de su infección con el parásito causante de la malaria.

En algunos casos, sobre todo en aquellas personas que sufrían «parálisis general progresiva», la piretoterapia daba resultado, y aunque en aquel tiempo se desconocía, ahora sabemos que la elevada temperatura corporal destruía el bacilo de la sífilis. Por este descubrimiento, Jauregg fue el primer psiquiatra que recibió el premio Nobel de Medicina en 1927[3], hecho que probablemente contribuyó al fomento de la psiquiatría biológica[4]. Estos dos tratamientos biológicos para la neurosífilis, por entonces considerada como un trastorno mental, potenció la perspectiva biológica de los trastornos mentales y su tratamiento, que perdura hasta el momento actual.

Desafortunadamente, la realidad ha resultado ser mucho más compleja de lo que se creía hace cincuenta años, cuando comenzaron a descubrirse los primeros psicofármacos propiamente dichos, favoreciendo la proliferación de teorías biológicas más sofisticadas aunque finalmente simplistas para explicar la mayoría de los trastornos mentales. Plantéense por un momento que al igual que en el caso de la neurosífilis, se llegasen a esclarecer tanto las causas como la fisiopatología de las «enfermedades mentales» desde el punto de vista biológico, junto con su tratamiento farmacológico, una meta que persigue la Psiquiatría biológica; como señala Shorter[5], a partir de entonces se daría la paradoja de la propia supervivencia de la Psiquiatría, que se vería amenazada dentro de las ciencias médicas, ya que tales trastornos necesariamente pasarían al dominio de la Neurología. De hecho, la diferencia actual entre la Psiquiatría y la Neurología reside, sobre todo, en que la propia naturaleza meramente biológica de los trastornos mentales es aún discutida, a pesar de que desde la perspectiva médica se determina a priori que los trastornos mentales se derivarían de un funcionamiento anómalo del cerebro. De este modo, el propio concepto de enfermedad mental se ha llegado a convertir progresivamente en un verdadero mito científico, mediante el establecimiento de correlaciones y analogías con los síntomas de otras enfermedades de probada naturaleza biológica, promovida sobre todo por el desarrollo de psicofármacos que alte-

---

[3] En 2000, el psiquiatra vienés Eric R. Kandel también recibió el mismo premio, no directamente relacionado con la psiquiatría, sino por sus investigaciones en los mecanismos moleculares de transmisión y transducción de señales en el sistema nervioso. El premio fue compartido con Arvid Carlsson y Paul Greengard, farmacólogos conocidos por su defensa de la hipótesis dopaminérgica de la esquizofrenia. Recientemente, Kandel ha publicado un libro que pretende relacionar la neurociencia con el psicoanálisis.
[4] J. D. Braslow (1995): «Effect of therapeutic innovation on perception of disease and the doctor-patient relationship: A history of general paralysis of the insane and malaria fever therapy», 1910-1950, *American Journal of Psychiatry*, 152, 660-665.
[5] E. Shorter (1999): *Historia de la psiquiatría*, op. cit.

ran la función cerebral, pero olvidando los factores psicosociales. Baste a modo de ejemplo, que el asunto de la prevención de los principales trastornos mentales como se aborda en el resto de enfermedades parece ser una asignatura olvidada en el campo de la psiquiatría, a la que no se dedica demasiado tiempo probablemente por la ausencia de criterios biológicos establecidos para diagnosticar y tratar la «enfermedad mental»[6]. A continuación, se comentarán brevemente los orígenes de las teorías biológicas sobre las llamadas «enfermedades mentales», examinando críticamente el fundamento y consistencia de las pruebas científicas utilizadas para justificarlas.

Los trastornos de ansiedad

Representan los trastornos mentales más diagnosticados en la actualidad, con casi un 30% de mujeres y un 19% de hombres que los padecían en algún momento de sus vidas, en los países industrializados. Tradicionalmente, la ansiedad, o «los nervios» en términos más mundanos, comienza a reconocerse como trastorno y no como un estado de ánimo poco diferenciado de la melancolía o depresión, con el concepto de «neurosis de ansiedad» acuñado por Edwald Hecker en 1893 para describir los trastornos del comportamiento en personas que habían sufrido una experiencia traumática, como un accidente o la participación en campañas bélicas (conocido hoy como «trastorno por estrés postraumático»)[7].

Curiosamente, las teorías biológicas sobre su origen no tuvieron nunca demasiado éxito entre los psiquiatras, predominando casi siempre las hipótesis ambientalistas, basadas sobre todo en teorías psicoanalíticas (recordemos el famoso diagnóstico de *histeria*) hasta mediados del siglo XX. Por entonces, se introduce el concepto de tranquilizante o «ansiolítico» para distinguir la acción farmacológica del recién descubierto meprobamato, menos sedante que los barbitúricos conocidos hasta el

---

[6] Existen otras aproximaciones teóricas y prácticas para tratar de prevenir los trastornos mentales desde el punto de vista psicosocial y no biológico. Véase por ejemplo: M. Boyle (2004): «Preventing a non-existent illness? Some issues in the prevention of "schizophrenia"», *The Journal of Primary Prevention*, 24, 445-469.
[7] D. Healy (2005): *The Creation of Psychopharmacology*, op. cit.

momento. Los barbitúricos son en realidad buenos ansiolíticos, aunque como se recordará producen una gran somnolencia y muy poca relajación muscular en comparación con el meprobamato (Miltown ®). A continuación, se desarrollan una serie de psicofármacos «ansiolíticos» que tienen un gran éxito para tratar los nervios cotidianos y los supuestamente patológicos, que tuvieron su máxima popularidad en la década de 1970.

En la década siguiente se comienzan a desentrañar los circuitos cerebrales implicados en el miedo y la ansiedad, y también en el aprendizaje de la respuesta de la ansiedad y el miedo mediante mecanismos de condicionamiento pavloviano. Quizá la ansiedad sea uno de los estados emocionales mejor conocido en la actualidad desde el punto de vista neurobiológico, con la amígdala como estructura cerebral clave en la génesis del miedo y la ansiedad[8]. Sin embargo, no sucede lo mismo con decenas de trastornos de ansiedad, que se entienden como una perpetuación y magnificación de las sensaciones de ansiedad o miedo, que generan conductas poco adaptativas socialmente. Asimismo, el descubrimiento de la acción ansiolítica de muchos antidepresivos, que están sustituyendo progresivamente a los ansiolíticos convencionales por distintos motivos, plantea interrogantes acerca de la dicotomía teórica entre los trastornos de ansiedad y los del estado anímico.

La susceptibilidad genética parece guardar relación con los rasgos de personalidad ansiosa, y es similar a la de la esquizofrenia (entre el 20 y 40% de los síntomas se explicarían probablemente por variaciones en cierto número de genes). Esto significa que el ambiente tiene una contribución superior a la de los genes en la susceptibilidad para padecer algún trastorno de ansiedad, lo que desacredita en gran medida los intentos de buscar marcadores genéticos para el diagnóstico y prevención de estos trastornos[9]. Sin embargo, como en otros trastornos men-

---

[8] J. J. Kim y M. W. Jung (2006): «Neural circuits and mechanisms involved in Pavlovian fear conditioning: a critical review», *Neuroscience and Biobehavioral Reviews 30*, 188-202. Véase también J. E. LeDoux (2000): «Emotion circuits in the brain», *Annual Reviews in Neuroscience, 23*, 155-184.

[9] En la ansiedad, las interacciones entre factores genéticos y ambientales son tan complejas, que es difícil establecer el grado de susceptibilidad de momento. Véase: Y. Clement, F. Calatayud y C. Belzung (2002): «Genetic basis of anxiety-like behaviour: a critical review», *Brain Research Bulletin, 57*, 57-71.

tales, se sigue a la búsqueda de los genes implicados en estos trastornos de ansiedad o en la personalidad ansiosa, sin ningún resultado útil hasta el momento para su aplicación al ser humano[10].

La base neuroquímica de la ansiedad se conoce en cierta medida por estar implicados hasta el momento principalmente los neurotransmisores GABA, la serotonina y algunos neuropéptidos, como la sustancia P, el factor liberador de corticotropina (CRF) o la colecistoquinina (CCK)[11], también implicados por cierto en la depresión. Este conocimiento ha contribuido al desarrollo de psicofármacos eficaces para tratar los síntomas de ansiedad, pero que no curan los trastornos de ansiedad. Sin embargo, hasta el momento no ha sido posible demostrar la implicación de sistemas de neurotransmisión particulares en ningún trastorno de ansiedad, puesto que de ser así tendríamos el fármaco ansiolítico «perfecto»[12].

Los estudios neuroanatómicos de los trastornos de ansiedad son también poco concluyentes, si además asumimos que muchos miedos son aprendidos. Se pueden encontrar casi el mismo número de resultados positivos como negativos, en cuanto a las anomalías anatómicas cerebrales de personas con trastornos de ansiedad. Aún existen un número de estudios estructurales insuficientes de los trastornos cerebrales, quizá debido a la razón antes mencionada. En cambio, los estudios de la función cerebral mediante técnicas de neuroimagen PET y fMRI (véase el capítulo siguiente) han mostrado por lo general anomalías en la función de las estructuras del sistema límbico (amígdala, hipocampo, corteza cingular, corteza orbitofrontal y tálamo, entre otras regiones) clásicamente implicadas en la emoción tras la exposición a estímulos causantes de ansiedad, abarcando prácticamente todos los

---

[10] Algunos metaanálisis de los estudios sobre la base genética de los trastornos de ansiedad parecen indicar que la contribución genética es modesta, bastante inferior a la de la esquizofrenia o a la del trastorno bipolar. Véase J. M. Hettema y otros (2001): «A review and meta-analysis of the genetic epidemiology of anxiety disorders», *American Journal of Psychiatry*, 158, 1568-1578.

[11] J. M. Gorman (2002): «New molecular targets for antianxiety intervention», *Journal of Clinical Psychiatry*, 64, 28-35.

[12] Una excelente revisión del estado actual de la neuroquímica de la ansiedad es M. J. Millan (2003): «The neurobiology and control of anxious status», *Progress in Neurobiology*, 70, 83-224.

trastornos de ansiedad[13]. Sin embargo, en este caso poco podemos decir sobre su etiología, ya que estas técnicas no permiten la discriminación entre causa y efecto. Además, un problema de estos estudios de neuroimagen es la gran comorbilidad de los sujetos que presentan trastornos de ansiedad con otros como la depresión, abuso de sustancias —incluidos entre éstas los propios psicofármacos— y rasgos de otros trastornos de ansiedad.

La depresión

Como antes se mencionó, actualmente predomina una versión más elaborada de la clásica hipótesis monoaminérgica, achacando la causa inmediata de los síntomas depresivos a la disminución de la actividad de una lista cada vez mayor de neurotransmisores, sin que hasta el momento ninguno tenga mayor protagonismo que otro y por eso su causa sea aún desconocida[14].

Los intentos de establecer un claro origen neuroquímico de la depresión no han sido demasiado fructíferos. El primer neurotransmisor supuestamente implicado en los trastornos del estado de ánimo, incluyendo el trastorno bipolar fue la noradrenalina, resultado del descubrimiento del mecanismo de acción principal de la imipramina, uno de los primeros antidepresivos descubiertos. Un modo de averiguar su concentración en fluidos del cuerpo humano es medir su principal metabolito, el MHGP, ya que la noradrenalina se destruye rápidamente. Se suele medir en la orina, en donde sólo un 20% deriva de la noradrenalina del SNC. Joseph Schildkraut, el propio creador de la hipótesis monoaminérgica de la depresión, encontró una disminución significativa de MHGP en la orina de personas con

---

[13] S. C. Rauch y L. M. Shin (2002): «Structural and functional imaging of anxiety and stress disorders», en Davis, K. L. y otros, eds., *Neuropsychopharmacology: the Fifth Generation of Progress*. Filadelfia: Lippincott, pp. 953-966.

[14] La lista de neurotransmisores implicados en la depresión es cada vez más larga, incluyendo la noradrenalina, serotonina, dopamina, acetilcolina y también neuropéptidos como la sustancia P, CRH y factores neurotróficos como el BDNF, TrkB, etc. Véase R. S. Duman (2004): «The neurochemistry of depressive disorders: preclinical studies», en D. S. Charney y E. J. Nestler, eds.: *Neurobiology of mental illness*. Nueva York: Oxford University Press, 2.ª edición, pp. 421-439.

depresión mayor respecto de sujetos control. Sin embargo, este resultado no fue replicado consistentemente, y el propio investigador llegó más tarde a la conclusión de que no era posible distinguir a los sujetos con depresión mayor de los controles en base a los niveles de MHGP en la orina[15].

Tampoco los niveles de noradrenalina medidos directamente en el líquido cefalorraquídeo del SNC son concluyentes, ya que los estudios arrojan evidencias contradictorias[16]. Otro neurotransmisor involucrado en la depresión, la serotonina, tuvo particular protagonismo sobre todo en la década de los noventa, cuando se introdujeron en la clínica los primeros antidepresivos del tipo inhibidor selectivo de la recaptación de la serotonina (SSRI), como el famoso Prozac.

La hipótesis serotonérgica de la depresión ha tenido y tiene aún una gran popularidad, aunque no se sabe todavía si las alternaciones en la serotonina son suficientes para causar depresión o son sólo un factor de riesgo. Algunos estudios iniciales intentaron comprobar si la depleción del aminoácido triptófano, que debe ser obtenido de la dieta, y que es el precursor de la serotonina, empeoraba los síntomas depresivos o precipitaba un episodio depresivo en pacientes diagnosticados como depresivos. Paradójicamente, sólo eran sensibles a esta manipulación dietética los pacientes depresivos tratados con antidepresivos del tipo SSRI, pero no los no medicados o tratados con otros antidepresivos. Normalmente, la serotonina, sus receptores y su proteína transportadora se miden directamente en las plaquetas de la sangre, en donde su función no es demasiado conocida. Los resultados de la medida de la serotonina y otras moléculas relacionadas en sujetos depresivos han sido también poco consistentes salvo en ciertas fases iniciales del estado depresivo. La medida en el líquido cefalorraquídeo del metabolito principal de la serotonina, el 5-HIAA, tampoco ha mostrado tener variaciones anómalas consistentes en personas diagnosticadas con depresión[17].

[15] J. J. Schildkraut (1978): «Current status of the catecholamine hypothesis of affective disorders», en M. A. Lipton, A. DiMascio y K. F. Killam, eds.: *Psychopharmacology: a generation of progress*, Nueva York: Raven Press, pp. 1223-1234.
[16] Una buena revisión puede encontrarse en J. F. Navarro, coord., (2000). *Bases biológicas de las psicopatologías*. Madrid: Pirámide.
[17] El falso mito del «desequilibrio de la serotonina» en personas con depresión sigue siendo explotado por las empresas farmacéuticas, contrariamente a la evidencia científica actual. Véase el reciente artículo: J. R. Lacasse y J. Leo (2005): «Serotonin and depression: A

Otros intentos de demostrar una alteración de la serotonina en la depresión mayor se basan en la aplicación de técnicas de neuroimagen como el PET o SPECT. En estos métodos, se inyecta en la sangre una sustancia química que tiene afinidad por ciertos receptores de serotonina o un SSRI, que se hacen radiactivos de forma artificial, y luego se mide la radiación emitida por el cerebro en una máquina conocida como escáner. La mitad de los resultados encuentran diferencias en la densidad de alguno de los catorce receptores de serotonina descritos hasta ahora, en sujetos con depresión mayor respecto de otros «control», mientras que la otra mitad no encuentra diferencias[18]. Estos resultados contradictorios pueden ser debidos a varios problemas metodológicos asociados con la técnica PET o SPECT, como la especificidad diferente de las sustancias marcadoras de receptores de serotonina empleadas, el método matemático aplicado para determinar su densidad, la gran variabilidad entre sujetos y también los distintas modalidades de depresión; por ejemplo, asociadas o no con intentos de suicidio. Los aspectos metodológicos relacionados con las técnicas de neuroimagen se comentarán en el capítulo siguiente.

Debido a las dificultades técnicas para la medida directa de la serotonina u otros neurotransmisores cerebrales y sus receptores, se recurre muchas veces a estudios post mórtem. Muchos investigadores han encontrado ciertas alteraciones específicas en la densidad de ciertos receptores de serotonina, así como sobre todo en su proteína transportadora neuronal directamente sobre el tejido cerebral humano[19]. Sin embargo, el mayor inconveniente de estas investigaciones reside en que normalmente se trata de víctimas de suicidio, que habían sido diagnosticadas como depresivos mayores en vida. No se sabe si estas supuestas anomalías neuroquímicas son debidas al tratamiento previo de muchos de ellos con antidepresivos, que se sabe alteran los receptores de la serotonina y otras monoaminas, y que por cierto se han rela-

---

disconnect between the advertisements and the scientific literature», *PLoS Medicine,* 2 (12): e392.

[18] A. B. Schatzberg, S. J. Garlow y C. B. Nemeroff (2002): «Molecular and cellular mechanisms in depression», en K. L. Davis y otros, eds., *Neuropsychopharmacology: the fifth generation of progress,* Filadelfia: Lippincott, pp. 1039-1050.

[19] J. J. Mann y otros (2000): «A serotonin transporter gene promoter polymorphism and prefrontal cortical binding in major depression and suicide», *Archives of General Psychiatry,* 57, 729-738.

cionado con incrementos en el riesgo de suicidio[20]. También se sugiere actualmente que estos sujetos representarían sólo un subgrupo menor de los múltiples subtipos de depresión, o si estos cambios son sólo un reflejo de un bajo estado de ánimo en estas personas, ya que la serotonina se ha relacionado tradicionalmente más con la conducta impulsiva y agresiva.

Se sospecha que también existiría un componente genético de riesgo para padecer depresión. Sin embargo, los estudios sobre la susceptibilidad genética a la depresión parecen ser más consistentes en personas con ciertos subtipos de trastorno bipolar, con nueve veces más probabilidad de padecer este trastorno si se tienen antecedentes familiares[21]. En el caso de la depresión mayor, la influencia de los genes no ha sido claramente establecida. Ciertos investigadores han vinculado el riesgo de padecer depresión con variaciones genéticas o *polimorfismos* en genes que codifican la proteína transportadora de serotonina, que también están presentes con menor probabilidad en la población general[22]. En el terreno de la genética, como viene siendo habitual para otros trastornos mentales, no es posible predecir tampoco la vulnerabilidad a la depresión a partir de un análisis genético detallado, y en muchos casos estos «marcadores genéticos» carecen también de especificidad, ya que se asocian también a otros trastornos, como la bulimia, anorexia, trastornos de ansiedad o esquizofrenia.

En cuanto a las posibles anomalías anatómicas en el cerebro de personas con depresión mayor, los resultados de los estudios realizados sobre todo con técnicas de neuroimagen (resonancia magnética, tomografía computarizada, etc.) no tienen por el momento carácter diagnóstico ni predictivo, como se tratará más adelante. Las anomalías en-

---

[20] Como se comentó, parece existir una mayor incidencia de intentos de suicidio en las personas con depresión tratadas sobre todo con antidepresivos que actúan sobre la serotonina. Véase D. Fergusson y otros (2005): «Association between suicide attempts and selective serotonin reuptake inhibitors: systematic review of randomised controlled trials», *British Medical Journal*, 330, 396.

[21] W. Berrettini y otros (2002): «Bipolar disorders», en K. L. Davis y otros, eds., *Neuropsychopharmacology: the fifth generation of progress*. Filadelfia: Lippincott, pp. 1027-1038.

[22] Este tipo de asociaciones entre genes y comportamiento se pretende aprovechar ahora para la creación de nuevos psicofármacos personalizados, en lo que se conoce como «psicofarmacogenética». Véase K. P. Lesch y L. Gutknecht (2005): «Pharmacogenetics of the serotonin transporter», *Progress in Neuropsychopharmacology and Biological Psychiatry*, 29, 1062-1073.

contradas en el cerebro de personas con depresión mayor son similares en muchos casos a las de aquellos con esquizofrenia. Se han encontrado diferencias volumétricas respecto de la población general en la mayoría de estructuras que se pueden visualizar con estas técnicas, incluyendo los ventrículos, los lóbulos frontal, parietal y temporal de la corteza, la amígdala, los ganglios basales, el cerebelo, el tálamo, etc., con diferentes resultados entre grupos de investigación[23]. Esta gran heterogeneidad de resultados se interpreta actualmente con gran escepticismo, debido a las limitaciones de estas técnicas para la cuantificación fiable de los parámetros morfológicos de estructuras cerebrales y las pequeñas muestras de sujetos empleadas.

Un hallazgo llamativo y bastante consistente en estudios de resonancia magnética es la detección de zonas en la sustancia blanca cerebral que tienen una anormalmente alta intensidad de señal, que podría indicar lesiones del tejido originadas posiblemente por trastornos cerebrovasculares. Este hallazgo se relacionaría con la disminución en el flujo sanguíneo cerebral detectado en muchos estudios de neuroimagen funcional. No obstante, este hallazgo patológico se suele observar principalmente en ancianos que sufren depresión, pero no en personas adultas y jóvenes[24].

Como anteriormente se comentaba, los estudios de neuroimagen funcional mediante tomografía por emisión positrónica (PET) sí han detectado generalmente una disminución del flujo sanguíneo y del metabolismo de la glucosa cerebrales en los pacientes con depresión mayor, sobre todo en la corteza prefrontal dorsal y aumentos en las cortezas prefrontal ventral, cingular y la amígdala[25]. Curiosamente, la mayor proporción de estudios mediante PET de la depresión están siendo realizados principalmente por sólo dos grupos de investigación,

---

[23] Para una revisión, véase el anteriormente citado manual D. S. Charney y E. J. Nestler, E. J., eds., (2004): *Neurobiology of mental illness*, op. cit.
[24] I. I. Hickie y otros (1995): «Subcortical hyperintensities on magnetic resonance imaging: clinical correlates and prognostic significance in patients with severe depression», *Biological Psychiatry*, 37, 151-160.
[25] Ejemplificado en los siguientes artículos de los dos grupos de investigación que más se citan sobre esta temática. W. C. Drevets (2000): «Functional anatomical abnormalities in limbic and prefrontal cortical structures in major depression», *Progress in Brain Research*, 126, 413-431 y H. S. Mayberg (2003): «Positron emisión tomography imaging in depression: a neural systems perspective», *Neuroimaging Clinics of North America*, 13, 805-815.

aunque otros grupos han encontrando cambios opuestos contrarios o incluso la ausencia de diferencias en esas mismas regiones cerebrales[26]. Estas supuestas alteraciones en la región prefrontal parecen normalizarse con el tratamiento farmacológico, pero también con ciertas psicoterapias[27]. Estos últimos estudios suelen emplearse habitualmente para sustentar las hipótesis biológicas de la depresión, aunque las supuestas diferencias en la actividad cerebral tienen un carácter meramente correlacional, de manera que no necesariamente indican una anomalía en la función cerebral que sea la causa de la depresión. Además, las zonas que «normalizan» su actividad tras los tratamientos no coinciden en general con aquellas que mostraban previamente alteraciones en sujetos con depresión, e incluso aparecen nuevas zonas activadas o desactivadas. En definitiva, las técnicas de neuroimagen funcional no tienen por el momento aplicación clínica, ya que carecen de utilidad diagnóstica en los trastornos mentales, y ni siquiera sirven para analizar la evolución o la eficacia de los tratamientos psicofarmacológicos o psicoterapéuticos.

La esquizofrenia

Desde hace más de un siglo se sospecha que la esquizofrenia tiene un origen claramente biológico en comparación con otros trastornos mentales. Parece demostrado que en muchos casos la esquizofrenia es más frecuente en ciertas familias, y ello ha llevado a buscar su base genética. Así, el riesgo de esquizofrenia es hasta diez veces mayor en personas que tienen familiares de primer grado (hermanos, padres, hijos) que la padecen. En concreto, una revisión reciente de estudios con gemelos monozigóticos (genéticamente idénticos) mostró que éstos tienen un grado de concordancia para la esquizofrenia (probabilidad de

---

[26] Véase por ejemplo el siguiente artículo, que también detecta cambios en la función cerebral inducidos por antidepresivos tipo SSRI: S. Saxena y otros (2002): «Differential cerebral metabolic changes with paroxetine treatment of obsessive-compulsive disorder vs major depression», *Archives of General Psychiatry*, 59, 250-261.

[27] K. Goldapple y otros (2004): «Modulation of cortical-limbic pathways in major depression: treatment-specific effects of cognitive behavior therapy», *Archives of General Psychiatry*, 61, 34-41.

que se desarrolle en uno de ellos este trastorno cuando el otro lo padece) de un 50%, frente a un 17% en gemelos dizigóticos, quienes comparten un 50% de sus genes[28]. Sin embargo, si la esquizofrenia tuviese origen genético la concordancia sería del 100% en gemelos monozigóticos, lo que implica que otros «factores ambientales» aún desconocidos desempeñan un papel igual de importante que la genética.

A pesar de ello, la publicación en la década de 1980 de los primeros estudios de gemelos esquizofrénicos generó grandes expectativas entre los científicos de que pronto se encontrarían los marcadores genéticos de susceptibilidad a la esquizofrenia. Esta visión resultó ser demasiado optimista, y actualmente se han involucrado al menos ocho regiones conteniendo cientos de genes, con funciones desconocidas en gran medida, distribuidas por los cromosomas 5, 6, 8, 10, 13, 15 y 22[29]. También se han detectado variaciones o polimorfismos genéticos en genes que codifican distintos receptores o transportadores de dopamina y serotonina vinculados con un mayor riesgo para desarrollar esquizofrenia[30].

Sin embargo, la mayoría de estos resultados no han logrado ser replicados por distintos grupos de investigación[31]. Las causas de este aparente fracaso en hallar marcadores genéticos comunes para la esquizofrenia son diversas: dificultades en el diagnóstico preciso de distintos subtipos de esquizofrenia; atención exclusiva en los neurotransmisores sobre los que actúan los fármacos antipsicóticos, que probablemente no desempeñen un papel relevante en el origen de este trastorno; diferencias en los métodos biológicos y estadísticos empleados, y, por último, el desconocimiento de cómo influye el ambiente en la expresión de los trastornos complejos poligénicos mal definidos, como la psicosis.

---

[28] E. Kringlen (2000): «Twin studies in schizophrenia with special emphasis on concordance figures», *American Journal of Medical Genetics, 97*, 4-11.

[29] La lista de regiones o *loci* cromosómicos asociados con el riesgo de padecer esquizofrenia es cada vez mayor, ya que en el Sexto Congreso Mundial de Genética Psiquiátrica celebrado en 1999, se incluían además *loci* de los cromosomas 1, 2, 4, 7, 9, 18 y X. Véase B. P. Riley y P. McGuffin (2000): «Linkage and associated studies of schizophrenia», *American Journal of Medical Genetics, 97* (1), 23-44.

[30] A. H. C. Wong y H. H. M. van Tol (2003): «Schizophrenia: from phenomenology to neurobiology», *Neuroscience and Biobehavioral Reviews, 27*, 269-306.

[31] Una rigurosa revisión sobre el estado actual de los estudios sobre genética de la esquizofrenia puede encontrarse en: Riley, B. & Kendler, K. (2004): «Molecular genetics of schizophrenia», en D.S. Charney y E. J. Nestler, eds., *Neurobiology of Mental Illness*, op. cit., pp. 247-262.

Por otro lado, las sofisticadas técnicas para obtener imágenes del cerebro (neuroimagen) como la resonancia magnética (RM) o la tomografía computarizada (TC) permitieron detectar ciertas anomalías anatómicas en los cerebros de algunos esquizofrénicos, particularmente una dilatación de los ventrículos o cavidades cerebrales por las que circula el líquido cefalorraquídeo en casi el 80% de los estudios[32]. Sin embargo, su significado funcional es desconocido ya que no siempre se relaciona con pérdida de tejido nervioso, no es un hallazgo neuroanatómico consistente y además no es específico de la esquizofrenia, pues se observa en otros casos como la depresión, el alcoholismo, el envejecimiento normal, la enfermedad de Alzheimer o la anorexia nerviosa[33]. Además, si se tiene en cuenta el volumen ventricular respecto del del tejido cerebral, las diferencias son menos claras. Así, diecinueve estudios realizados en la década de 1990 encontraron dilatación ventricular relativa, mientras que ocho no detectaron diferencias en este parámetro en comparación con grupos control. En cuanto a regiones concretas del cerebro empleando la RM, con mayor resolución que la TC, sólo un 60% de 50 estudios encuentran diferencias volumétricas en zonas como la corteza prefrontal, región cerebral que se cree implicada en las alteraciones neuropsicológicas que muestran los esquizofrénicos. Otras zonas como el lóbulo temporal medial (que incluye la formación hipocámpica y la amígdala) o el tálamo también han sido implicadas, aunque con resultados inconsistentes, incluso respecto del número y forma de elementos celulares como las neuronas y la glía en estudios post mórtem[34].

El problema de los estudios neuropatológicos de la esquizofrenia es que casi siempre existe una gran cantidad de factores no deseados, que pueden influir en sus resultados. En este sentido, debido a que este trastorno se comienza a detectar a partir de la segunda década de vida y no causa mortandad directa, las personas con esquizofrenia suelen morir de las mismas enfermedades que afectan a la población general.

---

[32] M. E. Shenton y otros (2001): «A review of MRI findings in schizophrenia», *Schizophrenia Research, 49*, 1-52.

[33] La dilatación excesiva de los ventrículos del cerebro en esquizofrénicos es el hallazgo más replicado en el campo de la psiquiatría biológica desde el año 1976. Un gran número de factores, incluyendo la exposición a sustancias neurotóxicas como el alcohol, o a psicofármacos como los antipsicóticos pueden ocasionar también estos cambios. Véase E. Parellada, M. Bernardo y F. Lomeña (1993): «Neuroimagen y esquizofrenia», *Medicina Clínica, 101*, 227-236.

[34] Véase A. H. C. Wong y H. H. M. van Tol (2003). op. cit.

Así el tejido cerebral disponible para estudios post mórten suele ser de ancianos, y por tanto los hallazgos neuropatológicos suelen estar relacionados con el envejecimiento normal y también las enfermedades asociadas. Además, muchas veces se tienen en cuenta casos de personas con esquizofrenia que se suicidaron; probablemente, representando un subtipo diferente de este trastorno que no debería ser generalizado.

Otro factor más relevante es el tratamiento durante años con fármacos antipsicóticos, que podrían provocar estas alteraciones neuropatológicas. Hasta ahora, la mayoría de los estudios están realizados en sujetos con esquizofrenia tratados con neurolépticos clásicos, que se sabe que tienen una gran cantidad de efectos neurotóxicos a largo plazo, y además es muy difícil encontrar una muestra significativa de pacientes esquizofrénicos que no hayan sido tratados con neurolépticos[35].

Por último, el propio diagnóstico de esquizofrenia parece ser demasiado impreciso, ya que actualmente más bien habría que hablar de «esquizofrenias», debido a que dos esquizofrénicos no suelen compartir ni siquiera los mismos síntomas; asimismo, existen múltiples enfermedades con síntomas de psicosis que hoy podrían ser diagnosticadas bajo los criterios actuales como esquizofrenia (leucodistrofia metacromática, enfalomiopatías mitocondriales, porfirias y epilepsias del lóbulo temporal)[36]. Los intentos de clasificar subtipos de esquizofrenia (por ejemplo «desorganizada», paranoide o catatónica, de tipo positivo o negativo) han sido infructuosos hasta el momento, ya que no se relacionan claramente ni con la respuesta al tratamiento ni con hallazgos neuropatológicos.

Probablemente, por estas y otras razones, en este momento hay un gran solapamiento de los parámetros neurobiológicos entre personas diagnosticadas como esquizofrénicas y el resto de la población. A pesar del gran número de investigaciones sobre la neurobiología de la esquizofrenia, durante más de un siglo, no ha sido identificado ningún marcador biológico diagnóstico de la esquizofrenia, ya que su fisiopatolo-

---

[35] De todos modos, como se comentó anteriormente, las técnicas de neuroimagen actuales no permiten obtener un diagnóstico fiable de esquizofrenia, ya que las anomalías estructurales no son consistentes. Véase el polémico artículo: S. E. Chua y P. J. McKenna (1995): «Schizophrenia-a brain disease? A critical review of structural and functional cerebral abnormality in the disorder», *British Journal of Psychiatry*, 166, 563-582.

[36] Y en el pasado recibían frecuentemente el diagnóstico de esquizofrenia. Véase E. F. Torrey (1980): «Schizophrenia and civilization». Nueva York: Jason Aronson.

gía es desconocida[37]. Es decir, que no existe hasta ahora ninguna molécula de origen biológico, incluyendo genes o fragmentos del ADN, cuya medida o determinación permita diagnosticar la esquizofrenia a partir de muestras de ciertos tejidos del cuerpo humano. Por el contrario, en enfermedades consideradas neurológicas como la enfermedad de Alzheimer con causas también mal conocidas, sí parecen haberse determinado al menos marcadores biológicos[38].

Los estudios neuroquímicos tampoco son concluyentes, aunque se han implicado neurotransmisores como la dopamina, la serotonina y el glutamato en su fisiopatología, debido a la inducción de psicosis (o el efecto antipsicótico) de muchas drogas que actúan sobre alguno de estos neurotransmisores. Las medidas de estos neurotransmisores y sus metabolitos derivados en la sangre, orina o líquido cefalorraquídeo son también inconsistentes entre sí, dado que existen muchas variaciones metodológicas entre las investigaciones en cuanto a la selección de los sujetos (distintas fases de la enfermedad y sintomatología), las técnicas empleadas y su interpretación a nivel de su implicación en la función del SNC. Por ejemplo, la serotonina se evalúa en las plaquetas de la sangre y no en las neuronas; la dopamina, de forma indirecta por sus metabolitos (HVA), y también se tratan de evaluar sus receptores *in vivo* empleando fármacos radiactivos agonistas o antagonistas de éstos, pero en muchos casos las alteraciones encontradas en su densidad se deben al propio tratamiento con antipsicóticos[39].

Sin embargo, muchos estudios de imagen cerebral o neuroimagen funcional mediante técnicas como la resonancia magnética funcional (fMRI), tomografía por emisión de positrones (PET) y la tomografía por emisión de fotón único (SPECT) parecen mostrar alteraciones en el funciona-

---

[37] Así se reconoce en las últimas revisiones sobre el tema en prestigiosas publicaciones en psiquiatría, lo que está conduciendo a un replanteamiento de su fenomenología. Véase, por ejemplo, C. A. Tamminga y H. H. Holcomb (2005): «Phenotype of schizophrenia: a review and formulation», *Molecular Psychiatry, 10,* 27-39.

[38] Por ejemplo, se han descrito recientemente ciertas proteínas relacionadas con la susceptibilidad para padecer la enfermedad de Alzheimer a partir de muestras de líquido cefalorraquídeo. O. Hansson y otros (2006): «Association between CSF biomarkers and incipient Alzheimer's disease in patients with mild cognitive impairment: a follow-up study», *Lancet Neurology, 5,* 228-234.

[39] J. Kornhuber y otros (1989): «³H-Spiperone binding sites in postmortem brains from schizophrenic patients: Relationship to neuroleptic drug treatment, abnormal movements, and positive symptoms», *Journal of Neural Transmission, 75,* 1-10.

miento cerebral en los esquizofrénicos. Entre todas ellas, la que más atención ha recibido es la disminución en la actividad de la corteza prefrontal (síntoma conocido como *hipofrontalidad*) en estado de reposo o durante ciertas pruebas neuropsicológicas. La corteza prefrontal está relacionada con aspectos complejos y mal conocidos del comportamiento, como la planificación de la conducta futura, la toma de decisiones, un tipo de memoria a corto plazo llamado «memoria operativa» *(working memory)*, la conducta emocional socialmente apropiada, la atención, etc. Muchas de estas funciones parecen estar llamativamente alteradas en la mayoría de personas diagnosticadas como esquizofrénicos, lo que lleva a indagar precisamente en esta región cerebral; paradójicamente, también en otros trastornos mentales esta zona prefrontal tiene una funcionalidad disminuida como en la depresión mayor, el trastorno por déficit de atención e hiperactividad o el trastorno obsesivo-compulsivo, por citar sólo algunos.

Por el contrario, otros estudios demuestran que existe una función normal de la corteza prefrontal en personas con esquizofrenia o bien que depende de la tarea que realicen, su estado o los síntomas predominantes[40]. Se debe tener en consideración que además la gran mayoría de esquizofrénicos que participan en estas pruebas están medicados con antipsicóticos, que alteran la actividad precisamente en esta región cerebral[41]. Las técnicas de neuroimagen han sido empleadas también para analizar indirectamente la densidad de receptores para distintos neurotransmisores que se creen implicados en la esquizofrenia, como la dopamina, la serotonina, el GABA o el glutamato, pero sus resultados son poco replicables. En todo caso, dado que no existe ningún modelo fisiopatológico demostrado de la esquizofrenia, estos hallazgos no dejan de tener un carácter exclusivamente correlacional, como anteriormente se comentó también en el caso de la depresión y la ansiedad. En definitiva, los resultados de neuroimagen funcional en la esquizofrenia no tienen carácter diagnóstico, aunque paradójicamente sí es posible detectar si se está bajo el efecto de los fármacos antipsicóticos por los notorios cambios en la actividad y anatomía cerebral que producen.

---

[40] Otros trabajos muestran incluso una hiperfrontalidad en sujetos con esquizofrenia. Véase R. E. Gur y otros (1989): «Regional brain function in schizophrenia. I. A positron emission tomography study», *Archives of General Psychiatry*, 44, 119-125.
[41] G. D. Honey, P. C. Fletcher y E. T. Bullmore (2002): «Functional brain mapping of psychopathology», *Journal of Neurology, Neurosurgery and Psychiatry*, 72, 432-439.

CAPÍTULO 8

¿QUÉ MUESTRA EN REALIDAD LA NEUROIMAGEN?

Parece bien establecido que las técnicas de neuroimagen de tipo funcional son las únicas que, hasta el momento, han mostrado posibles alteraciones cerebrales en aquellos que sufren diversos trastornos mentales[1]. Debido al enorme progreso tecnológico y metodológico en este campo durante las últimas décadas, existe una inmensa cantidad de datos provenientes de la aplicación de estas técnicas al campo de la Psiquiatría, la Neurología y la Neurociencia en general. Ante tal proliferación de resultados, su gran cobertura por los medios debido a lo impactante de las «imágenes del cerebro» y, sobre todo, su uso indiscriminado por algunos para justificar los tratamientos biológicos de los trastornos mentales, es importante tener presente lo que realmente se sabe al respecto.

---

[1] Nos referiremos aquí a las técnicas PET, SPECT y fMRI, las más empleadas. No incluimos aquí técnicas electrofisiológicas como la cartografía EEG o de potenciales evocados por su baja definición anatómica y la gran inconsistencia en sus resultados debida en parte a la diversidad de protocolos y variables experimentales utilizadas.

Los fundamentos teóricos de los métodos de neuroimagen

Las llamativas imágenes obtenidas mediante estas técnicas son habitualmente empleadas para demostrar alteraciones en la estructura o función cerebral en diversas psicopatologías. Estas técnicas suelen aprovechar la capacidad de sugestión humana por las imágenes en general. Recuérdese de paso el dicho «una imagen vale más que mil palabras». A pesar de lo atractivo de las imágenes «representativas» de cualquier estado funcional del cerebro humano, su interpretación es más compleja de lo que puede parecer a simple vista cuando observamos llamativas zonas coloreadas o resaltadas superpuestas sobre imágenes del cerebro. En realidad, estas imágenes son representaciones gráficas de datos numéricos muy elaborados, resultantes de multitud de cálculos matemáticos a partir de parámetros físicos, pero no son verdaderas imágenes del tejido cerebral. Además, si estas imágenes no se cuantifican adecuadamente, el ojo humano puede ser fácilmente engañado, ya que no es capaz de distinguir bien distintas gamas de colores o tonos de gris, y tampoco responde de manera lineal a variaciones en su intensidad o luminancia.

Las técnicas de imagen anatómica como la tomografía computarizada (TC) o la resonancia magnética (RM) no parecen ser demasiado útiles para evaluar las psicopatologías, ya que en la mayoría de los casos no se ha conseguido encontrar de modo consistente o replicable alteraciones estructurales en el cerebro de personas que sufren depresión, esquizofrenia, trastornos de ansiedad, etc. Para obtener imágenes de la función cerebral se recurre a distintas técnicas de neuroimagen funcional. Por ejemplo, en los escáneres de tomografía por emisión de positrones (PET) y por emisión de un solo fotón (SPECT) se introducen sustancias radiactivas en la sangre y luego se mide la radiación emitida por ellas cuando llegan al cerebro.

Técnicamente, se pueden analizar distintos parámetros biológicos según el radiomarcador o sustancia radiactiva empleada, como el flujo sanguíneo cerebral (CBF, del inglés *Cerebral Blood Flow*), el metabolismo cerebral o bien la densidad y localización de receptores o puntos de unión para ciertos fármacos o drogas agonistas o antagonistas de receptores y/o proteínas transportadoras para el reciclaje de neurotransmisores (estudios de afinidad química o *binding*).

El análisis del CBF se basa en la suposición de que el flujo sanguíneo a nivel de ciertas zonas del cerebro está directamente relacionado con el metabolismo de las neuronas y en definitiva con la actividad neuronal[2]. Para ello, puede emplearse agua con oxígeno radiactivo (^{15}O) en la técnica PET o ciertas sustancias sintéticas que contengan elementos radiactivos (radioisótopos) como el tecnecio-99 o el yodo-123 en la técnica SPECT. Sin embargo, la relación entre CBF y actividad cerebral resulta no ser tan directa, ya que también están relacionadas las células de glía, más numerosas que las neuronas. Así, los cambios en el flujo sanguíneo se producen en segundos, mientras que la actividad eléctrica neuronal se mide en el orden de milisegundos. Además, el flujo sanguíneo medido indirectamente mediante PET y SPECT está influido por muchos factores, entre los que destacan la absorción por el tejido del radioisótopo, su liberación de nuevo a la sangre, así como el tiempo que tarda el isótopo en dejar de ser radiactivo. Es decir, que las imágenes obtenidas son realmente interpretaciones del flujo sanguíneo según todos estos parámetros.

Además estos patrones de CBF son muy dinámicos y por tanto es difícil obtener una medida relativamente estable, ya que los niveles de estimulación sensorial, activación motora, estado de ánimo e incluso aspectos cognitivos hacen que varíe constantemente incluso en estado de aparente reposo[3]. Algo parecido ocurre con las medidas de la actividad metabólica neuronal, otra variante de la técnica PET en la que se emplea un análogo radiactivo de la glucosa ([^{18}F]-fluorodesoxiglucosa), que normalmente es el azúcar, del que obtienen energía las neuronas exclusivamente. Sin embargo, este análogo de la glucosa no se puede metabolizar por las neuronas, y es acumulado por éstas y también las células de glía.

Tampoco en este caso está claro que se mida directamente el metabolismo neuronal, y que éste se relacione necesariamente con la actividad neuronal. Por último, los estudios de receptores se basan en la administración de fármacos radiactivos y las imágenes del cerebro se valoran mediante PET o SPECT, de modo que resulta complicado

---

[2] L. S. Sokoloff (1981): «Localization of functional activity within the nervous system by measurement of glucose utilization with radioactive deoxyglucose», *Journal of Cerebral Blood Flow and Metabolism 1*, 7-36.
[3] G. D. Honey, P. C. Fletcher y E. T. Bullmore (2002), op. cit.

cuantificar estas imágenes que varían según el modelo matemático empleado para calcular la absorción del fármaco por el tejido. De hecho, el cálculo del estado de equilibrio en la unión del fármaco radiactivo a los receptores es difícil, ya que estos fármacos se unen a porcentaje mínimo y variable de receptores (0,01-0,1%), no todas las regiones cerebrales tardan el mismo tiempo en absorber o desprenderse del fármaco, y además existen grandes diferencias entre sujetos en la tasa de eliminación sanguínea del fármaco por la orina[4].

Otra técnica empleada es la imagen por resonancia magnética funcional (fMRI), que se basa en la medida indirecta de la actividad cerebral mediante la aplicación de campos magnéticos muy elevados y ondas de radio. Esta técnica es muy utilizada en investigación porque tiene la ventaja de no ser invasiva, ya que normalmente no es necesario introducir ninguna sustancia en el sujeto. El método más habitual consiste en una medida del nivel de oxigenación de la sangre (señal BOLD) según que la hemoglobina sanguínea tenga oxígeno *(oxihemoglobina)* o no *(desoxihemoglobina)*. Cuando una zona del cerebro consume oxígeno al estar activa, en teoría se incrementaría allí el flujo sanguíneo, aumentando además la proporción sanguínea de oxihemoglobina en detrimento de la desoxihemoglobina en esos vasos sanguíneos. Puesto que sólo la desoxihemoglobina emite una débil señal electromagnética en el escáner de RM, sólo esas zonas activas emitirían una señal electromagnética. En este caso, también se asume que existe una relación directa (a pesar de que aún es mal conocida) entre la actividad neuronal y no sólo el flujo sanguíneo cerebral, sino también con el nivel de oxígeno en la sangre.

En realidad, el proceso de obtención de «imágenes funcionales» del cerebro está sujeto a multitud de errores y problemas técnicos, condicionando así la fiabilidad y reproductibilidad de la mayoría de los estudios de imagen funcional. Se han descrito un gran número de limitaciones teóricas y prácticas en todos los estudios de neuroimagen funcional que enumeramos a continuación[5].

---

[4] R. E. Carson (1991): «Precision and accuracy considerations of physiological quantiation in PET», *Journal of Cerebral Blood Flow and Metabolism 11*, A45-50.
[5] Puede encontrarse una buena revisión de las limitaciones de las técnicas de neuroimagen funcional en J. C. Culham (2005): «Functional neuroimaging: experimental design and analysis», en R. Cabeza y A. Kingston, eds., *Handbook of functional neuroimaging of cognition*. Nueva York: Oxford University Press, 2.ª edición, pp. 160-182.

Cómo interpretar la relación entre las señales del escáner y la fisiología del cerebro

En la mayoría de los casos, se describen «activaciones» o «desactivaciones» de *vóxeles* (elementos en forma de punto que constituyen una imagen tridimensional) o «regiones de interés» mediante PET o fMRI. Contrariamente a lo que podamos pensar, estos términos no indican realmente una mayor o menor excitación de las neuronas de esa zona cerebral. Debemos tener en consideración que, aunque intentemos definir regiones en el cerebro, en realidad sus neuronas forman junto con las células de glía una gran red celular interconectada. La actividad incrementada en una cierta población neuronal puede tener un efecto excitador o inhibidor sobre otras neuronas según la cantidad y el tipo de sinapsis (excitadoras o inhibidoras) que forman entre ellas. Así, una disminución en la excitabilidad de ciertas neuronas localizadas en una región puede producir efectos contrarios en regiones del cerebro muy distantes. La interpretación de las «desactivaciones» encontradas en muchos estudios de trastornos mentales ante determinados tests es aún bastante oscura y discutida, ya que se duda de si es artefactual o si en realidad se relaciona con una verdadera disminución de la actividad en esa misma zona o bien otras más lejanas.

Además, el significado fisiológico de la intensidad de la señal en PET o fMRI no es demasiado claro. Así un incremento del flujo sanguíneo cerebral en una región, medido mediante PET o SPECT, no implica necesariamente excitación de esa región cerebral o incremento en la actividad eléctrica neuronal[6]. La relación entre flujo sanguíneo cerebral, nivel de oxigenación sanguínea y metabolismo neuronal no es tan directa y sencilla. En el caso de la fMRI, actualmente no se sabe bien cómo cuantificar e incluso interpretar la señal BOLD en términos fisiológicos[7]. Puede parecer absurdo con la gran proliferación de estudios de fMRI actuales, pero aún no existe una explicación satisfactoria de lo que significa esa señal BOLD a nivel de la función cerebral. La hipótesis más aceptada propone que esta señal BOLD podría refle-

---

[6] M. Kutas y K. D. Federmeier (1998): «Minding the body», *Psychophysiology*, 35, 135-150.
[7] D. J. Heeger y D. Ress (2002): «What does fMRI tell us about neuronal activity?», *Nature Reviews in Neuroscience*, 3, 142-151.

jar «la *entrada* de impulsos neuronales a una región determinada y su procesamiento a nivel local» *(sic)*, y no la simple actividad eléctrica producida por conjuntos de neuronas[8]. Por si esto fuera poco, esta señal conocida como «hemodinámica» tiene una elevada variabilidad entre sujetos y entre regiones cerebrales[9].

Una medida de la actividad neuronal mediante PET se basa en la incorporación por el tejido cerebral de análogos no metabolizables de la glucosa, el principal combustible de las neuronas, como la [^{18}F]-desoxiglucosa. Este método de análisis del metabolismo cerebral se emplea frecuentemente para detectar posibles alteraciones asociadas con la esquizofrenia, trastornos de ansiedad, depresión, etc. Hasta hace poco tiempo, se asumía que dado que la glucosa es usada por las neuronas para obtener energía, existiría una relación directa entre el metabolismo de ésta, el consumo de oxígeno necesario para metabolizarla y el flujo sanguíneo cerebral en una determinada zona[10]. Sin embargo, en muchos casos el flujo sanguíneo se incrementa mucho más que el consumo de oxígeno y la incorporación de glucosa, indicando que las relaciones metabólicas entre estos parámetros no son aún bien conocidas[11].

Dificultades para valorar desequilibrios químicos en el cerebro con las técnicas de neuroimagen

En el caso de estudios PET o SPECT, también es posible su empleo para «marcar» radiactivamente receptores para neurotransmisores en el cerebro, para así estimar si se tiene un «exceso o defecto» de receptores para ciertos neurotransmisores. A nivel práctico, la estimación del número o densidad de receptores en una zona cerebral es bastante complicada; normalmente, se elige un agonista o antagonista más o menos

---

[8] N. K. Logothetis y B. R. Wandell (2004): «Interpreting the BOLD signal», *Annual Reviews of Physiology, 63,* 735-769.
[9] G. K. Aguirre, E. Zarahn y M. D'Esposito (1998): «The variability of human, BOLD hemodynamic responses», *Neuroimage, 8,* 360-369.
[10] Así lo determinaron hace más de veinte años dos de los creadores de la técnica PET. Véase P. T. Fox y M. E. Raichle (1984): «Stimulus rate dependence of regional blood flow in human striate cortex, demonstrated by positron emission tomography», *Journal of Neurophysiology, 51,* 1109-1120.
[11] Véase Logothetis y Wandell (2004), op. cit.

selectivo de cierto receptor, a partir de estudios de autorradiografía realizados sacrificando animales o bien en cerebros humanos procedentes de autopsias.

Sin embargo, la cuantificación de la radiación emitida por estos compuestos que permita establecer comparaciones entre distintos cerebros humanos *in vivo* es extremadamente difícil. Se deben tener en cuenta distintas variables físicas y fisiológicas como la vida media radiactiva del compuesto, el grado de absorción por el tejido cerebral, su distribución por la sangre y otros tejidos, el tiempo idóneo para detectar la máxima señal, el modelo teórico de absorción y distribución del compuesto elegido, y variaciones en medidas repetidas del nivel en sangre venosa del fármaco *trazador* radiactivo[12]. Estos factores son muy variables entre distintos sujetos, lo cual representa un gran inconveniente a la hora de comparar grupos de sujetos con una cierta condición. Por desgracia, la norma en estudios neurofarmacológicos mediante PET suele ser el intento de cuantificar la señal radiactiva y además realizar inferencias a partir de una sola imagen, cuando esta técnica tiene una naturaleza dinámica[13]. En muchos casos, lo más importante es la selectividad del fármaco elegido por cierto subtipo de receptor, cosa que muy pocos trazadores cumplen. La elección del fármaco trazador más o menos selectivo condiciona los resultados, y hace que exista discordancia en los resultados de estudios que emplean trazadores distintos.

Además, muchas veces no existe una relación entre la señal radiactiva y la densidad de receptores para un trazador determinado, y la medida suele depender de factores poco controlados como la difusión y la eliminación del trazador por el resto del cuerpo. Un factor más crítico es la densidad real de receptores de una cierta región cerebral, ya que si ésta es pequeña no será posible obtener datos fiables por el mayor «ruido de fondo» producido por la propia señal radiactiva. Por ejemplo, los receptores de dopamina tipo D2, implicados tradicionalmente en la

---

[12] En este contexto, se entiende como *trazador* cualquier sustancia química que inyectada al torrente sanguíneo llegue hasta el tejido cerebral, y pueda detectarse allí con facilidad, por ejemplo porque sea radiactiva y por tanto emita radiación (también conocido como *radiomarcador*).

[13] M. E. Raichle (1998): «Behind the scenes of functional brain imaging: a historical and physiological perspective», *Proceedings of the National Academy of Sciences in USA*, 95, 765-772.

esquizofrenia, sólo pueden ser medidos con cierta fiabilidad en el estriado (región básicamente implicada en el control de los movimientos), pero no en la corteza cerebral, más relacionada con la esquizofrenia[14].

La falacia del grupo control en las investigaciones con neuroimagen funcional

En general, la mayoría de los estudios que emplean técnicas de neuroimagen suelen basarse en la comparación de una condición frente a otra, o lo que es lo mismo, evaluar las *diferencias* de señal entre grupos de sujetos. Ya que el nivel de la señal física que se mide depende de muchos factores intrínsecos (actividad eléctrica cerebral, por ejemplo) interrelacionados con otros extrínsecos (potencia y distancia al aparato de medida), el valor absoluto de la señal no tiene demasiado significado por sí mismo. Para resolver este problema, emplean la llamada «lógica de la sustracción» que se basa en asumir que dos estados o condiciones difieren en un solo aspecto crítico.

Sin embargo, esta lógica no es válida si dos condiciones difieren en múltiples aspectos muchas veces difíciles de distinguir entre sí. Éste es precisamente el caso de los trastornos mentales, que se consideran como conjuntos de síntomas, que a veces se solapan ampliamente entre distintas condiciones psicopatológicas. Así, normalmente se «resta» la actividad cerebral en una condición determinada de la medida en otra «condición de reposo», para resaltar cambios de activación en zonas particulares del cerebro frente a otras con una «actividad basal». El problema de esta aproximación metodológica al estudio de trastornos mentales es cómo elegir un grupo control con «actividad basal», o bien cómo establecer en un momento dado el «estado basal» frente al «estado activo» en un mismo sujeto. El diseño experimental es ciertamente un tema muy complejo en los estudios de neuroimagen funcional, y por eso es aconsejable interpretar los resultados de estos estudios con cierto escepticismo[15].

---

[14] R. T. Christian y otros (2000): «Quantitation of striatal and extrastriatal D2 dopamine receptors using PET imaging of [F-18]fallypride in nonhuman primates», *Synapse, 38,* 71-79.
[15] Recientemente se ha publicado un ensayo aludiendo a la complejidad y errores de diseño experimental a los que pueden estar sometidos los numerosos estudios de fMRI: R. L.

En el campo de la psiquiatría biológica, esta aproximación está realmente sustentada por la creencia reduccionista y simplista de que los trastornos mentales son causados por anomalías en la función cerebral muy localizadas en regiones particulares. Así, incontables estudios de neuroimagen pretenden identificar el lugar del cerebro asignado a una función cerebral concreta, lo que ha sido descrito como una «frenología moderna de alta tecnología»[16]. Esta perspectiva comienza a cambiar recientemente al considerar la naturaleza distribuida de la función cerebral, en algunos estudios de «conectividad neuronal», cuya interpretación es aún compleja de acuerdo con los conocimientos científicos actuales.

Las limitaciones de los métodos estadísticos en los estudios de neuroimagen

Desde luego, como antes mencionábamos, el cerebro «en reposo» de los sujetos que participan en estudios de neuroimagen PET tiene una intensa actividad «basal». Como cabría esperar, las áreas cerebrales más activas son las relacionadas con la atención, la memoria o las emociones, que son las que normalmente suelen estar implicadas en los trastornos mentales. Para solucionar este problema, los estudios de neuroimagen fMRI actuales utilizan protocolos de estimulación sensorial repetida. Es decir, durante la adquisición de las imágenes, se somete al sujeto experimental a largas sesiones de presentación repetitiva de estímulos visuales, auditivos, etc., más o menos complejos, de modo que se alternan secuencias de presentación de estímulos con otras en las que no se presenta éste o bien se trata de un estímulo diferente. De este modo, se detectan cambios en la señal BOLD con este tipo de estimulación de una magnitud mínima, alrededor del 1% con los escáneres más modernos, que muchas veces no son superiores al ruido electrónico de fondo[17]. Asimismo, este método

---

Savoy (2005): «Experimental design in brain activation MRI: cautionary tales», *Brain Research Bulletin 67*, 361-367.

[16] K. Friston (2002): «Beyond phrenology: What can neuroimaging tell us about distributed circuitry?», *Annual Review of Neuroscience, 25,* 221-250.

[17] Véase P. Bandettini y otros (1993): «Processing strategies for time-course data sets in functional MRI of the human brain», *Magnetic Resonance Medicine, 30,* 161-173.

tiene el inconveniente de que la propia señal BOLD es variable con el tiempo y además existe un efecto de habituación a la estimulación, lo que implica que se tienen que promediar cientos de imágenes de miles de *vóxeles* cada una para obtener un cambio en la señal estadísticamente significativo.

Esto plantea grandes problemas a la hora de analizar estadísticamente los resultados, dado que, si se corrige el efecto del gran número de comparaciones entre píxeles para no encontrar un resultado falsamente significativo por azar, precisaríamos ajustar la probabilidad para considerar una diferencia estadísticamente significativa aproximadamente a menos del 0,000001%[18]. En el mundo real, esta cifra es demasiado pequeña, ya que implicaría entre otras cosas, realizar miles de experimentos para verificarla estadísticamente. Por si esto fuera poco, las regiones cerebrales no funcionan de forma independiente unas de otras, y lo mismo sucede con los vóxeles que definen una región cerebral, lo que obliga a realizar ajustes aún más estrictos de los niveles de significación estadística. Esto haría que en el análisis estadístico no se detectasen tampoco diferencias reales (conocido en estadística como error tipo II).

Puesto que no existe solución fácil a este problema, los estudios usan múltiples métodos estadísticos alternativos, desde disminuir arbitrariamente ese nivel de probabilidad fijando una especie de «filtro estadístico» para detectar los vóxeles significativos, desde la aplicación de complejos métodos de *análisis multivariado* a la realización de simulaciones matemáticas de activaciones por azar de ciertos vóxeles y compararlas con la imagen de interés. En definitiva, no existe aún un procedimiento estadístico unificado para estos análisis de estudios PET o fMRI, lo cual contribuye a la gran variabilidad en los resultados de estudios basados en neuroimagen funcional y su poca replicabilidad.

---

[18] B. S. Peterson (2003): «Conceptual, methodological, and statistical challenges in brain imaging studies of developmentally based psychopathologies», *Development and Psychopathology*, 15, 811-832.

Inconvenientes derivados
de la clasificación actual de los trastornos mentales

En la aplicación de las técnicas de neuroimagen, ha de tenerse en cuenta la naturaleza misma de los trastornos mentales frente a las enfermedades neurológicas (enfermedad de Parkinson, Alzheimer, enfermedad cerebrovascular, etc.). Los trastornos mentales tienen múltiples síntomas difíciles de concretar operativamente, y además las personas que los padecen sufren además otros trastornos asociados. A veces resulta complicado diferenciar entre subtipos de trastornos mentales a partir de su sintomatología, e incluso los profesionales pueden no llegar a ponerse de acuerdo a la hora de seleccionar un subconjunto de personas diagnosticadas con el mismo tipo de trastorno mental. En la práctica, esto es muy difícil de realizar, debido a la propia entidad elusiva de los trastornos mentales. Los estudios de neuroimagen son útiles para definir la extensión o las consecuencias funcionales de una lesión cerebral, o, por ejemplo, para investigar aspectos bien definidos de la función cerebral como la percepción visual, uno de los temas más investigados con estas técnicas. Por el contrario, no es sencillo encontrar sujetos con el mismo diagnóstico psicopatológico y síntomas comunes; es decir, no existiría un sujeto completamente «esquizofrénico», «depresivo mayor», etc., como tampoco existe un sujeto prototipo «psicológicamente normal con rasgos de personalidad X».

Normalmente, muchos síntomas de los trastornos mentales suelen superponerse a los de la población normal con ciertos rasgos de personalidad, lo que hace muy difícil discriminar tanto psicológicamente como neurológicamente los sujetos a los que se realizan los estudios de neuroimagen. Alternativamente, se han hecho algunos intentos mediante PET o fMRI centrándose exclusivamente en algún síntoma característico de algún trastorno mental, como, por ejemplo, «oír voces» en las personas con esquizofrenia[19]. Pero ¿qué resultado cabría esperar de estos estudios? Evidentemente, una activación de la región de la corteza cerebral relacionada con la audición o zonas afectadas mientras se experimenta la alucinación, que es lo que de hecho se encuentra en la mayoría de la «población normal» cuando alguien está oyendo algo

---

[19] Véase G. D. Honey, P. C. Fletcher y E. T. Bullmore (2002), op. cit.

en realidad o bien imagina que lo oye. De hecho, estos datos no pueden ser utilizados para diagnosticar la esquizofrenia, y además debe coincidir la aparición del síntoma con el momento en el que se hace la prueba. Otro problema es la definición clara de otros síntomas psicológicos, como, por ejemplo, «estado de ánimo deprimido», «dificultad para concentrarse», «ideas delirantes», etc., para realizar estas pruebas de neuroimagen. Si ni siquiera esto está claro, los resultados de estas pruebas no podrán ser claramente interpretados y pasarán a engrosar la larga lista de publicaciones científicas actuales con títulos del tipo «El síntoma X de sujetos con el trastorno Y, está asociado a alteraciones en la actividad del sistema subcortico-occipito-parieto-temporo-frontal» (o sea, «el cerebro» para los profanos en la materia).

La influencia de las hipótesis previas en la interpretación de las imágenes

Gran parte de los experimentos que emplean técnicas de neuroimagen suelen estar orientados según una hipótesis de trabajo. Es decir, que el experimentador tiene ciertas expectativas sobre el tipo de diferencias que espera encontrar entre dos condiciones distintas. Normalmente, se emplean técnicas estadísticas para confirmar o descartar esta hipótesis. La desventaja de estos experimentos es que suelen asumir cierta base cerebral de las psicopatologías, y así se centran en zonas cerebrales tradicionalmente implicadas, o bien se realizan pruebas psicológicas en las que se espera que existan deficiencias en estos trastornos. Esto impide en muchos casos una investigación más imparcial y además sesga la investigación en función de la propia idiosincrasia del experimentador. Otra alternativa más adecuada es la orientación *exploratoria* o dirigida por los datos, en la que no se realiza ninguna asunción previa acerca de los posibles resultados del estudio. Esta opción de diseño experimental en el campo de la neuroimagen es aún minoritaria, ya que los métodos estadísticos son demasiado complejos, y todavía se discuten en la actualidad: la mayoría de estos estudios se convierten en el contraste de una hipótesis previa, el método convencional en la llamada «estadística inferencial».

Modificación de los datos
de acuerdo con estándares preestablecidos

Puesto que existe una gran variabilidad en la forma del cerebro de distintas personas, para comparar el origen de la señal fMRI o PET de un grupo de sujetos, se recurre a la «normalización» o corrección de las coordenadas espaciales de origen en función de un *atlas estereotáxico*, que casi siempre es el de Talairach o en muchas menos ocasiones el del Instituto Neurológico de Montreal (MNI). Un problema es que el atlas de Talairach está basado en unas pocas secciones obtenidas a partir de ¡un solo cerebro procedente de un cadáver de una mujer de 60 años![20] Además, la adaptación de las imágenes a un sistema estándar de coordenadas mediante programas informáticos de cualquier cerebro, sin importar demasiado la edad, altura, sexo, etc., implica distintas manipulaciones de la imagen obtenida como el suavizado de sus detalles y la posterior deformación de lo que se obtenga hasta que coincida con las proporciones «canónicas» según el atlas correspondiente. Por otro lado, la imagen se procesa previamente con una serie de filtros matemáticos, para intentar eliminar artefactos producidos durante su captación por el escáner debido al movimiento de la cabeza o la respiración[21]. Por ejemplo, un estudio bastante citado como muestra de las dificultades de estas técnicas, publicado en la prestigiosa revista *Science*, refería cambios anómalos en el flujo sanguíneo medido con PET en los lóbulos temporales del cerebro, en sujetos diagnosticados con trastorno de pánico ante la anticipación de estímulos dolorosos[22]. Más tarde se publicó una corrección por los mismos autores en la revista que venía a sugerir de forma velada que estos cambios también podrían deberse a que los participantes rechinaban los dientes anticipando el estímulo doloroso, y, por eso, se encontraban realmente cambios en el flujo sanguíneo de los músculos de la mandíbula y la cabeza que se localizaban erróneamente en el cerebro. Si los autores no hubiesen publicado esta puntualización, ¿habría forma de comprobar que sus resulta-

[20] J. Talairach y P. Tournoux (1988): *Co-planar stereotaxic atlas of the human brain*. Nueva York: Thieme Medical.
[21] J. C. Culham, (2005), op. cit.
[22] E. M. Reiman y otros (1989): «Neuroanatomical correlates of anticipatory anxiety», *Science, 243*, 1070.

dos originales eran correctos? Seguramente, este hallazgo pasaría a engrosar la larga lista de publicaciones sobre alteraciones en la función cerebral detectadas en diversos trastornos mentales. De hecho, la localización precisa del lugar del cerebro en donde se originó la señal PET o fMRI es muy compleja, y en general debemos conformarnos con una aproximación sobre su origen.

Cómo interpretar los estudios de neuroimagen

En definitiva, la principal disyuntiva que plantean los estudios de la función cerebral es la de *distinguir la causa del* efecto. En este sentido, es muy difícil discernir qué hallazgos podrían representar verdaderos procesos psicopatológicos, cuáles son epifenómenos resultantes de otras causas, o cuáles resultan de cambios adaptativos o compensatorios del sistema nervioso *(plasticidad cerebral)*. En realidad, los estudios de neuroimagen no dan información acerca del supuesto origen biológico de las psicopatologías, sino que las bonitas imágenes obtenidas con esas técnicas tienen sólo a lo sumo un valor de correlación entre el comportamiento y la función cerebral[23]. ¿Son las supuestas alteraciones en la función cerebral resultado de un cerebro anómalo? ¿Son resultado de distintas respuestas idiosincrásicas del cerebro a los mismos estímulos? Estas preguntas aún no tienen respuesta definitiva, a pesar de los cientos de investigaciones realizadas. A lo sumo, estas neuroimágenes deberían considerarse no como instantáneas de lo que en realidad sucede en el cerebro en funcionamiento, que es lo que se tiende a considerar, sino más bien como meras representaciones gráficas de complejos cálculos estadísticos; asimismo, poco tienen que ver estas imágenes con los datos originales de las medidas de variables físicas que suministran los escáneres, ya que estos datos sufren un sinfín de manipulaciones matemáticas de acuerdo con modelos teóricos sobre la anatomía y la función cerebral.

---

[23] P. C. Fletcher (2004): «Functional neuroimaging of psychiatric disorders: exploring hidden behaviour», *Psychological Medicine*, 34, 577-581.

TERCERA PARTE

TRATAMIENTOS PSICOLÓGICOS: ESTADO DE LA CUESTIÓN

CAPÍTULO 9

SOBRE LAS DISTINTAS FORMAS DE TRATAMIENTO PSICOLÓGICO

Se utilizarán indistintamente las denominaciones «tratamiento psicológico», «terapia psicológica» o «psicoterapia». Comoquiera que sea, la denominación «tratamiento psicológico» no prejuzga aquí su sentido médico (aunque también lo tenga). Antes bien, el término «tratamiento» quiere hacer valer sus acepciones más generales, relativas a hablar de un asunto para someterlo a consideración y a actuar sobre algo para darle determinada forma o transformarlo de alguna manera. Por su parte, «terapia» tampoco habría de tener aquí únicamente el sentido médico que parece invocar de pronto. De hecho, podría reclamar también su sentido más general; en este caso, de «cuidado» no necesariamente de un enfermo.

Se empezará por definir el tratamiento psicológico, proponiendo una definición suficientemente general como para incluir las diversas formas de psicoterapia existentes y, a la vez, precisa como para deslindar prácticas que, aun teniendo efectos terapéuticos, no se podrían considerar terapias psicológicas formales. A continuación, se plantean una serie de preguntas tendentes a precisar su ámbito (quién recibe tratamiento psicológico, quién lo aplica, dónde se aplica, por qué hay tantos y, en fin, si funcionan). Así mismo, se plantea la diferencia entre tratamiento psicológico y psicofarmacológico. Una vez hecho esto, se pone de relieve el doble modelo *(médico y contextual)* según se entiende el tratamiento psicológico y que, de hecho, constituye el gran debate actual de la psicoterapia. Finalmente, se presentan los grandes sistemas de psicoterapia existentes y el esquema conforme al que serán expuestos.

¿Qué es un tratamiento psicológico?

Un tratamiento psicológico es primordialmente un procedimiento interpersonal basado en conocimientos dados en la psicología y que implica un terapeuta facultado y un cliente que presenta quejas, problemas o trastornos, en el entendimiento de que éstos tienen remedio psicoterapéutico. El carácter interpersonal se refiere ante todo a una interacción cara a cara, de modo que excluye de la definición de tratamiento psicológico la relación únicamente vía telefónica, sin perjuicio de su utilidad y de su uso como parte de un tratamiento propiamente interpersonal. Por su parte, una relación vía internet podría alcanzar prácticamente una relación interpersonal cara a cara, en la medida en que estén definidas y presentadas las identificaciones personales y las condiciones formales de la terapia (sistema de ayuda). Asimismo, la condición interpersonal excluye los libros de autoayuda y las cintas con instrucciones terapéuticas usadas en ausencia de un terapeuta. Por otro lado, la base en conocimientos psicológicos excluye tratamientos sustentados en lo oculto, en la religión, en creencias culturales de «pueblos indígenas» o en discursos y prácticas del movimiento conocido como *new age* (terapia con cristales, terapia de renacimiento, etc.), sin perjuicio de que su posible efecto pueda ser explicado en términos psicológicos. Por lo demás, aun cuando la eficacia del tratamiento psicológico se debiera a que la gente de la cultura occidental crea en él (en vez de que fuera debida a sus pretendidos ingredientes específicos), ello no afectaría a la definición propuesta.

La referencia a un facultativo supone que la terapia psicológica es una actividad profesional regulada y que cuenta con determinada preparación técnica (formación o entrenamiento). Dado que en terapia psicológica la relación entre preparación y resultado es controvertida, se asume la preparación requerida de acuerdo con cada sistema psicoterapéutico. Finalmente, el término «cliente», en vez de paciente, evita el sentido demasiado comprometido con el modelo médico de este último, sin por ello excluirlo. Comoquiera que sea, el cliente presenta quejas, problemas o trastornos que se supone que son remediables con la ayuda del tratamiento psicológico, en el sentido señalado de «tratamiento» referido, ante todo, a hablar y actuar sobre algo para su entendimiento, transformación o cambio.

¿Quién recibe tratamiento psicológico?

Miles de personas reciben tratamientos psicológicos en las sociedades occidentales. Al margen de estadísticas y diagnósticos, se podrían agrupar en cinco categorías generales: personas con trastornos psicóticos, con trastornos neuróticos, con estrés o crisis, con conductas problemáticas y descontentas[1]. Se prefieren estas categorías de corte tradicional e incluso informal, por no estar precisamente demasiado comprometidas con las convenciones clínicas. Las personas con *trastornos psicóticos* (cuyo diagnóstico sería por lo común esquizofrenia o trastorno bipolar) presentan experiencias inusuales tales como alucinaciones, delirios, alteraciones del pensamiento, etc. La convención clínica hoy día es que la medicación sería el tratamiento de elección mientras que la terapia psicológica cumpliría funciones complementarias. No obstante, no faltan terapias psicológicas como primer abordaje respecto de las cuales la medicación sería una ayuda auxiliar. Por su parte, las personas con *trastornos neuróticos* presentan una variedad de problemas consistentes en alteraciones persistentes del humor o estado de ánimo, recurrentes patrones de conducta desadaptativa, molestias físicas sin evidencia de enfermedad, etc. Estos problemas recibirían por lo común diagnósticos relativos a depresión, ansiedad, distimia, fobia social, agorafobia y, en fin, trastornos de pánico, somatoformes, de la alimentación o de la personalidad (por dar sólo unas cuantas referencias). Son

---

[1] J. D. Frank y J. B. Frank (1991): *Persuasion & healing. A comparative study of psychotherapy*. Baltimore: The Johns Hopkins University Press, pp. 10-14.

problemas, en todo caso, que han estado tradicionalmente en el campo de la psicoterapia, si bien la medicación también tiene su *interés* en ellos y, de hecho, ha contribuido a la actual expansión diagnóstica (que, ciertamente, se nutre de esta problemática).

Las *personas con estrés o crisis* se encuentran en situaciones que desbordan, o al menos parecen desbordar, su capacidad de afrontamiento, tales como la pérdida de algo o alguien significativo en la vida, los cambios bruscos en las circunstancias personales, la desarmonía marital, hijos con conductas problemáticas, etc. Su diagnóstico más común podría ser «trastorno por desadaptación». Aunque eventos vitales de este tipo pueden estar en el comienzo de posteriores trastornos neuróticos o psicóticos, por lo general, responden bien a psicoterapias relativamente breves. De hecho, este tipo de problemas son «disputados» por todas las terapias psicológicas. Aun cabría añadir que los sistemas clínicos promueven de alguna manera la consulta por estos problemas, dando lugar a que la gente tenga cada vez menos capacidad para afrontarlos sin ayuda profesional. Por su parte, las *personas con conductas problemáticas* se caracterizan por el problema que supone su comportamiento para los demás, entendiéndose que tales conductas se deben a causas psicológicas. Entrarían aquí conductas problemáticas de niños y adolescentes, abusos maritales, conductas adictivas y conductas psicopáticas o antisociales (cada una de ellas con su propia categorización diagnóstica). La viabilidad de los tratamientos psicológicos en estos problemas tiene sus más y sus menos y no está exenta de arbitrariedades. Así, a veces, la psicoterapia es instituida como alternativa a sanciones penales; por ejemplo, cuando alguien que ha cometido abusos es enviado a psicoterapia para evitar la cárcel y otras es negada a quienes tal vez podrían beneficiarse de ella. Comoquiera que sea, la psicoterapia en estos problemas, más que en otros, pone en juego sistemas de valores que no son fácilmente compartibles por el terapeuta y el cliente.

Finalmente, las *personas descontentas* suelen ser por lo común miembros de clases educadas y un tanto ociosas que luchan con problemas de identidad y alienación acudiendo a menudo a la psicoterapia para analizar o aliviar desasosiegos y sentimientos de insatisfacción con lo que la vida les depara. Aunque no sería difícil asignar diagnósticos al uso, y sin negar su padecimiento, problemas de este tipo son de los que pueden ir tanto a psicoterapias exploratorias como a psicofarmacología cosmética o también a esa variedad de búsquedas personales y remedios de corte religioso, místico, espiritual, oriental, *new age*, naturista, etcétera.

¿Quién aplica el tratamiento psicológico?

De acuerdo con la definición dada, la respuesta es clara: el psicólogo y el psiquiatra. Aunque muchas relaciones interpersonales puedan suponer una buena ayuda e implicar su saber psicológico, no por ello serían formalmente psicoterapia (más que por analogía). Los grupos de autoayuda, por más que sean bien útiles en el alivio y la mejoría de alguna condición y hasta terapéuticos, no serían propiamente tratamiento psicológico, aunque entre sus miembros haya psicólogos o psiquiatras (si es que no actúan a título de tales, conforme a criterio terapéutico y con el reconocimiento correspondiente). La actuación de otros profesionales del ámbito clínico (médicos, personal de enfermería, trabajadores sociales), aunque sea como ayuda psicológica y pudiendo ser una buena ayuda en este sentido, no por ello sería psicoterapia (o acaso lo sería intrusamente).

¿Dónde se aplica el tratamiento psicológico?

Los sitios de referencia donde se aplican los tratamientos psicológicos son las consultas definidas como tales. En este sentido, pueden ser consultas privadas (gabinetes, centros, despachos, clínicas), centros públicos de salud mental, hospitales generales, hospitales de día y comunidades terapéuticas. Dicho esto, nada quita que parte de la terapia o incluso toda ella se pueda llevar en contextos extraclínicos, como la calle, si, por ejemplo, se trata de una terapia de exposición, o el domicilio del cliente, como pudiera ser un procedimiento para el autismo. No sería propiamente psicoterapia lo que hable un psicólogo o psiquiatra con alguien incidentalmente en la calle, en un bar o en su casa, aunque sea a petición de éste a modo de consulta, y por atinado y provechoso que fuera lo tratado.

Por su lado, las ayudas psicológicas o psiquiátricas ante emergencias tampoco son tratamientos psicológicos no ya sólo por el lugar, sino también por el tipo de actuación, ciertamente, más en la línea de una ayuda humanitaria que en la de una planificación terapéutica. Otra cosa es que la figura de «psicólogo» esté especialmente investida para prestar tal ayuda. Por lo demás, el problema presentado no ha derivado de un fracaso personal que se haya de entender y resolver en función de su historia particular, sino de una situación catastrófica general que, por lo pronto, pone en juego los propios recursos o capacidades de respuesta autorregulatoria de las personas. Desde luego, puede tratarse de un gran trastorno pero todavía habría que ver si es un trastorno psicológico. Distinta sería la ayuda terapéutica que fuera necesaria tras un tiempo razonablemente largo sin darse una recuperación satisfactoria.

¿Por qué hay tantos tratamientos psicológicos?

Por lo pronto, habría que decir que la variedad actual no es ajena a la propia variedad de formas de «cuidado de la psique» históricamente dadas, aunque no fueran a título de tratamientos psicológicos, sino, por ejemplo, filosófico, médico, religioso, humanitario, etc.[2]. De todos modos, no sería hasta finales del siglo XIX cuando el «cuidado de la psique» empieza a tomar forma como psicoterapia propiamente dicha. El siglo XX ya sería, sin duda, el siglo de la psicoterapia, donde cobran entidad todas las existentes. A lo largo del siglo XX son varios los contextos en los que han surgido unas y otras terapias psicológicas, según los momentos (*Fin-de-Siècle,* después de la Segunda Guerra Mundial, la posmodernidad), los sitios (Viena, California), los problemas (psicopatologías de la vida urbana, retorno de los veteranos de las guerras, crisis de la familia, sensibilización ante los abusos, la drogadicción) y, por supuesto, los autores (dependiendo de la tradición, de las varias que hay en psicoterapia, como se verá más adelante, en la que se sitúa su planteamiento)[3]. La pregunta sería ahora por qué sigue habiendo tantos tratamientos psicológicos.

[2] S. W. Jackson (1999): *Care for the psyche. A history of psychological healing.* New Haven: Yale University Press.
[3] M. Pérez Álvarez (1998): «La psicología clínica desde el punto de vista contextual». *Papeles del Psicólogo,* 69, 25-40.

Dejando aparte la posibilidad de que acaso en la práctica no sean tan diferentes como se autopresentan en la teoría, habría que empezar diciendo que todos ellos tienen su fundamento (como se verá). No obstante, no está de más reconocer ciertos «efectos psicológicos» que probablemente contribuyen a su automantenimiento. Se refieren al «efecto placebo», al «efecto Barnum», al «efecto Pigmalión» y al «efecto Charcot».

El *placebo* es, en sentido estricto, como se recordará, un falso medicamento que el paciente toma como verdadero, dado el contexto de un tratamiento médico. Se utiliza con fines de control experimental cuando se investiga un fármaco, debido a que la mera administración de un preparado puede producir cambios en el paciente que enmascararían los efectos propiamente farmacológicos. En rigor, el clínico que lo aplica tampoco debiera conocer la condición del placebo, a fin de evitar influencias sutiles, así como tampoco el evaluador de los resultados (siendo otro investigador el que tendría las claves). Desde el punto de vista del diseño experimental, los sujetos que toman la medicación, los clínicos que la administran y a menudo también los evaluadores son «ciegos» respecto de la condición de placebo o de verdadera medicación. Quiere decir que se han de mantener todas las apariencias y formalidades que corresponden a la administración de un medicamento u otra intervención médica (desde el aspecto externo a la credibilidad con que se aplica y evalúa). Los efectos del placebo, reales, sin duda, son, sin embargo, inespecíficos respecto del efecto específico (farmacológico) que se espera del preparado en cuestión. De ahí que se deban evaluar y en su caso descontar del efecto total del preparado, a fin de determinar su eficacia real. Por lo demás, se entiende que los efectos del placebo (el «efecto placebo») son de naturaleza psicológica, relacionados con la sugestión, la credibilidad del tratamiento, la confianza en el clínico, las expectativas de mejoría, el alivio inicial que lleve a afianzar la confianza y así a ver de otra manera el problema, etc.

El «efecto placebo» se da también, cómo no, en relación con el tratamiento psicológico. Aquí la cuestión es que tanto el tratamiento como el placebo son psicológicos, de manera que no resulta fácil, de ser posible, diferenciar los efectos debidos a los ingredientes específicos de un tratamiento psicológico de los efectos inespecíficos (igualmente psicológicos). Porque aquí la cuestión es determinar los ingredientes específicos del tratamiento psicológico respecto de los no específicos, que son, sin embargo, inherentes a la psicoterapia (dado que ésta implica la influencia interpersonal, la confianza y demás factores que no son otros que los tradicionalmente identificados como placebo). Ciertamente, la cuestión de la especificidad/no especificidad de la psicoterapia plantea importantes problemas conceptuales y metodológicos[4]. De hecho no se puede decir que ya esté establecida la especificidad en psicoterapia, dentro de que no hay dudas acerca de su eficacia[5]. Así, por ejemplo, los estudios en psicoterapia no pueden ser «ciegos» de la manera en que los estudios médicos controlan el placebo. El psicoterapeuta no puede dejar de conocer el tratamiento que aplica y si aplicara un tratamiento-placebo no se puede asegurar que lo hiciera con la misma «implicación» de uno verdadero (lo que no es indiferente en psicoterapia). Como solución a esta polémica se ha propuesto ignorar los factores comunes y centrarse en los mecanismos del cambio[6].

Tanto si se diferencian como si no los efectos específicos de los inespecíficos, toda terapia psicológica conlleva efectos inespecíficos (llamados tradicionalmente placebo), y la duda sería si cuenta también con efectos específicos (debidos a los ingredientes concretos, distintos de los factores comunes). Los así llamados «efectos inespecíficos» son, como se decía, inherentes a la psicoterapia (si bien acaso ésta no sólo consista en ellos), dado su esencial carácter interpersonal, donde la confianza y la credibilidad siempre están de por medio. En este sentido, malo sería que una psicoterapia no tuviera su efecto placebo, siquiera fuera porque algo de ella agradará y complacerá al paciente o cliente, lo que no dejaría de ser literalmente «placebo» (que como se recordará significa «agradará», referido a lo que hace el clínico). Por lo demás, ganarse la confianza del paciente, establecer una buena relación

---

[4] R. J. DeRubeis, M. A. Brotman y C. J. Gibbons (2005): «A conceptual and methodological analysis of the nonspecifics argument», *Clinical Psychology: Science and Practice, 12*, 174-183.

[5] T. W. Bassin, S. C. Tierney, T. Minami y B. E. Wampold (2003): «Establishing specificity in psychotherapy: A meta-analysis of structural equivalence of placebo controls», *Journal of Consulting and Clinical Psychology, 71*, 6, 973-979; B. E. Wampold (2005): «Establishing specificity inpsychotherapy scientifically: Design and evidence issues», *Clinical Psychology. Science and Practice, 12*, 194-197.

[6] A. E. Kazdin (2005): «Treatment outcomes, common factors, and continued neglect of mechanisms of change», *Clinical Psychology: Science and Practice, 12*, 184-188.

y, en fin, tener un prestigio clínico es propio de todo psicoterapeuta digno de su nombre, de manera que los así llamados «efectos inespecíficos» no sólo se darían de forma natural (como algo inherente a la psicoterapia), sino que además estarían cultivados (como algo propio de una buena terapia psicológica).

Consiguientemente, por lo que aquí importaba señalar, se concluiría que el efecto placebo puede contribuir al automantenimiento de los distintos tratamientos psicológicos, como de hecho ha contribuido al prestigio de la Medicina en tiempos en los que carecía de tratamientos específicos, y sigue contribuyendo.

El segundo efecto psicológico a señalar es el «efecto Barnum», consistente en la tendencia de la gente a reconocerse en los informes psicológicos, en particular, si son favorables, aun cuando éstos sean descripciones generales aplicables prácticamente a todo el mundo, como el horóscopo[7]. Este fenómeno puede estar operando en el proceso diagnóstico. Así, el «acierto» del diagnóstico puede estar envuelto por la aquiescencia de la gente a reconocerse en una categoría genérica, aquiescencia que en el contexto clínico puede venir favorecida por el reconocimiento que supone (sea de su malestar, de su realidad, de su sufrimiento, etc.). El caso es que este asentimiento puede, a su vez, reobrar sobre el terapeuta, de manera que se confirme a sí mismo como un gran diagnosticador y se afirme en su sistema de clasificación, cuando acaso no sea más, si se permite esta expresión, que un charlatán de feria, que es lo que era Barnum cuando se dio cuenta de su propio efecto (de encontrar siempre algo que decir que engancha a la gente, de modo que todos contentos).

En esta misma línea se citaría el «efecto Pigmalión», una suerte de profecía autocumplida, consistente en que el propio empeño de alguien puede crear las condiciones objetivas para que se dé en una persona un cambio de otra manera impensable. El empeño de Pigmalión en dar vida a la estatua que acaba de hacer opera la metamorfosis del mármol en cuerpo vivo (en las *Metamorfosis* de Ovidio). Por su lado, el empeño del «Dr. Higgins» en la versión teatral de B. Shaw (y en la versión cinematográfica *My Fair Lady*) da lugar contra todo pronósti-

---

[7] M. Pérez Álvarez (1993): «Análisis de la conducta supersticiosa», en M. Pérez Álvarez, ed., *La superstición en la ciudad* (pp. 129-168). Madrid: Siglo XXI, pp. 131-134.

co a que una simple vendedora de flores en la calle se transforme en toda una princesa de palacio. En el ámbito clínico, el empeño del terapeuta puede operar también pequeñas grandes metamorfosis, en virtud de su denuedo y entusiasmo, traducidos en disponer condiciones objetivas prácticas para el cambio. En este sentido, habría que ver el conocido fenómeno de la lealtad al propio sistema psicoterapéutico según el cual las psicoterapias funcionan mejor con los que están comprometidos con ellas[8]. En todo caso, buen «Dr. Higgins» sería aquel terapeuta que lleve al paciente más allá de lo que dicen los diagnósticos y pronósticos.

El efecto Pigmalión puede ir también en la dirección negativa, cuando el empeño quizá en la forma de prejuicios lleve, en este caso, a confirmar el desahucio de alguien, de manera que no se dé lugar a poner los medios que pudieran suponer algún remedio. En particular, por lo que pueda concernir a esta eventualidad negativa, no se dejaría de advertir que los diagnósticos psiquiátricos pueden deberse, a veces, más al empeño del clínico que a la propia naturaleza del problema y la utilidad terapéutica (lo que no quita que complazca al paciente y cumpla con el afán estadístico del sistema). Lo cierto es que si hay empeño en diagnosticar, difícilmente algún paciente se libraría de un diagnóstico o incluso más («comorbilidad»), lo que no dejaría de ser una suerte de Pigmalión (y habría que ver de qué signo).

Finalmente, no se dejaría de traer aquí de nuevo el ya introducido «efecto Charcot». Como se recordará, el «efecto Charcot» viene a confundir, se podría decir, la descripción de la realidad con la prescripción inadvertida de ella. De esta manera, los cuadros clínicos podrían ser en alguna medida una especie de psicodramas inducidos por los propios guiones de los clínicos, dando lugar a un proceso de retroalimentación mutua que lejos de reconocerse a sí mismo se autoconfirma en su presunta objetividad.

Ahora bien, todos estos efectos psicológicos (placebo, Barnum, Pigmalión, Charcot) son posibles debido precisamente al carácter histórico-cultural más que neurobiológico-natural de los trastornos. Los efectos señalados

---

[8] L. Luborsky, P. Crits-Christoph, A. T. McLeland, G. Woody, W. Piper, B. Liberman y otros (1999): «The researcher»s own therapy allegiances: A «wild card» in comparisons of treatment efficacy», *Clinical Psychology: Science and Practice*, 6, 1, 95-106.

no hacen sino poner de relieve la plasticidad de los trastornos psicológicos (psiquiátricos o mentales), según ya se ha discutido. Esta plasticidad permite su conformación de una u otra manera práctica, en función del sistema dentro del que se opera. Siendo así, se entiende que los distintos sistemas se mantengan con éxito, ganando todos y todos reclamando sus reales, gracias al menos a esos «efectos psicológicos». La pregunta sería ahora si todos funcionan realmente y si lo hacen por encima de esos efectos generales, más o menos comunes a todos los tratamientos psicológicos.

¿Funcionan realmente todos los tratamientos psicológicos?

Con lo dicho ya se ha adelantado un principio de respuesta y es que todos serían efectivos en la medida, al menos, en que están amparados por el efecto placebo y demás efectos señalados, por lo general, considerados *efectos inespecíficos*. Habida cuenta de que los distintos tratamientos psicológicos cuentan además con *ingredientes específicos*, los que se supone que son propiamente eficaces, es de esperar que tengan todavía una eficacia añadida a la inespecífica. Y, así, está probado que los tratamientos psicológicos son efectivos[9]. Distinto es que algunos estén menos representados en la carrera de la eficacia demostrada. Está probado que los pacientes que reciben alguna psicoterapia formal mejoran más que aquellos que no la reciben, como se ha visto cuando se comparan con pacientes en lista de espera y con aquellos que han recibido atenciones-placebo (atenciones no tan completas como si fueran psicoterapias formales consagradas pero aun así ofrecidas y recibidas como tales). Aquí la paradoja y, de hecho, la cuestión intrigante es que las distintas terapias psicológicas son eficaces en la misma medida, siendo un debate abierto si algunas lo son más que otras en problemas concretos (pero la cuestión no es que algunas no lo sean nada). La pregunta sería entonces por qué siendo distintas tienen, sin embargo, una eficacia similar. La explicación a esta aparente paradoja podría estar en los factores comunes de los que participan tanto, por un lado, los distintos problemas como, por otro, las distintas psicoterapias.

[9] M. J. Lambert y B. M. Ogles (2004): «The efficacy and effectiveness of psychotherapy», en M. J. Lambert, ed., *Bergin and Garfield»s handbook of psychotherapy and behaviour change* (5.ª edición; pp. 139-193). Nueva York: Wiley.

Los *factores comunes* de los distintos problemas apuntan a una suerte de desmoralización consistente en estar preocupado, sin esperanza, ansioso, desanimado, cualquiera que fuera el «diagnóstico». La involucración en cualquier psicoterapia supondría, al menos, al principio, y en cierta medida, una remoralización por la que uno recobra la esperanza, encuentra algún alivio y se resitúa ante su problema. Esta remoralización la proporcionaría cualquier psicoterapia, debido a que todas ellas participan de los cuatro factores comunes siguientes: un lugar definido (consulta, clínica), un agente investido de facultades sanadoras (especialista, doctor), una mitología y un ritual[10].

La *mitología* se refiere al entendimiento del problema presentado de acuerdo con el sistema conceptual del clínico, donde halla explicación y se abre a una solución. Esta mitología no importa tanto que sea una explicación verdadera como que sea una verdadera explicación; esto es, creíble y satisfactoria para el paciente o cliente (de acuerdo con su marco de referencia y juicios y prejuicios acerca de la ciencia psicológica y psiquiátrica). Así, la mitología puede venir dada en términos de desequilibrios neuroquímicos, de conflictos inconscientes, de angustia vital, de estancamiento del crecimiento personal, de repertorios de conductas, de comunicaciones familiares patológicas o, incluso, de «mal de ojo» (por poner un ejemplo de fuera de la psicoterapia). Lo importante es su sentido para el paciente o cliente. Se entiende que el clínico que sostiene la mitología de referencia es creyente en ella[11].

Por su parte, el *ritual* se refiere a cualquier participación activa del paciente y el terapeuta en algún procedimiento que se supone relevante para la mejoría de la condición presentada (desde la toma de una pastilla o un ejercicio de relajación, hasta la exposición a una situación temida o tareas para casa (a veces, incluso «rituales»), pasando por la interpretación de un significado inconsciente o la experienciación emocional. Obviamente, no se trata de algo aleatorio sino inscrito en un sistema de significación. En todo caso, la mitología y el ritual se entiende que tienen diversas funciones psicoterapéuticas, tales como combatir el sentido de alienación del paciente, promover expectativas

---

[10] Frank y Frank (1991), op. cit., capítulo 2.
[11] Comoquiera que sea, nada de esto implica que en un plano gnoseológico y ontológico dé igual una que otra mitología o explicación. Una cosa es la explicación pragmática que valga para los participantes y otra la que pueda ofrecer un estudio objetivo.

de mejoría, proporcionar nuevas experiencias de aprendizaje, reactivar emociones, aumentar la confianza en sí mismo y, en fin, proporcionar oportunidades para la práctica[12].

Los factores comunes en conjunción con los efectos psicológicos señalados, ciertamente, aspectos muy relacionados entre sí, darían cuenta de la eficacia similar que agracia a los distintos tratamientos psicológicos, sin descartar que unos puedan ser todavía más eficaces que otros en problemas concretos y debido a ingredientes específicos, como parece ser el caso[13], pero la cuestión aquí era si funcionaban todas las psicoterapias, y la respuesta es en general que *sí*.

Tratamiento psicológico y tratamiento psicofarmacológico

Dada esta caracterización general del tratamiento psicológico, se puede percibir su diferencia respecto del tratamiento farmacológico. Por lo pronto, el tratamiento farmacológico se caracteriza esencialmente por la prescripción de medicación (mientras que el psicológico se caracterizaría por determinada relación interpersonal). En esta línea, si se quisiera establecer su diferencia en dos palabras, como se usa a veces, se diría, respectivamente, «pastilla» y «palabra» o «recetar» y «hablar». A este respecto, no se dejaría de reparar en que «recetar» y «hablar» responden a dos acepciones de «tratamiento», por un lado, como «acto médico» y, por otro, como «trato personal». No es que el acto médico de recetar no suponga trato personal, pero éste no define de por sí el tratamiento médico (no en balde a menudo sinónimo de medicación). Más allá de esta diferencia superficial habría que distinguir la distinta lógica que subyace a uno y otro proceder.

El tratamiento farmacológico sigue expresamente, como es propio, el *modelo médico*. En términos generales, el modelo médico (farmaco-

---

[12] Frank y Frank (1991), op. cit., pp. 44-50. De acuerdo con Karasu se diría que todas las psicoterapias incluyen alguna combinación de experiencia, dominio cognitivo y regulación conductual como agentes del cambio terapéutico. T. B. Karasu (1986): «The specificity versus nonspecificity dilemma: toward identifying threrapeutic change agents», *American Journal of Psychiatry*, 143, 6, 687-695.

[13] A. D. Reisner (2005): «The common factors, empirically validated treatments, and recovery models of therapeutic change», *The Psychological Record*, 55, 377-399. Como dice este autor, todas son iguales pero algunas son más iguales que otras, p. 393.

lógico) se puede caracterizar, según lo que importa señalar aquí, de acuerdo a los cuatro rasgos siguientes:

1. La queja, problema o trastorno del paciente (que no cliente) se ven como signos y síntomas indicativos de una condición biológica y constitutivos, en todo caso, de un cuadro médico (catalogado en los sistemas diagnósticos al uso).
2. La explicación de las quejas, problemas o trastornos del paciente se formulan en términos psicofisiológicos, consistentes por lo general en modelos biológicos y bioquímicos (típicamente «desequilibrios neuroquímicos»).
3. Los mecanismos del cambio se formulan igualmente en términos de acción farmacológica (de acuerdo con los modelos disponibles).
4. El efecto psicoterapéutico se entiende que es debido específicamente a la acción de la medicación. De hecho, se requiere su especificación respecto del efecto placebo que, como ya se ha dicho, siempre contribuye con efectos inespecíficos.

Caracteriza, pues, al modelo médico la especificidad. En efecto, el modelo supone que el paciente presenta un trastorno definido, que este trastorno es explicable en términos bioquímicos, que el cambio terapéutico consiste en determinada acción farmacológica y, en fin, que la medicación produce efectos específicos, diferenciables de los efectos psicológicos generales. A este respecto, es importante advertir una cierta ambigüedad en relación con la supuesta especificidad de los psicofármacos. Sin negar para nada que los psicofármacos son específicamente efectivos, siquiera porque unos producen unos efectos y otros otros, no se podría decir, sin embargo, que su efectividad es psicológicamente específica, en el sentido de reparar los supuestos mecanismos subyacentes de los síntomas concretos (o de todo un cuadro) no sólo porque no se conocen (por muchos modelos que haya), sino porque además los «trastornos mentales» no están en la misma escala de la acción farmacológica. Una cosa son, valga por caso, las «creencias» (por ejemplo, acerca de la peligrosidad de «oír voces»), y otra, las «moléculas» (en este caso las supuestamente implicadas en las «alucinaciones auditivas»). El hecho de que la medicación reduzca las voces (los síntomas) no quiere decir que esté actuando específicamente en el «mecanismo de la alucinación». Acaso reduce las voces junto con otras «reducciones» más (sin perjuicio de que esto sea confortable y tranquilizador para pacientes, familias y clínicos). Los psicofármacos no tienen especificidad espacial, sino que están distribuidos por todo el cuerpo y atraviesan la barrera hematoencefálica accediendo a todas las regiones del cerebro. De modo que no se trata de ninguna especificidad selectiva (como dan a entender sus descripciones).

Comoquiera que sea, la medicación marca la diferencia también en el proceder de la terapia, estableciendo aquello a lo que atiende y de lo que entiende el clínico. Así que la medicación lleva a escuchar al fármaco (más que propiamente al paciente). Para empezar, el problema se concreta en función de los síntomas que son sensibles al preparado. Después, las siguientes sesiones se ocupan en averiguar los efectos de la medicación y en ajustar sus dosis. Por el contrario, el tratamiento psicológico escucha a la persona, por su propia condición interpersonal. Escuchando al fármaco y escuchando a la persona podría ser otra versión de la misma diferencia anteriormente formulada como «pastilla» o «palabra» («recetar» o «hablar»).

Modelo médico y modelo contextual

La cuestión es que buena parte de los tratamientos psicológicos siguen también de alguna manera el modelo médico. En relación con las características señaladas, los tratamientos psicológicos adeptos al modelo médico se reconocen prácticamente en el cambio de las condiciones biológicas por las psicológicas. Más concretamente, el modelo médico de psicoterapia se caracterizaría por:

a) Considerar las quejas, problemas o trastornos como entidades de base psicológica más que neurobiológica.
b) Ofrecer explicaciones psicológicas en vez de neurobiológicas.
c) Ofrecer igualmente mecanismos psicológicos del cambio terapéutico.
d) Y establecer ingredientes específicos de la terapia psicológica, consistentes en técnicas (de acuerdo con las explicaciones y me-

canismos de base) diferentes de los efectos psicológicos genéricos debidos a los factores comunes.

El modelo médico de psicoterapia es ciertamente dominante. Su estatus actual viene amparado por el movimiento de los «tratamientos empíricamente apoyados». El movimiento de los «tratamientos empíricamente apoyados», se ha de recordar, es un movimiento «forzado» por las «guías psiquiátricas» (a su vez influidas por la «medicina basada en la evidencia»), de manera que si la psicología clínica no ofrece sus «guías de tratamientos psicológicos eficaces» equivale a que no existe[14]. Ahora bien, otra cosa es que el movimiento de los «tratamientos psicológicos eficaces» sea la última palabra de la terapia psicológica[15].

Aunque resulta difícil ver que las cosas pudieran ser de otra manera, lo cierto es que existe un modelo alternativo al modelo médico de psicoterapia. Se trata del así llamado «modelo contextual», debido precisamente a su énfasis en los factores contextuales, interpersonales, de la tarea psicoterapéutica. De hecho, la definición de tratamientos psicológicos que se ha ofrecido al principio estaba concebida desde este planteamiento contextual, sin que por ello quedara excluido el modelo médico[16]. Como se recordará, la definición ofrecida enfatiza el carácter interpersonal del tratamiento psicológico, como el contexto en el que se han de «tratar» los problemas de los pacientes o clientes. En esta perspectiva, se entiende, asimismo, que los problemas psicológicos están intrínsecamente ligados a las circunstancias interpersonales y sociales y en este sentido tendrían también un carácter interpersonal (contextual).

El modelo contextual de psicoterapia tiene, en realidad, una larga historia y cuenta también con sus tendencias actuales que, como no podría

---

[14] J. R. Fernádez Hermida, M. Pérez Álvarez, C. Fernández Rodríguez e I. Amigo Vázquez (2003): «El fin de la inocencia en los tratamientos psicológicos. Análisis de la situación actual», en M. Pérez Álvarez, J. R. Fernández Hermida, C. Fernández Rodríguez e I. Amigo Vázquez, eds.: *Guía de tratamientos psicológicos eficaces*. Madrid: Pirámide, vol. I; pp. 17-34.
[15] M. Pérez Álvarez, J. R. Fernández Hermida, C. Fernández Rodríguez e I. Amigo Vázquez (2003): «Camino recorrido y tarea futura de los tratamientos psicológicos», en M. Pérez Álvarez, J. R. Fernández Hermida, C. Fernández Rodríguez e I. Amigo Vázquez, eds.: *Guía de tratamientos psicológicos eficace*. Madrid: Pirámide, vol. III; pp. 215-236.
[16] B. E. Wampold (2001): *The great psychotherapy debate. Models, methods, and findings*. Mahwah, NJ: LEA, p. 3.

ser de otra manera, están en abierta polémica con las tendencias señaladas del modelo médico. Se refiere, en particular, al movimiento de los factores comunes (antes aludido), de una larga tradición pero tanto más boyante hoy día que nunca[17]. El modelo contextual no niega la efectividad de las técnicas pero afirma que tal efectividad se debe a que forman parte del contexto de la terapia, en el que cobran su sentido y funcionalidad y, no, por tanto, a sus presuntos «efectos psicológicos específicos», de la manera en la que actúa la medicación (al margen de los factores contextuales). El problema es que los factores contextuales son inevitables incluso para las psicoterapias que siguen el modelo médico, lo que hace prácticamente imposible establecer la especificidad de la psicoterapia. No en vano esta distinción entre modelo médico y modelo contextual es el gran debate de la psicoterapia[18]. Nótese que no se trata de dos tipos de psicoterapia. De hecho, no hay una tal psicoterapia llamada «modelo médico» ni «modelo contextual». Se trata, propiamente, de dos planteamientos metateóricos, de dos concepciones de la psicoterapia.

Este debate se plantea también en términos de si son las técnicas o si son más bien las relaciones lo que funciona en psicoterapia. Así, en réplica a «tratamientos que funcionan»[19], se contraponen las «relaciones que funcionan»[20]. No obstante, el debate entre técnicas y relaciones supone una dicotomía que, en realidad, es un tanto falaz. Por un lado, no hay técnicas sin relaciones y, por otro, las relaciones terapéuticas comportan su técnica. No se trata de cualquier relación sino de una relación con *techné*, con arte, siquiera fuera el arte de la persuasión (retórica, logoterapia, curación por la palabra). Por lo demás, ya se ha

---

[17] M. A. Hubble, B. L. Duncan y S. D. Miller, eds., (1999). *The Heart & soul of change. What works in therapy*. Washington, DC: America Psychological Association.

[18] Wampold (2001), op. cit. Este debate se podría ver como muestra de la confusión que reina en psicoterapia pero quizá habría que verlo mejor como una tensión constitutiva de la propia temática y problemática en cuestión, siempre abierta a tensiones dialécticas debidas a su carácter histórico-cultural. En este sentido, el debate puede ser más positivo que negativo. Así, por ejemplo, si no existiera este debate, la psicología clínica estaría probablemente o bien autocomplacida en su modelo médico sin especiales consideraciones contextuales o bien no menos autosatisfecha en su modelo contextual sin particulares preocupaciones, en este caso, por la especificación de sus procedimientos y el apoyo empírico.

[19] P. E. Nathan y J. Gorman, eds. (2002): *A guide to treatments that work*. Nueva York: Oxford University Press.

[20] J. C. Norcross, ed. (2002): *Psychotherapy relationships that work. Therapist contributions and responsiveness to patients*. Oxford: Oxford University Press.

señalado que el modelo contextual en absoluto niega el valor de las técnicas; otra cosa es de dónde les venga ese valor. En fin, los «principios del cambio terapéutico que funcionan» incluyen tanto las relaciones como las técnicas, junto con las características de los pacientes/clientes y de los terapeutas[21]. Más relevante que la dicotomía técnicas/relaciones parece ser la relativa al modelo médico o modelo contextual.

La concepción de los tratamientos psicológicos a imagen del modelo médico o del modelo contextual se traduce en la práctica en procedimientos relativamente distintos. Mientras que el modelo médico de psicoterapia tiende a centrarse en la eliminación de los síntomas, dada su conformación con el tratamiento psicofarmacológico, el modelo contextual se propone objetivos más abiertos, dada su perspectiva centrada en la persona (más que en el cuadro). Por su parte, lo que esperan los pacientes o clientes de la psicoterapia en los distintos momentos de ella suele ser, en primer lugar, la «remoralización» consistente en ver la manera de dar salida a su situación; en segundo lugar, el «alivio» de los síntomas, y, en tercer lugar, la «rehabilitación» en el funcionamiento de la vida[22]. En este sentido, los tratamientos conformados con el modelo médico puede que desvirtúen la naturaleza de los problemas psicológicos y destruyan la capacidad de los tratamientos psicológicos para proponer beneficios de más alcance que eliminar los síntomas en función de unas técnicas.

Sistemas de tratamiento psicológico históricamente dados

La variedad de psicoterapias realmente existentes muestra, a su vez, una variedad de objetivos posibles, indicativa de la propia naturaleza abierta de los problemas psicológicos y de sus soluciones. Las psicoterapias existentes son, a primera vista, muy numerosas, del orden de trescientas, a juzgar por las entradas de una enciclopedia[23]. Aunque

---

[21] L. J. Castonguay y L. E. Beutler, eds., (2006): *Principles of therapeutic change that work*. Oxford: Oxford University Press.
[22] K. I. Howard, K. Moras, P. L. Brill, Z. Martinovich y W. Lutz (1996): «Evaluation of psychotherapy. Efficacy, effectiveness, and patient progress», *American Psychologist, 51*, 10, 1059-1064.
[23] M. Versen y W. Sledge, eds., (2002): *Encyclopedia of psychotherapy*. San Diego, CA: Academic Press.

esta cantidad, así, sin más reparos, se presta a hacer presentaciones *interesadas*, lo cierto es que responden a sistemas de teoría, técnica y práctica que tienen su fundamento[24]. En concreto, se reconocen cuatro o cinco grandes sistemas de psicoterapia, según si alguno de ellos se reparta o no en dos, dependiendo del criterio utilizado. Aquí se van a exponer cinco:

Psicoanálisis y psicoterapia psicoanalítica (la comprensión de sí mismo como renovación personal).

Psicoterapia fenomenológica y existencial (el entendimiento filosófico de los problemas de la vida).

Psicoterapia centrada en la persona y experiencial (el cliente como autosanador activo).

Terapia de conducta y cognitivo-conductual (el aprendizaje de nuevas formas de comportamiento).

Terapias de familia (la revisión de las relaciones familiares).

El resultante cinco, en vez de cuatro, obedece a la distinción entre psicoterapia fenomenológica y existencial, por un lado, y psicoterapia centrada en la persona y experiencial, por otro; ambas se presentan a menudo como un solo sistema; unas veces, como psicoterapia fenomenológica y existencial, y otras, como psicoterapia humanista. Aquí se han distinguido por las razones que se dirán en su momento.

Sean cuatro o cinco los sistemas, pueden parecer todavía demasiados en la perspectiva de una supuesta «teoría unificada». A este respecto, se ha de insistir en el carácter histórico-cultural de la problemática en cuestión, susceptible de ser conformada de una u otra manera relativamente distinta. Bien entendido que tampoco de cualquier manera sino, de hecho, conforme a determinados fundamentos. Como cuestión de hecho, se trata de las formas o sistemas históricamente dados, realmente existentes y, por tanto, conformadores de la realidad. En esta línea, no está de más recordar, de acuerdo con la argumentación de este libro, que el tratamiento psicofarmacológico (el cual en términos de sistema bien se podría identificar como «sistema neurobiológico») no dejaría de ser él mismo una tendencia cultural (lejos de ser la solución a la disparidad de los sistemas psicoterapéuticos).

---

[24] J. L. Tizón (1992): «Una propuesta de conceptualización de las técnicas de psicoterapia», *Revista de la Asociación Española de Psiquiatría*, 12, 43, 283-294.

En relación con el movimiento de la «psicoterapia de integración» que, a menudo, se ha presentado como una superación de las escuelas (por tomar elementos de cada una de las psicoterapias en particular) y que, sin duda, parece una propuesta razonable, lo cierto es que en la práctica contribuye más, se podría decir, a la «desintegración» que propiamente a la integración, a juzgar por la variedad de propuestas. Por otro lado, estas propuestas suelen estar concebidas más de acuerdo con unas escuelas que con otras, de modo que no están por encima de ellas, lo que tampoco es de extrañar, si la integración quiere tener algún fundamento y concepción psicopatológica (lo que es cosa de «escuela»). Otra cosa es que las propias escuelas o como se prefiere decir aquí sistemas sean cada vez más integradores dentro de sus fundamentos.

Esquema expositivo de los sistemas de tratamiento psicológico

Cada sistema se expondrá siguiendo el mismo esquema: Fundamentos, Psicopatología, Objetivos, Procedimientos y técnicas y Estatus.

Fundamentos. En esta sección, la más larga dentro del espacio limitado autoimpuesto, se presenta el contexto histórico y la concepción sobre la que se asientan la psicopatología y demás aspectos considerados de acuerdo con cada sistema.

Psicopatología. Presenta la explicación del trastorno psicológico, de una manera sucinta, siquiera sirva para ver la diferencia entre unos y otros sistemas.

Objetivos. Presenta lo que cada sistema se propone hacer y conseguir. Dentro de su brevedad se espera que sea suficiente para percibir no sólo la variedad de objetivos, sino también su sentido abierto, de acuerdo con el carácter reconstructivo de la solución de los problemas psicológicos (no únicamente centrado, por ejemplo, en la eliminación de los síntomas). Se obvian objetivos genéricos como «bienestar», «salud integral» o «calidad de vida».

Procedimientos y técnicas. Expone el enfoque práctico que sigue cada sistema, con indicación de algunas técnicas específicas. En todo caso, importa más el sentido general que los detalles.

Estatus. Se refiere a la posición y al sentido que cada sistema tiene en el ámbito de la psicología clínica. Se incluye aquí el estatus empírico.

CAPÍTULO 10

LA COMPRENSIÓN DE SÍ MISMO COMO RENOVACIÓN PERSONAL
Psicoanálisis y psicoterapia psicoanalítica

Fundamentos

Se ha de empezar diciendo que el psicoanálisis es el primer sistema de terapia psicológica. Es más, el psicoanálisis supuso el cambio, a finales del siglo XIX, de una perspectiva neuropatológica a la perspectiva psicológica. En efecto, a lo largo del siglo XIX se estaba dando el «nacimiento de la clínica», gracias al desarrollo de la anatomopatología y, en el caso de los trastornos mentales, de la neuropatología. Así, algunas enfermedades consideradas psiquiátricas pasaron a ser neurológicas según se descubrían sus causas biológicas (como sería el caso de la sífilis y de ciertas demencias). Sin embargo, había una «enfermedad», precisamente la más frecuente en los entornos psiquiátricos, que no se avenía con las explicaciones neuropatológicas. De hecho, resultaba contraejemplo de enfermedad, pues, no tenía síntomas definitorios fijos (patognómicos), los propios síntomas consistían en alteraciones funcionales mientras permanecía intacta la anatomía y, en fin, parecían obedecer más a condiciones sociales que a condiciones determinadas por los nervios. Era la histeria.

Pues bien, Sigmund Freud (1856-1939), el creador del psicoanálisis, daría un giro radical al planteamiento de esta singular enfermedad. En vez de mirar a la supuesta neuropatología de los pacientes, lo que hizo fue escucharlos. De esta manera, encontró que sus síntomas tenían más que ver con los acontecimientos de la vida que con las alteraciones de la biología. Abrió paso, así, a una nueva teoría del saber clínico. Del «campo de la mirada», que empezaba a establecerse en la medicina clínica, se estaba pasando al «campo de la escucha», que sería característico de la psicoterapia. El caso es que los trastornos en cuestión estaban más en el campo de los problemas de la vida que en el campo de los problemas de la biología. Ésta fue la gran revolución de Freud: pasar de la perspectiva biológica a la biográfica, del cerebro a la psique.

Ahora bien, el psicoanálisis se ha desarrollado hasta contar hoy con una pluralidad de escuelas y tendencias. Su evolución y panorama actual se puede exponer en cuatro palabras: pulsión, yo, objeto e identidad. Se trata de cuatro palabras clave que representan cada una de ellas una teoría psicológica dentro del psicoanálisis: psicología de la pulsión, psicología del *yo*, psicología de las relaciones objetales y psicología de la identidad. Aunque responden a la evolución del psicoanálisis y, en este sentido, se pueden ver como compatibles y complementarias, no dejan de representar una fractura doctrinal, como también se verá. En todo caso, habría que decir que todas ellas estaban ya de alguna manera prefiguradas en Freud, aun cuando al propio Freud se le asigne principalmente a una; en concreto, a la psicología de las pulsiones[1].

Psicología de las pulsiones

La psicología de las pulsiones se refiere a la concepción clásica de Freud relativa a las fuerzas instintivas (libidinales y destructivas) y su conflicto con las exigencias de la vida socialmente organizada. Dentro de estas condiciones, la psique viene a ser un aparato para tramitar las pulsiones de la mejor manera posible. Con todo, el «malestar en la cultura»

---

[1] S. A. Mitchell y M. J. Black (2004): *Más allá de Freud. Una historia del pensamiento psicoanalítico moderno*, Barcelona: Herder (original de 1995).

sería el precio de la civilización. Ni que decir tiene que las pulsiones experimentan toda una serie de vicisitudes a lo largo de la vida de cada individuo, que el psicoanálisis trata de explicar de acuerdo con una compleja teoría psicológica. Esta teoría tiene una primera versión caracterizada por la distinción inconsciente-consciente la cual se reconfigura, finalmente, en la teoría estructural articulada sobre las nociones de ello, yo y superyó. En todo caso, el inconsciente constituiría la mayor parte del psiquismo y contendría las condiciones del funcionamiento psicológico[2].

Así, los síntomas neuróticos no serían sino manifestaciones de conflictos inconscientes, cuyo contenido es lo que hay que indagar. A este respecto, Freud elaboró una teoría del funcionamiento del inconsciente que permite explorar este contenido. Dicho contenido consiste en representaciones de pulsiones dadas, sobre todo, como fantasías y deseos. El problema está en el conflicto entre estas representaciones de pulsiones y las exigencias de la vida consciente. El origen de estas representaciones puede tener tres procedencias: de la filogenia, de la infancia y de la represión. La procedencia filogenética se refiere a ciertas fantasías llamadas «fantasías originarias» (entre ellas la del «complejo de Edipo») que, según supone el psicoanálisis, formarían parte del equipamiento biológico. La procedencia infantil se refiere a experiencias prerreflexivas y preverbales que también quedarían depositadas en el inconsciente. La procedencia de la represión se refiere a las representaciones (recuerdos, imágenes, pensamientos) ligadas a pulsiones que son rechazadas de la vida consciente o quedan retenidas en el inconsciente debido, en todo caso, al conflicto que supondría su satisfacción. El contenido reprimido es el más relevante y, de hecho, el que refunde a los otros.

Las manifestaciones de estos contenidos siguen una compleja dinámica de procesos inconscientes, cuya teoría constituye la «metafísica» del psicoanálisis, llamada por Freud precisamente metapsicología. Las manifestaciones que interesan aquí son los síntomas de carácter clínico, pero todos los actos psíquicos serían manifestaciones de contenidos

---

[2] Para una buena introducción al psicoanálisis freudiano, sin que excuse otras obras suyas, puede acudirse, por ejemplo, a S. Freud (1971): *Introducción al psicoanálisis*. Madrid: Alianza Editorial (original de 1915-1917).

inconscientes (desde los *lapsus* hasta las obras de arte). En este sentido, toda manifestación tiene un punto de psicopatológica. Así, el *lapsus* o acto fallido sería una psicopatología normal (una suerte, diría Freud, de «psicopatología de la vida cotidiana») y, por su parte, la obra de arte no dejaría de ser una producción neurótica aunque «afortunada» (de ahí el sentido de un «psicoanálisis del arte»).

Psicología del yo

La psicología del *yo* supone precisamente un mayor protagonismo del *yo*. En vez de tener sólo o principalmente funciones defensivas, el yo sería concebido en términos de funciones adaptativas. El *yo* ya no sería únicamente el servidor de tres amos, por lo demás, irreconciliables entre sí (los imperiosos deseos del ello, el implacable puritanismo del superyo y la contumaz realidad), sino que tendría vida propia, intereses y motivos que llevar a cabo por sí mismos. La psicología del *yo* tiene su arranque en Freud. Aunque sólo fuera por sus funciones defensivas, dados los amos con los que tiene que lidiar, el *yo* era en realidad el protagonista del drama psíquico. En relación con la psicología de las pulsiones, la psicología del *yo* viene a ser su contraparte, según lo que se quiera enfatizar. Así, desde el lado de las pulsiones se puede preguntar qué deseos están motivando tal manifestación y desde el lado del *yo* qué mecanismos de defensa se están activando frente a aquéllas. El libro de Ana Freud, *El yo y los mecanismos de defensa,* de 1936, vino a establecer el *yo* como protagonista a la par de las pulsiones.

De todos modos, las funciones adaptativas y creadoras del *yo* vendrían propiamente del libro de Heinz Hartmann *La psicología del yo y el problema de la adaptación,* de 1939, siguiendo una inspiración darwiniana. Freud también se había inspirado en Darwin, pero para enfatizar más bien las fuentes instintivas de la motivación humana, mientras que Hartmann enfatizaría la adaptación al entorno. La importancia del entorno ambiental quedaría negativamente puesta de manifiesto en el «síndrome de hospitalismo» descrito por René Spitz en los años de 1940. Los niños abandonados en un orfanato, aun con todas las necesidades físicas atendidas pero privados de una interacción humana continuada se volvían depresivos, retraídos y enfermizos. Esta circunstancia ponía de relieve el papel de la madre[3]. La madre sería el entorno más decisivo en relación con el cual se desenvolvería el desarrollo psíquico. Una creciente estructuración de las capacidades del *yo* se iría dando ya en el primer año de vida, a partir de la «relación simbiótica» niño-madre. Este proceso de estructuración no se entiende sólo como descarga pulsional e internalización defensiva, sino, y sobre todo, como exploración y desarrollo de capacidades positivas (donde los «objetos libidinales» se definirían más por el afecto y establecimiento de relaciones interpersonales que por la satisfacción de impulsos). La «relación simbiótica» daría paso a un proceso de «separación-individuación», sobre el que se estructura el desarrollo de la persona.

En definitiva, la psicología del *yo* ofrece una nueva imagen de la psique humana. Si el niño imaginado por la psicología de las pulsiones emerge de la domesticación de los instintos, el niño imaginado por la psicología del *yo* emerge de la relación simbiótica con la madre. En cuanto a sus implicaciones clínicas, la psicología del *yo* pone énfasis en los problemas o fallas del desarrollo, de manera que las condiciones psicopatológicas ya no girarían sólo en torno al conflicto inconsciente. Por su parte, la relación terapéutica se ofrece como oportunidad para una experiencia simbiótica correctora. Se entiende que el paciente necesita, más que un *insight* esclarecedor del conflicto, una experiencia reparadora de la falla habida.

Psicología de las relaciones objetales

La psicología de las relaciones objetales supone la incorporación del papel de los otros en el desarrollo psicológico. Las relaciones objetales son en realidad relaciones interpersonales. La clave del desarrollo personal se sitúa en las relaciones tempranas del niño con sus cuidadores. Los otros ya no son tanto objetos para la descarga pulsional como objetos conformadores del *yo*. La psicología de las relaciones objetales se refiere por antonomasia a la «escuela británica» de psicoanálisis. De todos modos, antes de citar algunas de estas contribuciones, es necesario

---

[3] R. Spitz (1974): *El primer año de vida del niño (génesis de las primeras relaciones objetales)*. Madrid: Aguilar (original de 1958).

introducir la aportación de Melanie Klein (1882-1960) como puente entre Freud y la escuela británica.

La aportación de Klein deriva de su trabajo con niños, a menudo, severamente perturbados. Mientras que Freud vio la infancia a través del adulto tumbado en el diván, Klein se asomó directamente a la cuna de los bebés. Lo que mayormente observó fueron terrores de aniquilación (ansiedad paranoide) y de abandono (ansiedad depresiva). Así, describiría la experiencia infantil de acuerdo con dos posiciones ante la situación ofrecida por el mundo. Esta situación está representada por la ambivalencia del «pecho bueno» (que está ahí para colmar de satisfacciones) y del «pecho malo» (que no está cuando más se necesita, como si tratara de fastidiar con su retirada y de amenazar con el abandono). Ante esta situación, el niño adopta, según Klein, primero, una posición esquizo-paranoide y, después, una posición depresiva. La posición esquizo-paranoide tiene de paranoide el temor de un fastidio malevolente y de esquizoide la disociación defensiva entre lo bueno amado y lo malo odiado. Por su parte, la posición depresiva viene a suponer una integración de la ambivalencia del mundo, que atenúa el temor y la culpa esquizo-paranoide a costa de una ansiedad depresiva como forma más adaptativa de tratar con los objetos. En todo caso, la noción de posición tiene un aspecto tanto defensivo como adaptativo.

La escuela británica es, en realidad, más una pléyade que propiamente una escuela unitaria[4]. De sus diversas aportaciones cabe destacar tres más o menos comunes a todos ellos; a saber, la importancia dada a la conexión o el apego en la formación de la persona, la consideración de la condición esquizoide como un fenómeno general y la utilización de la situación analítica como reparación de los fallos evolutivos. La importancia de la conexión o apego se refiere, en realidad, a la propia importancia dada a las relaciones objetales. La motivación humana básica ya no sería la gratificación de los impulsos, sino la relación con otros como fin en sí mismo. Las vicisitudes de estas relaciones tempranas establecen el futuro desarrollo psicológico. Las condiciones patológicas se especificarían en términos, por ejemplo, de «inseguridad ontológica» o de «deficiencia ambiental» (Winnicott) o de «falta básica»

---

[4] Las figuras más señaladas son W. R. D. Fairbain, D. W. Winnicott, M. Balint, J. Bowlby y H. Guntrip.

(Balint). En todo caso, la calidad de las relaciones tempranas establece las condiciones de las relaciones en general. Así, por ejemplo, las relaciones de la vida adulta reiteran los vínculos afectivos y pautas de apego y de separación vividas en la infancia (Bowlby).

La condición esquizoide viene a recoger diferentes consideraciones relativas a la escisión o disociación del *yo*. Un cierto retraimiento respecto de la gente en general y un involucramiento en percepciones imaginarias se ha considerado (por Fairbain) como un fenómeno universal, en la medida en que el desempeño de los padres siempre deja algo que desear respecto de su idealización por el niño. De este modo, parte del *yo* queda orientada a los padres reales y otra parte se reorienta a los padres ilusorios como objetos internos. Dada la tendencia a la repetición de los patrones de relación, es de suponer que estas relaciones ilusorias se proyectarán sobre nuevas relaciones en el futuro. Es de suponer, también, que frustraciones severas por parte del mundo real den lugar a retiradas a un mundo de objetos imaginarios, propio ya de condiciones patológicas regresivas (Guntrip). En esta línea se ha de situar el trastorno de falso yo descrito por Winnicott, consistente en que la persona actúa y funciona como persona, pero sin tener la experiencia subjetiva de serlo (al estar completamente «enajenada», cumpliendo con la realidad objetiva, en particular, con las expectativas de otros). Se trata, pues, de una estructura esquizoide en la que el supuesto *yo* verdadero, interior, se protege por medio del falso-*yo,* exterior. De esta manera, el *yo*-verdadero se mantiene a salvo pero a costa de su empobrecimiento. Puesto que el falso-*yo* es en realidad un aspecto del verdadero *yo,* el resultado es la falta de experiencia real de la vida[5]. Nótese que el modelo del funcionamiento psicológico ya no sería tanto la represión como la disociación. En lugar de una escisión horizontal entre conciencia e impulsos inconscientes, la psicología de las relaciones objetales concibe una disociación vertical entre distintos estados del *yo*.

La situación analítica como reparadora de las fallas evolutivas se refiere a la utilización de la relación terapéutica como oportunidad de nuevas experiencias correctoras. Así, la situación analítica ofrece un contexto de seguridad en el que el *yo* detenido pueda reanudar su de-

---

[5] R. D. Laing (1983): *El yo dividido (Un estudio sobre la salud y la enfermedad)*. Madrid: FCE (original de 1960).

sarrollo y crecimiento. Se ha llegado a caracterizar al psicoanálisis como una «teoría de reemplazo» (Guntrip) en la que el analista opera en el lugar de los padres para reofrecer la relación interpersonal que faltó en su día.

La psicología de la identidad

La psicología de la identidad sitúa la concepción del sí-mismo en el centro de la indagación psicoanalítica. El interés está ahora en la progresiva diferenciación y continuidad del *yo* en su sentido subjetivo, como identidad o *self*. La psicología de la identidad presupone los avances de la psicología del *yo* y de las relaciones objetales, pero sitúa el *yo* en un contexto más decididamente interpersonal y cultural. El paso del *ello* al *yo* y la consideración del *yo* en su función adaptativa (psicología del *yo*), así como también la importancia concedida al apego en la formación del *yo* y el reconocimiento de sus falsificaciones para mantenerse a salvo (psicología de las relaciones objetales) están en su línea. Sin embargo, la psicología de la identidad lleva a plantear otras cuestiones que tienen que ver con los límites del yo, la integración del sí-mismo, la autoestima y el sentido personal.

Dicho esto, los desarrollos que se alinean aquí son diversos y hasta divergentes entre sí. Se citarán autores que no se suelen inscribir en esta categoría, ni tampoco en las otras ya citas porque acaso formarían categorías propias. Sería el caso de Lacan y de Sullivan. Por el contrario, Erikson y Kohut serían autores más comúnmente señalados dentro de la psicología de la identidad. En relación con Erik Erikson (1902-1994), como representante en todo caso de una pléyade de autores y autoras[6], baste recordar su teoría del desarrollo del *yo* (aunque quizá más reconocida fuera que dentro del psicoanálisis), concebida como un conjunto de tensiones vitales individuo-sociedad (crisis) que se desarrollan en forma progresiva y en constante resonancia recíproca. Ya no se hablaría tanto de conflictos intrapsíquicos como de tensiones dialécticas, ni de fijaciones o regresiones como de crisis. A este respec-

---

[6] K. Horney (1885-1952), Erich Fromm (1900-1980), Frida From-Reichmann (1989-1957).

to, habría que destacar su análisis de la crisis de identidad de la adolescencia[7].

Por su parte, Heinz Kohut (1913-1981) pone el sí-mismo en el centro de la personalidad, como principal organizador del funcionamiento psicológico. El sí-mismo como una estructura estable y cohesiva emerge de un estado infantil frágil y fragmentado, en cuyo desarrollo es muy importante la empatía por parte de los demás. El sí-mismo tiene su fuente creadora en el narcisismo, el cual ya no sería visto únicamente como una regresión infantil. El narcisismo estaría en línea con la autoestima y en la base de los esfuerzos por asegurarla o protegerse de su pérdida. Las transferencias sobre el terapeuta son más probablemente búsquedas tendentes a encontrar seguridad que proyecciones que reiteran problemas pasados. Para que el terapeuta pueda hacerse cargo de esta posibilidad necesita ponerse en el lugar del paciente, tratando de entender la experiencia desde su punto de vista, en una suerte de «introspección vicaria». Siendo así, la mejor respuesta del terapeuta no sería ofrecer una interpretación, sino permitir la inmersión en estos estados transferenciales para el desarrollo de sentimientos más confiables y, en definitiva, la restauración del sí-mismo[8].

El psicoanálisis lacaniano (Jean Lacan, 1900-1981), como psicología de la identidad, viene a mostrar que el *yo* se construye en torno a ilusiones e imágenes. El *yo* es la suma de las distintas identificaciones del sujeto a lo largo de su vida. No sería, en realidad, otra cosa que un revoltijo de imágenes, las imágenes de sí mismo (el personaje en el que se ha convertido) y las imágenes de otros (transformadas en el deseo del Otro al que quiere responder su personaje). Nos empeñamos en ser lo que no somos, en función de los demás, que tampoco son ellos mismos, sino imágenes de otras creaciones sociales. Así pues, la gente, porque aquí se refiere a la vida convencional y ordinaria, vive en un mundo de «lo imaginario». La vida social es como una sala de espejos. Cuando uno habla de sí mismo, no sabe lo que dice.

Con esto Lacan no está haciendo un análisis sociológico ni una crítica cultural, sino que su planteamiento tiene un sentido, se podría decir, metapsicológico, al situarse más allá del funcionamiento psico-

---

[7] E. Erikson (1989): *Identidad. Juventud y crisis*. Taurus (original de 1968).
[8] H. Kohut (1990): *La restauración del sí-mismo*. Paidós (original 1977).

lógico ordinario, pero en la base misma en la que se constituye. A este respecto, el mundo de «lo imaginario» se empieza a constituir en el «estadio del espejo», cuando el niño de entre seis a dieciocho meses tiene la experiencia de verse a sí mismo como un todo en un espejo. Esta imagen especular sería fundadora de la imagen de sí mismo. Ahora bien, el niño también se mira en el otro (la madre), pero no se ve allí sin más sino que quiere responder al deseo del otro. Aquí Lacan introduce otro dogma, según el cual el niño desea sobre todas las cosas ser el objeto que complace el deseo del otro, en principio, de la madre. Este deseo tendría su origen en el vacío congénito dejado por la ruptura de esa relación paradisíaca con la madre.

La cuestión es que el deseo es insaciable, al haber nacido del anhelo de llenar un vacío, lo que lleva al perenne «deseo de otra cosa». El anhelo por ser el objeto del deseo de la madre («falo») pronto se topará con la presencia del padre, que representa las funciones reguladoras y simbolizadoras del lenguaje («nombre del padre»), estableciendo el orden de «lo simbólico». El niño es iniciado en el orden simbólico de las relaciones sociales y así «nace al lenguaje», el cual ya estaba allí y habla por uno. Ya no es que uno hable el lenguaje sino que es el lenguaje lo que habla en uno («discurso del otro»). El lenguaje es el inconsciente y, así, uno es inconsciente de lo que habla. En este sentido, el análisis lacaniano se propone descifrar los significados no intencionales del discurso del paciente. Más que nada, el análisis lacaniano transforma la relación del paciente con el lenguaje y con el propio deseo. De esta manera, la subjetividad ordinaria (el personaje que se supone ser) resultará subvertida. El análisis lacaniano no se propone eliminar síntomas, mejorar relaciones o buscar sentido a sí mismo. Acaso estas mejoras deriven de hacer el yo más transparente y menos foco autoconsciente de preocupación (que más bien es lo que se propondría).

La concepción que ofrece Lacan del *yo* como un conjunto de imágenes (a menudo en un estilo alusivo-elusivo-ilusivo) es similar, por lo que aquí importa señalar, a la ofrecida por Harry S. Sullivan (1892-1949) del «sistema del *yo*» como representaciones reflejas de otros (en un estilo más llano). El sistema del *yo* sería un dispositivo compuesto de representaciones reflejadas de otros con el propósito de mantener la seguridad y evitar la ansiedad. Estas representaciones especulares se deben a la especial sensibilidad del niño para captar el estado de ánimo de las personas de su entorno (nexo empático). Así, sería especialmente relevante la captación del ambiente ansioso/no ansioso. Más en particular, el ambiente ansioso llevaría a adoptar «operaciones de seguridad» ante posibles «puntos de ansiedad». Las operaciones de seguridad son maniobras del yo para comprobar la disposición de los demás y, de esta manera, conjurar su mala disposición (hostilidad, enfado, amenaza) o retraerse a un lugar seguro. Tales operaciones suponen una sobregeneralización de situaciones interpersonales previas. En este sentido, el sistema del *yo* sería, en realidad, un compuesto de representaciones que reflejan las relaciones con los demás. En todo caso, aun cuando el sí-mismo sea una imagen especular de los otros (según Lacan o Sullivan) no por ello deja de ser adaptativo, procurando la satisfacción de deseos y la búsqueda de seguridad.

Cuatro psicologías que se reparten en dos caminos

Estas cuatro psicologías dentro del psicoanálisis, aun cuando se quieran ver en una perspectiva integrada (como se ha intentado hasta aquí), no dejan de suponer, en realidad, una fractura doctrinal. Así, mientras que la psicología de las pulsiones representaría al psicoanálisis tradicional (clásico o freudiano), la psicología del yo, la psicología de las relaciones objetales y la psicología de la identidad representarían, dentro de su variedad (y con los matices que corresponda), una tendencia que se ha identificado como psicoanálisis interpersonal. Esta «fractura» entre psicoanálisis tradicional y psicoanálisis relacional se percibirá más claramente a propósito de los puntos siguientes, referentes a la psicopatología, a los objetivos y los procedimientos. La cuestión que se verá es que la variedad de tendencias parece repartirse, efectivamente, en dos: explicación centrada en torno al «conflicto inconsciente» o en torno al «desarrollo detenido» a propósito de la psicopatología, «objetivos generales» u «objetivos específicos» a propósito de los objetivos y, en fin, «psicoanálisis tradicional» o «psicoterapia psicoanalítica» en relación con el procedimiento.

Psicopatología

La explicación psicopatológica del psicoanálisis, como se acaba de apuntar, gira en torno a dos centros de gravedad: el *conflicto inconsciente* y el *desarrollo detenido*.

De acuerdo con la explicación del *conflicto inconsciente*, los síntomas resultarían del conflicto entre los impulsos que tienden a su descarga (satisfacción) y las defensas que impiden su acceso a la conciencia. Este conflicto hunde sus raíces en la naturaleza humana (más allá de la propia historia personal). Aunque Freud empezó viendo su origen en ciertos acontecimientos traumáticos del niño, terminaría por situarlo en determinadas fantasías universales. El conflicto nuclear es el complejo de Edipo, paradigma de conflicto entre deseo y prohibición. De todos modos, Freud nunca abandonó del todo la explicación en términos de la experiencia traumática realmente acaecida en la vida del niño. Comoquiera que sea, el conflicto supone una serie de compromisos (tramitados por el aparato psíquico) entre impulsos y defensas. Dado el papel decisivo de la defensa, el factor patógeno clave es el continuo esfuerzo del *yo* en tratar de impedir el acceso de las pulsiones conflictivas.

De acuerdo con la explicación del *desarrollo detenido*, los síntomas resultarían de fallos en la crianza debidos a la ausencia de ciertas prestaciones cruciales, como identificaciones parentales, sostenimiento positivo, seguridad básica, proceso de individuación. No se trata necesariamente de un acontecimiento traumático, sino, más bien, de un fallo crónico o, si se prefiere, de un «trauma acumulativo». Por otro lado, si bien estos fallos pueden ser especialmente críticos en edades tempranas, pueden también dejar sus huellas en otras edades del desarrollo (estancamientos y crisis evolutivas).

A pesar de que el conflicto inconsciente y el desarrollo detenido constituyen dos centros de gravedad en la teoría psicoanalítica, no serían necesariamente procesos independientes sino que pueden darse en una dinámica interactiva. Así, los conflictos pueden limitar oportunidades de desarrollo (por ejemplo, una inhibición sexual puede privar de ocasiones para aprender acerca del sexo en relaciones íntimas). Por su parte, fallos del desarrollo pueden llevar a deseos y fantasías que se tornan conflictivas derivando en obstáculos para el desarrollo.

Objetivos

Los objetivos del psicoanálisis, de acuerdo con lo que se ha avanzado, se pueden cifrar en generales y en específicos.

Los *objetivos generales* se refieren a la ayuda al paciente a alcanzar un mayor entendimiento de sí mismo, de las relaciones con otros y de los patrones repetitivos de su vida. Los objetivos generales consisten básicamente en la reconstrucción genética de los motivos inconscientes (solución del conflicto), de acuerdo con lo que se propone el psicoanálisis tradicional (psicología de las pulsiones).

Por su parte, los *objetivos específicos* se refieren a la elección de temas o trastornos concretos en los que se va a centrar la terapia, por lo común, dentro ya de una terapia breve o de corta duración. Ni que decir tiene que, aun dentro de la forma breve, los objetivos específicos se formulan en términos psicodinámicos, los cuales pueden ser formulados, a su vez, en términos más bien impulsivo-estructurales o relacionales[9]. De todos modos, no se trata tanto de una reconstrucción del pasado (según el psicoanálisis tradicional) como de una restauración del yo en el presente (conforme a alguna variedad de psicoanálisis relacional de formato breve).

Por otro lado, el psicoanálisis habla de curación, lo que resulta especialmente apropiado supuesto el esclarecimiento y la integración de los motivos inconscientes causa de los síntomas, pero habría que recordar, en todo caso, lo que viene a decir Freud, con validez universal, de que podríamos darnos por contentos con transformar el trastorno psicológico en la desdicha ordinaria.

Procedimiento y técnicas

Las bifurcaciones anteriores (conflicto inconsciente/desarrollo detenido; objetivos generales/objetivos específicos) se traducen, a propósito del procedimiento y de las técnicas, en la ya establecida distinción entre psicoanálisis (tradicional) o terapia analítica, por un lado, y psico-

---

[9] S. B. Messer y C. S. Warren (1995): *Models of brief psychodynamic therapy. A comparative approach*. Guilford.

terapia psicoanalítica, por otro, dentro en todo caso de una compleja continuidad diferencial entre ambas polaridades[10]. Como se habrá observado, esta distinción ya obraba como título del presente capítulo.

El psicoanálisis (tradicional) empieza por establecer una buena relación de trabajo. Freud concibió la relación terapéutica como un pacto por el que el paciente se compromete a ser sincero y el terapeuta discreto. Posteriormente, la relación se concibió como alianza terapéutica (de trabajo o de ayuda). En todo caso, se trata de una relación que va a actualizar el conflicto neurótico del paciente (transferencia). Consiguientemente, la relación no es un instrumento para otra cosa (diagnóstico, aplicación del tratamiento), sino que viene a representar la neurosis misma que se ha de tratar, una neurosis artificial o en miniatura, entre medias de la neurosis original y la vida actual, llamada precisamente «neurosis regresiva de transferencia». El principal material clínico viene dado por la transferencia (esta proyección del pasado del paciente sobre la figura del terapeuta) y la resistencia (obstáculos inconscientes de parte del paciente en el proceso de acceso al núcleo conflictivo). La asociación libre y los sueños (no en vano considerados caminos reales al inconsciente) aportan igualmente material clínico relevante.

Dada la alianza terapéutica y la consiguiente producción de material clínico (transferencia, resistencia, asociación libre, sueños), la operación psicoanalítica por antonomasia es la interpretación. La interpretación es la explicación que ofrece el analista al paciente acerca del sentido latente del material clínico, para desvelar las motivaciones inconscientes de los síntomas. Otras técnicas, como la aclaración y la confrontación, se entiende que están al servicio de la interpretación.

En definitiva, los componentes esenciales del psicoanálisis son la relación terapéutica, la producción de material y la interpretación. Aspectos como el uso del diván, la frecuencia de las sesiones y la larga duración de la terapia, así como la condición de analizado del analista, serían más bien aspectos formales (si bien la larga duración se suele hacer necesaria). Así, el propio Freud hizo psicoanálisis sin diván (por ejemplo, paseando con el paciente), en una sola sesión o en un núme-

---

[10] R. S. Wallerstein (1989): «Psychoanalysis and psychotherapy: an historical perspective», *International Journal of Psychoanalysis*, 70, 563-591.

ro limitado de ellas y, por lo demás, no estaba analizado (más que por sí mismo).

La psicoterapia (de inspiración) psicoanalítica cubre una variedad de psicoterapias relativamente distanciadas respecto del psicoanálisis tradicional (definido por la psicología de las pulsiones). No se trata de variantes que afecten sólo a los aspectos formales, sino que afectan sobre todo a los componentes esenciales, en particular, a la transferencia (sin requerir que llegue a ser toda una neurosis regresiva) y a la interpretación (que, sin faltar, no sería, sin embargo, la única ni la principal técnica, haciendo uso incluso de técnicas no analíticas). Lo que se mantiene, en general, es la noción de inconsciente y, en esta línea, una explicación psicodinámica del trastorno y del proceso terapéutico, así como la alianza de trabajo. Dentro de esto, las causas inconscientes ya no (sólo) se buscan en la primera infancia, sino (también) en edades más recientes. El contenido no tiene por qué ser necesariamente de temática edípica sino, por ejemplo, puede tener que ver con conflictos interpersonales o la autoestima. La interpretación no es la técnica privilegiada sino que son tan importantes las otras, según convengan, tanto las técnicas analíticas (aclaración, confrontación) como incluso las técnicas no analíticas (sugestión, consejo, expresividad, apoyo). Precisamente la psicoterapia expresiva y de apoyo[11] se «conforma» con facilitar la expresión de conflictos inconscientes y/o de apoyar los aspectos positivos del yo.

Con todo, la variante más notable de psicoterapia psicoanalítica quizá sea la psicoterapia breve, a su vez, con numerosas variantes, unas más acordes con el modelo impulsivo-estructural y otras con el relacional. Viene a ser una suerte de psicoanálisis concentrado en unas doce sesiones, donde la brevedad (aparte de su adaptación a las exigencias de los seguros médicos) tiene, según se supone, propiedades terapéuticas. En general, se trata de utilizar la relación terapéutica como una experiencia de aprendizaje. En ella se crea una relación intensa, se confronta algún tema conflictivo (incluyendo provocación de angustia) y, en fin, el paciente se separa del terapeuta, con lo que ello tenga de experiencia de separación no traumática y de individuación madura. En

---

[11] L. Lubrorky (1984): *Principles of psychoanalytic psychotherapy. A manual for supportive-expresive treatment*. BasicBooks.

este sentido, la psicoterapia breve viene a ofrecer la oportunidad para llevar a cabo una experiencia emocional correctora[12]. De hecho, el factor curativo de la psicoterapia breve se vería más en la experiencia emocional correctora que en la interpretación. De todos modos, dentro de la lógica de estas variantes se considera que un psicoanálisis de mayor duración sería requerido para los problemas que desbordan la psicoterapia breve que, por lo demás, selecciona a los «pacientes aptos». La psicoterapia breve supone la mayor representación del psicoanálisis en los estudios empíricamente apoyados.

Estatus

El psicoanálisis contemporáneo, después de ciento y pico años de existencia, cuenta hoy con una pluralidad de escuelas y tendencias. Más que representar una escuela cohesionada, el psicoanálisis podría considerarse como una universidad en sí mismo, con muchas teorías diferentes y áreas de conocimiento que coexisten en una intrincada y complicada relación recíproca. Aun siendo Freud su creador y sin duda un genio, el psicoanálisis ya no es obra de una única persona. Otras figuras, aún diminutas en comparación con Freud, a hombros suyos han ido más allá de él. En este sentido, el psicoanálisis actual no es el mismo de la época de Freud. Tampoco se puede decir para nada que el psicoanálisis esté pasado de moda. El psicoanálisis sigue renovándose a sí mismo y, sin duda, no es lo que era pero tampoco es probablemente lo que sus detractores imaginan. En este sentido, dada la tendencia neuropatologizante de finales del siglo XX, la «escucha del paciente» iniciada por el psicoanálisis un siglo atrás sigue siendo una alternativa, si no revolucionaria (pues esto ya lo hizo Freud en su día), sí de revuelta frente a la «escucha del fármaco» en la que se ha convertido buena parte de la clínica actual.

El psicoanálisis visto desde fuera puede parecer una forma extraña de entender los problemas de la gente, pero para quien lo vive desde dentro puede ser una forma de experiencia enriquecedora, en la que se ponen en relación el pasado y el presente, la vigilia y el sueño, el pen-

---

[12] F. Alexander & T. French (1965): *Terapéutica psicoanalítica*. Paidós (original de 1946).

samiento y el sentimiento, los acontecimientos interpersonales y las fantasías más íntimas, y, de esta manera, puede suponer una comprensión más profunda de sí mismo, un sentimiento más rico de significado personal y un mayor grado de libertad[13].

El psicoanálisis siempre fue censurado por carecer de comprobación empírica homologada. Pues bien, el psicoanálisis, actualmente, en particular, la psicoterapia psicodinámica de *corta duración,* ha mostrado su eficacia sobre trastornos específicos (depresión, estrés postraumático, anorexia, bulimia, trastorno somatoforme, drogadicción, trastornos de personalidad, fobia social) en estudios comparativos, tanto con grupos de control de lista de espera como con otras terapias psicológicas empíricamente sustentadas como la terapia cognitivo-conductual[14]. Mientras se debate entre el empirismo y la hermenéutica, el psicoanálisis va contando con estudios empíricos que muestran su eficacia comparable a otras terapias de referencia. No dejaría de ser irónico que cuando el psicoanálisis parece cobrar prestigio empírico, entre en crisis en Francia[15].

---

[13] Mitchel y Black (2004), op. cit., p. 17 y p. 389.
[14] F. Leichsenring, S. Rabung y E. Leibing (2004): «The efficacy of short-term psychodynamic psychotherapy in specific psychiatric disorders. A meta-analysis», *Archives of General Psychiatry, 61,* 1208-1216; F. Leichsenring (2005): «Are psychodynamic and psychoanalytic therapies effective?: A review of empirical data», *International Journal of Psychoanalysis, 86,* 3, 841-868.
[15] C. Meyer, ed. (2005): *Livre noir de la psychanalyse.* París: Laurence Corona-Editions Des Arenas.

CAPÍTULO 11

EL ENTENDIMIENTO FILOSÓFICO DE LOS PROBLEMAS DE LA VIDA
Psicoterapia fenomenológica y existencial

Fundamentos

La psicoterapia fenomenológica y existencial, como declara su nombre, es una psicoterapia que toma la perspectiva de la fenomenología y del existencialismo. Siendo los asuntos de la vida (el mundo de la vida y ser-en-el-mundo, por más señas) el tema de estos movimientos filosóficos, no es de sorprender que fueran fuente de inspiración para la psicoterapia. Se entiende, pues, la pertinencia de esta inspiración y aun se diría su sentido fundamental, radical, en la medida en que los problemas con los que trata la psicoterapia radiquen precisamente en los asuntos de la vida. Esta inspiración filosófica no sirve tanto para desarrollar teorías o modelos del funcionamiento psicológico como para plantear las cuestiones acerca de la naturaleza del ser humano y de las condiciones de la existencia, que tienen que ver, por lo que aquí importa, con la ansiedad, la tristeza, la soledad, la desesperación, la libertad, la alienación y, en fin, el sentido de la vida.

Precisamente, el surgimiento de las psicoterapias de esta inspiración en las décadas de 1940 y 1950 se debió, en parte, a la insatisfacción con las psicoterapias en curso. Éstas, cada una a su manera, fuera en términos de pulsiones que estudia el psicoanálisis o de condicionamiento que estudia el conductismo, dejarían fuera a la persona real a la que le pasan todas esas cosas. Se preguntaría el psicoterapeuta existencial ¿cómo podemos estar seguros de que vemos a los pacientes tal como ellos son realmente y no como una figuración de nuestras teorías de ellos? Si eso era así ya en torno a 1950, qué se podría decir de la cantidad de teorías que se interponen hoy entre el clínico y el paciente (y aun entre el paciente y sus propios problemas, en la medida en que está «educado» por el clínico). La ironía aquí es que las teorías se supone que ofrecen visiones que permiten entender la realidad y, sin embargo, en psiquiatría y psicología clínica vienen a ser más bien cegamientos a lo realmente relevante, si es que no son visiones por no decir delirios, delirios científicos. Se hace preciso volver a las cosas mismas.

Volver a las cosas mismas

Dada esta situación, el primer, y único, mandamiento de la Fenomenología fundada por Edmund Husserl (1859-1938), la vuelta a «las cosas mismas», se hace especialmente relevante en psiquiatría y psicología clínica. Las «cosas mismas» no serían sino las personas de carne y hueso que sienten y padecen ciertos problemas. Para que esto fuera así, el clínico debiera tener otra actitud y aptitud, la de encontrarse con las personas mismas, no con los cuadros clínicos. En cuanto el clínico se encuentra con personas, las personas se encuentran con su vida. En definitiva, «las cosas mismas» en psiquiatría y psicología clínica son las personas y sus circunstancias. En esta misma línea está la fórmula ser-en-el-mundo, santo y seña del Existencialismo fundado por Martin Heidegger (1889-1976). Merece reparar en el carácter ontológico fundamental de esta fórmula de ser o mejor, de «estar-en-el-mundo»[1].

---

[1] M. Heidegger (2003): *El ser y el tiempo*. Trotta (Edición de Jorge Eduardo Rivera) (original de 1927). Esta edición utiliza como mejor versión en español la de «estar-en-el-mundo» (véase nota a la página 79).

Estar-en-el-mundo como punto de partida

Ante todo, la fórmula estar-en-el-mundo constituye una estructura unitaria, de manera que la pregunta existencial por el quién es el ser-humano tiene que partir de la propia estructura ser-ahí, en-el-mundo. No se trata, por tanto, de un ser autooriginario ni exento del mundo, sino propiamente de un estar-en, cooriginario con el mundo y los otros, porque siempre está-en, en unas circunstancias u otras y, por ello, de una u otra forma (acomodado o desazonado, bien o mal, etc.). En realidad, Heidegger no habla de sujeto o persona sino de *Dasein* (ser-humano, con todo lo que implica de estar-ahí, abierto), por situarse en un plano fundamental (ontológico) en vez de en el plano meramente existencial (óntico) de los entes particulares. En este sentido, la analítica existencial del *Dasein* está *antes* de toda psicología, de toda antropología y, *a fortiori*, de toda biología.

Esta analítica se propone estudiar la estructura estar-en-el-mundo como fenómeno unitario, por tanto, sin despiezarlo como hacen las ciencias particulares. El *Dasein* se encuentra inmerso en el mundo, en medio de las cosas y de los otros. Estar es, en rigor, co-estar, aun cuando no haya otro que esté físicamente ahí. Si se pregunta por el ser-sí-mismo cotidiano, se vería que siempre se encuentra ocupado en algo, cuidando y procurando el quehacer de la vida. A este respecto, lo que destaca Heidegger del ser cotidiano es su condición de caído y arrojado en la común convencionalidad del mundo, absorto por la habladuría, la curiosidad y la ambigüedad de todo, sumido en la medianía, como uno más del montón de la gente. En este sentido, la forma de estar más común sería la alienación o enajenación en la vida corriente.

La angustia como reveladora
de la verdadera condición del ser-humano

El *Dasein* puede ser sacado de su inmersión en el mundo y llevado ante sí mismo, como si dijéramos, despertado de su armazón y armonía con el mundo, por la angustia. La angustia deja a descubierto el ser-sí-mismo o, si se prefiere, el ser-sí-mismo queda al descubierto en la angustia. En el análisis de la angustia, como en su caso del miedo, se han de considerar tres aspectos: el *ante qué,* el *qué* y el *porqué* se tiene (miedo o angustia). El *ante qué* de la angustia es el mundo en su falta de significatividad, manifestándose inseguro e inhóspito. El «mundo» ya no puede ofrecer nada, ni tampoco lo ofrece la coexistencia de los otros. «La familiaridad cotidiana se derrumba»[2]. El *qué* de tener angustia es la desazón y el desasosiego por quedar devuelto a sí mismo, aislado y por tanto entregado a su ser (sin las acostumbradas amarras). El *porqué* de la angustia es la indeterminación en la que queda el *Dasein* como ser posible que tiene ahora que determinarse por sí mismo. Se tiene angustia por estar-ahí, sin más. La angustia revela la insignificancia del mundo y, a la vez, la libertad del *Dasein,* en su condición de *ser libre para,* de quedar *abierto* ante un mundo que se ha revelado inhóspito. Si se tiene en cuenta que lo único seguro en la incertidumbre del mundo es la muerte, la angustia acaba por revelar la verdadera condición del *Dasein* de ser-para-la-muerte.

Siendo así las cosas, el tranquilo y familiar estar-en-el-mundo es, en realidad, una huida de la angustia. El *no-estar-en-casa,* la angustia, se concibe ontológico-existencialmente como el fenómeno más originario[3]. La angustia desazona y desasosiega pero, y precisamente por ello, define el ser-sí-mismo respecto de su indefinido estar cotidiano, absorto en y absorbido por el mundo. En este sentido, la absorción en el mundo y el ser uno más de la gente es el modo cotidiano de estar en el mundo. Pero la angustia, con no ser el modo cotidiano, lejos de ser una condición patológica, sería la experiencia reveladora del ser humano. La angustia establece la experiencia de estar-en-el-mundo, con lo que implica de cuidado, del cuidado que hay que tener de sí y del mundo. El cuidado, entendido como un anticiparse, mirar hacia delante, atenerse a la situación, habérselas con las dificultades, es una disposición existencial correlativa de la angustia.

La concepción de la angustia de Heidegger viene a ser la versión secularizada del concepto de angustia de Sören Kierkegaard (1813-1855) en una perspectiva religiosa[4]. Para Kierkegaard, la angustia es también un fenómeno primordial debido a la condición humana de tener que

---

[2] *El ser y el tiempo,* p. 210-211 (notación estándar 188-189).
[3] *El ser y el tiempo,* p. 211 (189).
[4] S. Kierkagaard (1967): *El concepto de angustia.* Madrid: Espasa-Calpe (original de 1844).

afrontar la libertad. El drama existencial es la falta de justificación de la vida (en la que uno ya es culpable aun antes de haber pecado, por el pecado original). La angustia no es por haber actuado sino por tener que actuar y poder hacerlo (ante la incertidumbre del mundo). Ahora bien, la actuación carece de sentido sin Dios. La vida para que tenga sentido tiene que estar remitida a Dios. Pero Dios guarda silencio. La paradoja es que la vida sin Dios carece de sentido pero tampoco tiene sentido buscarlo (ya que no responde). El ser humano está solo. Lo único que puede hacer tolerable la angustia ante la incertidumbre es la fe, aferrarse a algo que justifique su vida, porque sino el mundo daría náusea.

Náusea es efectivamente lo que da la existencia, ahí, gratuita, sin otro soporte que el suelo, según Jean-Paul Sartre (1905-1980). La náusea revela esta gratuidad de la existencia como contingencia, de modo que igual podría existir que no existir. Pero es el caso que uno está ahí, quizá de sobra pero teniendo que hacer algo con la vida. En fin, la existencia humana es contingencia, esto es, libertad e indeterminación, lo que produce náusea, por resumir así lo que también se podría decir en términos de melancolía, angustia e, incluso, de ansiedad o depresión[5].

Angustia, jovialidad y horizonte

Si bien el existencialismo destaca el papel de la angustia en la condición humana, la angustia no tiene por qué ser necesariamente la última palabra de un planteamiento fenomenológico-existencial de la vida. La libertad y la indeterminación, aunque preocupantes (e incluso angustiantes) pueden hacer la vida interesante. Tanto como ansiedad pueden dar lugar también a ansia por vivir. La libertad y la indeterminación no sólo tienen la cruz de la angustia, sino que también tienen la cara del quehacer de la vida y la autodeterminación. Los filósofos existenciales señalados (Kier-

---

[5] Estas cuestiones las pone Sartre en juego en su célebre novela *La náusea*, de 1938. Es de recordar que el título iba a ser originalmente «melancolía». Náusea-melancolía, ansiedad-depresión. El complejo ansiedad-depresión, sin duda el trastorno clínico más frecuente hoy, viene a ser la versión clínico-médica del problema existencial de otra manera (y otrora) concebido como angustia-melancolía, lo que situaría el propio problema clínico en relación con la libertad y la indeterminación (y no, por ejemplo, con los niveles de serotonina).

kegaard, Heidegger, Sartre) han resaltado más la cruz de la angustia, pero, por ejemplo, José Ortega y Gasset (1883-1955) resaltaría más la cara del quehacer y la autodeterminación. En realidad, cada uno de estos filósofos presenta una imagen de la existencia relativamente distinta. Para Kierkegaard, el hombre está angustiado en la cúspide del tejado sintiendo el vértigo de la libertad y clama por ello al cielo buscando justificación. Para Heidegger, el hombre sigue angustiado pero está ahora en el alero del tejado arrojado a la muerte sin más que esperar. Para Sartre, el hombre está nauseabundo de encontrarse de hecho, fácticamente, en el suelo. Para Ortega, el hombre está erguido, puesto y presto con voluntad de aventura ante el horizonte de la vida.

Frente a este existencialismo un tanto sombrío del norte, el *ratio-vitalismo* de Ortega ofrece una imagen de la vida más vital y jovial. La vida se ofrece como posibilidad, pudiendo ser de una manera o de otra, pero teniendo que ser de alguna, sin querer decir que pudiera ser de cualquier manera que uno quisiera. La vida es posibilidad en el sentido de estar abierta, por hacer, de manera que aunque se vayan cerrando algunas posibilidades se van abriendo otras, sobre un horizonte más o menos amplio, claro, lejano, pero horizonte al que se va o el cual adviene. Tal apertura hace la vida incierta, cuya única certeza es la muerte, la posibilidad cierta que cancela toda posibilidad. Acaso la vida no tiene más sentido que la muerte, pero la muerte es lo que da sentido a la vida. Respecto de ella, todo hacer cobra algún sentido trascendente, más allá de su mera facticidad, dentro en todo caso de la inmanencia de la propia vida. Quiere decir que la propia vida ya contiene el sentido de la vida, que no es otro que perseverar en el propio ser, de la mejor manera posible. Respecto de la «mejor manera posible», tampoco ésta está fijada, sino que toma muchas formas posibles y hasta contrarias unas de otras. Estas formas de vida están informadas por los valores socialmente organizados, tanto en su aspecto ético como estético.

Ni mente interior ni mundo exterior

Sería en el propio mundo donde se desempeña y tiene sentido la vida. Esto, que parece una trivialidad, tiene decisivas implicaciones, si se entiende de acuerdo con la fenomenología y el existencialismo. Por lo pronto, quiere decir que la vida no sería un despliegue autooriginario ni encontraría sentido dentro de uno mismo, como afirman algunas versiones (ciertamente baratas) adscritas a esta perspectiva. De hecho, este planteamiento filosófico rompe la distinción interior/exterior (mente/mundo). La mente es negada como interioridad y afirmada como acción operante, y el mundo es negado como exterioridad y afirmado como medio compuesto de «servicialidades y obstáculos», diría Ortega. En vez de suponer un mundo interior dentro de la persona mejor se diría que son las personas las que están en el interior del mundo.

El mundo ofrece las condiciones de posibilidad para la realización de la vida. Bien entendido, entonces, que la vida está por hacer, es un quehacer y, así, es proyecto. En este sentido, los proyectos no dejan de ser ficciones pero las ficciones construyen la realidad de la vida. El ser humano, dice Ortega, inventa programas de vida e intenta realizar ese personaje imaginario que ha resuelto ser. Luego vienen los límites de ese plan de vida. No se resuelven todas las dificultades y aun cuando así sea nuevas dificultades aparecen. Entonces se idea otro proyecto, no sólo en vista de las circunstancias, sino en vista también del primero. Acaso al segundo proyecto sucede otro y después otro, y de esta manera el ser humano «va siendo» y «des-siendo», haciendo ser en la serie dialéctica de sus experiencias, dice Ortega. En fin, que el hombre no tiene naturaleza, sino historia o, si se prefiere esta otra fórmula, se diría que la naturaleza del ser humano es la cultura[6].

Fenomenología comprensiva y análisis existencial

Las implicaciones clínicas de la fenomenología y del existencialismo se traducen en la práctica, respectivamente, en la «fenomenología comprensiva» y en el «análisis existencial». La fenomenología comprensiva se expone en el punto siguiente, a propósito de la psicopatología, y el análisis existencial, a propósito de los objetivos.

---

[6] J. Ortega y Gasset (1971): *Historia como sistema*. Madrid: Espasa-Calpe (original de 1935).

Psicopatología

La psicopatología que se deriva de la fenomenología y el existencialismo sitúa los trastornos psicológicos en continuidad con los problemas de la vida. Los trastornos serían comprensibles y explicables en términos de la biografía de las personas de acuerdo, obviamente, con sus circunstancias. De este modo, la explicación de los fenómenos que estudia la psicopatología se situaría en el propio contexto humano, social y cultural, donde estarían las condiciones objetivas que dan lugar a la experiencia trastornada. Del mismo modo que no tiene sentido explicar las crisis históricas por los mecanismos cerebrales de sus protagonistas (de hecho se explican por «razones históricas»), tampoco tendría sentido explicar los trastornos psicológicos (en realidad, crisis personales) por los mecanismos cerebrales (de hecho se explicarían por «razones biográficas»).

Fenomenología descriptiva y fenomenología comprensiva

Dicho esto, se ha de distinguir entre dos versiones de la fenomenología clínica. Por un lado, estaría la fenomenología descriptiva y, por otro, la fenomenología comprensiva de la que se habla aquí. Su diferencia se podría cifrar en estas dos maneras de dar cuenta del mismo fenómeno: un hombre va corriendo por la calle. Una consistiría en decir su velocidad, forma de los pasos, aceleración cardíaca, ritmo de la respiración, esfuerzo muscular, consumo de oxígeno (fenomenología descriptiva) y la otra en decir que va a coger el autobús (fenomenología comprensiva). Si de la explicación se tratara, la fenomenología descriptiva probablemente quedaría encantada con hacer referencia a alguna suerte de imagen cerebral asociada a ir corriendo por la calle. Por su parte, la fenomenología comprensiva haría referencia a lo que significa para esa persona «perder el autobús», de acuerdo con su historia personal relativa a cumplir, llegar a tiempo, vencer dificultades o buscar justificaciones (si en realidad quisiera perder el autobús a pesar de todo).

La fenomenología comprensiva clásica ha descrito ciertas formas de la experiencia trastornada que permiten comprender el sentido de los síntomas. Aunque se trate de trastornos, no por ello las experiencias correspondientes dejan de tener su organización o estructura «interna», interna a la propia experiencia del mundo y de sí mismo que, como se ha dicho, ni es interior ni exterior sino, precisamente, la forma de estar-en-el-mundo. Se señalarían aquí dos formas psicopatológicas preeminentes, organizadas en torno a la angustia y a la experiencia de sí mismo. No es una casualidad que estas formas constituyeran el eje de la psicopatología clásica (neurosis-psicosis) antes de su «degeneración» en los sistemas nosográficos actuales.

Trastornos neuróticos y trastornos psicóticos

En relación con la angustia, recuérdese que es antes que nada un fenómeno ontológico-existencial que torna a uno consciente de su precariedad y, cómo no, tras-torna, desazona y desasosiega. La conversión de la angustia en trastorno clínico se debe a la conjunción de dos condiciones. Por un lado, estaría la mayor apertura del mundo moderno, que si bien lo hace más abierto también lo hace más inseguro, y, por otro, estaría la menor capacidad de la gente para afrontar los retos de una sociedad abierta debido, en buena medida, a que tales capacidades fueron expropiadas por la medicalización de la vida. La cuestión es que la angustia es un fenómeno ontológico-existencial sensible a las circunstancias histórico-culturales que puede tener, cómo no, sus dimensiones clínicas[7]. El problema clínico presentado por la angustia o ansiedad en sus diversas formas neuróticas cuenta con un modelo psicopatológico general que cifra su problema en el «círculo neurótico» en el que puede entrar y quedar envuelta la persona en su infructuosa lucha contra los síntomas, tratando de evitar o controlar experiencias que forman parte de su relación en esos momentos con las circunstancias de la vida. Se trata del modelo de la *logoterapia* propuesto por Frankl. Nótese que el problema no es la ansiedad sino el círculo en el que se envuelve la persona sustrayéndola de la ocupación en la vida más allá de sí mismo (de sus síntomas).

---

[7] P. Blazer y W. Poeldinger (1970): «La angustia como fenómeno histórico-espiritual y como problema clínico», en P. Kielholz, ed., *Angustia. Aspectos psíquicos y somáticos*. Madrid: Morata, pp. 12-46.

En relación con la experiencia de sí mismo, el caso es que puede devenir en una experiencia trastornada, caracterizada por diversas formas de despersonalización, entre ellas las identificadas como «esquizofrenia». De acuerdo con esta perspectiva, la experiencia más prominente de la esquizofrenia sería la pérdida de la autoevidencia natural conforme a la cual uno se relaciona con el mundo y consigo mismo. No se trata ya de la desazón y el desasosiego de la angustia, aunque la angustia nunca falta, al menos, en el comienzo de la esquizofrenia. Se trata, más bien, de una extrañeza de lo que antes era familiar. El mundo dado por hecho resulta extraño, sorprendente, nuevo; se toma conciencia de cosas habitualmente desapercibidas, volviéndose uno *hiperreflexivo* acerca de asuntos que normalmente se darían por supuestos, de manera que se hace difícil llevar a cabo las acciones cotidianas de un modo fluido. En fin, se toma conciencia del funcionamiento de uno mismo que normalmente pasa desapercibido. A este respecto, se han descrito dos alteraciones básicas: la autoconciencia aumentada *(hiperreflexividad)* y el sentido de sí mismo disminuido *(autoexperiencia disminuida)*, de las que dependerían los demás síntomas de la esquizofrenia[8]. Se entiende que la *hiperreflexividad* (consistente en la conciencia de procesos y fenómenos que normalmente tendrían una presencia tácita) supone la consiguiente disminución del sentido de uno mismo como sujeto de la experiencia. Semejante alteración de la autoevidencia natural se ha caracterizado también como psicopatología del sentido común[9].

Objetivos

Dentro de su afinidad, conviene distinguir lo que se proponen la fenomenología comprensiva y el análisis existencial. La fenomenología se propone comprender el trastorno que está teniendo la persona de acuerdo con sus circunstancias (contexto o marco de referencia). Nótese que comprender implica captar («prender») el sentido de la experiencia

---

[8] L. A. Sass (2004). «"Negative symptoms", commonsense, and cultural disembedding in the modern age», en J. H. Jenkins y R. J. Barret, eds., *Schizophrenia, culture, and subjectivity. The edge of experience.* Cambridge, UK: Cambridge University Press, pp. 303-328.

[9] G. Stanghellini (2004): *Disembodied spirits and deanimated bodies. The psychopathology of common sense.* Oxford University Press.

subjetiva y de las conductas observables en relación con las circunstancias personales inmediatas y el contexto social de fondo. No se propone, pues, meramente captar el «sentir» de la persona (su sufrimiento y sentimientos), lo que se debiera dar por hecho. Lo relevante en la labor clínica es *captar el sentido* (significado y función) del trastorno. No se trata tanto de entrar en el interior de la persona como de comprender propiamente a la persona en el interior de su mundo o circunstancias.

Por su lado, el *análisis existencial* se propone una reconstrucción biográfica que revele la forma de estar-en-el-mundo. Esta reconstrucción supone identificar el proyecto existencial, elegido o impuesto y más o menos explícito, que organiza la vida. No se trata de una mera narrativa sino de seguir el hilo de decisiones e indecisiones vitales que pueden estar incluso ocultas a la propia conciencia (no porque sean inconscientes, sino más bien porque no se quiera tener conocimiento de ellas). En este sentido, el análisis existencial viene a ser el contrapunto del psicoanálisis. Aun cuando ambos tratan de hacer una reconstrucción biográfica, el psicoanálisis se interesa en el *porqué* (mirando al pasado) y el análisis existencial en el *para qué* (mirando al futuro). Por otro lado, el análisis existencial no divide el funcionamiento psicológico en inconsciente-consciente, sino que todo él forma un campo de conciencia, con sus márgenes y zonas de des-atención. En este sentido, el *insight* del análisis existencial es más un «tomar conciencia» que un «poner en conocimiento» (como lo sería en el psicoanálisis). En relación con la fenomenología, el análisis existencial no se queda en la comprensión, sino que cuestiona toda la persona[10]. Cuando fuera el caso, el análisis existencial trata de que la persona se haga cargo de los subterfugios y arreglos con los que viene entrampando su vida y asuma la responsabilidad de cambiar o aceptar lo que viene haciendo[11].

---

[10] M. Villegas Besora (1988): «El análisis existencial: cuestiones de método», *Revista de Psiquiatría y Psicología Humanista*, 25, 55-70.

[11] Esta confrontación consigo mismo con miras a cambiar la vida no caracteriza precisamente al análisis existencial de Binswanger quien por lo demás acuñó el nombre. El análisis de Binswanger, con ser ejemplar, quizá está más comprometido con las categorías ontológicas que con las circunstancias existenciales. Véase a este respecto el reanálisis existencial en la línea seguida aquí del caso de Ellen West realizado por M. Villegas Besora (1988): «Ellen West: análisis de una existencia frustrada», *Revista de Psiquiatría y Psicología Humanista*, 25, 71-94.

Sobre el fondo de estos objetivos generales, cada modalidad terapéutica tiene sus propias formulaciones. Las modalidades consideradas serán la logoterapia, la psicoterapia existencial y la terapia gestáltica (en función de los aspectos aquí destacados):

1. La *logoterapia* (Frankl) define dos objetivos muy precisos: el autodistanciamiento y la autotrascendencia. El autodistanciamiento consiste en dejar de luchar contra los síntomas y en reorientar la vida a nuevos valores. Por su parte, la autotrascendencia consiste igualmente en dejar de estar centrado en sí mismo y en reponerse ante la vida. Nótese que para la logoterapia y, en general, para la psicoterapia existencial, el sentido de la vida no está dentro de uno mismo (contrariamente a algunas de sus versiones de consumo popular)[12].
2. La *psicoterapia existencial* (Yalom) propone la adquisición de fortaleza frente a la angustia por la muerte, la toma de responsabilidad ante la libertad, el aprendizaje de la soledad y la búsqueda de sentido (lo que remite de nuevo a la logoterapia)[13].
3. La *terapia gestáltica* (Yontef) se propone la ampliación del campo de conciencia, lo que incluye la captación del ambiente, el conocimiento de sí mismo, la responsabilidad de las elecciones, la autoaceptación y, en definitiva, la habilidad para entrar en contacto con todo lo que forma parte de la configuración organismo-ambiente. Se entiende que la integración de todos los aspectos de uno facilita el desarrollo de las propias capacidades[14].

Procedimientos y técnicas

La psicoterapia fenomenológico-existencial no es tanto un procedimiento técnico como una determinada perspectiva de los trastornos psicológicos, situándolos en el contexto de los problemas de la vida.

---

[12] V. E. Frankl (1990): *Logoterapia y análisis existencial*, Barcelona: Herder.
[13] I. D. Yalom (1984): *Psicoterapia existencial*, Barcelona: Herder; S. Vinogradov e I. D. Yalom (1996), *Guía breve de psicoterapia de grupo*, Barcelona: Paidós.
[14] Yontef, G. (1997): *Proceso y diálogo en psicoterapia gestáltica*, Santiago de Chile: Cuatro Vientos.

Dentro de esto, la aplicación psicoterapéutica se funda en la relación terapéutica concebida como un encuentro personal yo-tú, base de la comprensión que se propone.

Se propone una comprensión que se haga cargo tanto del sentir subjetivo como del sentido objetivo del problema. Esta comprensión terminaría por llevar a un análisis existencial. Es de suponer que el análisis existencial no se conforma con una historia protocolaria, sino con la verdadera historia del proyecto de vida. Aunque esta historia pudiera parecer una «novela», como los casos de Binswanger, o una biografía como los análisis de Sartre (de Baudelaire, Genet, Flaubert) o de Ortega (Goethe, Velázquez), se entiende que es un «estudio de caso». La cuestión es captar las líneas esenciales de la trayectoria personal. Así pues, no se trata de una mera narrativa, sino de una auténtica reconstrucción biográfica. Esta reconstrucción se puede concebir también en términos de «estilo de vida» siguiendo a Adler[15]. En todo caso, corresponde al paciente o cliente tomar las decisiones y asumir los cambios posibles.

Sobre este planteamiento general, las modalidades terapéuticas consideradas tienen sus propios procedimientos y técnicas.

1. La *logoterapia* tiene dos versiones: como «terapia específica» para la neurosis existencial o noógena (falta de sentido, crisis existencial) y como «terapia no específica» para las neurosis psicógenas. Esta última cuenta con dos técnicas concretas para los objetivos propuestos: la intención paradójica para el autodistanciamiento y la desreflexión para la autotrascendencia.
2. La *psicoterapia de Yalom* se ocupa de las preocupaciones existenciales relativas a la muerte, la libertad, la soledad y el sentido de la vida. A pesar de ser cuestiones que conciernen a la «naturaleza humana», la psicoterapia cuenta con técnicas específicas como la desidentificación o la reestructuración situacional. Por otro lado, esta psicoterapia cuenta también con una modalidad de grupo, de manera que maximiza el papel del encuentro y el contacto entre las personas.

---

[15] R. M. Kern y W. L. Curlette, eds., (2003): «Views on lifestyle: Theory, Application, and research», *Journal of Individual Psychology, 39*, 4 (monográfico).

3. La *terapia gestáltica* se caracteriza por su insistencia en la experienciación de todo lo que le concierne a uno (más que en hablar de ello) y en la concentración en el aquí y ahora. En este sentido, la terapia gestáltica se podría incluir igualmente en las terapias experienciales.

Estatus

El estatus de la psicoterapia fenomenológica y existencial se ha de medir, antes que nada, por el planteamiento que supone acerca de la naturaleza de los trastornos psicológicos. La fenomenología y el existencialismo constituyen una propedéutica para toda investigación y aplicación clínicas. Así, efectivamente, la investigación de los fenómenos psicopatológicos debiera partir de la consideración ontológica previa acerca de la naturaleza de tales fenómenos, lo que no es una cuestión científica. A este respecto, la ontología existencial muestra que la unidad de análisis es la estructura estar-en-el-mundo, de manera que sería erróneo estudiar los trastornos como si dependieran de un trozo de esa estructura. No partir de esta estructura supone incurrir en alguna suerte de dualismo, bien de corte (y recorte) *interiorista* (ofuscado en encontrar mecanismos cerebrales o mentales) o de corte (y recorte) *ambientalista* (poniendo en este caso toda la carga en el ambiente considerado en abstracto y dejando así fuera de juego al sujeto). Naturalmente, no se está refiriendo aquí al típico interaccionismo, que supone a la persona y a la situación interactuando como si se juntaran después de haber nacido por separado.

La fenomenología y el análisis existencial están llamados a rescatar a la psicopatología de su anegación neurobiológica. En realidad, se trata de retomar una psicopatología olvidada y marginada que, a pesar de todo, sigue viva[16]. Desde el punto de vista de la aplicación clínica, toda psicoterapia debiera tener una mirada fenomenológico-existencial, al

---

[16] J. L. Besteiro González, G. Martínez-Sierra, S. Lemos Giráldez y M. Pérez-Álvarez (2005): «Rescate de una psicopatología olvidada y marginada: el espacio», *Psiquis*, 26, 2, 50-63; J. L. Besteiro González, G. Martínez-Sierra, M. Pérez-Álvarez y S. Lemos Giráldez (2005): «Rescate de una psicopatología olvidada y marginada: el tiempo», *Psiquis*, 26, 2, 64-80.

margen de que su identificación como sistema terapéutico pudiera ser otro. En fin, lo que se está diciendo es que las dimensiones científicas y clínicas de los trastornos psicológicos, incluyendo, obviamente, la esquizofrenia, se debieran asentar sobre un entendimiento filosófico en el sentido apuntado[17].

Dado el planteamiento de la psicoterapia fenomenológica y existencial, no ha de sorprender que su «estatus empírico» dentro del movimiento de los tratamientos eficaces apenas cuente (poco más, si acaso, que lo que se diga en la psicoterapia centrada en la persona y experiencial, a propósito de la técnica gestáltica de la «silla vacía»). Según estos criterios, la psicoterapia fenomenológica y existencial prácticamente no existe y a duras penas subsistiría. Sin embargo, el supuesto problema no está tanto en que la psicoterapia fenomenológica y existencial se amolde a los criterios que rigen el vigente «estatus empírico» como que se rompan tales moldes, resituando los problemas psicológicos en la perspectiva de los problemas de la vida. Ahora bien, ello en absoluto quita que deba ser operativa y mensurable, esto es, empírica, pero al servicio de la vida y no de los sistemas nosológicos.

---

[17] M. Pérez Álvarez y J. M. García Montes (2006): «Entendimiento filosófico de la esquizofrenia», *Apuntes de Psicología*, 24, 11-29.

CAPÍTULO 12

EL CLIENTE COMO AUTOSANADOR ACTIVO
Psicoterapia centrada en la persona y experiencial

Fundamentos

La psicoterapia centrada en la persona y experiencial cubre aquí básicamente la tradición iniciada por Rogers. Carl Rogers (1902-1987) es después de Freud probablemente el nombre propio más conocido en la historia de la psicoterapia. Su enfoque psicoterapéutico es conocido, en general, como «psicoterapia centrada en la persona» por su particular consideración de que es la persona quien se «sana» a sí misma y quien crea su propio crecimiento. En este sentido, el terapeuta no interviene en la dirección del cambio, sino que se limitaría a crear ciertas condiciones a partir de las cuales la mejoría ocurriría por sí misma (autocrecimiento personal). De ahí que este enfoque se haya denominado también «psicoterapia no-directiva», en atención a esta pretendida no-directividad del terapeuta y la consiguiente mejoría espontánea de la persona o cliente. A propósito, se ha de recordar que este enfoque usa el término «cliente» en vez de «paciente» para resaltar precisamente que está en él la potencialidad del cambio y quizá también para no prejuzgar que se trata de alguien enfermo (de ahí igualmente el nombre de «psicoterapia centrada en el cliente»).

Dentro de esta orientación general a la persona (o al cliente), la psicoterapia experiencial sería un desarrollo posterior que se centraría especialmente en las emociones y, en general, en la experienciación. Esta innovación dentro de la propia tradición rogeriana no afectaría sólo al énfasis de la experiencia emocional, sino también al reconocimiento de una actitud directiva por parte del terapeuta. De hecho, la psicoterapia experiencial adopta técnicas desarrolladas por otros enfoques (en particular de la terapia de la gestáltica y de la terapia cognitivo-conductual). Así pues, dentro de la misma tradición iniciada por Rogers se impone distinguir, a partir de la década de 1990, entre «psicoterapia centrada en la persona» y «psicoterapia experiencial»[1].

Psicoterapia humanista

Con todo, la psicoterapia centrada en la persona sigue siendo la referencia de este sistema. Un sistema que se presenta a menudo como una *psicoterapia humanista*, debido a su énfasis precisamente en el ser humano o la persona. En efecto, la tradición humanista se caracteriza por su interés centrado en el ser humano, empezando, sin ir más lejos (porque se podría ir a la Grecia clásica), por el Renacimiento (con su «discurso sobre la dignidad humana») y culminando en el siglo XIX con el surgimiento de las ciencias humanas, entre ellas la psicología, en cuyo contexto se situaría la psicoterapia. En este sentido, todas las psicoterapias serían *humanistas*, se presenten o no como tales. Siendo así, se hace necesario distinguir el sentido humanista general que tendrían todas las ciencias humanas, del sentido humanista específico con el que se caracterizan, en este caso, ciertas psicoterapias, precisamente la psicoterapia centrada en la persona y experiencial. Aunque la calificación de «psicoterapia humanista» suele incluir también la psicoterapia fenomenológica y existencial además de la centrada en la persona y experiencial (como ya se ha advertido anteriormente), aquí se reserva

---

[1] G. Lietaer, J. Rombauts y R. van Balen, eds., (1990): *Client-centered and experiential psychotherapy in nineties*. Leuven: Leuven University Press.

para esta última, por mor de su particular concepción del ser humano o de la persona.

Esta particular concepción (humanista) de la persona se caracteriza, ante todo, por el discurso del autocrecimiento, conforme al cual habría una tendencia inherente de las personas a la actualización de sus potencialidades. Esta tendencia autocreadora incluye el descubrimiento de nuevas maneras de ser y de comportarse y la exploración del futuro. Las personas serían depositarias de un «capital humano» de modo que lo único que necesitarían sería oportunidades para su desarrollo potencial. Cabe destacar su diferencia respecto del psicoanálisis, con su concepción del ser humano en términos pulsionales y represiones autodefensivas, así como respecto de la terapia existencial, con su prioridad por los problemas de la vida. De acuerdo con la psicoterapia centrada en la persona, lo esperable de las personas es su funcionamiento pleno, consistente en ser fluidas y flexibles, lo que implica el sostenimiento tentativo de las ideas y su comprobación práctica, la apertura y la aceptación de los sentimientos, la atención y el aprendizaje de la experiencia, el diálogo consigo mismas y la experienciación de uno mismo como capaz de dirigir su vida. Se trata, sin duda, de un enfoque que se caracteriza por el *optimismo* acerca de la persona y del mundo.

Este optimismo tiene que ver, sin duda, con el espíritu de la época, dado por la sociedad estadounidense en la que se desarrolla este movimiento en los años de 1940-1960, dentro del que habría que citar, además de a Rogers, a otras figuras representativas[2]. Por su parte, el actual movimiento de la así llamada «psicología positiva» es probablemente más un lanzamiento editorial que un espíritu de la época. En todo caso, el movimiento de la *psicología positiva* no está filiado en la psicología humanista. Así, por ejemplo, la insistencia en «ser positivo» que deriva de este movimiento viene a revelar, en realidad, que la situación no invita a serlo de suyo (porque si fuera así no habría que insistir). De hecho, cabe ver en la «psicología positiva» una ideología encubridora de la realidad y tapadera del malestar que, irónicamente, genera la sociedad del bienestar. En efecto, la sociedad del bienestar, por otro nombre conocida como sociedad del consumo, crea el «deber

---

[2] Abraham H. Maslow (1908-1970), Rollo R. May (1909-1994), Viktor E. Frankl (1905-1997), James F. T. Bugental (1915-), Irvin Yalom (1931-).

de ser feliz» y hace creer así que lo normal es la «euforia perpetua», lo que acaso sea satisfactorio para el funcionamiento de la sociedad pero que sin duda es insatisfactorio para los individuos, pues, al fin y al cabo, el consumismo se nutre de la perpetua insatisfacción.

El «modelo del cliente» como alternativa al «modelo médico»

Según se recordará, por lo dicho a propósito de la psicoterapia fenomenológica y existencial, la psicología humanista surgió como una tercera vía o fuerza frente a las dos corrientes dominantes entonces (años de 1940-1960), el psicoanálisis y el conductismo las cuales, cada una a su modo, habrían perdido de vista a la persona real. La psicología humanista pretende corregir esta desviación y reponer a la persona de carne y hueso en el centro de la psicología. Una psicología que hable de las personas tal como las conocemos en la vida cotidiana y, así, que incorpore la experiencia y la conducta en todas las dimensiones de la existencia humana. Aunque la psicología humanista todavía no se ha abierto paso ni establecido en el panorama actual como merece, su pretensión de situar a la persona en el centro de la psicología tiene hoy más importancia, si cabe, que en su día. La falta de consideración de la persona ya no vendría hoy del psicoanálisis y del conductismo, si no de la psicofarmacología, como corriente dominante en clínica. Al fin y al cabo, la propia gente es más importante que las pastillas para recuperarse de los trastornos mentales[3]. La cuestión es que la psicofarmacología ha sustituido valores humanos como la responsabilidad de la propia vida por la fe en «desequilibrios bioquímicos» o alteraciones cerebrales, que nada tienen que ver con lo que realmente le pasa a la gente, y en supuestos expertos, que nada entienden de asuntos humanos[4].

En este sentido, la psicología humanista tiene mucho que decir y hacer valer en psiquiatría y psicología clínica. En concreto, la psicoterapia centrada en la persona ofrece, frente al modelo médico imperan-

---

[3] D. B. Fisher (2003): «People are more important than pills in recovery from mental disorders», *Journal of Humanistic Psychology*, 43, 2, 65-68.
[4] P. R. Breggin (2003): «Psychopharmacology and human values», *Journal of Humanistic Psychology*, 43, 2, 34-49.

te en psicoterapia, el «modelo del cliente como autosanador activo»[5]. En relación con el modelo médico de psicoterapia, el modelo del cliente tiene las siguientes características. Para empezar, el cliente (que no paciente) se concibe como el principal agente del cambio (y no el terapeuta y sus técnicas). El papel del terapeuta viene a ser un tipo de «consultor participante» que trata de ayudar al cliente a clarificar sus problemas y a desarrollar soluciones. La evaluación y el diagnóstico consisten, pues, en una tarea colaboradora tendente a definir problemas y soluciones (y no a dar un diagnóstico). Los problemas psicológicos se entiende que surgen de las limitaciones y constricciones de unos sistemas en relación con otros (la historia personal, los papeles sociales, las condiciones económicas, los ideales de vida, las tendencias culturales, etc.). La terapia se concibe como la provisión de un contexto de apoyo y espacio de trabajo donde las capacidades naturales de los individuos para la autocorrección y la autosanación pueden operar de nuevo. En este sentido, la relación sería la cosa más importante que el terapeuta puede ofrecer al cliente.

Ideas para ser persona en tiempos del yo neuroquímico

La pregunta rogeriana sería cómo llegar a ser persona en tiempos del yo neuroquímico. La respuesta estaría en la consideración de ciertas ideas acerca de la condición humana que no convendría olvidar. Tales ideas se reexponen aquí de la manera un tanto lapidaria con la que son ofrecidas por su proponente[6]. La cuestión es que se ofrecen a propósito de rechazar o de retirarse de la medicación psiquiátrica. Se trata de las siguientes:

1. El dolor y el sufrimiento tienen su sentido. Las emociones son señales, no síntomas, que dicen algo acerca de nuestra condición física y psicológica. Cuando anulamos nuestras emociones, nos cegamos a nuestros sentimientos y necesidades y suprimimos nuestra naturaleza humana.

---

[5] A. C. Bohart y K. Talman (1999): *How clients make therapy work. The process of active self-healing*, Washington, DF: American Psychological Association.
[6] Breggin (2003), op. cit., p. 41.

2. Se requiere heroísmo para vivir una vida preparada de cara al dolor inevitable y al sufrimiento que comporta la vida.
3. No hay atajos que hagan la vida menos dolorosa o que alcancen la paz del espíritu. Se requieren trabajo duro y principios racionales y consistentes para alcanzar un estado de contento y satisfacción, y estos estados son frágiles.
4. Los seres humanos luchan por ampliar lo que son sus ideales y rechazan componendas a la baja.
5. Los individuos buscan la autoactualización o autocumplimiento a través del desarrollo y expresión de sus propias capacidades y sufrirán si este afán es inhibido o frustrado.
6. La empatía es central para una vida ética y plena, así como para la salud.
7. La gente con éxito asume responsabilidad personal eligiendo los principios por los que conduce su vida.
8. El sufrimiento emocional y psicológico puede venir de muchas causas, desde traumas infantiles a matrimonios insatisfactorios. Puede venir también de no encontrar sentido a la vida. El triunfo sobre el sufrimiento psicológico requiere autoentendimiento, responsabilidad y compromiso como principios razonables de la vida.

Desafíos para la psicología humanista

Con todo, la propia psicología humanista tiene que rehabilitar su imagen. A este respecto, se han identificado los siguientes desafíos[7]:

a) Desarrollar una ciencia humana conmensurable con la idea de persona más comprensiva que defiende.
b) Adoptar y desarrollar filosofías de la ciencia no reduccionistas.
c) Ser más audaz en intentar métodos nuevos y originales no asentados en el enfoque de la ciencia natural.

---

[7] A. Giorgi (2005): «Remaining challenges for humanistic psychology», *Journal of Humanistic Psychology*, 45, 2, 204-216, 214.

d) Llegar a establecerse en la academia de una manera sólida en vez de la manera marginal actual.

Aunque la referencia es la psicoterapia centrada en la persona, no se olvide que, como se ha dicho, este sistema incluye la psicoterapia experiencial. La psicoterapia experiencial es el desarrollo más notable de la psicoterapia centrada en la persona y, de hecho, es su versión actual más conocida y reconocida. De todos modos, su especificación se remite a lo que corresponde decir en relación con los puntos siguientes.

Psicopatología

De acuerdo con esta concepción, los trastornos psicológicos surgen si la persona es incapaz de funcionar de una manera desenvuelta, como correspondería al desarrollo fluido del potencial de crecimiento personal que se le supone. Tal disfuncionalidad no se debería tanto a defectos de algún supuesto sistema psicológico (creencias, percepción, repertorios de conducta) como al fracaso en aprender de la experiencia y, de ahí, quedar estancado en creencias, percepciones y conductas inadecuadas. La disfuncionalidad estaría, ante todo, en el fallo de aprender y de cambiar. Sobre esta concepción se destacan tres explicaciones relacionadas entre sí: la incongruencia, el fallo de estar en proceso y el fallo también en la experienciación.

La incongruencia consiste en la disparidad entre el autoconcepto y la experiencia, entre la imagen que uno tiene de sí mismo y la experiencia de cómo realmente está funcionando o le están yendo las cosas. Se trata, en general, de alguna suerte de discrepancia entre el *yo-ideal* y el *yo-real*. La incongruencia de por sí no sería disfuncional, sino su mantenimiento rígido, sin las correspondientes autocorrecciones.

El fallo de estar en proceso (o mejor dicho, de no estar en proceso) viene a ser este mismo funcionamiento rígido, estancado e indiferenciado, por el que no se da una integración dinámica. Un énfasis particular de este fallo consiste en no atender al fluir de la experiencia de una manera que facilite la creatividad, sino, por el contrario, en ser crítico de los propios sentimientos y reacciones y en tratar de controlarlos de forma ingenieril.

Por su parte, el fallo en la experienciación (en la no experienciación) no es otro que esta desconexión con el propio sentir, cuya especificación puede hacerse en los términos tradicionales de simbolización o focalización de la experiencia (como lo haría Rogers o Gendlin) o en términos del procesamiento de la información (según lo harían en este caso Greenberg, Rice o Elliot). En todo caso, se destaca el fallo de no estar en contacto con las propias emociones, habida cuenta de su papel adaptativo, «informando» momento a momento acerca de nuestro funcionamiento. Los problemas se entienden, según se ha dicho, que derivan de las limitaciones o constricciones de unos sistemas en relación con otros; entre ellos, el sistema de vida que es el individuo.

Objetivos

El objetivo de la psicoterapia centrada en la persona y de la experiencial es, ante todo, proporcionar las condiciones que permitan el desarrollo de las tendencias intrínsecas de cada uno para afrontar experiencias problemáticas, explorarlas y extraer de ellas nuevos significados y reorganizar creativamente el curso de la vida de modo más productivo. Se entiende que es el cliente quien sabe qué perjudica su vida y qué necesita cambiar, aunque sea de una forma presentida e intuitiva.

En todo caso, la psicoterapia no fija objetivos de lo que se ha de cambiar como pudieran ser, por ejemplo, «superar una relación disfuncional», «dejar de pensar irracionalmente» o «ser más asertivo». El objetivo de la psicoterapia es crear las *condiciones necesarias y suficientes* para que se dé el crecimiento y el desarrollo personal (a señalar a continuación).

Procedimientos y técnicas

El procedimiento para proporcionar las condiciones terapéuticas difiere según se trate de la psicoterapia centrada en la persona o de la psicoterapia experiencial.

Para la psicoterapia centrada en la persona, el procedimiento consiste en ciertas condiciones del terapeuta a partir de las cuales se daría el cambio del cliente. Se trata básicamente de una determinada forma de «estar con» el cliente consistente en la aceptación incondicional, la comprensión empática y la participación auténtica. Éstas serían las condiciones necesarias y suficientes, según Rogers, para que tenga lugar el cambio terapéutico. *Si* se dan estas condiciones, *entonces* se pone en movimiento el proceso de crecimiento personal del cliente (expresividad, amplitud de experiencias, congruencia consigo mismo, autoaceptación, creatividad y el consiguiente alivio del malestar inicial objeto de la búsqueda de la ayuda).

El papel del terapeuta, dentro de su actitud no-directiva, es asegurar que estas condiciones sean percibidas por el cliente. Para ello, se vale de «reflexiones» que tratan de expresar su intento por comprender lo que quiere decir y está experimentando el cliente. No son interpretaciones sino más bien autoexpresiones en «resonancia» con la experiencia del cliente. En fin, el terapeuta no dirige ni supuestamente aplica técnicas (otra cosa es que se dé una influencia sutil que podría identificarse como una suerte de reforzamiento diferencial de unas conductas más que de otras).

En relación con la psicoterapia experiencial se ha de distinguir el procedimiento de focalización sensorial de Gendlin y el proceso experiencial de Greenberg. En general, se trata de psicoterapias que ya no tienen la pretensión de ser no-directivas (como pretendía la psicoterapia centrada en la persona o no-directiva). Por el contrario, son psicoterapias activas que tratan de poner al cliente en proceso de cambio.

La psicoterapia de focalización sensorial, en concreto, es activa en hacer que el cliente ponga en palabras sus experiencias y sentimientos. Cualquier técnica que facilite el contacto, la exploración y la articulación en palabras de la propia experiencia (como lo hacen, por ejemplo, ciertas técnicas de *rol-playing*, de la Gestalt y corporales) sería integrable en la focalización sensorial[8]. Por su parte, la psicoterapia de proceso-experiencial adopta abiertamente un procedimiento activo dentro de su concepción centrada en la persona. De todos modos, esta concepción se autopresenta a menudo en términos constructivistas y, así,

---

[8] M. N. Hendricks (2002): «Focusing-oriented/experiential psychotherapy», en D. J. Cain y J. Seeman, eds., *Humanistic psychotherapies. Handbook of research and practice*. Washington, DC: America Psychological Association, pp. 221-251.

redefine su objetivo como construcción de un «nuevo significado emocional». Para ello, incorpora técnicas de otras procedencias; en particular de la terapia gestáltica, como el «diálogo de la silla vacía»[9].

Cabe preguntar qué tiene que ver la psicoterapia experiencial con la psicoterapia centrada en la persona. Los psicoterapeutas más tradicionales (pertenecientes a esta tendencia centrada en la persona) probablemente dirían que poco. Aunque sólo fuera por la «focalización sensorial», podrían reprochar que la psicoterapia ya es directiva (de modo que sería incongruente con la actitud no-directiva original). Por su parte, los psicoterapeutas experienciales dirían que siguen respetando la sabiduría de sus clientes y creyendo en sus habilidades para encontrar sus propias soluciones. No encontrarían incompatible el papel de «experto» consistente en estructurar las cosas de modo que se movilicen las capacidades exploratorias de los clientes con una relación empática, auténtica y cálida (como se precia de poner en juego el psicoterapeuta centrado en la persona).

Finalmente, no se dejaría siquiera de citar procedimientos de aplicación colectiva. Se señalarían a este respecto la terapia humanista de grupo, donde figurarían los grupos-de-encuentro (que tanto le dieron celebridad a la terapia de Rogers como quizá la alejaron de la corriente «más seria» de la psicoterapia), la terapia humanista de pareja y de familia y programas psicosociales como el *Soteria House* y *Soteria Berna*. La particularidad de los programas Soteria es que consisten en un tipo de comunidad terapéutica de 6 a 8 pacientes con trastornos psicóticos llevada sobre la base de una relación de apoyo intenso que, sin ser necesariamente rogeriana, se podría incluir en esta tradición. Comoquiera que fuera, viene a ser una alternativa (humanista) a la medicación que tiene probada su eficacia aunque quizá no esté aprobada por las convenciones psiquiátricas[10].

---

[9] R. Elliott y L. S. Greenberg (2002): «Process-experiential psychotherapy», en D. J. Cain y J. Seeman, eds., *Humanistic psychotherapies. Handbook of research and practice*. Washington,, DC: America Psychological Association, pp. 279-306.
[10] G. Prouty (2002): «Humanistic psychotherapy for people with schizophrenia», en D. J. Cain y J. Seeman, eds., *Humanistic psychotherapies. Handbook of research and practice*. Washington, DC: America Psychological Association, pp. 579-601.

Estatus

La psicoterapia centrada en la persona y experiencial no ha cesado de crecer a pesar de que probablemente sea el sistema psicoterapéutico menos visible en el panorama clínico actual. Por ejemplo, el número de publicaciones sobre Rogers y la terapia centrada en la persona ha sido mayor en los últimos diecisiete años (de 1987 a 2004) que en los cuarenta anteriores (de 1946 a 1986), así como respecto de organizaciones profesionales y revistas[11]. Por otro lado, no se dejaría de apreciar la renovación que supone la propia tendencia experiencial en relación con la línea tradicional, entre otras innovaciones.

Aunque las condiciones señaladas por Rogers no se han confirmado como necesarias y suficientes, sin duda, la empatía, la mirada positiva y la congruencia permanecen como condiciones facilitadoras, si es que no cruciales, de la psicoterapia para prácticamente todos los clientes. Es más, los planteamientos de Rogers acerca de la relación terapéutica están en la base del movimiento que enfatiza precisamente las relaciones (frente a las técnicas) como el corazón y el alma del cambio y, en fin, como lo que funciona en terapia[12]. Concretamente, la *empatía*, la *mirada positiva* y la *congruencia* nunca faltan entre los elementos de las relaciones que funcionan. En esta línea, se sitúa el modelo del cliente como autosanador activo (alternativo al modelo médico de psicoterapia), referido anteriormente. Con relación a la psicoterapia experiencial habría que decir que su lógica y procedimiento de aceptación de las emociones, así como de la aceptación interpersonal (ya destacada por Rogers) y de la aceptación en terapia de pareja, la sitúan en la línea de las nuevas terapias (como la terapia de aceptación y compromiso, que se citará a propósito de la terapia de conducta) que adoptan esta renovada perspectiva[13].

---

[11] H. Kirschenbaum y A. Jourdan (2005): «The current status of Carl Rogers and the person-centered approach», *Psychotherapy: Theory, Research, Practice, Training 42*, 1, 37-51.
[12] M. A. Hubble, B. L. Duncan y S. D. Millar, eds., (1999): *The heart and the soul of change. What works in therapy*. American Psychological Association. Norcross, J. C., ed., (2002): *Psychotherapy relationships that work. Therapist contributions and responsiveness to patients*. Oxford University Press.
[13] L. Greenberg (1994): «Acceptance in experiential therapy», en S. C. Hayes, N. S. Jacobson, V. M. Follette y M. J. Dougher, eds., *Acceptance and change: Content and context in psychotherapy*. Reno, NV: Context Press, pp. 53-67.

Por lo que respecta, en particular, al estatus empírico, a pesar de que las psicoterapias humanistas se suelen citar como ejemplos de terapias sin apoyo empírico y, en todo caso, se suponen menos efectivas que las terapias cognitivo-conductuales, lo cierto es que las revisiones muestran una eficacia comparable a la de los tratamientos establecidos como empíricamente apoyados[14]. Ciertamente, sus estudios controlados son menores que los ofrecidos por la terapia cognitivo-conductual (que no en vano ha establecido la pauta), pero al margen del número de estudios actualmente disponibles es de destacar que la mayoría de ellos se encuentran a partir de 1990, lo que indica que las psicoterapias humanistas se mueven en la dirección empírica, sin desdecir de su condición centrada en la persona. Se haría aquí una mención especial a la técnica de la «silla vacía», una técnica retomada de la terapia gestáltica (aquí incluida en la terapia fenomenológica y existencial). Concretamente, la técnica del diálogo de la silla vacía en combinación con la empatía rogeriana (lo que sería identificado como «psicoterapia experiencial») fue comparada con la «solución de problemas» (una terapia cognitiva) y con un grupo de control de lista de espera. A pesar de ser ambos procedimientos mejores en una serie de medidas respecto del grupo de control, la psicoterapia experiencial fue todavía superior a la terapia cognitiva en ajuste marital, intimidad y en la queja-objetivo[15]. Naturalmente, su relevancia no se circunscribe a conflictos maritales, sino que alcanza a toda una variedad de problemas, incluyendo la mejoría en la relación de uno consigo mismo en personas con trastornos psicóticos[16]. En fin, no se dejaría de advertir que esta vocación empírica forma parte de la propia tradición fundada por Rogers, sin duda, un pionero de la investigación en psicoterapia.

De todos modos, este movimiento empírico no debiera obcecarse con mimetizar la terapia cognitivo-conductual (como ésta lo hace con respecto a los tratamientos psiquiátricos, según se dirá en su momen-

---

[14] R. Elliott (2002): «The effectiveness of humanistic therapies: a meta-analysis», en D. J. Cain y J. Seeman, eds., *Humanistic psychotherapies. Handbook of research and practice*. Washington,, DC: America Psychological Association, pp. 57-81.
[15] L. A. Wagner-Mooer (2004): «Gestalt therapy: Past, present, theory, and research», *Psychotherapy: Theory, Research, Practice, Training, 41*, 2, 180-189.
[16] S. Kellogg (2004): «Dialogical encounters: Contemporary perspectives on "chairwork" in psychotherapy», *Psychotherapy: Theory, Research, Practice, Training, 41*, 1, 311-320.

to), sino que ha de hacer valer su modelo del cliente como autosanador activo frente al modelo médico. Por lo demás, como ya se ha dicho, la psicología humanista en la que se inscribe la psicoterapia centrada en la persona y experiencial necesita rehabilitar su imagen como merece, cuyos problemas y soluciones ya han sido advertidos[17].

---

[17] D. J. Cain (2003): «Advancing humanistic psychology and psychotherapy: Some challenges and solutions», *Journal of Humanistic Psychology,* 43, 3, 10-41; Giorgi (2005), op. cit.

CAPÍTULO 13

EL APRENDIZAJE DE NUEVAS FORMAS DE COMPORTAMIENTO
Terapia de conducta y cognitivo-conductual

Fundamentos

La terapia de conducta y cognitivo-conductual es el sistema de terapia psicológica más comprometido con los estándares de la investigación científica, tratando tanto de fundar sus prácticas en conocimientos básicos como de llevar a la práctica los métodos de la investigación. En este sentido, se trata de terapias especialmente identificadas con la «corriente científica» de la Psicología. De hecho, el doble aspecto de sus credenciales como «terapia de conducta» y «terapia cognitiva» o «cognitivo-conductual» responde a la propia variación en el estándar científico de la Psicología a lo largo del siglo XX; concretamente, el dado por el *conductismo* y el *cognitivismo*.

En realidad, el conductismo y el cognitivismo son más filosofías de la psicología que la Psicología misma en su vertiente científico-práctica. El referente científico-práctico del conductismo es la psicología del aprendizaje, y el del cognitivismo, el procesamiento de la información. De la psicología del aprendizaje deriva la terapia de conducta y del procesamiento de la información la terapia cognitiva. De todos modos, la derivación de la psicología del aprendizaje no es unívoca sino que tiene en origen dos modelos, el del condicionamiento clásico o pavloviano y el del condicionamiento operante o skinneriano, los cuales darían lugar a sendas direcciones de la terapia de conducta. En la dirección del condicionamiento clásico se tendría la terapia de conducta tradicional y en la del operante se tendría el análisis aplicado de la conducta. La terapia de conducta tradicional se avendría más adelante, en la década de 1970, con la terapia cognitiva, dando lugar al consabido compuesto cognitivo-conductual. Por su parte, el análisis de la conducta daría lugar a comienzos de la década de 1990 al desarrollo denominado análisis de la conducta clínica. Así, pues, el panorama de la terapia de conducta y cognitivo-conductual cuenta con cuatro tendencias: terapia de conducta tradicional, terapia cognitivo-conductual, análisis aplicado de la conducta y análisis de la conducta clínica. A fin de percibir el sentido de semejante panorama se va a reexponer de acuerdo con una triple perspectiva: cronológica, lógica y práctica.

Perspectiva cronológica: tres olas

Desde el punto de vista cronológico se destacan tres olas de las terapias conductuales y cognitivas[1]. La *primera ola*, situada en la década de 1950, consiste en el propio surgimiento de la terapia de conducta tradicional. Explotando los principios del condicionamiento clásico o pavloviano, desarrolla los conocidos procedimientos de exposición a las situaciones que suscitan miedo o ansiedad. Se entiende que el miedo aprendido está en la base de los distintos trastornos que tienen que ver con ansiedad y que se puede extinguir mediante algún procedimiento de exposición llevado conforme a ciertos requisitos. Entre los autores en esta línea figuran Joseph Wolpe (1915-1997) y Hans H. Eysenck (1916-1997). Por su parte, el análisis de la conducta, que también alcanzaría un gran desarrollo y contaría con importantes autores, empezando por Burrhus F. Skinner (1904-1990) y continuando por Teodoro

---

[1] S. C. Hayes (2004): «Acceptance and commitment therapy, relational frame theory, and the third wave of behavioral and cognitive therapies», *Behavior Therapy*, 35, 639-665.

Ayllon, Nathan Azrin, Donald Baer y Tood Risley, quedaría prácticamente relegado a contextos institucionales, donde es posible el manejo de las contingencias de las que depende la conducta de interés clínico. De esta manera, se centraría en poblaciones con severas alteraciones del comportamiento, como el retraso en el desarrollo, el autismo y los trastornos psicóticos, pero quedarían fuera de su alcance la mayor parte de los problemas clínicos que presentan los pacientes externos o clientes ambulatorios, con los que, sin embargo, se abriría paso la terapia de conducta tradicional.

La *segunda ola*, situada a principios de la década de 1970, consiste en el desarrollo de la terapia cognitivo-conductual. En principio, se trataba de ciertas terapias cognitivas de comienzos de la década de 1960 que enfatizan el papel de las creencias y de los pensamientos en el funcionamiento psicológico. Se refiere, en concreto, a la terapia racional-emotiva de Albert Ellis y a la terapia cognitiva de la depresión de Aaron T. Beck. El caso es que estas terapias se avendrían con la terapia de conducta. Primero, ellas mismas ganaron prestigio evaluando sus resultados como lo hacía la terapia de conducta y, después, cuando la Psicología se hizo mayoritariamente cognitiva, reinfluyeron en la propia terapia de conducta, legitimando su giro cognitivo. Este prestigio mutuo propició su presentación como terapia cognitivo-conductual. La ciencia psicológica básica ya no era sólo el aprendizaje, sino sobre todo el procesamiento de la información. La terapia cognitiva y a la postre la cognitivo-conductual entienden que las cogniciones (creencias, pensamientos, expectativas, atribuciones) son la causa de los problemas emocionales y conductuales. Consiguientemente, la terapia consistía en la reestructuración del modo de percibir la realidad y de «procesar la información».

La *tercera ola*, situada a principios de la década de 1990, viene dada por el relativamente nuevo campo del análisis de la conducta clínica[2]. El análisis de la conducta clínica es, ante todo, el análisis de la conducta verbal aplicado a los problemas clínicos de la consulta externa que, como se dijo, habían quedado fuera del alcance del análisis de la conducta tradicional. Este nuevo campo se asienta en la ingente investigación sobre el lenguaje a partir de la obra fundamental de Skinner, *Con-*

---

[2] M. J. Dougher, ed., (2000): *Clinical behavior analysis*. Reno, NV: Context Press.

ducta verbal, de 1957. Se destacaría aquí, en particular, la conducta verbal que tiene que ver con los problemas del yo[3]. No se dejaría de advertir que Skinner ya había establecido las bases para un estudio del «mundo interior» en términos de las operaciones de cómo la sociedad enseña y los individuos aprenden a entrar en contacto consigo mismos y así a construir la experiencia subjetiva y el autoconocimiento[4]. Con todo, este planteamiento no alcanzaría su aplicación clínica hasta cincuenta años después, ya con la terapia de conducta de tercera ola. Ahora bien, tanto es su crecimiento que son varias las terapias que han emergido en esta línea; entre ellas, la terapia integrada de pareja, la activación conductual, la terapia de conducta dialéctica, la psicoterapia analítica funcional y la terapia de aceptación y compromiso.

Perspectiva lógica: mecanicismo/contextualismo

Desde el punto de vista lógico, se distinguirían dos filosofías de base, correspondientes al conductismo y al cognitivismo, como ya se avanzó. De todos modos, se hacen necesarias ciertas precisiones. En primer lugar, se ha de advertir que el conductismo no es unitario sino que consiste en dos versiones muy distintas entre sí. En segundo lugar, se ha de ver que el cognitivismo es, en realidad, la continuación de una de esas versiones de conductismo (mal que le pese).

Las dos versiones del conductismo, establecidas por Skinner ya en 1945, son el *conductismo metodológico* y el *conductismo radical*. El conductismo metodológico se denomina así (por Skinner) porque toma la conducta como método para estudiar otra cosa distinta de la conducta, como serían las supuestas estructuras y procesos cognitivos que, a su

---

[3] D. Barnes-Holmes, I. Stewart, S. Dymond y B. Roche (2000): «A behaviour analytic approach to some of the problems of self: A relational frame analysis», en M. J. Dougher, ed., *Clinical behavior analysis*. Reno, NV: Context Press, pp. 47-74; R. Kohlenberg. & M. Tsai (1991): *Functional analytic psychotherapy. Creating intense and curative therapeutic relationships*. Nueva York: Plenum Press.

[4] B. F. Skinner (1973): «El análisis operacional de los términos psicológicos», en B. F. Skinner, *Registro acumulativo*. Barcelona: Fontanella (original de 1945); B. F. Skinner (1970): *Ciencia y conducta humana*. Barcelona: Fontanella (capítulo «Los hechos interiores en una ciencia natural») (original de 1953); B. F. Skinner (1981): *Conducta verbal*. México: Trillas (capítulo «Autotacto») (original de 1957).

vez, se utilizan para explicar la conducta. Este uso metodológico de la conducta viene del conductismo de Watson, en las décadas de 1910 y 1920. Watson pretendía fundar una psicología científica sobre el criterio de la observación objetiva, que no podía recaer más que en los estímulos y las respuestas. De hecho, Watson tomó como unidad de análisis la «respuesta condicionada» que recientemente había puesto de relieve Pavlov. Se trata, por tanto, de una psicología estímulo-respuesta, E-R. No es que Watson negara la existencia del mundo interior (mundo subjetivo o eventos privados), sino simplemente que no era apto para una ciencia objetiva.

Sin embargo, la psicología del aprendizaje en las décadas de 1930 y 1940 admitiría «variables intermedias» entre E y R, a título de hipótesis. Las variables intermedias no eran observables pero podían ser inferidas a partir de la conducta y deducidas de las teorías propuestas para explicar la relación E-R. Nótese que las variables intermedias (el «mundo interior») tienen un estatuto hipotético, como constructos, y no propiamente el estatuto de fenómenos, hechos o eventos reales. Este neoconductismo fue identificado por sus proponentes como conductismo mediacional. Si el conductismo watsoniano rechazaba el «mundo interior» por razones metodológicas (por inobservable), el conductismo mediacional lo admitía igualmente por razones metodológicas; en este caso, a título de variables intermedias. Pues bien, en esta línea se situaría el cognitivismo. Por mucho que se haya autoproclamado como «revolución cognitiva» frente al conductismo, la psicología cognitiva es, en realidad, una derivación lógica del conductismo watsoniano pasando por el mediacional. El esquema E-R es sustituido por su homólogo *input-output* (I-O).

Por su lado, el conductismo radical toma la conducta como el tema que define el campo de la psicología (no como el método para estudiar otra cosa). En este sentido, los fenómenos, hechos o eventos privados serían tan reales como los fenómenos, hechos o eventos públicos. El «mundo interior» no presenta, de acuerdo con el conductismo radical, ningún problema especial por inobservable porque, de hecho, es observable, con la particularidad de que lo es solamente para uno. De manera que la cuestión para el conductismo radical es cómo se constituye esa realidad. A este respecto, como ya se apuntó, Skinner ha descrito las operaciones mediante las que la comunidad verbal enseña a los individuos a dar cuenta de esa parte del mundo que solamente es observable para uno mismo. Se trata básicamente de un proceso de *roturación* y *rotulación* a la vez[5]. Respecto del metodológico, el conductismo radical es radical porque no excluye los eventos privados ni les confiere un estatuto especial, sino que los estudia por derecho propio. En este sentido, es radical por total. Por lo demás, este estudio se sitúa en la raíz donde se constituye esa realidad subjetiva, que no está en otro lugar que en las prácticas sociales. En este sentido, es radical por ir a la raíz[6].

Esta diferente filosofía de base conlleva otras diferencias cifradas en términos de mecanicismo/contextualismo, estructuralismo/funcionalismo, dualismo/monismo, mentalismo/no mentalismo, reduccionismo/no reduccionismo y método nomotético/ideográfico.

La terapia cognitivo-conductual es *mecanicista* por cuanto que explica la conducta en base al funcionamiento de la mente entendido como un sistema de procesamiento de información. No en vano su metáfora-raíz es el ordenador (una máquina). Su criterio de verdad (científico-práctica) es la predicción. Por su parte, el análisis de la conducta es contextualista, por cuanto explica la conducta de acuerdo con el contexto entendido como sistema de contingencias. Su metáfora-raíz es la acción-en-contexto o mejor la dramaturgia. Su criterio de verdad es el control. Siendo mecanicista, la terapia cognitivo-conductual es también estructuralista, tratando de identificar las estructuras y los procesos mentales de los que hace depender la conducta. Respecto de esto, el análisis de la conducta es funcionalista, tratando de identificar las funciones; esto es, el sentido y el propósito de la conducta.

Referido a la naturaleza del así llamado «mundo interior», la terapia cognitivo-conductual sería *dualista*, ya que le asigna un estatuto especial, mientras que el análisis de la conducta sería monista, ya que le otorga la misma carta de naturaleza de los demás fenómenos psicológicos. Por otro lado, dado el empeño de la terapia cognitivo-conductual por explicar la conducta en función de mecanismos internos, se diría que es *mentalista* (tomada la mente como dispositivo causal).

---

[5] M. Pérez Álvarez y J. M. García Montes (2006): «Person, behaviour and contingencies (an aesthetic view of behaviorism)», *International Journal of Psychology*, 41, 449-461.
[6] M. Pérez Álvarez (2004): *Contingencia y drama. La psicología según el conductismo*. Madrid: Minerva, pp. 43-46.

Puesto que el análisis de la conducta no recurre a una explicación interna sino que ésta se sitúa en el propio plano de las relaciones funcionales, se diría que es *no mentalista*. El hecho de que la terapia cognitivo-conductual recurra a explicaciones internas la aboca a incurrir en un reduccionismo biológico, tratando de buscar correlatos neuronales sobre los que asentar las supuestas estructuras y procesos mentales. Por el contrario, el análisis de la conducta, al mantenerse en la propia escala en la que se dan las relaciones humanas y los problemas de la vida, se diría que es *no reduccionista*. En cuanto al método, la terapia cognitivo-conductual es *nomotética*, tratando de identificar esquemas específicos válidos para toda una categoría diagnóstica (esquemas depresógenos, etc.). Por su parte, el análisis de la conducta es *idiográfico*, tratando de identificar las condiciones específicas de las que depende la conducta de alguien en particular. Aun cuando se atenga a «leyes generales» del comportamiento, su aplicación consiste en tomar cada caso como «caso único».

Perspectiva práctica: enfoque cognitivo y enfoque contextual

Desde el punto de vista práctico, el panorama de la terapia de conducta y cognitivo-conductual se puede ordenar según dos enfoques: el enfoque cognitivo (mediacional) y el enfoque contextual (interconductual). El enfoque cognitivo trata de entender la conducta desde dentro (intrapsíquicamente), en función de una serie de estructuras y procesos, según ya se ha apuntado. No es que este enfoque ignore las condiciones objetivas (acontecimientos de la vida), sino que su énfasis explicativo recae en la forma de «procesar» tal información. Este enfoque tampoco ignora el carácter aprendido del funcionamiento cognitivo, pero termina por otorgarle prácticamente un sentido *a priori*, pues cualquier acontecimiento se supone que está de entrada preestructurado por la manera que tiene el sujeto precisamente de «estructurar» la información. Las nociones de esquema y pensamiento automático son significativas a este respecto. El enfoque cognitivo se atiene a un modelo A-B-C, donde A serían los acontecimientos vitales, B serían las creencias («believes») acerca de ellos, y C, las consecuencias emocionales y conductuales. La cuestión es que las consecuencias emocionales y conductuales (para el caso, los trastornos psicológicos) no derivan propiamente de A (los acontecimientos) sino de B, es decir, de las creencias y maneras de pensar sobre A.

El enfoque contextual trata de entender la conducta en relación con las condiciones ambientales, definidas en términos de sus funciones discriminativas y reforzantes. Las funciones discriminativas establecen la ocasión en la que cierta conducta probablemente tenga determinado resultado, el cual reobra sobre la propia conducta. Se podría decir que es un proceso de *feed-back*, donde la conducta se regula por sus consecuencias (funciones reforzantes). No es que el enfoque contextual ignore las condiciones subjetivas (perceptivas, discriminativas), sino que las da por incorporadas en las funciones del contexto, que se ofrece ya al sujeto en la propia escala de las operaciones que es posible hacer. La conducta es propiamente una relación funcional que ni sale de dentro ni es disparada desde fuera. El ambiente se va reconfigurando continuamente en función de las conductas del sujeto. Puesto que la conducta siempre es de alguien, se hace preciso considerar al sujeto o la persona. La conducta es lo que hace *el* sujeto y lo que hace *al* sujeto. El propio sujeto se puede tomar a sí mismo como objeto de cuidado, cara a su presentación ante los demás y de cara a sí mismo también como sujeto responsable[7]. El enfoque contextual se podría reexponer igualmente conforme a un esquema A-B-C, si bien de un sentido muy distinto al del enfoque cognitivo. Para empezar, B sería la conducta; A, el antecedente especificado como ocasión o estímulo discriminativo, y C sería el consecuente especificado como reforzador (efecto o fin de la conducta).

Psicopatología

El enfoque cognitivo (mediacional) de la terapia de conducta supone que los trastornos psicológicos son debidos a procesos y a contenidos específicos, de modo que su planteamiento se aviene a los sistemas nosológicos. La cuestión que se propone es identificar las creencias, pensamientos y de-

---

[7] M. Pérez Álvarez y J. M. García Montes (2004): «Personality as a work of art», *New Ideas in Psychology*, 22, 157-173.

más cogniciones asociadas a cada trastorno, sobre la hipótesis de que serían sus causas, de acuerdo con la «hipótesis de la especificidad cognitiva»[8]. En relación con el modelo cognitivo A-B-C, la clave está en especificar B, ya que de tales cogniciones o maneras de procesar la información dependerían las consecuencias emocionales y conductuales. Así, por ejemplo, la depresión se debería a una serie de sesgos cognitivos relativos al yo, al mundo y al futuro (la «tríada cognitiva»), la ansiedad se debería a la percepción generalizada de una amenaza junto con la creencia de que uno es incapaz de enfrentarla y, en fin, el trastorno de pánico se debería a los pensamientos catastrofistas acerca de las propias activaciones corporales.

En esta línea, es interesante citar el fenómeno de la *fusión pensamiento-acción,* consistente en la creencia de que los pensamientos y las acciones están inextricablemente ligados. Así, por ejemplo, se podría creer que ciertos pensamientos causan o hacen probable la ocurrencia de los eventos correspondientes o que pensamientos inaceptables equivalen moralmente a acciones inaceptables. Se trata de un fenómeno puesto de relieve a propósito del trastorno obsesivo-compulsivo, pero que alcanza a una variedad de trastornos. En realidad, es un fenómeno general, no circunscrito únicamente al ámbito clínico, que tiene que ver con el pensamiento mágico y la conducta supersticiosa[9]. En este sentido, la fusión pensamiento-acción tiene un carácter más decididamente dimensional que la tradicional «especificidad cognitiva». Puede llegar a ser disfuncional cuando se tiene la creencia de que los pensamientos u otros eventos privados (experiencias, recuerdos, emociones, voces) son peligrosos y ello lleva a tratar de controlarlos o suprimirlos produciéndose entonces el conocido efecto paradójico de tener «más de lo mismo»[10].

El enfoque contextual de la terapia de conducta supone que los problemas psicológicos se dan en un continuo con la conducta «normal». Las

---

[8] A. Freeman y M. A. Reinecke (1995): «Cognitive therapy», en A. S. Gurman y S. B. Messer, eds., *Essential psychotherapies. Theory and practice.* Nueva York: Guildorf Press, pp. 182-225, p. 188.
[9] J. M. García-Montes, M. Pérez-Álvarez, C. Soto-Balbuena, S. Perona Gracelán y A. J. Cangas (2006): «Metacognitions in patients with hallucinations and obsessive-compulsive disorder: The superstition factor», *Behaviour Research and Therapy, 41,* 1091-1104.
[10] J. M. García-Montes, M. Pérez-Álvarez y A. Hidalgo (2004): «Influence of metacognitive variables and thought suppression on number of thoughts, discomfort they produce and number and quality of auditory illusions», *Cognitive Behaviour Therapy, 33,* 1-6.

condiciones psicológicas que darían lugar a la conducta disfuncional (problemática) serían las mismas que las de la conducta funcional (adecuada). El criterio que define la conducta como adecuada o problemática (normal o anormal) es enteramente funcional, relativo a las funciones prácticas que cumple en un contexto determinado, y no formal, relativo a su forma topográfica o contenido intrínseco. Toda conducta se explica de acuerdo con la historia de aprendizaje. En rigor, se trata de una historia coevolutiva, donde el contexto, en el que siempre figuran otras personas, también tiene su historia respecto de la conducta de alguien en particular. Ante la cuestión de por qué unas personas y no otras «desarrollan» conductas problemáticas, la respuesta se habría de encontrar en la historia de aprendizaje. En este sentido, el análisis de la conducta siempre ha sido desafecto y crítico de los sistemas diagnósticos. De hecho, dispone de su propio sistema de análisis: el análisis funcional de la conducta, de las pocas alternativas al diagnóstico tradicional.

En esta línea, es interesante citar el *trastorno de evitación experiencial* como una nueva categoría funcional que incluye diversos trastornos caracterizados por el intento de escapar, evitar o controlar eventos privados disconfortantes, aun cuando tal intento es más contraproducente que beneficioso[11]. El mantenimiento de la citada pauta a pesar de sus efectos negativos se explica de acuerdo con fenómenos estudiados por el análisis de la conducta que tienen que ver con el contexto creado por el lenguaje, de modo que tales pautas no resultan corregidas por sus consecuencias. Los diversos trastornos que incurren en esta pauta son prácticamente los mismos que se podrían citar a propósito de la *fusión pensamiento-acción*. Lo determinante es, de nuevo, que el intento por suprimir ciertas experiencias que no se quieren tener puede que sea lo que las convierte en trastornos, metiendo a la persona en un circuito envolvente. Comoquiera que sea, las experiencias (por ejemplo, pensamientos intrusivos o voces) no son de por sí patológicas (anormales). Lo que las convierte en patológicas es la función que cumplen, o mejor la disfunción, llevando al intento de una supresión que irónicamente exacerba el malestar.

La *fusión pensamiento-acción* y el *trastorno de evitación experiencial* vienen a ser dos versiones del mismo fenómeno. Si la versión del enfo-

---

[11] C. Luciano y S. C. Hayes (2001): «Trastorno de evitación experiencial», *Revista Internacional de Psicología Clínica y de la Salud*, 1, 109-157.

que cognitivo pone el acento en el pensamiento, la del enfoque contextual lo pone en la evitación. De todos modos, sus diferencias de enfoque no son en balde. Así, mientras la fusión pensamiento-acción ha dado sus mayores rendimientos en la predicción (en realidad, correlaciones), el trastorno de evitación experiencial los ha dado en el control, desarrollando toda una terapia, como es la terapia de aceptación y compromiso.

Objetivos

Los objetivos, en general, tanto del enfoque cognitivo como del contextual son el *cambio de la conducta*. Dentro de esto, el enfoque cognitivo trata de hacerlo a través del cambio de la manera de pensar y el contextual de las condiciones del contexto (ambiental, social y verbal). El objetivo particular del *enfoque cognitivo* es examinar las maneras según las cuales la gente piensa acerca de sí mismo y del mundo y ensayar nuevas maneras de hacerlo, se entiende, más adecuadas a la realidad. Se trataría, pues, de poner de relieve las cogniciones (creencias, pensamientos, atribuciones, expectativas) que estarían detrás de los distintos trastornos, de discutirlas de cara a adoptar las que sean más adecuadas y de ponerlas en práctica a modo de experimentos para comprobar su adecuación. En relación con los sistemas nosológicos (con los que es tan afín), el objetivo suele satisfacerse con la eliminación de los síntomas (definitorios del trastorno).

El objetivo particular del enfoque contextual es identificar las condiciones actuales manejables de las que depende la conducta en cuestión, para disminuir o aumentar su probabilidad y, en fin, hacerla más adecuada a las circunstancias de la persona. Estos cambios contextuales pueden hacerse mediante la implicación de otras personas (incluyendo el propio terapeuta cuando se trate de cambios en la situación clínica) o a través del mismo cliente (poniendo en juego, en este caso, estrategias de autocontrol o autorregulación). Dado su carácter idiográfico, los objetivos se definen más en función del caso particular que del cuadro clínico. Además del cambio de la conducta, el enfoque contextual contempla también como objetivo explícito la aceptación, referida en concreto al trastorno de evitación experiencial. La aceptación se concibe como una estrategia activa y no como resignación. En realidad, el objetivo es desmantelar el contexto verbal consistente en toda una red de creencias (metacognitivas) socialmente inculcadas que llevan a la infructuosa evitación. La aceptación es un cambio de actitud ante las propias experiencias. En este sentido, la aceptación viene a ser, así, un cambio del contexto verbal en el que se dan las experiencias que se tratan de evitar en vano. Este contexto tiene la particularidad de que es uno mismo, tomando ahora distancia respecto de ciertas experiencias o eventos privados (en un sentido similar al autodistanciamiento de la logoterapia). Esta aceptación se complementa con la orientación de la vida a valores constructivos para la persona (alternativos a la lucha contra los síntomas).

Procedimientos y técnicas

Los procedimientos del enfoque cognitivo y contextual de la terapia de conducta vienen marcados, en principio, por sus respectivos métodos nomotético e idiográfico. Mientras que el método nomotético lleva a procedimientos estandarizados de aplicación a pacientes agrupados en una categoría diagnóstica (cuya expresión más señalada son los «tratamientos empíricamente apoyados»), el método ideográfico lleva a procedimientos de caso-único, cuya versión clínica más común es precisamente la formulación de caso (contando asimismo con apoyo empírico).

Sobre esta caracterización general, el enfoque cognitivo procede a «discutir» las cogniciones «patógenas» que serían la causa específica del trastorno. De esta manera, el esquema A-B-C se complementa con D, de discusión. La discusión consistiría tanto en poner de relieve los pensamientos patógenos (causantes de los problemas) como en adoptar otros más realistas. Ahora bien, este cambio de cogniciones no se entiende que derive sin más de la discusión ni que sea, en todo caso, suficiente para el cambio del problema, sino que requiere la experimentación, es decir, la práctica conductual de esta manera de pensar. Al esquema anterior se le añadiría todavía la E de experimentación, a partir de la cual se darían los cambios en B y, en definitiva, los efectos terapéuticos. En este sentido, el enfoque cognitivo es empírico y, de hecho, supone la colaboración activa del paciente («empirismo colaborador») y es también y por lo mismo conductual, pues los cambios cognitivos se confían, en realidad, a los cambios conductuales. De acuerdo con este esquema A-B-C-D-E, el enfoque cognitivo cuenta con diversas modalidades terapéuticas, algunas consideradas terapias generales, como la terapia racional-emotiva de Ellis y la terapia cognitiva de Beck, y otras terapias circunscritas a problemas específicos, como, por ejemplo, el estrés o el pánico.

Por su parte, el enfoque contextual procede a hacer un análisis funcional de la conducta. El análisis funcional empieza por especificar el problema en términos de conducta, cuya condición problemática depende precisamente de la función o disfunción que cumple en determinados contextos. A este respecto, el análisis de la conducta estudia los contextos donde se da el problema tratando de especificar las antecedentes (A) que propician o no la conducta en cuestión (B) y los consecuentes (C) que la motivan o dejan de motivar. Entre los antecedentes tienen especial relevancia los estímulos discriminativos (la ocasión), las operaciones motivacionales y las reglas. Las operaciones motivacionales son circunstancias tales como una pérdida significativa de la vida o alguna condición fisiológica que, en todo caso, alteran el valor de las cosas. Las reglas son especificaciones verbales de las contingencias (tipo instrucciones, descripciones o normas). Las reglas generalmente facilitan la relación con el mundo, pero pueden también impedir el «contacto con la realidad» cuando sean, por ejemplo, demasiado rígidas. La conducta objeto de análisis puede incluir tanto la conducta públicamente observable como los eventos privados. Los consecuentes de la conducta, técnicamente «reforzadores», son en realidad sus causas, concebidas como causas finales. En este sentido, el análisis funcional es un análisis afín al análisis existencial. El análisis de la conducta incluye el análisis del yo, donde se consideran aspectos como la autorregulación, las conductas autorreferenciales, el contacto con la experiencia de sí mismo y, en fin, el yo como contexto social verbal en el que ocurren los eventos privados, todos ellos tópicos del análisis de la conducta clínica.

Dentro de esta caracterización general, se destacan tres nuevas terapias de conducta:

- la psicoterapia analítica funcional, centrada en el contexto de la relación terapéutica;
- la terapia de aceptación y compromiso, centrada en el contexto social verbal del yo, y
- la terapia de activación conductual, centrada en el contexto de las circunstancias personales[12].

Estatus

La terapia de conducta y cognitivo-conductual es el sistema de terapia psicológica que está en la base del movimiento de los tratamientos empíricamente apoyados. Aunque actualmente no es el único sistema que cuenta con apoyos empíricos es, sin duda, el que más ha contribuido a dicho movimiento. Por lo que aquí importa señalar, se diría que su mayor mérito es que se ha medido con los tratamientos farmacológicos, mostrando que los tratamientos psicológicos son como mínimo igual de eficaces y acaso más que ellos en la mayoría de los trastornos (haciéndose fundamental también en los que la medicación parece imprescindible)[13]. Este mérito es tanto mayor si se considera que la eficacia se ha comprobado en el terreno y con las normas del sistema psiquiátrico que es el que, realmente, ha definido las reglas de juego (categorías diagnósticas y criterios de eficacia en función de los psicofármacos). Es por ello también por lo que la terapia de conducta y cognitivo-conductual se ha convertido en el tratamiento de referencia para el resto de terapias psicológicas que quieren mostrar su eficacia. Ahora bien, otra cosa es que la terapia de conducta y cognitivo-conductual sea la última frontera de la terapia psicológica. Una cosa es el camino recorrido y otra la tarea futura[14].

---

[12] Para éstas y otras terapias de conducta de nueva generación, véanse los monográficos de las revistas *eduPsykhé* (volumen 5, número 2, 2006) y *Psicología Conductual* (volumen 14, número 3, 2006). Para la terapia de activación conductual véase M. Pérez Álvarez (2007): «La activación conductual y la desmedicalización de la depresión», *Papeles del Psicólogo, 28*, 97-110.

[13] M. Pérez Álvarez, J. R. Fernández Hermida, C. Fernández Rodríguez e I. Amigo Vázquez, eds. (2003): *Guía de tratamientos psicológicos eficaces* (3 vol.). Madrid: Pirámide.

[14] Pérez Álvarez, Fernández Hermida, Fernández Rodríguez y Amigo Vázquez (2003), op. cit., nota 15.

En la perspectiva de este libro, no se dejaría de ver que buena parte del éxito de la terapia de conducta y cognitivo-conductual es a costa de la *mimetización* del modelo médico y de una cierta *desvirtuación* del modelo psicológico (contextual, psicosocial, abierto a varias soluciones). El hecho de que la terapia de conducta y cognitivo conductual haya ofrecido modelos psicológicos de los diversos cuadros diagnósticos, lejos de revelar su objetividad, lo que pone de relieve es, en realidad, el carácter constructivo-práctico (y habría que ver para qué y para quién) de dichos cuadros y no, precisamente, el carácter natural (que está supuesto por la lógica sobre la que se «construyen»). Esta mimetización del modelo médico que, como se dijo, tiene el gran mérito de mostrar la eficacia de los tratamientos psicológicos en relación con los psicofarmacológicos, tiene también el riesgo de arrumbar la psicología clínica por derroteros que la pueden arrinconar en terrenos ya colonizados a la vez que alejar de su propio rumbo abierto a los cambiantes problemas de la vida. Dentro de esta mimetización se ha propuesto incluso reservar el nombre de «tratamientos psicológicos» para los procedimientos que han obtenido apoyo empírico sobre trastornos específicos, dejando el nombre de «psicoterapia» para los procedimientos más generales que se usan principalmente fuera de los sistemas de salud[15].

Sin que dicha propuesta carezca de razones, presenta dos problemas. En primer lugar, se ofrece sobre la evidencia de unos cuantos tratamientos psicológicos específicos (que ya podrían ser alternativa a la medicación), lo que sería una autolimitación tanto de ámbito de aplicación (dada la variedad de problemas psicológicos) como de objetivos terapéuticos (conformándose con equiparar los efectos de la medicación). En segundo lugar, aun considerando toda la cantidad de tratamientos eficaces, la cuestión es que no es fácil su aplicación protocolaria debido, entre otras razones, a que los pacientes suelen presentar más de un trastorno, a menudo reciben más de un tratamiento, a veces el propio tratamiento de elección falla y, en fin, otras veces no existe protocolo. La solución propuesta a este respecto es la *formulación de caso,* que vendría así a corregir el enfoque nomotético (sustentado en el

---

[15] D. H. Barlow (2004): «Psychological treatments», *American Psychologist,* 59, 9, 869-878.

mecanismo) con el enfoque idiográfico (atenido al empirismo clínico-práctico)[16].

Siendo éste el problema y la solución, cabría decir dos cosas, en la perspectiva del enfoque contextual. Por un lado, se diría que el enfoque contextual no presenta dicho problema y de hecho su planteamiento es propiamente idiográfico, sin dejar de estar orientado empíricamente. Por otro lado, no se dejaría de añadir que el propio enfoque cognitivo, por muy apoyado que se muestre, debiera corregirse en la dirección contextual. En este sentido, se señalaría, a título indicativo, la activación conductual como una reconstrucción de la terapia cognitiva de la depresión, mostrando que su funcionamiento depende, en realidad, del componente conductual. Lo importante a señalar es que este replanteamiento responde positivamente a la posibilidad de *desmedicalizar* la depresión[17].

---

[16] J. B. Persons (2005): «Empiricism, mechanism, and the practice of cognitive-behavior therapy», *Behavior Therapy, 36*, 107-118.
[17] N. S. Jacobson y E. T. Gortner (2000): «Can depression be de-medicalized in the 21st century: scientific revolutions, counter-revolutions and the magnetic field of normal science», *Behaviour Research and Therapy, 38*, 103-117. Pérez Álvarez (2007), op. cit.

CAPÍTULO 14

LA REVISIÓN DE LAS RELACIONES FAMILIARES
Terapias de familia

Fundamentos

Las terapias de familia cubren una variedad de terapias que sitúan los trastornos psicológicos en el contexto de las relaciones familiares. No es que las psicoterapias anteriormente presentadas no consideren la importancia de la familia a la hora de entender y de tratar los trastornos psicológicos. La diferencia es que las terapias de familia toman a la familia como unidad de análisis, aunque el problema suela presentarlo un individuo concreto.

El origen de estas terapias está en la aplicación, en torno a 1950, de la *teoría general de sistemas* en relación con la *teoría de la comunicación* al entendimiento de las interacciones humanas. El hecho de que se tomara la familia como el sistema de referencia no indica sino que, como institución tradicional, estaba en proceso de cambio y, en particular, en el centro de las transformaciones sociales de posguerra. El caso es que la familia se concibió como un conjunto de individuos que mantienen relaciones entre sí (sistema); algunas de las cuales resultan patógenas.

La cuestión es que la familia se ha ganado un puesto en la terapia no por ser el lugar en el que convergen las contradicciones de la sociedad. Baste reparar en ciertas funciones normales de la familia para entender las contradicciones que encierra. De hecho, la familia está en continua evolución no ya sólo al compás de los cambios sociales, sino además dentro de su propia dinámica, debido al ciclo vital de sus miembros. En ella se dan el nacimiento, la crianza, el desarrollo, las transiciones entre las edades, la concurrencia intergeneracional, relaciones entre distintas familias y, por si fuera poco, vínculos y separaciones. Está sometida a un continuo cambio de estatus de sus miembros y de reajuste de su estructura. Así, uno es miembro de una familia y, a la vez, se espera que se independice de ella. La familia es un refugio y también un lugar de preparación para los papeles sociales. La familia es permanente pero está en continua transición. La familia es nutritiva y a la vez asfixiante. En fin, la familia es un lugar de tranquilidad y no deja de ser también un crisol de tensiones.

Las terapias de familia no constituyen ellas mismas una familia. Lo que las mantiene como tales es más bien un aire que propiamente una misma estirpe. De hecho, existen terapias de familia de acuerdo con prácticamente todos los sistemas psicoterapéuticos. Se podría decir que hay terapias de familia para todos los gustos. De cualquier modo, la terapia familiar por antonomasia es la que tiene su origen en la teoría de sistemas y de la comunicación; ella cuenta, a su vez, con varias tendencias (estratégica, estructural, sistémica). Se verán éstas en primer lugar para continuar después por las de orientación psicoanalítica, existencial, conductual y psicoeducativa.

Terapia familiar estratégica

La terapia familiar estratégica[1] se caracteriza por su orientación práctica centrada en la solución utilizando, sobre todo, técnicas que resitúan el problema presentado en una nueva perspectiva. Se entiende que el problema ya se ha intentado solucionar sin éxito, por más que se han

---

[1] De entre las diversas tendencias y autores relevantes se ha de destacar la figura de Jay Haley.

hecho esfuerzos razonables y lógicos. Siendo así, quizá las soluciones intentadas ya formen parte más del problema que de la solución, realmente. Dada esta situación en la que las soluciones intentadas no funcionan («cambio 1»), se requiere replantear el problema-y-la-solución de otra manera, a menudo, paradójica («cambio 2»)[2].

En general, el «cambio 2» es el «delicado arte de reestructurar», consistente en cambiar el marco conceptual y/o emocional desde el que se experimenta el problema y ponerlo dentro en otro que encaja con los hechos pero que cambia su sentido y abre a nuevas soluciones. Así, por ejemplo, el terapeuta puede hacer connotaciones positivas de los síntomas dando a entender que, a pesar de todo, tiene su utilidad. La terapia familiar estratégica se vale también de intervenciones directas, como consejos, sugerencias e instrucciones, que pudieran cambiar la pauta de interacción problemática. Sin embargo, la estrategia suya más característica es la *reestructuración del marco del problema*, sin escatimar soluciones paradójicas y no-convencionales (dado el fracaso de las soluciones lógicas y convencionales). Ni que decir tiene que estas intervenciones se hacen una vez estudiado el problema y, obviamente, dentro del contexto de una relación terapéutica continuada. El terapeuta empieza por observar, aprender y hablar el lenguaje de la familia en vez de, por ejemplo, traducir el problema a un dialecto nosológico. Se sigue así la estrategia sofista según la cual si se quiere persuadir a alguien es mejor hacerlo en sus propios términos.

Aunque la terapia familiar estratégica es de por sí breve, en su esfuerzo por ir directamente a la solución (más que centrarse en el problema), ha llegado a destacarse (a sí misma) como «terapia breve», tratando de resolver el problema en seis a diez sesiones o, sin avanzar un número, en «las menos posibles». El carácter breve viene de su estrategia centrada en la solución. No se ignora el problema presentado, pero, una vez reconocido, la terapia se centra en buscar alternativas consistentes en hacer algo distinto de lo usual que pueda abrir a una solución (aun sin tener más analizado el problema). Se entiende que la mayoría de los motivos de consulta suponen el deseo de quitar algo (el problema) sin tener una idea clara de qué habría en su lugar. Una estrategia a

---

[2] P. Watzlawick, J. H. Weakland y R. Fish (1989): *Cambio. Formación y resolución de los problemas humanos*, Barcelona: Herder (original de 1974).

este respecto podría consistir en hacer más de aquello que ocurre cuando no se da el problema (ciertamente, no siempre se está deprimido o se tienen discusiones), convirtiendo las excepciones en reglas. La terapia lleva a observar lo que sucede en la familia que se desea que siguiera sucediendo. Esta táctica viene a ser una especie de «llave maestra» que abre la puerta al cambio. Quizá sea una «maniobra distractora», pero aquí la distracción que saque a uno o a toda la familia fuera del circuito reiterado del síntoma y lleve a ocuparse de asuntos positivos puede que sea la solución.

Terapia familiar estructural

La terapia familiar estructural[3] estudia, especialmente, los límites que definen las relaciones entre miembros de la familia, la jerarquía que vertebra su organización, los alineamientos dados por las coaliciones y alianzas de los miembros y las relaciones de poder. Las familias disfuncionales tendrían dificultades en los límites, jerarquías, alineaciones e influencias, según pondría en evidencia el fallo para adaptarse a situaciones estresantes de una manera evolutivamente apropiada. El entrometimiento y su opuesto el desentendimiento serían patrones indicativos de una inadecuada organización estructural de la familia. La terapia familiar estructural empieza por juntar a la familia y ver su funcionamiento y, a partir de ahí, trata de reestructurar su organización. A propósito de ver el funcionamiento de la familia, el terapeuta adopta el papel de observador participante: unas veces observando sin participar y otras participando estratégicamente en la dinámica familiar (a fin de poner de relieve patrones y modos de afrontar situaciones). En este sentido, el terapeuta viene a ser una suerte de director de escena o productor del *drama familiar*.

La reestructuración de la organización familiar considera tres planos de intervención o cuestionamiento según se dirijan al síntoma presentado, a la estructura familiar o a la concepción del mundo que tiene la familia. El cuestionamiento del síntoma no es otra cosa que su reencuadramiento en una perspectiva distinta de la usual, para lo cual se

---

[3] S. Minuchin (1983): *Familias y terapia de familia*. México: Gedisa (original de 1974).

pueden utilizar, entre otras, las técnicas de la escenificación, consistente en que el terapeuta pide a la familia que dramatice una de sus interacciones disfuncionales. El cuestionamiento de la estructura familiar se propone modificar el mapa de posiciones recíprocas de sus miembros; por ejemplo, delineando sus fronteras. El cuestionamiento de la concepción del mundo trata de reconstruir la cultura más o menos explícita que tiene la familia (tradiciones, convicciones, rituales, secretos), utilizando tanto explicaciones como paradojas. Aunque la referencia es la familia, nada quita que la terapia estructural pueda incluir a otros miembros o sistemas de fuera de la familia (sean, por ejemplo, del contexto de amigos, escolar, laboral, judicial, hospitalario, servicios sociales) como hace la terapia estructural intensiva.

Terapia familiar sistémica

La terapia familiar sistémica[4] tiene las dos características siguientes, de acuerdo con lo que importa destacar aquí. La primera es que sitúa la conducta problemática en relación con la «epistemología de la familia», relativa a sus reglas y a la concepción del mundo. A este respecto, la terapia empieza por reunir información preparatoria de la primera sesión, en la cual se da y discute esta información y se recaba otra más utilizando, por ejemplo, el «cuestionamiento circular», en el que un miembro de la familia comenta las conductas de los otros, lo que permitirá ir viendo la función sistémica de los síntomas. A su vez, la sesión es observada por un coterapeuta, lo que permitirá finalmente establecer la hipótesis sistémica del problema presentado y, así, la prescripción terapéutica. La segunda característica se refiere precisamente a la prescripción terapéutica destinada a cambiar las reglas y las concepciones que rigen la familia (la epistemología de la familia). A este respecto es de destacar el uso de *paradojas* y *rituales*.

El uso terapéutico de la *paradoja* es en realidad una *contraparadoja*, habida cuenta que el síntoma ya sería por sí mismo una paradoja (un problema que contribuye al equilibrio de la familia). La intervención

---

[4] M. Selvini Palazzoli, S. Cirilo, M. Selvini y A. M. Sorrentino (1990): *Los juegos psicóticos en la familia*. Barcelona: Paidós (original de 1988).

contraparadójica consistiría en reenmarcar el síntoma como algo positivo (connotación positiva), de modo que no debiera cambiar. De esta manera, la familia es puesta en una situación paradójica o de doble vínculo: si se mantienen los síntomas es porque vienen bien al sistema y si no se tienen pruebas que eran cambiables.

Por su parte, el uso terapéutico de los *rituales* tiene su base en la consideración de la propia conducta sintomática como *ritual*. El ritual se refiere a la pauta reiterada conforme se suelen presentar los distintos problemas psicológicos. En relación con los *ritos de paso,* como modelo general, cuya función es facilitar el cambio de los individuos en sus relaciones sociales de una manera culturalmente apropiada, las conductas sintomáticas cumplirían la función de legitimar el fracaso a la hora de hacer los cambios adecuados en el ciclo vital o curso de la familia[5]. Los *rituales terapéuticos* consisten, en general, en la prescripción de actos simbólicos que se han de realizar de cierta manera y en cierto orden con o sin fórmulas verbales y con mayor o menor implicación emocional. Los rituales terapéuticos se proponen sobre el supuesto de que rompen los rituales patológicos, de modo que vienen a ser en realidad rituales contra rituales. Es de señalar el uso de rituales hoy en día como forma de perdón ante infidelidades de pareja, cancelando el «derecho de venganza» y «enterrando» el asunto en cuestión[6] y como forma de superar memorias dolorosas debidas a traumas[7]. Finalmente, sería interesante considerar, no ya una intervención terapéutica, sino la terapia en su conjunto como ritual[8].

La cuestión es que estas intervenciones (consistentes en *paradojas* y *rituales*) ponen de relieve los juegos de la familia (juegos psicóticos, anoréxicos, etc.), introducen un nuevo mapa cognitivo (nueva epistemología) y llevan a la familia a descubrir la solución de sus problemas transformando sus propias reglas y relaciones (salto epistemológico).

---

[5] J. Schwartzman (1982): «Symptoms and rituals: paradoxical modes and social organization», *Ethos, 10,* 1, 3-25.
[6] J. K. Barnett y C. Youngberg (2004): «Forgiveness as a ritual in couples therapy», *Family Journal, 12,* 1, 14-20.
[7] J. Cole (2004): «Painful memories: Ritual and the transformation of community trauma», *Culture, Medicine and Psychiatry, 28,* 87-105.
[8] J. Roberts (1988). «Setting the frame: Definition, functions, and typology of rituals», en E. Imber-Black, J. Roberts y R. Whiting, eds., *Rituals in families and family therapy*. Nueva York: Norton, pp. 3-46.

Terapia familiar psicoanalítica

La terapia familiar psicoanalítica no ha de sorprender; antes bien, debiera sorprender que la psicoanalítica no sea precisamente la terapia familiar de referencia, habida cuenta de que el psicoanálisis trata, como diría Freud, con la «novela familiar del neurótico». Suponiendo que los síntomas actuales están enraizados en la historia familiar, lo propio sería plantear su análisis en el campo abierto de las relaciones familiares actuales. El campo psicoanalítico quizá sea más un campo de batalla dentro de la familia que dentro del individuo. Comoquiera que sea, los problemas tienen por lo común una raíz familiar. Así, la terapia familiar psicoanalítica trata de resolver los problemas actuales mediante la revisión del contexto dado por la historia familiar de sus miembros. Como terapia familiar orientada psicoanalíticamente, atiende tanto a los aspectos intrapsíquicos como interpersonales. Dentro de esta perspectiva cabe distinguir tres modalidades: la terapia familiar psicoanalítica, propiamente dicha, la terapia contextual-intergeneracional y la terapia de la familia-de-origen.

La terapia familiar psicoanalítica[9] trata de ayudar a los miembros de la familia a tener un mayor *insight* (comprensión o discernimiento), fortalecer el funcionamiento del *yo*, identificar pautas defensivas, facilitar la individuación y el crecimiento personal, así como a reducir el entrometimiento patológico entre ellos. A este respecto se lleva a cabo una historia comprensiva de cada miembro en presencia de los demás, poniendo especial atención en la dinámica de la familia-de-origen, las experiencias tempranas y los problemas actuales. Las interpretaciones tratan de ligar la historia individual o de la familia con los sentimientos, pensamientos, acciones y reacciones actuales, cara a obtener *insights* histórico-genéticos e interactivos. La terapia contextual-intergeneracional[10] se centra en identificar y abordar lealtades invisibles, consistentes en expectativas estructurales a las que sus miembros se de-

---

[9] N. Ackerman (1958): *The psychodinamics of family life*. Nueva York: Basic Books; J. L. Framo, D. E. Scharf y J. S. Scharf (1987): *Object relations family therapy*. Northvale, NJ: Jason Aronson.
[10] I. Boszormenyi-Nagy y G. Spark (1983): *Lealtades invisibles*. Buenos Aires: Amorrortu (original de 1973).

ben. La terapia de la familia-de-origen o boweniana[11] se interesa por analizar los problemas actuales en relación con la familia-de-origen de sus miembros. Así, la inadecuada indiferenciación puede llevar a una pareja marital a incluir a terceras personas como forma de estabilizar sus tensiones, por ejemplo, proyectando sobre un hijo sus propios desasosiegos, lo que la terapia denomina triangulación. Un síntoma puede también cumplir la función de tercer punto en la triangulación. La técnica más característica de esta terapia es el genograma, que viene a ser un mapa del proceso y estructura de al menos tres generaciones de la familia.

Terapia familiar existencial

La terapia familiar existencial[12] se propone, sobre todo, el incremento de la percepción de pertenencia y cohesión de los miembros, la facilitación de la individuación y la estimulación de la creatividad tanto de la familia o de la pareja como de sus miembros. El papel del terapeuta (generalmente dos) consiste más en observar y sugerir que en dirigir, no sin previamente ganar la «batalla» por establecer la estructura de la terapia (quiénes tienen que asistir, modo de proceder, etc.). Dentro de esto, utiliza técnicas como el encuadre de los síntomas (denominándolos, por ejemplo, «esfuerzos hacia el crecimiento»), explicaciones de conflictos encubiertos, confrontaciones, modelados para afrontar el estrés, juego de roles y dramatizaciones.

Terapia familiar conductual

La perspectiva conductual es bien apropiada para el abordaje de la conducta problemática en el ámbito familiar, dada su orientación a entender la conducta en términos del ambiente, situación o contexto social. Se entiende que la conducta problemática es aprendida y está mantenida

---

[11] M. Bowen (1978): *Family therapy in clinical practice*. Northvale, NJ: Jason Aronson.
[12] C. A. Whitaker y W. M. Bumberry (1991): *Danzando con la familia: Un enfoque simbólico-experiencial*. Barcelona: Paidós (original de 1981).

por las contingencias ambientales. Las interacciones sociales constituyen pautas en las que la conducta de una persona refuerza la conducta de otra, de un modo que puede desarrollarse un escalamiento de patrones recurrentes problemáticos. En realidad, la terapia de conducta en la que se inscribe esta perspectiva ya venía adoptando un planteamiento familiar, sin nombrarse terapia familiar; por ejemplo, en el entrenamiento de padres en solucionar los problemas de sus hijos así como en el tratamiento de la disfunción sexual incorporando la pareja. Comoquiera que fuera, se han desarrollado modalidades expresamente familiares y, más en particular, de pareja. Probablemente, la terapia familiar conductual más destacada es la «terapia integrada» de Jacobson y colaboradores[13], un ejemplo de terapia de conducta de la «tercera ola» o contextual, en la línea del «análisis de la conducta clínica», según se ha señalado a propósito de la terapia de conducta y cognitivo-conductual.

Dada la avenencia entre la terapia de conducta y la terapia cognitiva se han desarrollado también modalidades de terapia familiar cognitivo-conductual. Las técnicas conductuales más características consisten en enseñar habilidades de comunicación entre la pareja, tales como la escucha activa, el uso apropiado del *feedback* positivo y la clarificación del contenido de los mensajes. Buena parte de la terapia se lleva como «tareas para casa». Por su parte, las técnicas cognitivas consisten en la reestructuración de las interpretaciones, atribuciones y expectativas en una dirección más realista y adaptativa respecto de lo que cabe esperara de la relación de pareja.

Terapia familiar psicoeducativa

La terapia de familia psicoeducativa[14] es un modelo que se ha desarrollado principalmente para las personas con esquizofrenia y sus familia-

---

[13] N. S. Jacobson y A. Christensen (1996): *Integrative couple therapy: promoting acceptance and change*. Nueva York: Norton; N. S. Jacobson, A. Christensen, S. E. Prince, Cordova y K. Eldridge (2000): «Integrative behavioural couple therapy: and acceptance-based, promoting new treatment for couple discord», *Journal of Consulting and Clinical Psychology*, 68, 351-355.
[14] C. M. Anderson, D. J. Reiss y G. E. Hogarty (1986): *Schizophrenia and the family: A practitioner»s guide to psychoeducation and management*. Nueva York: Guilford.

res. El objetivo de la terapia es la estabilización del paciente, implicando a la familia en un proceso educativo que incluye aprender acerca de los síntomas, de la medicación y la importancia de las interacciones sociales en el curso de la «enfermedad». Aunque el objetivo último es la prevención de recaídas y la integración del paciente en la comunidad, su lógica parece estar más en la «estabilización» que en la «curación» dada la adhesión al concepto de vulnerabilidad. Así, la asunción del modelo es que los miembros de la familia pueden ser educados para crear un ambiente que minimice el estrés que suele exacerbar la «enfermedad» de los pacientes y así pueda aumentar la propia capacidad del paciente para un funcionamiento adecuado.

En relación con las terapias que tienen como estrategia primordial el reencuadramiento del síntoma, la psicoeducativa no deja de hacer lo mismo en sus propios términos, situando en este caso el síntoma en el marco de la vulnerabilidad del paciente al estrés dado en la propia familia. No se dejaría de señalar que la noción de «emoción expresada» está ligada al modelo psicoeducativo como la del «doble vínculo» lo está al modelo comunicacional.

Su proceder empieza ante un primer episodio psicótico o una recaída que necesita hospitalización. Los clínicos, dos por lo común, se reúnen con la familia y el paciente, conjunta y separadamente, conviniendo las condiciones de alta y la estructura del curso psicoeducativo. La fase propiamente educativa consiste en, al menos, una sesión lo suficientemente larga como para permitir enseñar los nuevos conocimientos y habilidades a los miembros de la familia y otros allegados posibles, de cara a la reintegración del paciente al ámbito familiar. El paciente puede formar parte de esta sesión o puede que se lleven a cabo otras sesiones dispuestas específicamente. La educación incluye la presentación de un modelo biológico de enfermedad (aunque éste no está establecido con la seguridad que se da a entender a los familiares) sobre el que se justifican las pautas que han de llevar a cabo (maneras relajadas de relacionarse, reducción de situaciones estresantes, abstinencia de intromisiones, aceptación de síntomas que no pueden ser cambiados, clarificación de las comunicaciones, etc.). Una vez reintegrado el paciente al ámbito familiar, se continúan sesiones, típicamente bisemanales, durante al menos doce meses, sobre el horizonte de una posible rehabilitación.

Se podría discutir si el enfoque psicoeducativo es realmente una terapia familiar o acaso sea más bien una forma de trabajar con familias que tienen miembros con (supuestas) enfermedades biológicas. En este sentido, la terapia de familia psicoeducativa está más «vendida» a la neurobiología que comprometida con la causa familiar, relativa a los motivos o circunstancias que determinan a los trastornos psicóticos.

Psicopatología

De acuerdo con este enfoque, los trastornos psicológicos se entienden en relación con el funcionamiento de la familia. Aunque sea un individuo como suele ser quien presenta el problema, la explicación psicopatológica se sitúa en el contexto de las relaciones familiares. En este sentido, más que un diagnóstico individual interesa el diagnóstico de la familia. A este respecto, se han descrito diferentes tipos de familias disfuncionales así como también patrones específicos de interacciones disfuncionales.

Aunque cada familia es patológica a su manera, se han derivado empíricamente ciertas tipologías según sus relaciones con la salud[15]. Así, se han descrito cuatro grupos de familias: la *familia equilibrada*, donde los diversos aspectos (reajustes, transiciones, etc.) se llevan de forma flexible; la *familia tradicional*, donde los diversos aspectos señalados se atienen a una estructura de orden (sostenida sobre rituales que mantienen la identificación y la coherencia); la *familia desconectada*, donde sus miembros están separados unos de otros y buscan apoyo, intimidad e identificación fuera de la familia, y la *familia tensa*, donde sus relaciones se caracterizan por una hostilidad que aflora en cualquier momento y el continuo conflicto (como si su ajuste dependiera precisamente del desajuste). Mientras que los dos primeros tipos de familias (equilibrada y tradicional) propician un sentido global de buena salud para sus miembros, las dos últimas (la desconectada y la tensa) propician una peor salud en una variedad de aspectos (empezando por ansiedad y depresión).

---

[15] L. Fisher y D. C. Ransom (1995): «An empirically derived typology of families: I. Relationships with adult health», *Family Process, 34,* 161-182; L. Fisher y D. C. Ransom (1995): «An empirically derived typology of families: I. Relationships with adolescent health», *Family Process, 34,* 183-197.

En relación con los patrones específicos de interacción disfuncional se han descrito varios, sin duda significativos, aunque por supuesto es una tarea abierta a continuas especificaciones. Así, se destacaría, en primer lugar, el ya célebre patrón conocido como «doble vínculo», propuesto en 1956 como toda una teoría de la esquizofrenia. Básicamente, el doble vínculo consiste en una comunicación reiterada en la que dos o más mensajes contradictorios provenientes de una misma persona ponen al destinatario en la situación de no saber a qué atenerse. Sería, por ejemplo, decir a un hijo lo mucho que se le quiere y, a la vez, mostrar frialdad afectiva, castigarlo y decir que no lo tome como un castigo; pedirle que sea espontáneo, o, en fin, de tanto quererlo impedir el desarrollo de su individualidad. Así, la esquizofrenia no sería sino una estrategia de adaptación ante una situación esquizofrenógena. Aunque comunicaciones de este tipo pueden ser llevaderas, cuando constituyen la pauta básica de interacción familiar pueden volver loco a cualquiera. En esta línea se citaría el «modo de volver loco a otro», descrito por Searles[16].

Más recientemente, el patrón de mayor interés es el de la «emoción expresada», también en relación con la esquizofrenia. Básicamente, se refiere a actitudes verbales críticas y emocionalmente implicadas dirigidas a pacientes diagnosticados con esquizofrenia y que están asociadas a recaídas. La «emoción expresada» ya no tiene la pretensión de los patrones clásicos de ofrecerse como condición etiológica, sino que se concibe como un estresor que, dada una vulnerabilidad (según se supone), puede desencadenar una caída. En esta línea, se estudian también patrones de interacción familiar asociados a distintas patologías (depresiones, trastornos de la alimentación, alcoholismo, agresión, trastornos de la personalidad).

Objetivos

Puesto que las condiciones del problema presentado (síntomas) se sitúan en el contexto de las relaciones familiares, el objetivo de la tera-

---

[16] H. F. Searles (1959): «The effort to drive the other person crazy —an element in the aetiology and psychotherapy of schizophrenia», *British Journal of Medical Psychology, 32,* 1-18.

pia, en sus términos más generales, es *cambiar* tales relaciones o formas de interacción patológica. En la medida en que el síntoma cumple una función sistémica (contribuyendo al mantenimiento del equilibrio de la familia), el objetivo incluye el mantenimiento de esa misma función sin que sea a costa de que alguien presente el síntoma.

Los términos en los que se formulan los objetivos de las terapias individuales se podrían reutilizar igualmente a propósito de la terapia familiar. Así, por ejemplo, el objetivo podría formularse en términos de resolución de conflictos y restauración de relaciones (recordando el psicoanálisis), en términos de maduración de la familia como unidad y de sus miembros individuales (recordando enfoques existenciales y humanistas), en términos de reestructuración (recordando en este caso la reestructuración cognitiva) y, en fin, en términos de modificación de conducta (diría la terapia de conducta). La clave está en la mirada interpersonal, contextual o sistémica. Sin embargo, no se ha de perder de vista que la familia está compuesta de individuos, que son en realidad quienes mantienen relaciones, actúan, comunican y, en definitiva, son los actores del drama. Pero también es cierto que los individuos forman sistemas de relaciones. En este sentido, es posible que las terapias sistémicas pequen más de ignorar a los individuos que las terapias individuales de ignorar el sistema. La mirada dentro del sistema de relaciones debe darse aun cuando se trate con «pacientes» a título individual. La aportación de la terapia familiar es que toma como objetivo directamente alguna pauta de interacciones familiares o sistema de funcionamiento de la familia. Estos objetivos generales se particularizan y concretan según los distintos procedimientos existentes, como ya se pudo percibir en la presentación precedente.

Procedimientos y técnicas

Puesto que en los fundamentos ya se han apuntado los procedimientos y técnicas para las distintas terapias consideradas, aquí se va a exponer esquemáticamente un *modelo integrado*. Asimismo, se hará referencia también a un modelo de *aplicación comunitaria*. Es obvio que los participantes son, en todo caso, una familia y un equipo terapéutico (generalmente dos clínicos).

En relación con el *modelo integrado*[17], las primeras sesiones están dedicadas al establecimiento de la colaboración, la evaluación y la planificación del tratamiento. La evaluación puede consistir en entrevistas, cuestionarios, la realización de un genograma, el cuestionamiento circular y la observación de la familia en sesión. Las sesiones pueden realizarse con todos los miembros de la familia y con subsistemas en particular (por ejemplo, los padres solos, los hijos, el padre y un hijo, etcétera). Todo ello conducirá a la formulación de una hipótesis sistémica, por la que se entienda la función que cumple el problema presentado («síntomas») en el equilibrio de la familia. A partir de aquí se establecerían los objetivos y el plan a seguir. Aunque la familia tiende a proponer cambios en miembros individuales, los objetivos se conciben en todo caso en el contexto de una transformación o reestructuración del sistema.

El tratamiento puede consistir en una variedad de intervenciones, en distintos momentos y niveles. Así, puede incluir un reenmarque del problema (presentándolo en otra perspectiva), la fijación de límites entre los miembros, la dramatización del problema (de cara, por ejemplo, a aprender a manejarlo), el ensayo de nuevas pautas de conducta, el análisis de las atribuciones del comportamiento propio y de los otros, la prescripción de rituales (por ejemplo, para cancelar asuntos pendientes). Por su parte, el genograma puede poner de relieve proyecciones actuales de pautas (o incluso lealtades) provenientes de la historia familiar. La finalización es más una cuestión de acuerdo práctico que de cumplimiento con un protocolo. Lo propio es que se acuerde la terminación en función de los objetivos alcanzados (y supuesta una reestructuración estable del sistema).

En relación con el *modelo comunitario*[18], si el anterior es un «modelo de oficina», éste se autodefine como una práctica comunitaria organizada en redes sociales. Su particularidad es que se trata de un enfoque de la psicosis aguda llevado a domicilio. Más concretamente, el equipo clínico acude a la casa de la persona que ha tenido una crisis psicótica

---

[17] N. J. Kaslow y M. P. Celano (1995): «The family therapies», en A. S. Gurman y S. B. Messer, eds., *Essential psychotherapies. Theory and practices*. Nueva York: Guilford, pp. 343-402.
[18] J. Seikkula y M. E. Olson (2003): «The Open Dialogue Approach to acute psychosis: Its poetics and micropolitics», *Family Process, 42*, 3, 403-418.

en las veinticuatro horas desde el contacto inicial y, así, mantienen reuniones durante los días siguientes. El objetivo es evitar la hospitalización y en lo posible la medicación, resolviendo la crisis en el propio contexto en le que ha tenido lugar. El procedimiento consiste ante todo en el «diálogo abierto» que, no en vano, da nombre al modelo. El «diálogo abierto» se caracteriza por la tolerancia de la ambigüedad (escuchando sin prejuzgar), el dialoguismo (desarrollando un lenguaje común para las experiencias que de otra manera permanecerían encerradas en el habla psicótica, con voces interiores y alucinaciones) y la polifonía (dando voz a todos los miembros, más de cara al entendimiento que al consenso y al esclarecimiento de una supuesta verdad). El «diálogo abierto» tiene su filiación en la terapia sistémica y el constructivismo lingüístico en combinación con los principios dialógicos de Bakhtin.

Estatus

Las terapias de familia han florecido por todos los lados. Si bien la terapia familiar de inspiración sistémica y comunicacional sigue siendo la terapia de referencia, no es la única referencia. Los distintos sistemas psicoterapéuticos, en principio, de aplicación individual, han desarrollado también su versión familiar. Se diría que del *individuo* han pasado al *sistema*. Por su parte, tampoco se dejaría de observar que la propia terapia sistémica parece ahora volver a los individuos. Comoquiera que fuera, el problema psicológico se sitúa dentro de la relación del individuo en la familia y no dentro del individuo. En este sentido, las terapias de familia y, en su caso, de pareja o de cualquier otro sistema suponen una mirada contextual y vienen a ser, así, una alternativa clara a los modelos centrados en el cerebro, la psique o la mente. El hecho de que hayan proliferado tanto puede significar, por un lado, que la caída en la medicalización no es inevitable y, por otro, que la familia sigue revelándose como lugar «privilegiado» donde se tensan, y se distienden también, las contradicciones de la sociedad. De todos modos, el formato de aplicación clínica organizado como está a imagen y semejanza del modelo médico, al menos en los servicios de salud públicos, así como el «formateo» de la gente debido a la propagación de una cultura clínica también de corte biomédico no favorece la implantación de las terapias familiares (ni en general las psicológicas). En este sentido, la terapia familiar tiene todavía que hacerse valer no sólo mimetizándose como, acaso, lo hace la terapia psicoeducativa, sino también ofreciendo alternativas radicales como puedan ser, por ejemplo, el enfoque comunitario del «diálogo abierto».

Con todo, es interesante señalar que la terapia familiar psicoeducativa y la terapia del «diálogo abierto» cuentan con apoyos empíricos, cada una en sus pretensiones. Así, las intervenciones familiares psicoeducativas se han mostrado eficaces en la disminución del riesgo de recaída y en la facilitación de la adhesión a la medicación[19]. Por su parte, el «diálogo abierto» se ha mostrado eficaz en la mejora del funcionamiento psicosocial (incluyendo la reducción de los síntomas) y en la reducción de la medicación y de las hospitalizaciones por primeros episodios psicóticos[20]. En general, la terapia familiar también cuenta con estudios que muestran su eficacia en la anorexia, la bulimia, los trastornos del humor, las adicciones, el distrés marital y los problemas de conducta infantil[21].

---

[19] E. Asen (2002): «Outcome research in family therapy», *Advances in Psychiatric Treatment*, 8, 230-238.
[20] J. Seikula, B. Alakare y J. Aaltonen (2000): «A two year follow-up open dialogue treatment in first episode psychosis: need for hospitalization and neuroleptic medication decreases», *Social and Clinical Psychiatry*, 10, 2, 20-20; J. Seikula, B. Alakare, J. Aaltonen, J. Holma, A. Rasinkangas y V. Lehtinen (2003): «Open Dialogue Approach: Treatment principles and preliminary results of a two-year follow-up on first episode schizophrenia», *Ethical and Human Sciences and Services*, 5, 3, 163-182.
[21] Asen (2002), op. cit.

CAPÍTULO 15

SOBRE LA COMBINACIÓN DE PSICOFÁRMACOS Y PSICOTERAPIA

Comoquiera que la eficacia mostrada tanto por los psicofármacos como por las psicoterapias no es total, pues, ni alcanza a todos los pacientes a los que se aplican (de hecho se estima que alcanza al 40-70%, según los trastornos) ni, probablemente, a la totalidad del trastorno presentado (aun cuando sean eficaces), la pregunta por su combinación es de esperar y ya no se debiera hacer de rogar.

En principio, la combinación de medicación y psicoterapia ha de parecer de lo más sensato. Dado que ambos tipos de terapias no son eficaces para el cien por cien de los pacientes y acaso tampoco lo sean para al ciento por cien del problema, su combinación podría complementar lo que falta, si se suman o incluso se potencian sus efectos por separado. Sin embargo, el asunto no es sencillo ni está exento de controversia. Si se mira más despacio, las cosas ya no estarían tan claras. En primer lugar, no hay una base establecida sobre la que entender que ambos tipos de terapia fueran aditivos (o mutuamente potenciadores). La medicación y la psicoterapia no trabajan en distintas parcelas o capas, entre otras cosas porque ni las terapias son tan específicas como se arrogan ni, en todo caso, los individuos son divididos en partes o parcelas (como sugiere la propia palabra «individuo»), de manera que la posible eficacia de una terapia afectaría *al* todo del problema (aunque no sea del todo). Por su parte, suponer que actuarían sobre mecanismos distintos, psicofarmacológicos unos y psicológicos otros, es mucho suponer al estado actual de conocimientos. Por lo demás, quedaría la cuestión de pretender «curas» moleculares para problemas molares que se dan en una escala distinta (en la biográfica más que en la biológica).

En segundo lugar, hay razones para pensar que la combinación podría más bien acarrear interferencias. Así, por ejemplo, la medicación podría disminuir la motivación del paciente para entender, valga por caso, condiciones psicosociales de su problema y cambiar estilos de vida, según podría requerir la psicoterapia. Aún más, la medicación hace probablemente que la gente adopte una perspectiva médica (biológica) de su problema, sin percibir entonces el sentido de una ayuda psicológica (o viéndola como un arreglo secundario). Por parte del clínico tampoco sería fácil conjugar las dos terapias. Tanto si la combinación es aplicada por dos clínicos distintos como si lo es por él mismo, no es fácil de compaginar ambos tratamientos con la misma fe y destreza, de manera que no serían de extrañar sesgos a este respecto. Ciertamente, no hay algoritmos establecidos a seguir. Otras posibles interferencias pueden surgir en relación con la incompatibilidad misma del proceso terapéutico. Así, por ejemplo, la medicación podría impedir terapias psicológicas que consistieran en la exposición a situaciones de ansiedad o en la experienciación emocional, lo que requiere su presencia, no su eliminación o apaciguamiento. En general, se podría decir que la condición de «medicado» no facilita el proceso psicoterapéutico, si bien hay excepciones.

Lo anterior plantea razones en pro y en contra; pero cuáles son los datos. A pesar de la frecuencia con lo que se da la combinación, se sabe muy poco acerca de sus resultados[1]. En general, los datos a favor de la combinación se refieren a la esquizofrenia, al trastorno bipolar y a la de-

---

[1] M. T. Sammons (2001): «Combined treatments for mental disorders: Clinical dilemmas», en M. T. Sammons y N. B. Schmidt, eds., *Combined treatments for mental disorders. A guide to psychological and pharmacological interventions*. Washington, DC: American Psychological Association, pp. 11-32.

presión mayor crónica, severa y recurrente[2]. Los datos son inconclusos en otros trastornos como el trastorno obsesivo-compulsivo, el trastorno de pánico, los trastornos relacionados con la alimentación y los trastornos por abuso de sustancias[3]. Tampoco hay evidencia a favor de la combinación para trastornos depresivos y de ansiedad menos severos que, por otra parte, son las condiciones más frecuentes por las que la gente busca tratamiento. Esta falta de evidencia se habría de tomar prácticamente como evidencia de que la combinación no es la mejor opción. Ante la falta de evidencia a favor de la combinación, se entiende que la opción es una terapia sola, medicación o psicoterapia, dependiendo de la disponibilidad de los servicios y de las preferencias de los usuarios.

Aun dentro de las conclusiones a favor de la combinación, las cosas no son sencillas (de meramente aplicar medicación y psicoterapia). A este respecto, se contemplan varios modelos, según sea o no el mismo clínico quien lleve a cabo ambos tratamientos y si se aplican a la vez o secuencialmente. El modelo integrado, en el que un mismo clínico aplica los dos tratamientos, tiene a favor la incorporación de la información. Sin embargo, supone que el clínico es competente y ponderado en relación con los dos tratamientos, lo que quizá sea mucho suponer, de acuerdo con lo dicho. Por lo demás, la integración sería prácticamente cosa de psiquiatras, debido al privilegio de la prescripción[4]. Por su parte, el modelo separado consiste en que dos clínicos

---

[2] M. E. Thase y R. D. Jindal (2004): «Combining psychotherapy and psychopharmacology for treatment of mental disorders», en M. J. Lambert, ed., *Bergin and Garfield»s handbook of psychotherapy and behaviour change*. Nueva York: Wiley, 5.ª edición, pp. 743-766.

[3] M. T. Sammons y N. B. Schmidt, eds. (2001), *Combined treatments for mental disorders. A guide to psychological and pharmacological interventions*. Washington, DC: American Psychological Association. De acuerdo con la revisión incluida en este texto, no se concluye que los datos vayan a favor de la combinación en relación con el trastorno obsesivo-compulsivo, a diferencia de la revisión antes citada de Thase y Juncal (sin que ésta se refiera a estudios no tenidos en cuenta por la otra).

[4] La Psiquiatría tiene el privilegio de la prescripción de acuerdo con su condición de especialidad médica y naturalmente la correspondiente preparación científico-técnica. De todos modos, dicha preparación podría estar incluida también en la formación del psicólogo clínico. De hecho, en algunos sitios los psicólogos clínicos están no sólo preparados sino facultados para la prescripción de medicamentos (por ejemplo, en el Estado de Nuevo México de EE UU). La prescripción por parte de los psicólogos es un tema muy debatido en EE UU, donde las razones y preferencias para una y otra opción están prácticamente repartidas a la mitad.

distintos apliquen la medicación y la psicoterapia; por un lado, el médico de atención primaria o el psiquiatra y, por otro, el psicólogo clínico. A este respecto, no se dejaría de recordar que los psiquiatras proporcionan solamente del orden del 35% de las prescripciones psicofarmacológicas, estando el resto a cargo del médico de atención primaria[5]. Por lo demás, el problema de la integración de la información no sería hoy una barrera.

En relación con la variante relativa a la *aplicación simultánea* o *secuencial*, cada una presenta sus problemas. La aplicación simultánea de medicación y psicoterapia, si bien asegura que el paciente está recibiendo toda la ayuda potencialmente beneficiosa, es demasiado costosa e ineficiente, puesto que podría darse el caso de obtener la misma mejoría con una sola de las terapias, según se ha dicho. La aplicación secuencial, en la que un segundo tratamiento se añadiría sobre la base de la eficacia o falta de eficacia del primero, parece más razonable. Aquí el problema estaría en ver cuál sería el tratamiento de elección, si empezar con la medicación o con la psicoterapia. Esta cuestión convoca todo tipo de juicios y prejuicios acerca de la naturaleza y el tratamiento de los trastornos mentales. Resuelto éste, todavía quedaría el problema de determinar cuándo es el momento de introducir el segundo tratamiento, habida cuenta de que tanto la medicación como la psicoterapia necesitan un tiempo, difícil de precisar de antemano, para proporcionar su potencial beneficio (del orden de varias semanas o meses de medicación y, en su caso, de diez a treinta sesiones de psicoterapia).

De acuerdo con las convenciones clínicas, está asumido que en la esquizofrenia y en el trastorno bipolar el tratamiento de elección es la medicación, dentro de la cual se incluiría la psicoterapia. De todos modos, no falta evidencia sobre la que sostener la secuencia en la que se empezaría por el tratamiento psicológico y se utilizaría como ayuda la medicación (si fuera necesaria). Así, por ejemplo, dentro de la terapia familiar citada anteriormente se encuentran fundamentos y evidencias que apuntan en este sentido. En todo caso, se abogaría por la superación de la dicotomía (debida a prejuicios médicos) entre tratamiento clínico y rehabilitación social. La aplicación secuencial empe-

---

[5] Thase y Jindal (2004), op. cit., p. 748.

zando por la psicoterapia (en este caso psicoterapia interpersonal), y continuando con la medicación si fuera necesario, se ha propuesto para la depresión mayor recurrente[6]. Se da la circunstancia de que la psicoterapia interpersonal fue diseñada como terapia de continuación de la medicación, terminando ahora la medicación como continuación de ella. Esto pone de relieve la importancia de investigar sin prejuicios. El prejuicio en este caso sería empezar por la medicación, como de costumbre. Quedaría una tercera opción consistente en la estrategia de «emparejamiento» de los tratamientos en función de condiciones específicas de los pacientes, pero esto está todavía más en el terreno de los dilemas que en el de los protocolos o algoritmos.

---

[6] E. Frank, V. J. Grochocinski, C. A. Spanier, D. J. Buysse, C. R. Cherry, P. R. Houck, D. M. Stapf y D. J. Kupfer (2000): «Interpersonal psychotherapy and antidepressant medication: evaluation of a secuential treatment strategy in women with recurrent major depression», *Journal of Clinical Psychiatry,* 61, 1, 51-57.

CONCLUSIONES

DEL MODELO MÉDICO AL MODELO CONTEXTUAL

Preguntando por qué hay tantos trastornos mentales

No se ha hecho una mera revisión sino todo un replanteamiento radical acerca de la naturaleza de los trastornos mentales y de sus tratamientos (farmacológicos y psicológicos). Radical tiene aquí el sentido original de ir a la raíz de los fenómenos. Los fenómenos de partida eran, en este caso, la creciente cantidad de trastornos mentales catalogados en los sistemas diagnósticos al uso y la creciente cantidad también de tratamientos, consistentes tanto en psicofármacos como en psicoterapias.

La búsqueda de la raíz, preguntando de dónde viene todo esto, no puede conformarse con decir (como se suele) que la proliferación de diagnósticos y de tratamientos es la respuesta científico-técnica a la cantidad de trastornos generados por las condiciones de vida en la sociedad actual. Tal explicación o bien se debe a la ingenuidad o al cinismo, entre otras cosas porque puede ocurrir que la solución científico-técnica preceda al problema que soluciona como de hecho ha ocurrido tantas veces (desde la invención del automóvil a la de la telefonía móvil, pues, en rigor, no respondían a necesidades previas si bien, ciertamente, las generaron al compás de la solución que ofrecían).

Lo realmente importante es que eso mismo (que la solución preceda al problema) puede ocurrir también con los trastornos mentales, lo que ya supondría estar jugando con el sentido de la vida de la gente. Al fin y al cabo, el hecho de que la disponibilidad, valga por caso, del teléfono móvil solucione problemas que no se tendrían si no existiera el teléfono móvil no es tan grave como la conversión de problemas normales de la vida en trastornos mentales a resultas de que tales supuestos problemas son tratables ni, por supuesto, tanto como la invención misma de trastornos para dar salida a nuevos tratamientos.

De cómo los trastornos mentales son hechos reales

El replanteamiento radical aquí ensayado se ha situado en las prácticas sociales en las que se constituyen (conforman y configuran) las realidades clínicas; en este caso, los trastornos y los tratamientos. Las prácticas sociales aquí en cuestión se refieren tanto a las propias actuaciones clínicas en una consulta o en un centro de investigación, donde se reconstruye el problema presentado por el paciente en función del sistema del clínico, como a la cultura clínica socialmente diseminada, donde la gente aprende a plantear sus problemas de la vida en términos de trastornos mentales. Se trata, por tanto, de dos contextos que se realimentan mutuamente. Por un lado, estaría el *contexto clínico* dado en la propia consulta y, por otro, el *contexto extraclínico* dado por la cultura clínica que tiene la gente de la sociedad actual.

Como paradigma de contexto clínico (que reconstruye el problema presentado en función del sistema del clínico) se ha tomado el «efecto Charcot», según el cual el clínico encuentra lo que él mismo propaga. Se trata de un proceso sutil en el que la descripción no deja de incurrir en una suerte de prescripción de lo que se describe, haciendo aparecer el trastorno mental como si fuera una entidad natural (que ya estuviera ahí para ser descubierta y descrita) cuando, en realidad, el perfil del trastorno es coproducido por el propio clínico de acuerdo con su forma de entenderlo y tratarlo (sistema terapéutico). Por su lado, como paradigma de propagación de la cultura clínica mundana (que hace que la gente aprenda a plantear sus problemas de la vida en términos de trastornos mentales) se ha tomado el *marketing farmacéutico*, aunque no es el único. La cultura clínica mundana, señalada aquí como contexto extraclínico, se concreta en los trastornos «encontrados» en el contexto clínico. La cuestión es que la casuística que encuentra el clínico está ya de alguna manera formateada por el mismo supuesto saber del clínico socialmente propagado, realimentándose mutuamente. Puesto que la realimentación mutua (en circuito cerrado) no subsiste sin aporte externo, una fuente externa de especial relevancia aquí es el sistema sanitario (seguridad social o entidad sanitaria equivalente), hasta donde aguante.

Este proceso se documenta con la invención reciente de una serie de trastornos mentales (como el trastorno de estrés postraumático, el trastorno de pánico y la fobia social) y con las vicisitudes de otros ya establecidos debidas a las prácticas clínicas (como la depresión y la esquizofrenia). Las vicisitudes de la depresión se refieren a su conversión de un trastorno menor y de poca incidencia en prácticamente una epidemia a partir de principios de la década de 1990. En cuanto a las vicisitudes de la esquizofrenia, se señalan su peor pronóstico en las sociedades más desarrolladas (que supuestamente disponen de los mejores tratamientos) respecto de las menos desarrolladas, donde su pronóstico es mejor a pesar de, o quizá precisamente por, no disponer de los tratamientos avanzados.

Bien entendido que no se está diciendo que son los profesionales clínicos quienes crean los trastornos que tiene la gente. Lo que hacen éstos es dar a los problemas que presenta la gente la forma que toman para poder tratarlos (por lo común, la forma de alguno de los trastornos descritos en los sistemas clasificatorios al uso). Pero es la gente quien tiene los problemas (si bien, como se decía, ya modulados por la «cultura clínica»). La cuestión que se plantea tampoco es que los clínicos den determinada forma a los problemas presentados por los pacientes. En este sentido, se ha recordado que «tratar» significa antes que nada, antes incluso que «tratamiento médico», dar forma a algo para transformarlo de alguna manera conveniente. Así, en efecto, el clínico necesita dar forma al problema presentado para poder tratarlo. Consiguientemente, de ninguna manera se está diciendo que los trastornos mentales no sean hechos *reales;* lo que se está planteando es cómo son *hechos* reales. La cuestión, pues, no es dar o no dar forma, sino la forma que se dé.

De lo mucho que se sabe acerca del cerebro y de lo poco de los trastornos mentales

Por lo que aquí respecta, se ha cuestionado la forma de categoría diagnóstica vigente en la psicopatología actual, que hace pasar los problemas psicológicos como (si fueran) entidades médico-clínicas en analogía con la noción de enfermedad. Según se ha discutido, se puede concluir que esta forma de «tratar» los problemas psicológicos no responde a hallazgos científicos. Antes bien, no se conoce la causa biológica de ningún trastorno mental (otra cosa son los factores fisiológicos concomitantes). De hecho, no se conoce ningún marcador biológico sobre el que se pueda establecer la condición orgánica ni el diagnóstico diferencial de ningún trastorno mental, incluyendo la esquizofrenia. Como se ha visto en los capítulos correspondientes, es sorprendentemente poco lo que se sabe a ciencia cierta acerca de las supuestas bases biológicas de los distintos trastornos metales.

Otra cosa es el gran conocimiento ya establecido sobre el cerebro en el campo de la Neurociencia, que se desarrolló enormemente a partir de la década de 1990. En cuanto a la química cerebral, se habla no sólo de monoaminas, sino también de al menos otras 300 sustancias químicas más que también actúan como neurotransmisores, incluyendo neuropéptidos, neuroesteroides y una larga lista de potenciales neuromoduladores (algunos gaseosos, como el óxido nítrico; otros meros iones, como el calcio; algunos derivados de los ácidos nucleicos; etc.). También se está desentrañando no sólo la posible acción de estas sustancias, sino también de los propios psicofármacos y drogas en lo concerniente a sus efectos sobre la estructura o función del tejido nervioso a corto y largo plazo. Comienzan a desvelarse los mecanismos de acción de estos neurotransmisores y otras sustancias químicas como los factores neurotróficos a nivel intracelular, incluyendo su efecto sobre el genoma. Los efectos de la manipulación del ambiente y el comportamiento sobre la estructura y la función cerebral se investigan intensivamente en la actualidad. Las olvidadas células de glía comienzan a cobrar protagonismo en los mecanismos de comunicación celular y también de acción de los psicofármacos, y se proponen modelos de funcionamiento normal y patológico de diversas estructuras cerebrales a modo de redes neuronales.

Muchas de las funciones rudimentarias en las que están implicadas la mayoría de las regiones del cerebro comienzan a ser conocidas, como si fuesen piezas de un motor, aunque se tienen pocas pistas sobre el modo en que se relacionan con la conducta, los pensamientos o las emociones. A pesar de los grandes avances neurocientíficos, el cerebro continúa siendo hoy por hoy el órgano más complejo y peor conocido del cuerpo humano, y a medida que se sigue investigando sobre él, su organización resulta ser cada vez más compleja. Además, como Santiago Ramón y Cajal anticipaba, el hombre puede ser el escultor de su propio cerebro. Así es, ya que el tejido nervioso es muy dinámico o *plástico*, dado que constantemente se modifica a sí mismo y también en respuesta al medio (incluyendo por supuesto los fármacos y drogas), la experiencia pasada, etc., sin que aún se sepa con certeza cómo lo hace. Este carácter tan dinámico del cerebro hace que éste sea único en cada individuo, y por tanto los intentos de generalizar asignando funciones particulares a zonas cerebrales al modo de la antigua frenología han resultado ser bastante decepcionantes hasta ahora.

Este (des)conocimiento es solidario del desarrollo de sofisticados procedimientos de exploración del cerebro en funcionamiento, como la resonancia magnética funcional o la tomografía por emisión de positrones. Estas complejas técnicas de neuroimagen proporcionan tal cantidad de información que los programas informáticos y los métodos estadísticos convencionales no sirven para interpretarla de forma precisa e inequívoca. Su fundamento físico es mucho mejor conocido que los mecanismos biológicos que originan las señales que se recogen con estos avanzados escáneres del cerebro. Sin embargo, las imágenes que proporcionan han sido frecuentemente utilizadas como prueba de la existencia de las bases biológicas de los trastornos mentales y su tratamiento, cuando en realidad son representaciones gráficas de resultados estadísticos que han de ser interpretadas con extrema cautela, dado su carácter meramente correlacional. En efecto, ¿quién y cómo se establece cuál debe ser el funcionamiento y anatomía «normal» del cerebro que sirva de prototipo? Estas «imágenes funcionales» del cerebro adolecen aún de múltiples inconvenientes por la propia variabilidad del cerebro humano, sobre todo cuando se parte de modelos fisiológicos preestablecidos sobre la anatomía y función cerebral que no han sido validados científicamente. Así pues, lo que muestran las neuroimágenes no se ha de confundir con que se hayan descubierto las bases biológicas de los trastornos mentales. La neuroimagen no representa la imagen *in fraganti* de una causa cerebral.

Por otro lado, se ha mostrado que esta forma de considerar los trastornos mentales obedece más bien a la comercialización de psicofármacos, la cual necesita definir trastornos a su medida y, a partir de ahí, sensibilizar a la población y a los clínicos acerca de su incidencia (dando a entender que es «mucho más frecuente que lo que se pensaba hasta ahora», etc.). Tanto la industria farmacéutica como gran parte de los profesionales de la Medicina se aferran a versiones más o menos elaboradas de la hipótesis del desequilibrio neuroquímico, para dar a entender que «algo anda mal» en el cerebro de aquellos que sufren trastornos mentales. A falta de otra hipótesis más convincente, el desequilibrio neuroquímico se perpetúa como explicación tanto del modo de acción de los psicofármacos, como *a posteriori* de la fisiopatología de los trastornos mentales.

En realidad, ni se conoce con certeza cómo actúan los psicofármacos, ni se ha logrado demostrar ninguna alteración neuroquímica consistente asociada a los trastornos mentales. Tampoco los cerebros de las personas que sufren estos trastornos parecen ser diferentes a los del resto de la población, salvo en algunos casos en los que se asocia con otros factores como el propio uso de los psicofármacos, drogas de abuso, la terapia electroconvulsiva o ciertas enfermedades infecciosas. Sirva de símil la enfermedad de Alzheimer, en la que a pesar del desconocimiento de su causa y tratamiento, al menos se demuestran consistentemente alteraciones estructurales y fisiológicas en el cerebro, su fisiopatología comienza a comprenderse y existen ya algunos marcadores biológicos que se asocian con la predisposición a padecer tal enfermedad. No es éste el caso de los trastornos mentales que, a pesar de ser considerados generalmente como enfermedades, no alcanzan tal estatus al no haber pruebas fehacientes de su origen neurológico y desconocerse totalmente su fisiopatología.

El hecho de que los problemas psicológicos o psiquiátricos puedan recibir esta forma de categorización diagnóstica (como enfermedad) y aunque, de hecho, sea la forma más establecida, lejos de mostrar su presunto carácter natural muestra, en realidad, su carácter práctico (práctico-constructivo o arte-factual). Como se ha argumentado, las formas al uso responden más que, por ejemplo, a hallazgos científicos, al sistema constructivo respecto del cual resultan formas prácticas. Este sistema no es otro que el sistema psiquiátrico patrocinado por la industria farmacéutica, con toda una maquinaria de investigación encallada en la mera evaluación de fármacos (como son los ensayos clínicos) y una maquinaria también de propagación de cultura clínica a su medida (como es, en este caso, el *marketing farmacéutico*). Así pues, se puede concluir que los trastornos mentales lejos de ser *tipos naturales* serían *tipos prácticos* y, a este respecto, siempre habrá que ver si son prácticos *para quién* y *para qué*.

Del abismo entre la acción molecular y el efecto terapéutico

Con todo, nada impide considerar y reconocer la utilidad de gran parte de los psicofármacos, tanto los ansiolíticos y los antidepresivos como los antipsicóticos. Sin duda, producen un alivio del sufrimiento de los pacientes. Algunos reducen la ansiedad, otros elevan el estado de ánimo, o controlan los síntomas psicóticos; todo esto puede contribuir no sólo a un alivio del malestar, sino también a la consiguiente reposición ante la vida. En este sentido, los psicofármacos tienen establecida y reconocida una cierta y limitada eficacia. Sin duda, los avances en psicofarmacología son bien notables. Aunque se desconocen los mecanismos fisiopatológicos de los trastornos mentales, no cabe duda de que la manipulación farmacológica o mediante drogas de algunos sistemas de neurotransmisión cerebral causa notorios cambios en el comportamiento. Cada vez se dispone de más psicofármacos con acción muy específica sobre ciertos mediadores químicos de las células nerviosas, pero ello no ha contribuido a que los modernos psicofármacos añadan eficacia a los ya conocidos. Sus mecanismos de acción terapéutica en general no son bien conocidos salvo a muy corto plazo (minutos a horas), cuando paradójicamente muchos de sus efectos «terapéuticos» se observan en un lapso de tiempo grande (semanas, meses). Por el contrario, la causa y los mecanismos que explican sus efectos secundarios son mucho mejor conocidos.

Coincidimos aquí con la opinión expresada recientemente por Rang y otros en uno de los más prestigiosos manuales de farmacología, en donde se advierte del enorme abismo existente hoy en día entre los planos de conocimiento a nivel molecular y celular del mecanismo de acción de los psicofármacos a corto plazo, y el modo más bien tosco en que se describen tanto su acción a nivel del comportamiento como sus efectos terapéuticos. Actualmente, es imposible decidir qué psicofármaco y a qué dosis hará efecto (si acaso lo hace) a la mayoría de personas que sufren trastornos mentales. Esto se debe probablemente no sólo a la propia idiosincrasia genética del sujeto, sino más bien a la grosera acción de los psicofármacos mediante la modificación, localmente inespecífica, de uno o dos de los cientos de sistemas de neurotransmisión del cerebro. A pesar de que se ha llegado a reconocer que deben de superarse las desacreditadas hipótesis neuroquímicas en las que se basan los psicofármacos actuales, no ha surgido ningún psicofármaco más eficaz o con un mecanismo de acción realmente novedoso frente a los ya conocidos hace más de cincuenta años. En general, los modernos psicofármacos parecen ser menos tóxicos, pero su eficacia sigue siendo una de las peores de todos los fármacos conocidos. No obstante, los psicofármacos figuran entre los medicamentos más prescritos en la actualidad, y un porcentaje significativo de la población está bajo su influencia.

La pluralidad de terapias psicológicas como muestra del carácter abierto de la solución a los trastornos mentales

¿Qué hay de parte de las terapias psicológicas? En primer lugar, se ha de decir que, al igual que en psicofarmacología, en terapia psicológica ha habido también un gran desarrollo, tanto en la investigación de la eficacia como de los procesos de cambio. En segundo lugar, llama la atención en psicoterapia la pluralidad de sistemas existentes. En concreto, aquí se han expuesto cinco grandes sistemas. Se ha explicado esta pluralidad de sistemas en función de los diversos contextos en los que ha surgido cada psicoterapia. También se ha explicado por qué se mantienen todos ellos. A este respecto, se ha señalado la capacidad de cada sistema en crear su propio contexto de validación.

Esta pluralidad de sistemas y su capacidad de autovalidación tiene su condición de posibilidad en la propia naturaleza abierta (práctico-constructiva) de los trastornos psicológicos, la misma que permitía al sistema psiquiátrico construirlos como supuestas entidades nosológicas. En este sentido, se podrían suscitar cuestiones similares a las planteadas para la psicofarmacología, relativas a la conformación de los problemas de la gente en función de la terapia; en este caso, en función de un sistema u otro. Pero, como se dijo entonces, la cuestión no está en dar o no dar determinada forma sino en la forma que se dé. Comoquiera que sea, esta circunstancia pone de relieve, de nuevo, el carácter *práctico-constructivo* (abierto) de los trastornos.

Esta pluralidad de sistemas puede dar lugar a confusión, cuando sería de esperar para una disciplina científica como la psicología que constituyera precisamente un sistema unitario. La confusión ya tiene lugar, en realidad, ante la propia existencia de la psicología clínica a la par de la psiquiatría, y tanto más entonces al ver que cada una de ellas tampoco representa una «ciencia unificada». Siendo así, más allá de la posible confusión, hay que apreciar el debate que supone esta pluralidad de sistemas.

El debate de las terapias psicológicas

El debate, el gran debate de la psicoterapia está planteado, como se ha visto, en términos de si el efecto terapéutico se debe a las técnicas específicas que se aplican o si se debe más bien a las relaciones interpersonales que se establecen en el proceso de la terapia. La duda no es si los tratamientos psicológicos son eficaces, que lo son. La duda estaría, si acaso, en si son todos los tratamientos igual de eficaces o algunos lo son más para determinados trastornos. Si son todos igualmente eficaces, se entiende que se debe a la relación terapéutica que todos tendrían en común. Si unos son más eficaces que otros se entiende que se debe a las técnicas específicas. Así pues, simplificado al máximo, este es el debate: *técnicas* o *relaciones*.

En la línea de las *técnicas* se encuentra el movimiento de los tratamientos psicológicos eficaces. Es necesario recordar que este movimiento deriva de la medicina basada en la evidencia que, a su vez, ha dado lugar a las guías psiquiátricas. Aunque las guías psiquiátricas no dejaban de hacer referencia a la terapia psicológica, ciertamente, estaban más escoradas a la medicación que a la psicoterapia, al dar a entender que los tratamientos eficaces para los trastornos mentales son propiamente los psiquiátricos (y, en particular, la medicación). Consiguientemente, la psicología clínica se vio obligada a ofrecer sus propias guías de tratamientos psicológicos eficaces. De esta manera, se ha mostrado que existen tratamientos psicológicos igual de eficaces, como mínimo, que la medicación para la mayoría de los trastornos mentales. Las guías de tratamientos psicológicos eficaces vinieron, pues, si se permite decirlo así, a empatar el partido, un partido que la psicología clínica estaba perdiendo de entrada, en virtud de la mera existencia de las guías psiquiátricas como el DSM-IV o el ICD-10.

Ahora bien, estas guías de tratamientos psicológicos eficaces dejaban prácticamente fuera de juego a las psicoterapias en la línea de las relaciones. Éstas no estaban representadas en tal movimiento, de manera que se daba a entender que no eran eficaces o, al menos, que no tenían su eficacia probada. El caso es que también se vieron obligadas a buscar apoyo empírico, y lo vienen encontrando. Así, están mostrando ahora que son tan eficaces, al menos, como los tratamientos psicológicos que ya habían mostrado su eficacia en relación con la medicación. Ha surgido, de esta manera, el movimiento de las relaciones terapéuticas eficaces. En este sentido, empataron también su propio partido con respecto a las técnicas eficaces.

La cuestión es que estas dos líneas del debate, por un lado, la línea de las técnicas y, por otro, la de las relaciones, con sus propios movimientos, representan en realidad dos modelos de psicoterapia, que se han identificado, respectivamente, como modelo médico y modelo contextual.

El *modelo médico de psicoterapia* deriva de su analogía y comparación (y de su mimetización, también) con el modelo médico-psiquiátrico. Las técnicas específicas vienen a ocupar el lugar de la medicación y, por su parte, la explicación psicopatológica viene a ser una versión en términos psicológicos de la misma explicación psiquiátrica en términos de una supuesta patología neurobiológica. Aun cuando el modelo médico de psicoterapia parta siempre de una buena relación terapéutica, cómo no, su aporte sería, en todo caso, la técnica específica para la supuesta condición psicopatológica del trastorno en consideración.

Por su lado, el *modelo contextual de psicoterapia* deriva de la propia tradición de la psicoterapia establecida sobre la relación interpersonal como condición terapéutica ella misma. En este sentido, la relación clínica sería el contexto en el que se da el proceso terapéutico, un contexto que incluye el sistema de psicoterapia como marco de referencia. El modelo contextual no niega las técnicas, pero afirma que su posible eficacia depende, precisamente, del contexto (relación-y-sistema) en el que cobrarían su sentido práctico. Esta dependencia del contexto no se daría con la medicación, cuya acción farmacológica específica obraría por sí misma (por más que una buena relación de base siempre sería conveniente). Siendo así, en rigor, todas las psicoterapias serían contextuales. Dicho esto, no se dejaría de añadir que el modelo contextual es contextual también por situar los trastornos psicológicos en el contexto de la persona y sus circunstancias. A diferencia del modelo médico de psicoterapia, cuya perspectiva de los trastornos es *internalista* (suponiendo mecanismos internos disfuncionales), el modelo contextual es *interpersonal*, social, tratando de ver el sentido (funcional) del trastorno en las circunstancias de la persona.

Estos dos modelos de psicoterapia responden a dos métodos distintos. Mientras que el modelo médico sigue hasta ahora el método *nomotético*, según el cual los casos de un cuadro clínico serían prácticamente iguales, el modelo contextual sigue el método *idiográfico*, según el cual cada caso sería único. Cada método supone una lógica de investigación y de aplicación clínica distinta. Así, referido a la investigación, el modelo médico utiliza la comparación de grupos, asumiendo que los casos de cada grupo son iguales, y el modelo contextual utiliza el estudio de caso, asumiendo que cada caso es único. En la aplicación clínica, el modelo médico utiliza tratamientos protocolizados, y el modelo contextual, análisis de casos.

Del modelo médico al modelo contextual

El modelo médico de psicoterapia es dominante en el campo de la psicología clínica, de acuerdo, por lo demás, con el predominio de la psiquiatría biológica y, en general, de la medicalización de la sociedad.

A este respecto, hay que señalar a la terapia cognitivo-conductual como la terapia psicológica que representa al modelo médico de psicoterapia. No en vano la terapia cognitivo-conductual ha ganado su reputación en comparación con la medicación (mostrando, en general, tanta o más eficacia que ésta). Se señalaría, igualmente, al psicoanálisis clásico como representante del modelo médico de psicoterapia, pues, aun siguiendo el método idiográfico, su modelo no deja de ser internalista. No obstante, el psicoanálisis interpersonal podría reconsiderarse fácilmente en la perspectiva contextual.

Por otro lado, el modelo contextual cuenta también con sus dominios y, por lo que importa señalar, como alternativa al propio modelo médico. Se comentarán, ahora, los sistemas de psicoterapia que están en la línea contextual. Éstos serían, en general, la psicoterapia fenomenológica y existencial, la psicoterapia centrada en la persona y experiencial y las terapias de familia. Se señalaría, más en particular, el enfoque contextual de la terapia de conducta. Es importante destacar el enfoque contextual de la terapia de conducta porque, aun formando parte del mismo sistema (de terapia de conducta y cognitivo-conductual), supone una alternativa a la terapia cognitivo-conductual y, así, al modelo médico de psicoterapia representado por esta terapia.

Viene midiéndose el modelo contextual con respecto al modelo médico de psicoterapia, el cual se ha medido, a su vez, con la medicación. En este sentido, parecería que todo estuviera arreglado con alcanzar la eficacia establecida por la medicación. Pero si esto fuera todo, supondría renunciar a otros objetivos que serían propios de la psicoterapia, además o incluso distintos de la eliminación de los síntomas. Entre estos objetivos alternativos a la eliminación de los síntomas se podría citar, por ejemplo, la aceptación de los propios síntomas y la reorientación de la vida e, incluso, la evitación de la medicación y de la hospitalización, por citar objetivos de algunas de las terapias expuestas. En esta línea, la cuestión no sería tanto luchar contra los síntomas como rehacer el horizonte de la vida. Dicho en términos más convencionales en clínica, sería tomar la rehabilitación social como el tratamiento mismo (superando la falsa dicotomía tratamiento-rehabilitación). Una cosa es que las terapias psicológicas tengan que homologarse con los criterios de eficacia vigentes para hacerse valer y otra que tengan que conformarse con tales criterios. Naturalmente, todos los objetivos tendrán que ser no sólo valiosos sino evaluables y evaluados; eso no debería ser un problema.

Es interesante señalar que esta propuesta de pasar del modelo médico de psicoterapia a uno contextual no es cosa únicamente de la Psicología, sino también de la Psiquiatría. De hecho, la Psiquiatría, dentro de su propia pluralidad, cuenta con importantes tendencias en esta línea desmedicalizadora, se denomine o no contextual, que es lo de menos. Se señalarían, en particular, la psiquiatría fenomenológica y la psiquiatría social, amén de la psiquiatría que sigue cualquiera de los sistemas de psicoterapia antedichos. No se olvidará aquí que la Psiquiatría ha contribuido tanto como la propia Psicología al desarrollo de terapias psicológicas (incluyendo las contextuales o desmedicalizadoras). Para finalizar, la cuestión no es Psicología contra Psiquiatría, sino la perspectiva contextual de los «trastornos mentales» frente a la perspectiva médica de éstos, sea psiquiátrica o psicológica. La cuestión es, en definitiva, escuchar a la persona.

BIBLIOGRAFÍA RECOMENDADA

PRIMERA PARTE

Angell, M. (2004): *The truth about the drug companies. How they deceive us and what to do about it.* Nueva York: Random House.

Es el testimonio de la que fuera durante dos décadas directora de una de las revistas médicas más importantes como es *New England Journal of Medicine*.

Blech, J. (2005): *Los inventores de enfermedades. Cómo nos convierten en pacientes.* Barcelona: Destino (original de 2003).

Responde de una forma documentada y ágil a lo que sugiere el propio título, refiriéndose a problemas médicos más que propiamente psiquiátricos o psicológicos.

Elliott, C. y Chambers, T. (eds), (2004): *Prozac as a way of life*. Chapel Hill, NC: University of North Carolina Press.

Estudia el Prozac como fenómeno social y muestra que tiene que ver más con arreglos cosméticos que propiamente con remedios de supuestos desequilibrios neuroquímicos de trastornos concretos.

Furedi, F. (2004): *Therapy culture. Cultivating vulnerability in an uncertain age.* Londres: Routledge.
Muestra cómo la cultura actual en particular a través del sentimentalismo, la literatura de la autoestima y el cultivo de la vulnerabilidad hace a la gente cada vez más menesterosa.

Healy, D. (2004): *Let them eat Prozac. The unhealthy relationship between the pharmaceutical industry and depression.* Nueva York: New York University Press.
Presenta la historia y la intra historia de esa relación insana entre la industria farmacéutica y la depresión.

Horwitz, A. V. (2002): *Creating mental illness.* Chicago: University Chicago Press.
Es un documentado estudio acerca de la proliferación de enfermedades mentales en la perspectiva de la construcción social.

Kramer, P. (1994): *Escuchando al Prozac.* Barcelona: Seix Barral (original de 1993).
Es un libro que ha hecho historia, siendo él mismo un éxito de ventas y contribuyendo también al éxito del Prozac. Su mismo título define toda una estrategia de la psicofarmacología (distinta de escuchar propiamente al paciente). Con todo, es un libro excelente (lo que no se puede decir lo mismo del otro libro del autor titulado *Contra la depresión*).

Medawar, C. y Hardon, A. (2004): *Medicines out of control? Antidepressants and the conspiracy of goodwill.* Países Bajos: Aksant.
Describe la increíble historia del descontrol acerca del mercado, la política sanitaria, la prescripción y el consumo de antidepresivos.

Moynihan, R. y Cassels, A. (2006): *Medicamentos que nos matan e industrias farmacéuticas que nos convierten en pacientes.* Barcelona: Contrapunto.
Muestra de una forma documentada y decidida la venta de enfermedades como estrategia para la promoción de medicamentos.

Read, J.; Mosher, L. R. y Bentall, R. P. (2006): *Modelos de locura. Aproximaciones psicológicas, sociales y biológicas a la esquizofrenia.* Barcelona: Herder (original de 2004).
Más allá de ofrecer algunas alternativas y las pruebas que las confirmen, este libro revisa el contexto histórico, económico y político en que una ideología bioge-

nética tan simplista pudo alcanzar una hegemonía tan perjudicial, con la intención de evitar causar una falsa percepción de la ardua tarea a las que nos tenemos que enfrentar aquellos que queremos reconducir los servicios de salud mental hacia una vía más humana y eficaz.

Shorter, E. (1999): *Historia de la psiquiatría. Desde la época del manicomio a la era de la Fluoxetina.* Barcelona: J & C Ediciones Médicas (original de 1987).
Uno de los mejores relatos de la historia de la Psiquiatría escrito de forma crítica y amena.

Valenstein, E. S. (1998): *Blaming the brain. The truth about drugs and mental health.* Nueva York: The Free Press.
Un excelente libro sobre el mito de las supuestas alteraciones neuroquímicas asociadas con los trastornos mentales, con una detallada descripción de los avatares en el desarrollo de los psicofármacos. Bien documentado y de lectura muy recomendable.

Young, A. (1995): *The harmony of illusions. Inventing post-traumatic stress disorder.* Princeton: Princeton University Press.
Es tanto una excelente historia como un documentado estudio antropólogo sobre la invención de uno de los trastornos metales más socorrido hoy día.

SEGUNDA PARTE

American College of Neuropsychopharmacology (http://www.acpn.org) *Neuropsychopharmacology: The Fifth Generation of Progress* y *Psychopharmacology: The Fourth Generation of Progress.*
Esta asociación profesional norteamericana tuvo y tiene gran relevancia histórica en la creación del campo de la psicofarmacología. Su página web incluye acceso gratuito en versión electrónica a dos de las últimas ediciones de un completo manual que abarca aspectos tanto clínicos como teóricos y de investigación en el campo de la Psiquiatría y la psicofarmacología. Estos manuales pueden considerarse un compendio de los conocimientos actuales en el campo neurocientífico orientado hacia la psicofarmacología.

Breggin, P. R. (1992): *Toxic psychiatry.* Nueva York: St. Martin's Griffin.
De gran interés por su descripción rigurosa y muy documentada de los graves efectos secundarios de los psicofármacos, así como las campañas de *marketing* de trastornos mentales y psicofármacos.

Charney, D. S. y Nestler, J. (eds.), (2004): *Neurobiology of mental illness*, 2ª edición. Nueva York: Oxford University Press.

Un manual de referencia muy usado por los partidarios de la Psiquiatría biológica. Es de interesante consulta para especialistas interesados en conocer los métodos empleados en psicofarmacología, incluyendo técnicas de neuroimagen y una recopilación de estudios que promueven el concepto de «enfermedad mental».

Fisher, S. y Greenberg, R. P. (eds.), (1997): *From Placebo to Panacea. Putting Psychiatric Drugs to the Test*. Nueva York: Wiley.

Un texto muy crítico, pero también necesario, sobre la eficacia y efectos adversos de los psicofármacos centrándose en los ansiolíticos y neurolépticos, excelentemente documentado y editado por dos psicólogos clínicos. Son destacables sus capítulos denunciando el uso de psicofármacos en niños y adolescentes con trastorno de hiperactividad, acerca de la invención y validez del DSM-IV y sobre la eficacia de los psicofármacos en relación con el efecto placebo.

Healy, D. (2005): *The Creation of Psychopharmacology*. Cambridge, MA: Harvard University Press.

Una excelente historia de la psicofarmacología escrita por David Healy, uno de los mayores especialistas mundiales en el tema.

Healy, D. (2005): *Psychiatric Drugs Explained*. 4ª edición. Edimburgo: Elsevier.

Quizás el primer libro de psicofarmacología escrito desde la perspectiva del Usuario de psicofármacos («escuchando al paciente» a modo de la mencionada Farmacopsicología), alejándose del modelo convencional de acción farmacológica sobre supuestas alteraciones neurobiológicas, pero manteniéndose aún dentro del marco convencional de enfermedad mental. De gran interés también por contener capítulos que describen las campañas de *marketing* de las compañías farmacéuticas promocionando tanto el uso de psicofármacos en niños, como la invención y promoción de trastornos mentales.

López-Muñoz, F. y Álamo, C. (eds.), (2007): *Historia de la psicofarmacología* (3 vols.). Madrid: Panamericana.

Esta obra es sin duda la más completa y ambiciosa publicada en nuestro país, incluyendo aportaciones de figuras clave en el descubrimiento de los psicofármacos y aspectos ético-sociales de su uso en el campo de la Psiquiatría española y nacional. Aunque la obra es demasiado condescendiente con los logros de las terapias biológicas de los trastornos mentales, vale la pena por la gran cantidad de información que contiene.

Mazziota, C.; Toga, A. W. y Frackowiak, R. S. J. (eds.), (2000): *Brain Mapping: Theory, The Methods and The Disorders* (3 vols.). San Diego: Academic Press.

Un manual avanzado para aquellos con interés en la complejidad y las limitaciones de la neuroimagen aplicada al campo de los trastornos mentales.

Salazar, M.; Peralta, C. y Pastor, J. (eds.). (2005): *Tratado de psicofarmacología: bases y aplicación clínica.* Madrid: Panamericana.

Manual en castellano que revisa temas de interés en el diseño experimental en psicofarmacología, aspectos éticos, etc. También es una actualización sobre la mayoría de los psicofármacos utilizados en la actualidad, incluyendo efectos secundarios, indicaciones y bibliografía actualizada.

Schatzberg, A. F. y Nemeroff, C. B. (2006): *Tratado de psicofarmacología.* Barcelona: Masson.

Traducción al castellano de uno de los libros más citados en el campo, auspiciado por la Asociación Americana de Psiquiatría, con actualizaciones sobre psicofármacos concretos y editado por dos de los autores más citados en el campo de la Psiquiatría biológica.

Scott, T. (2006): *America Fooled.* Victoria, Texas: Argo Publishing.

Texto interesante acerca del concepto de enfermedad mental y el *marketing* de trastornos mentales, antidepresivos y antipsicóticos en los EEUU. Destaca su análisis crítico del proceso de aprobación de psicofármacos por la FDA norteamericana.

Stahl, S. M. (2002): *Psicofarmacología esencial.* 2ª edición. Barcelona: Ariel.

Utilizado como libro de texto muy pedagógico en bastantes universidades a nivel mundial, da una idea acerca de las hipótesis simplistas sobre el mecanismo de acción de los psicofármacos y el origen biológico de los trastornos mentales, sostenidas, sin embargo, por muchos especialistas.

TERCERA PARTE

Buela-Casal, G. y Sierra, J. C. (eds.) (2001): *Manual de evaluación y tratamientos psicológicos.* Madrid: Biblioteca Nueva.

Documentada exposición que integra procedimientos de evaluación y de tratamiento. Incluye instrumentos de evaluación clínica y cuestionarios de autoevaluación para los lectores del libro.

Caballo, V. E. (ed.) (1998): *Manual para el tratamiento cognitivo conductual de los trastornos psicológicos* (2 vol.). Madrid: Siglo XXI.

Buena síntesis entre fundamentación científica, modelos clínicos y aplicación práctica para una gran variedad de trastornos de la psicología clínica y de la salud.

Cain, D. J. y Seeman, J. (eds.), (2002): *Humanistic psychotherapies. Handbook of research and practice.* Washington, DC: America Psychological Association.

Presenta el nuevo panorama de la psicoterapia humanista, imprescindible para tener una idea actualizada de este enfoque.

Caro, I. (ed), (2003): *Psicoterapias cognitivas: Evolución y comparaciones.* Barcelona: Paidós.

Excelente exposición de la evolución de las psicoterapias cognitivas en la perspectiva cultural, con énfasis en el constructivismo y la hermenéutica. Presenta asimismo las nuevas tendencias de diferentes escuelas (una tendencia por cierto contextual).

Castonguay, L. J. y Beutler, L. E. (ed.), (2006): *Principles of therapeutic change that work.* Oxford: Oxford University Press.

Revisa la evidencia empírica acerca de las características de los participantes (paciente y terapeuta), de la relación y de las técnicas en el resultado terapéutico en diversos trastornos.

Costa, M. y López, E. (2006): *Manual para la ayuda psicológica. Dar poder para vivir. Más allá del counseling.* Madrid: Pirámide.

Muestra de una forma muy práctica y a la vez científica y culturalmente fundada la ayuda psicológica en la perspectiva contextual. Representa una alternativa al modelo psicopatológico de corte deficitario, perfectamente aplicable aquí y ahora. Más que información, el libro ofrece conocimiento y sabiduría.

Dougher, M. J. (ed), (2000): *Clinical behavior analysis.* Reno, NV: Context Press.

Viene a ser la puesta al día del análisis funcional de la conducta y en esta misma línea es un ejemplo de la perspectiva contextual de la terapia psicológica.

Espada, P. J., Olivares, y Méndez, F. X. (2005): *Terapia psicológica. Casos prácticos,* Madrid: Pirámide.

Presenta una gran variedad de casos planteados en términos del análisis funcional. El libro conjuga un énfasis académico —con actividades prácticas para cada capítulo— con un énfasis clínico-práctico.

Feixas, G. y Miró, M. T. (1993): *Aproximaciones a la psicoterapia: Una introducción a los tratamientos psicológicos.* Barcelona: Paidós.

Excelente introducción a la psicoterapia desde una perspectiva histórica, teórica (exponiendo los principales modelos) y metodológica, con énfasis en la integración.

Fernández Liria, A. y Rodríguez Vega, B. (2001): *La práctica de la psicoterapia: la construcción de narrativas terapéuticas.* Bilbao: DDB.

Original uso de diferentes psicoterapias en una perspectiva integradora, con sabiduría académica (sin dogmatismos) y saber hacer clínico.

Fisher, J. D. y O'Donohue, W. T. (eds.) (2006): *Practitioner's guide to evidence-based psychotherapy.* Nueva York: Springer.

Revisa la eficacia de las psicoterapias para setenta y tres trastornos específicos. Presenta un auténtico estado de la cuestión para cada trastorno (qué es x, cuáles son los hechos básicos, cómo se evalúa o diagnostica y cuál es la eficacia de los distintos tratamientos).

Frank, J. D. y Frank, J. B. (1991): *Persuasion and healing. A comparative study of psychotherapy.* Baltimore: The Johns Hopkins University Press.

Todo un clásico. Viene a ser toda una anatomía de la psicoterapia en la que se analizan sus componentes («factores comunes») y su funcionamiento («persuasión»). Podría verse también como un estudio antropológico, donde los «indígenas» fueran los terapeutas.

Hubble, M. A.; Duncan, B. L. y Miller, S. D. (eds.), (1999): *The Heart & soul of change. What works in therapy.* Washington, DC: American Psychological Association.

Presenta la evidencia empírica de los factores comunes en psicoterapia, mostrando la importancia de la relación terapéutica en el proceso del cambio.

Labrador, F. J.; Cruzado, J. A. y Muñoz, M. (eds.), (1993): *Manual de modificación y terapia de conducta.* Madrid: Pirámide.

Excelente exposición de las principales técnicas, tanto en su fundamentación científica como en el procedimiento de aplicación (incluyendo la formulación de casos).

Labrador, J. F., Echeburúa, E. y Becoña, E. (2000): *Guía para la elección de tratamientos psicológicos efectivos: hacia una nueva psicología clínica.* Madrid: Dykinson.

Exposición razonada y documentada a favor de la implantación de tratamientos psicológicos de probada eficacia. Incluye el estudio de la integración en psicoterapia, la discusión del concepto de eficacia terapéutica y la perspectiva de los pacientes.

Lambert, M. J. (ed.), (2004): *Bergin and Garfield»s handbook of psychotherapy and behaviour change* (5ª edición). Nueva York: Wiley.
Probablemente, el manual que ofrece las revisiones más actualizadas, rigurosas y ponderadas del campo de la terapia psicológica.

Martell, C. R.; Addis, M. E. y Jacobson, N. S. (2001): *Depression in context. Strategies for guided action.* Nueva York. Norton.
Es un ejemplo de terapia psicológica de la depresión en la perspectiva del modelo contextual que se reivindica en el presente libro.

Mitchell, S. A. y M. J. Black J. (2004): *Más allá de Freud. Una historia del pensamiento psicoanalítico moderno.* Barcelona: Herder (original de 1995).
Excelente presentación del psicoanálisis en una perspectiva histórica y sistemática. Imprescindible para los que tienen alguna «fijación» contra el psicoanálisis.

Navarro Góngora, J. y Beyebach, M. (eds.), (1995): *Avances en terapia familiar sistémica.* Barcelona: Paidós.
Exposición documentada, original y práctica de la terapia familiar.

Neimeyer, R. A. y Raskin, J. D. (eds.), (2000): *Constructions of disorder. Meaning-making frameworks for psychotherapy.* Washington, DC: APA.
La construcción del trastorno no tiene aquí el sentido de invención, sino de creación de marcos de significado como tarea psicoterapéutica.

Norcross, J. C. (eds.), (2002): *Psychotherapy relationships that work. Therapist contributions and responsiveness to patients.* Oxford: Oxford University Press.
Expone el funcionamiento de la psicoterapia en la perspectiva de las relaciones frente a la perspectiva de las técnicas.

Olivares Rodríguez, J. y Méndez Carrillo, F. X. (2001): *Técnicas de modificación de conducta* (3ª edición). Madrid: Biblioteca Nueva.
Excelente síntesis de las principales técnicas siguiendo un eficiente esquema expositivo y logrando una gran claridad conceptual y práctica.

Pérez Álvarez, M. (1996): *Tratamientos psicológicos*. Madrid: Universitas.
Exposición crítica de los principales sistemas de psicoterapia. Se ha de ver más como un tratado que como un manual o texto.

Pérez Álvarez, M.; Fernández Hermida, J. R.; Fernández Rodríguez, C. y Amigo, I. (eds.), (2003): *Guía de tratamientos psicológicos eficaces* (3 vol.). Madrid: Pirámide.
Revisa los tratamientos psicológicos cuya eficacia ha sido investigada de forma sistemática en los trastornos más frecuentes. Es importante leer tanto el primer capítulo como el último (donde se discuten los pros y contras de las guías terapéuticas).

Vallejo Pareja, M. A. (ed.), (1998): *Manual de terapia de conducta* (2 vol.). Madrid: Dykinson.
Excelente exposición de la terapia de conducta en función de los trastornos, siguiendo el esquema modelo explicativo, evaluación y tratamiento.

Wampold, B. E. (2001): *The great psychotherapy debate. Models, methods, and findings*. Mahwah, NJ: LEA.
Presenta en todas sus dimensiones el «gran debate de la psicoterapia», entre el modelo médico y el modelo contextual.

Wilson, K. G. y Luciano Soriano, M. C. (2002): *Terapia de aceptación y compromiso (ACT). Un tratamiento conductual orientado a valores*. Madrid: Pirámide.
Una excelente presentación de esta nueva terapia, que supone a su vez toda una renovación del saber y del hacer clínico.

ÍNDICE ANALÍTICO Y ONOMÁSTICO

Abilify (*véase* aripiprazol)
Acatisia y antidepresivos SSRI, 129
Acatisia y antipsicóticos, 135-136,
actividad basal, 204-205
adrenalina, 35, 99, 106,
alcohol, 56, 90-93
alcohol y benzodiazepinas, 95, 112, 114-117
alianza terapéutica, 246,
alprazolam (Trankimazín, Xanax), 72-75, 95, 114, 116, 151
alucinaciones, 78, 80, 109, 133-134, 142, 156, 180, 215, 311
Amitriptilina (Tryptizol), 62, 100
amnesia y benzodiazepinas, 115, 127
análisis de la conducta, 282, 283, 286-287, 290, 293, 305

análisis existencial, 260, 261, 263-264, 293
anfetaminas, 120, 130, 133, 154, 156, 161
angustia vital 224
anhedonía y depresión 160
ansiedad 42-44, 56, 61-62, 65, 68-70, 72, 84, 90-93, 95-97, 99, 102, 104, 106, 113, 115, 118-119, 123, 128, 143, 150, 152, 157-159, 161, 163-164, 169, 173, 183-186, 196, 198, 202, 215, 238, 242-243, 251, 255, 259, 282, 314-315, 325
ansiolítico 21, 91-95, 113-115, 118-119, 128, 130, 133, 143, 148, 150-154, 157, 159, 177, 184, 325, 336

antidepresivos tricíclicos 100-101, 103, 119, 128, 136, 138
antidepresivos y efecto placebo 159, 172
antigripales 167
antipsicóticos (*véase* neurolépticos) 92, 97, 103-105, 107-108, 110, 121, 129, 131-141, 143, 154-156, 161, 173-174, 192-194, 196, 325, 337
antipsicóticos atípicos, efectos adversos 132, 136-140
antipsicóticos atípicos, eficacia 132, 140-141, 157, 174
antipsicóticos atípicos, mecanismo de acción 110, 135, 137-138
antipsicóticos y calidad de vida 140
antipsicóticos y síndrome amotivacional 129
apomorfina 133, 155
aprendizaje 21, 107, 152, 184, 225, 247, 262, 269, 281-283, 285, 290
Aremis (*véase* sertralina)
aripiprazol (Abilify) 138
aspirina 35, 48
autoestima 240-241, 247, 334
Axelrod, Julius 100
Ayd, Frank 62, 92, 94, 100-101

bala mágica 112, 175, 181
barbitúricos 91-93, 105-106, 114, 117, 152, 183, 184
baterías de tests de «observación funcional» 149-150
Beck, Aaron 283, 293
benzodiazepinas, efectos adversos 114-116, 119
benzodiazepinas, eficacia 115-116
benzodiazepinas, modo de acción 107, 117-118
Berger, Frank 92-93

Binswanger, Ludwig 261, 263
buspirona 157

campo abierto 150, 159, 303
cardiotoxicidad y antidepresivos 139
Carlsson, Arvid 101-102, 108, 133, 182
causas biológicas 123, 180, 233
CCK 185
Charcot, Jean-Martin 25-28, 61, 222
clorpromazina (Largactil) 39, 98, 100, 103, 105-108, 133-134, 155
clozapina (Leponex) 108-109, 135, 137-140, 154
coma insulínico (Manfred Sakel) 104
combinación de psicoterapia y medicación 313-315
complejo de Edipo 235, 244
condicionamiento instrumental 151
conductismo 252, 270, 281, 284-286
conflicto 93, 152, 224, 235, 237, 240, 244-245, 247, 278, 304, 307, 309
conflicto neurótico 246
cortisol 34
CRF 185
CRO, *Contract Research Organizations* 176
cultura clínica 13, 20, 54, 78, 85, 312, 320, 321

Dasein 253-254
Declaración de Helsinki 165, 171
Delay, Jean 98, 106-107, 134
demencia precoz 107, 180
Deniker, Pierre 106-107
depresión 14, 17, 34-35, 42, 44, 46, 48, 52-53, 56, 61-67, 73, 75, 81, 83-84, 91, 96-101, 103-104, 115, 119, 120-128, 130, 140, 142, 152-

154, 157, 159-161, 169, 179-180, 183, 185-191, 193, 196, 198, 202, 215, 249, 255, 289, 294, 296, 317, 321, 334, 340
desensibilización de receptores 123
desequilibrio neuroquímico 112, 143, 324, 333
determinismo genético 34-35, 37
diabetes y antipsicóticos 123, 139-140, 143
diazepam (Valium) 31, 62-63, 65, 90, 94-95, 116, 157
discinesia tardía 108-109, 135
diseño experimental 166, 169, 204, 208, 219, 337
Dobupal (*véase* venlafaxina)
dopamina 99, 101, 108-110, 117, 119-120, 129, 132-138, 155, 186, 192, 195-196, 203
DSM 14, 29, 30-32, 34, 40, 48, 56-57, 61-62, 68, 72-73, 78, 96, 147, 166, 328, 336

educación médica 53, 69, 71
efectividad de antipsicóticos 131, 132, 140-141, 226
efecto Barnum 219, 221-222
efecto Charcot 20, 25, 28, 37, 55, 74, 82, 219, 222, 320
efecto Pigmalión 219, 221-222
efecto placebo 172-173, 219-223, 226, 336
eficacia de la terapia 18-19, 312, 314, 339
electroshock (*véase* terapia electroconvulsiva)
encefalitis letárgica (enfermedad de Von Economo) 106, 180
enfermedad de Alzheimer 111, 195, 207, 324

enfermedad de Parkinson 103, 106, 135, 180, 207
enfermedad mental 31-32, 40, 48, 52, 54, 78, 83, 96, 100, 143, 182, 336, 337
ensayos clínicos 21, 48, 49, 51, 98, 102, 109, 118, 126-127, 140-141, 145-146, 166-168, 170-177, 325

aleatorizados y controlados 145, 166, 169
ensayos preclínicos 148-149, 159, 167
episodio psicótico 77-78, 306
escitalopram 103, 125
escritores (escritura) fantasma 50-51, 174
esquizofrenia 14, 37, 55, 75-81, 83, 92, 98-99, 101, 103-104, 106-110, 121, 123, 125, 131-135, 137-138, 140, 142, 155-156, 160-162, 166, 169, 179-180, 182, 184, 189-194, 196, 198, 204, 207-208, 215, 260, 265, 305, 308, 314, 316, 321-322, 334
estrés 14, 37, 55-60, 62, 77, 81, 83, 96, 113, 124, 154, 159-160, 183, 215-216, 249, 293, 306, 321
estudios de afinidad química (*binding*) 198
estudios de neuroimagen 186, 190, 195, 200, 204-207, 210
estudios post mortem 188, 193
existencialismo 251-252, 255-257
Eysenck, Hans J. 282

farmacología racional 175
farmacopsicología 144, 336
fármacos «me too» 177
FDA (*Food and Drug Administration*) 64, 139, 167, 170, 337

fenciclidina (PCP) 156, 161
fenotipo conductual 164
financiación de la investigación 41, 47, 142
flujo sanguíneo cerebral (CBF) 190, 198-202, 209
fluorodesoxiglucosa 199
fluoxetina (Prozac) 17, 19, 29, 35, 40-42, 46, 62-66, 73, 75, 102-103, 113, 120, 129, 130, 154, 172, 187, 333-335
fobia social 14, 48, 55, 62, 68-69, 71-72, 81, 83-84, 97, 113, 215, 249, 321
focalización sensorial 275
Frankl, Viktor E. 259, 262, 269
Frenología, 205
Freud, Sigmund 17, 30, 61, 234-236, 238, 244, 246, 248, 267, 303, 340

GABA y benzodiazepinas 117-118, 127, 151, 185
Geigy 62, 99-100
gemelos y esquizofrenia 192
genética de la ansiedad 185
genética de la depresión 189
genética de la esquizofrenia 192
glucosa 123, 139, 190-199, 202

Haley, Jay 298
haloperidol (Haldol) 107-108, 133, 140, 155
Healy, David 31, 33, 46, 50-52, 62, 64-65, 67, 71-73, 97, 113, 129, 141, 144, 174, 176, 334, 336
Heidegger, Martin 252-254, 256
hipnoterapia con barbitúricos y Jakob Klaesi 104
Hipócrates 96
hipofrontalidad y esquizofrenia 196

hipótesis del neurodesarrollo y esquizofrenia 162
hipótesis dopaminérgica de la esquizofrenia 108, 131, 133, 142, 161, 182
hipótesis monoaminérgica de la depresión 100-101, 119-120, 123-124, 133, 142, 186
hipótesis serotonérgica de la depresión 123, 187
histamina y antipsicóticos 105-106, 136, 138
histeria 17, 25-28, 61, 74, 183, 233
Husserl, Edmund 252

ICD-10 166
imipramina (Tofranil) 72, 99-102, 157
impulsividad y SSRI 122, 189
inconsciente 224, 235, 237, 242-247, 261
indefensión aprendida 154
industria farmacéutica 13, 17, 45-47, 52, 67, 142, 158, 165-167, 175-177, 324, 334
inhibición prepulso (IPP) 156, 161
inhibidores MAO 99, 101, 103, 119, 126, 128
insight 237, *261, 303*
intereses económicos 53, 142, 167, 176
iproniazida 98-100

Janssen-Cilag 107

ketamina (Ketolar) 161
Klein, Melanie 238
Kline, Nathan 98-99, 107
Kraepelin, Emil 76, 144, 180, 181
Kramer, Peter 334
Kuhn, Roland 99, 101

laberinto en cruz elevado 151, 159
Laborit, Henri 105-106, 134
Lacan, Jean 240-243
Largactil (*véase* clorpromazina)
leucotomía y Egas Moniz 104
Leponex (*véase* clozapina)
Lilly 42, 44, 64-65, 102
Lobbies y empresas farmacéuticas 112, 123, 125, 131, 166, 170-171, 173-176, 187
lobotomía 104-105
lobotomía química 106
lóbulo frontal 104, 190
lógica de la sustracción 204
logoterapia 229, 259, 262-263, 292
LSD 156, 161

marcadores biológicos 322, 324
marketing farmacéutico 20, 37, 39-40, 55, 67, 71, 82, 321, 325
marketing y antidepresivos 65, 67, 71, 94-95, 102-103, 337
Meduna, Ladislas von 104
mefenesina 93
melancolía 62, 96, 101, 183, 255
Meme 36
mente 16, 43, 257, 286, 311
Meprobamato (Miltown) 63, 93-95, 114-115, 183-184
Merck 62, 100, 127, 172
mirtazapina (Rexer, Vastat) 103, 128
mitología (*véase* ritual)
modelo contextual 18-19, 214, 227-230, 295, 319, 328-330, 341
modelo de enfermedad mental 28, 32-33, 37, 48, 96, 143,
modelo del cliente como autosanador activo 267, 270-271, 277, 279
modelo médico 18-19, 145, 168, 214-215, 225-230, 270-271, 277, 279, 295, 311, 319, 328-330, 341

Motiván (*véase* Paroxetina)

neurolépticos, efectos adversos 109, 137-138, 155, 336
neurolépticos, eficacia 109, 131, 336
neurolépticos, historia 40, 92, 99, 103-104, 106-109
neurolépticos, mecanismo de acción 131, 133
neurosífilis 180-182
neurosis 61-62, 71, 92, 94, 97, 183, 246-247, 259, 263
neurotoxicidad y neurolépticos 106, 137, 194
neurotoxicidad y benzodiazepinas 102, 116
niños y psicofármacos 97, 141, 148, 169-170, 336
noradrenalina 99, 102-103, 119, 136, 138, 186
noradrenalina y depresión 100-101, 120, 122, 186-187

olanzapina (Zyprexa) 110, 139
Ortega y Gasset, José 256-257

paroxetina (Seroxat) 34, 42-43, 69-71, 102, 131
Paxil (*véase* Paroxetina)
Pfizer 44, 50, 140
piretoterapia 181
plasticidad cerebral 210
polimorfismo genético 163, 189, 192
potencial de abuso de benzodiazepinas 113-114, 128, 131
propaganda 20, 37, 40-44, 47, 53, 55, 71, 123, 175
proteína transportadora de serotonina 187-189
proyecto *Soteria House* 276

Prozac (*véase* fluoxetina)
psicoanálisis y ansiolíticos 90-91
psicocirugía 104
psicoenergizantes 96, 98, 101
psicofarmacología cosmética 41, 66, 217
psicología de la identidad 234, 240-241, 243
psicología de las pulsiones 234, 237, 243, 245, 247
psicología de las relaciones objetales 234, 237, 239-240, 243
psicología del yo *234, 236-237, 240, 243*
psicopatología 26, 166, 198, 208, 210, 232, 236, 243, 257-260, 264, 322
psicosis 77, 104, 107, 155, 157, 159, 161, 163, 192, 194, 195, 259, 310
psicosis experimental 155
psicoterapia 19, 30, 46, 92, 104, 213-214, 216-218, 220, 222, 224, 228-229, 231, 234, 247-248, 251, 267, 271, 276-277, 295, 326-329, 339, 341
psicoterapia breve 30, 63, 216, 247, 248
psicoterapia centrada en la persona (en el cliente) 231, 265, 267-269, 273-274, 276-277, 279, 330
psicoterapia experiencial 231, 265, 267, 268, 273, 275-279, 330
psicoterapia fenomenológica y existencial 231, 251, 262-265, 268, 270, 330
psicoterapia interpersonal 317
psicoterapia y medicación 216, 313-317

quetiapina (Seroquel) 139

ratones transgénicos 162-164
reacciones por retirada 113-114, 131
receptores 5HT-2A 138
receptores D2 108, 132-133, 138, 203-204
reserpina 92, 99, 107, 120-121, 153
resonancia magnética (RM) 193, 198, 200
resonancia magnética funcional (fMRI) 195, 197, 200-201, 204-206, 210, 323
responsabilidad 17, 261-262, 270, 272
Rexer (*véase* mirtazapina)
Risperidona (Risperdal) 110, 139
ritual (mitología) 224, 302
Roche 94, 99-100, 167
Rôhne-Poulenc 105-106
Rogers, Carl 276-277
Rossum, Jacks van e hipótesis dopaminérgica 108

Sakel, Manfred (coma insulínico) 104
Sandoz 108-109
Sartre, Jean-Paul 255-256, 263
Schildkraut, Joseph 100-101, 120, 186, 187
screening 44, 147, 159, 161, 163
señal BOLD 200-202, 205-206
separación maternal y depresión 154, 159
serendipia 89-90
Seroquel (*véase* quetiapina)
serotonina y depresión 35, 65, 100-101, 120, 129, 187-188
Seroxat (*véase* paroxetina)
serpentaria (*Rauwolfia serpentina*) 107
sertralina (Aremis) 10
shock por cardiazol 104
síndrome amotivacional y SSRI 129,

síndrome metabólico (Síndrome X) 139-140
síndrome neuroléptico maligno 135
síntomas extrapiramidales 108, 129, 135, 138, 140, 155
Skinner, Burrhus F. 282-285
SmithKline-Beecham 45, 69, 102
SMO (*Site-Management Organizations*) 176
SSRI 40-42, 51, 65, 71, 102-103, 112-113, 119-121, 123-126, 128-131, 143, 153-154, 157, 160, 187-188, 191
SSRI y riesgo de suicidio 129-130
Sternbach, Leo 94, 95
sustancia P 154, 185-186

teoría intracelular de la depresión 124
terapeuta 84, 214, 216, 221-222, 224, 230, 241, 246-247, 267-268, 271, 274-275, 291, 299-301, 304, 338
terapia cognitivo-conductual 30, 231, 249, 268, 278, 281-283, 286-287, 294-295, 305, 330
terapia de conducta 30, 231, 281-284, 288-289, 292-295, 305, 309, 330, 339, 341
terapia de aceptación y compromiso 277, 284, 291, 294, 341
terapia electroconvulsiva 97, 127, 324
terapia familiar conductual 298, 304
terapia familiar estructural 298, 300
terapia familiar existencial 298, 304
terapia familiar psicoanalítica 298, 303
terapia familiar psicoeducativa 298, 307, 312
terapia familiar sistémica 298, 301, 340
terapia gestáltica 262, 264-265, 268, 276, 278

terapia racional-emotiva 293
test de Irwin 149-150
test de natación forzada (Porsolt) 153, 160
tianeptina 120
timolépticos 100
Tofranil (*véase* imipramina)
tomografía computarizada (TC) 189, 193, 198
tomografía por emisión de fotón único (SPECT) 188, 195, 197-199, 201-202
tomografía por emisión positrónica (PET) 188, 190 195, 197-199, 201-206
Trankimazín (*véase* alprazolam)
trastorno bipolar 67, 97, 141, 156, 179, 185-186, 189, 314, 316
trastorno de estrés postraumático (TEPT) 14, 55-60, 62, 81, 83, 113, 321
trastorno de pánico (angustia) 14, 48, 55, 62, 72-73, 75, 83-84, 97, 113, 209, 215, 289, 315, 321
trastorno mental 18, 94, 97, 144, 158, 182, 207, 320, 322
trastornos de ansiedad 62, 68, 92, 95-97, 102, 113, 115, 123, 128, 183-186, 198, 202
tratamiento psicológico 213-223, 225, 227-228, 230, 294-295, 316, 327-328, 337, 339-340
triptófano y depresión 121, 122, 187

validez aparente 142, 158, 160
validez del constructo (homología) 158, 160-162
validez predictiva 158, 160-161
Valium (*véase* diazepam)
Vandral (*véase* venlafaxina)

Vastat (*véase* mirtazapina)
venlafaxina (Dobupal, Vandral) 103
ventrículos y esquizofrenia 190, 193
Vioxx (rofecoxibo) 172
vulnerabilidad 36, 189, 306, 308

Wagner-Jauregg, Julius 181

Wolpe, Joseph 282

Xanax (*véase* alprazolam)

Yalom, Irvin 262-263, 269

Ziprasidona (Zeldox) 139-140
Zyprexa (*véase* olanzapina)